Das Auslandsbuch

interconnections

Das Auslandsbuch

Arbeit, Austausch, Studium, Lernen, Reisen
Job- & Bildungsprogramme, Auslandserfahrung

interconnections

Der Verlag sucht weitere zum Programm passende Manuskripte!

Auch für gute Reiseberichte, Beobachtungen und Tipps gibt's ein Freiexemplar aus dem Verlagsprogramm bzw. bei substaniellen Beiträgen auch eine Bescheinigung über eine redaktionelle Mitarbeit.

Impressum

Georg Beckmann, Hanna Markones
Das Auslandsbuch – Arbeit, Austausch, Studium, Lernen, Reisen,
Job- & Bildungsprogramme, Auslandserfahrung
2. Auflage

ISBN 978-3-86040-162-0

Umschlagdesign, Layout, DTP-Satz: Anja Semling
Illustrationen S. 9, 39, 93, 97, 113, 161, 189, 199, 235, 303 Anja Semling
Fotos Umschlag vorne: „Wandgemälde in einer Schule in Südafrika" von Internationaler Bund e.V.. Andere: Robin Marks und Magdalena Markones wenn nicht anders gekennzeichnet

Verlag interconnections, Schillerstr. 44,
79102 Freiburg, Tel. 0761 700 650, F. 700 688
www.interconnections.de

2012 - 2011

Allgemeine Anlaufstellen 6
Schule 9
Schüleraustausch 9
Projekte 32
Schülerpraktika 36
Studium 39
Austausch und Projekte 51
Studiengänge 60
Aufbaustudiengänge 87
Praktische Erfahrung 92
Ausbildung 97
Projekte 101
Praktische Erfahrung 103
Ausbildungsgänge 110
Weiterbildung 113
Seminare und Projekte 113
Praktikum / Praktische Erfahrung 119
Sprachen lernen 161
Sprachschulen und -reisen 161
Freizeit 189
Summer School und Camp 189
Workcamps 192
Erlebnisreisen 193
Homestay 194
Couchsurfing 196
Arbeiten / Jobben 199
Hotel- und Tourismusbranche 199
Aupair 210
Work and Travel 218
Freiwilligenarbeit 235
Europäischer Freiwilligendienst 236
Friedensdienst (FFD) 258
Zivi / ADiA 266
Missionierung 269
Soziale Arbeit 276
Archäologie 279
Restaurierung 282
Weltwärts 285
Kulturweit 290
Ü-30 291
Ü-50 296
Natur und Umwelt 296
Kunst und Kultur 303
Nützliche Adressen 311

Allgemeine Anlaufstellen

Einige Stiftungen sind mit der Organisation und Förderung einer Vielzahl von Projekten und Programmen betraut, so dass ihre allgemeinen Adressen nachstehend in voller Länge aufgeführt werden.

Bei den einzelnen Programmen erscheinen sie dann lediglich mit Namen oder ihren gängigen Abkürzungen sowie individuellen Ansprechpartner – mit „AP gekennzeichnet – Kontaktdetails bzw. abweichenden Adressen.

So erscheint die Robert-Bosch-Stiftung als „RBS", das Deutsch-Französische Jugendwerk als „DFJW", der Pädagogischer Austauschdienst als „PAD", die Studienstiftung des Deutschen Volkes als „SDV".

BAZ, Bayerisch-Amerikanisches Zentrum im Amerika Haus München,
info@amerikahaus.de,
www.amerikahaus.de

Berliner Künstlerprogramm,
BKP.Berlin@daad.de,
Info.Berlin@daad.de,
www.daad-berlin.de

ch Jugendaustausch,
austausch@echanges.ch,
www.ch-go.ch

Checkpoint Charlie Stiftung,
info@cc-stiftung.de,
www.cc-stiftung.de

DAAD, Deutscher Akademischer Austauschdienst,
Geschäftsstelle Bonn-Bad Godesberg,
postmaster@daad.de,
www.daad.de

DFS, Deutsch-Französisches Sekretariat für den Austausch in der beruflichen Bildung,
info@dfs-sfa.org,
www.dfs-sfa.org

DFJW, Deutsch-Französisches Jugendwerk,
info@dfjw.org,
www.dfjw.org

DKG, Deutsch-Kanadische Gesellschaft e.V.,
info@dkg-online.de,
www.dkg-online.de

DRJA, Stiftung Deutsch-Russischer Jugendaustausch gGmbH,
info@stiftung-drja.de,
www.stiftung-drja.de

Forschungsservice und Internationale Beziehungen,
Universität Wien,
info@univie.ac.at,
http://international.univie.ac.at

Fritz Thyssen-Stiftung für Wissenschaftsförderung,
fts@fritz-thyssen-stiftung.de,
www.fritz-thyssen-stiftung.de

GIZ, Deutsche Gesellschaft für Internationale Zusammenarbeit),
(ehemals InWEnt, GTZ und DED)
info@giz.de,
www.giz.de

Grenzenlos – Interkultureller Austausch,
info@grenzenlos.or.at,
www.grenzenlos.or.at

HORIZONT3000,
Österreichische Organisation
für Entwicklungszusammenarbeit,
info@horizont3000.at,
www.horizont3000.at

IFA,
Internationaler Fachkräfteaustausch,
info@ifa.or.at,
www.ifa.or.at

IFA, Institut für
Auslandsbeziehungen e.V.,
info@ifa.de,
www.ifa.de

IHK Aachen,
Industrie- und Handelskammer,
info@aachen.ihk.de,
www.aachen.ihk.de

IHK Karlsruhe,
Industrie- und Handelskammer,
info@karlsruhe.ihk.de,
www.karlsruhe.ihk.de

JUGEND für Europa,
Deutsche Agentur JUGEND IN
AKTION,
jfe@jfemail.de,
www.webforum-jugend.de

Koordinierungszentrum,
Tandem – Deutsch-Tschechischer
Jugendaustausch,
tandem@tandem-org.de,
www.tandem-org.de

NA BIBB,
Nationale Agentur Bildung für Europa
beim Bundesinstitut für Berufsbildung,
na@bibb.de,
www.na-bibb.de

OeAD,
Österreichischer Austauschdienst,
Agentur für Internationale Bildungs-
und Wissenschaftskooperation,
info@oead.at,
www.oead.at

PAD,
Pädagogischer Austauschdienst,
Kultusministerkonferenz,
pad@kmk.org,
www.kmk-pad.org

Pro Helvetia,
Schweizer Kulturstiftung,
info@prohelvetia.ch
www.prohelvetia.ch

RBS, Robert-Bosch-Stiftung,
www.bosch-stiftung.de

Schweizerische Studienstiftung,
www.studienstiftung.ch

SDV, Studienstiftung des Deutschen
Volkes,
info@studienstiftung.de,
www.studienstiftung.de

SEQUA gGmbH,
info@sequa.de,
www.sequa.de

SKW und Forum Weiterbildung,
Schweizerischer Verband für
Weiterbildung SVEB,
andre.schlaefli@alice.ch,
www.alice.ch,
www.forum-weiterbildung.ch

Stiftung Mercator, GmbH,
info@stiftung-mercator.de,
www.stiftung-mercator.de

Stiftung Mercator Schweiz,
http://cms.stiftung-mercator.ch/cms/
front_content.php

R E I S E T O P S

Nachrichten aus Griechenland

**Bakschisch, böser Blick, berockte Mönche,
Hotel Mama und ein feudelschwingender Taucher**

ISBN: 978-3-86040-141-5, 16.90 Eur, 144 S., Tb.

Was erwartet jemanden, der das erste Mal Griechenland
besucht und sich dort auch gleich auf längere Zeit häuslich
einrichtet? Der Autor schildert in seinen „Nachrichten aus
Griechenland" mit viel Gespür und Beobachtungsgabe seine
ersten Schritte in sein neues Leben, die ihm zur zweiten
Heimat wurden. Wie ist mit Behörden umzugehen, welche
Blüten treibt die Bürokratie, wie wird man ein akzeptierter
„hellenischer" Mitbürger? ...

Papua Neuguinea – Leben im Regenwald

**Todeszauber, Busencheck, beheizte Klaviere und
eine christliche Ohrfeige**

ISBN: 978-3-86040-138-5, 17.90 Eur, 214 S., Tb.

Gabriele Cavelius schrieb eine Liebeserklärung an Papua
Neuguinea und den Regenwald.
Kurzweilig, unterhaltsam und bildhaft, aber auch mit kriti-
scher Distanz zu sich selbst und vor allem zu den Folgen
von Missionierung schildert sie das Leben mitten im Regenwald – „immer der Schweißfilm auf dem Körper" –, schildert anschaulich, wie sie Knall auf Fall Arbeiten übernehmen musste, von denen sie zuvor keine Ahnung hatte.

Vietnam

Mit Abstecher nach Laos und Kambodscha
Viele Insidertipps und Farbfotos

ISBN: 978-3-86040-139-2, 12.80 Eur, 124 S., Tb.

Spannende Reiseberichte und Reiseführer mit vielen guten,
preisgünstigen Adressen und Tipps.
Der Autor lebte und arbeitete sechs Monate in Hanoi, Viet-
nam und bereiste während dieser Zeit auch das gesamte
Land. In diesem Buch hat er seine Erfahrungen in einem teils
spannenden, teils amüsanten, immer aber persönlichen
Reise- und Erfahrungsbericht wiedergegeben. Dazu seine
Eindrücke von einem Abstecher nach Laos u. Kambodscha.

SCHULE

Schüleraustausch

Nach der Schule – das Leben? Wer schon zu Schulzeiten ein aufregendes Leben führen möchte, wen da schon der Duft der großen weiten Welt lockt und wer bereit ist, sich dem Stress und der Aufregung auszusetzen, in eine komplett neue Umgebung verpflanzt zu werden, mit neuen Freunden, einer neuen Familie und einer neuen Sprache, für den ist ein Schuljahr im Ausland genau das Richtige.

Es ist eine Herausforderung, allem Gewohnten für ein Jahr den Rücken zuzukehren und sich in einer fremden Welt zu behaupten. Wer aber den Schritt wagt, der wird mit unglaublichen Erfahrungen belohnt, die man nicht mehr missen möchte: schnell wird die der deutschen Schule so unähnliche High School in Texas, Sydney oder Toronto zum Alltag; man wird Mitglied bei den schuleigenen Cheerleadern, der Sportlergruppe oder Marching Band und lernt so den vielgerühmten „team spirit" kennen. Mit seinen neuen Freunden trifft man sich in den Pausen zu Klatsch und Tratsch am „locker" und abends, um einfach mit dem Auto in der Gegend herumzukreuzen. Mit den Gastgeschwistern zankt und neckt man sich, und am Wochenende lernt man bei Baseballspielen, Donuts und Kirchgängen ein neues Familienleben kennen.

Die Vorteile dieser Austauschprogramme sind bekannt: Hier findet man Freunde fürs Leben, bekommt eine zweite Familie „dazugeschenkt" und hat meist, wie viele Befragte es ausdrücken, das beste Jahr seines Lebens! Aber nicht nur das: durch die Herausforderung, aus der gewohnten Umgebung herausgerissen und in eine fremde

„verpflanzt" zu werden, durch Sprachschwierigkeiten und die Anforderung, sich schnell mit einer Menge fremder Leute vertraut zu machen, wächst man in diesem einen Jahr mehr als in jedem anderen. Man wird selbstsicherer und lernt viel über den Umgang mit anderen Menschen, aber auch über das eigene Land und die eigene Person. Kurz: Man wird erwachsen.

Es existieren zahlreiche Vermittlungsagenturen, die den Schritt in ferne Lande erleichtern und alles Bürokratische erledigen. Ihre Partner im Land sind dann im Notfall zur Stelle, falls Probleme auftauchen würden.

Näheres auch auf www.gastschuljahr.de.

Erfahrungsbericht – Schuljahr in Ecuador

Madeline verbrachte ein Schuljahr in der „Weißen Stadt Ecuadors", Ibarra, und schwärmt von einer Zeit voller Überraschungen, neuer Erfahrungen und Abenteuer, die sie nicht mehr missen möchte:

„Zu einem Auslandsjahr habe ich mich schon in der 5. Klasse entschieden, als ein Bekannter in die USA ging. Für mich stand sofort fest, ich will auch ins Ausland! Anfang der 10. Klasse holte ich Auskünfte ein und begann, mich zu bewerben. Aus der Vielzahl der Organisationen wählte ich mehrere aus. Ich kämpfte mich durch die Berge an Formularen, bewältigte Interviews und entschied mich am Ende für eine. Kurz darauf kam auch die Bestätigung, dass es nach Ecuador ginge – juhu, mein Erstwunsch!"

Als das Austauschjahr immer näher kam und die Flugdaten im Juli bekannt wurden, begann Madeline langsam zu verzweifeln, da sie noch immer nicht wusste, wo es endgültig hingehen sollte. Die langersehnte Nachricht kam Anfang August: Ibarra.

„Ich ging natürlich sofort ins Internet, um alles über meine neue Heimatstadt zu erfahren. Hörte sich auch wirklich vielversprechend an, und nach einem kurzen Telefonat mit meiner zukünftigen Gastfamilie stieg die Vorfreude. Trotzdem: Meinen Zubringerflug von Hannover nach Frankfurt habe ich in Tränen verbracht. In Frankfurt angekommen, waren die aber schnell vergessen, weil ich genauso aufgeregt war wie all die anderen Austauschschüler, mit denen ich zusammen fliegen sollte. Der ganze Flughafen wimmelte von ihnen, alle voll bepackt und in heller Aufregung.

In Quito fand zunächst ein Treffen der Organisation mit allen Austauschschülern statt, bei dem wir viel über Ecuador, Land und Leute und vor allem über die Regeln für unser Jahr in Ecuador erfuhren. Dann ging es in unsere Städte. Wir fuhren drei Stunden durch die wunderschönen Anden, bis wir am Haus unserer Betreuerin ankamen. Hier erwartete uns niemand, aber nach einer Viertelstunde trudelte unsere Betreuerin dann, ganz nach der „hora ecuatoriana" (ecuadorianisches Zeitempfinden) ein und eröffnete der Hälfte von uns sieben Ankömmlingen, dass sich unsere Familien geändert hätten. Meine Gasteltern ließen sich gerade scheiden und ich kam vorerst in eine „Welcome-Family".

Am nächsten Morgen zeigten mir meine Gasteltern die Stadt und Umgebung. Die beiden waren schon Anfang 70, und meine Gastschwester lebte mit ihren drei Kindern zu Hause. Wie das wohl werden mochte? Noch waren Schulferien in der Sierra, und ich ging mit den Jungs (12 und 15) Basketball spielen, wir besuchten Verwandte und ich erkundete mit dem Rad die Stadt.

Ich kam auf eine private, aber gemischte Schule, auf die auch die Kinder meiner Gastschwester gingen. Meine Klassenkameraden kamen sofort auf mich zu und fragten mich aus. Gott sei Dank konnte ich dank meiner vier Jahre Schulspanisch einige Brocken verstehen bzw. sprechen. Es ging zunächst auf den Sportplatz, wo wir uns in Kursen nach Jungs und Mädchen getrennt der Größe nach aufstellen mussten. Der Direktor, ein paar Lehrer und Schüler lasen etwas vor, das Vaterunser und Ave Maria wurden gebetet und die Nationalhymne gesungen. Ganz schön beeindruckend, wenn 200 Schüler dort aufgereiht stehen und singen – und das jeden Montagmorgen.

Nachmittags traf ich mich mit Klassenkameraden und anderen Austauschschülern in der Stadt oder half den Kindern meiner Gastschwester bei den Hausaufgaben und spielte mit ihnen. Deren Mutter beschränkte sich darauf, nur das Nötigste mit mir zu reden, und meine Gasteltern waren leider so gut wie nie zu Hause. Ich war mit meiner Familie also nicht überglücklich, aber zuversichtlich, die Situation ein Jahr aushalten zu können – bis es eines Tages zum Streit mit meiner Gastschwester kam: Als ich eines Abends nach Hause kam, war meine Gastmutter gerade auf dem Weg zur Arbeit und sagte mir, im Ofen stehe Essen für mich; die anderen äßen woanders und kämen erst spät zurück. Ich aß und wollte noch ein bisschen fernsehen. Kurz darauf kam meine Gastschwester mit ihrer Familie, und als sie sah, dass ich schon gegessen hatte, beschimpfte sie mich, warum ich nicht gewartet hätte und wie ich einfach alles habe aufessen können; ich hätte an alle zu denken. Ich versuchte mich zu erklären, aber sie hörte gar nicht zu. Am nächsten Tag schleppte ich mich völlig verheult zur Schule. Meine Freundin bot mir an, ihre Eltern zu fragen, ob ich zu ihr ziehen könne. Die nächste Woche wohnte ich bei meiner Betreuerin, bis alles mit der Familie meiner Freundin geklärt war. Es war echt toll, wie schnell das ging und wie herzlich ich in der neuen Familie aufgenommen wurde.

Ich wohnte nun zusammen mit meinen neuen Gasteltern und meinen drei Schwestern (23, 20 und 17), und ab diesem Moment war einfach alles perfekt. Mit meiner Klassenkameradin teilte ich mir ein Zimmer. Wir verstanden uns, als hätten wir uns ewig gekannt und meine Gasteltern behandelten mich wie eine ihrer Töchter. Ich lernte die riesige Großfamilie kennen, zu der zwölf Cousinen gehörten. Wir waren alle zwischen elf und 24 Jahren und unternahmen viel zusammen. Die Wochenenden verbrachten wir meist mit dem Freund meiner ältesten Gastschwester und seinen Kumpels im Zentrum, oder wir fuhren mit dem Auto rum und guckten, wo etwas los war. Da wir gleich um die Ecke der Universität wohnten, trafen wir uns häufig mit Freunden vor dem Haus, tranken ein paar Bier und hörten Musik. Ganz nach dem Motto „La vida es una farra" (Das Leben ist eine Party)."

Das Spanische war für Madeline nach ein, zwei Monaten kein Problem mehr. „Das habe ich u.a. den bekannten Telenovelas zu verdanken. Die sind ganz, wie man sie sich vorstellt, aber ohne sie war ein Abend kein richtiger Abend. Auch in der Schule kam ich gut mit, meine Noten bewegten sich immer zwischen 14 und 20 Punkten, wobei 20 die Höchstpunktzahl ist. Mit meinen Mitschülern kam ich gut klar, und auch die Lehrer waren toll."

Das Verhältnis zwischen Schülern und Lehrern überraschte Madeline dann aber doch: „Die Lehrer wurden teilweise mit Küsschen begrüßt. Der Unterricht war nicht immer frontal, wie mir zuvor erzählt worden war; wir hielten z.B. häufig Gruppenreferate. Andererseits büßten die Lehrer durch das freundschaftliche Verhältnis zu den Schülern auch an Autorität ein, und oft mangelte es uns an Disziplin. Nur vor unserem Mathelehrer hatten wir alle höllische Angst. Jede Stunde mussten zwei, drei Leute an die Tafel und einige Aufgaben vorrechnen, und auch ich blieb nach einigen Monaten davon nicht verschont.

Was man hier in Deutschland von der lateinamerikanischen Mentalität hört, hat sich mir mehr oder weniger bestätigt. Materielle Werte spielen eine wichtige Rolle im Alltag. Wenn wir nachmittags oder abends in der Stadt unterwegs waren, haben wir uns zuvor stundenlang herausgeputzt. Man könnte ja beim Einkaufen die Liebe seines Lebens treffen ... Andererseits erlebte ich auch die faszinierende Herzlichkeit der Latinos. Ich wurde von allen Mitgliedern meiner Familie äußerst liebenswürdig aufgenommen.

Im Sommer war ich noch einmal für fünf Wochen „drüben". Es war, als sei ich nie fortgewesen. Jetzt, nach zweieinhalb Jahren, halte ich immer noch regen Kontakt zu meiner Gastfamilie. Ich rufe regelmäßig alle 1-2 Monate an. Nur mit dem Spanischen hapert es manchmal ein bisschen, aber das stellt sich beim Telefonieren immer ganz fix wieder ein."

AIFS

Zentrale Bonn
Baunscheidtstr. 11, 53113 Bonn
Tel.: +49 (0) 228-95730-0, Fax: + 49 (0) 228-95730-10
info@aifs.de, www.aifs.de,
Alle Details bei www.aifs.de und Facebook
Gründungsjahr: 1964
Ansprechpartner: Johannes Knauer, Program Manager

HIGH SCHOOL IN DEN USA, KANADA, AUSTRALIEN, NEUSEELAND, SÜDAFRIKA, SPANIEN, ENGLAND UND IRLAND

Anmeldefristen: USA: 30. September (Januarausreise) / 15. April (Augustausreise). Kanada: 30. September (Januar/Februarausreise) / 30. April (August / September-ausreise). Australien und Neuseeland: 30. September (Januarausreise) / für April auf Anfrage / 30. April (Juliausreise). Spanien: 30. September (Februarausreise) / 30. April (Septemberausreise). Südafrika: 30. September (Januarausreise) / 30. April (Juliausreise). England und Irland: 30. März (Septemberausreise) / 30. Juli (Januarausreise).

Voraussetzungen: Für Schüler aus Deutschland, Österreich und der Schweiz. Mindestens drei Jahre Englisch (bei Spanien: zusätzlich eine romanische Sprache) als Unterrichtsfach (bei Kanada teilweise: gute Französischkenntnisse); gute psychische und physische Gesundheit; neugierig, tolerant, aufgeschlossen und anpassungsfähig.

Bewerbungsverlauf:
Schritt 1: Ausfüllen eines Bewerbungsformulars (in der AIFS High School Broschüre oder online unter www.aifs.de).
Schritt 2: Einzelgespräch mit einem Berater in der Nähe des Wohnortes.
Schritt 3: Vertragsangebot.
Schritt 4: Zusage des Bewerbers Vor- und Nachbereitung im Rahmen von Vorbereitungsseminaren, Handbüchern und Inforundbriefe für Schüler und Eltern, Einführungsworkshops im Gastland sowie eine Returnee-Party nach Rückkehr.
Betreuung durch AIFS in Bonn, vor Ort durch Mitarbeiter der AIFS Büros (USA) oder durch lokale Betreuer der Partnerorganisationen.

Dauer: In den USA, Südafrika und Spanien: Schulhalbjahr oder Schuljahr, Kanada, Australien, Neuseeland, England und Irland: Trimester, Schulhalbjahr oder Schuljahr.

Programmgebühren: USA: ab 7.200 EUR; Kanada: ab 7.400 EUR; Australien: ab 6.900 EUR; Neuseeland: ab 6.400 EUR; Südafrika: ab 6.300 EUR; Spanien: ab 6.600 EUR; England: ab 5.400 EUR; Irland: ab 7.900 EUR.
Im Preis enthalten: Beratung und Betreuung vor der Abreise und während des gesamten Aufenthaltes vor Ort, Zuteilung eines Paten, Vorbereitungsseminar, Package mit T-Shirt und Handbüchern für Schüler und Eltern, Vermittlung an eine High School, Vermittlung in eine Gastfamilie inkl. Unterkunft und Verpflegung, Hin- und Rückflug, umfangreiches Versicherungspaket.
Stipendien: In Zusammenarbeit mit dem Deutschen Fachverband für High School e.V. vergibt AIFS ein Vollstipendium für die USA im Wert von 8.375 EUR.

EF High School Year

High School Year

Markgrafenstr. 58, 10117 Berlin
Tel.: 030–203 47 300, Fax: 030–203 47 301
highschoolyear.de@ef.com
www.ef.de/highschool, www.ef.de/contact
Bürozeiten: Montag bis Freitag 9–19 Uhr
　　　　　　Samstag (Berlin) 10–17 Uhr
Gründungsjahr: 1965
Programmleitung: Sabine Küchler
Anzahl der jährliche Vermittlungen: ca. 1500

Partnerorganisation: Keine, da ein eigenes weltweites Netzwerk an Mitarbeitern und Büros vorhanden ist.

Altersstufe: 14 bis 18 Jahre (unterschiedlich je nach Reiseland).

Bewerbungsfrist: Idealerweise ein Jahr vor geplantem Programmstart, spätestens sechs Monate vor Reisebeginn.

Destinationen: USA, Kanada, Großbritannien, Irland, Australien, Neuseeland, Frankreich, Costa Rica, Japan, Hongkong. Regionenwahl ist gegen Aufpreis möglich.

Voraussetzungen: Hohe Motivation, guter Eindruck beim Bewerbungsgespräch, mindestens durchschnittliche Schulnoten.

Bewerbungsverlauf: Persönliches Auswahl- und Informationsgespräch für Schüler und Eltern.

Vor- und Nachbereitung: Eintägiges Vorbereitungsseminar, monatliche Informationsmaterialien, optionales ein- oder zweiwöchiges Language & Culture Camp im Gastland.

Betreuung: Durch Lokalbetreuer sowie regionale Koordinatoren, ferner durch Ansprechpartner in den EF Büros, die 24 Stunden erreichbar sind.

Ausflüge: Optional, mit anderen Austauschschülern vor Ort zum Selbstkostenpreis, ggf. Treffen der Austauschschüler in den jeweiligen Regionen.

Dauer des Aufenthaltes: 3–10 Monate.

Erwerb des Führerscheins (USA): Möglich, abhängig vom Bundesstaat.

Abreisezeit: Je nach Gastland zwei Termine: Sommerabreise: je nach Land oder

Bundesstaat (USA) im Juli/August, Winterabreise (halbes Schuljahr; Australien, Neuseeland, Costa Rica auch ganze Schuljahre): Januar.

Programmgebühren: Je nach Reiseziel ca. € 6.000 bis € 11.000 inkl. Flügen, Vorbereitung, Betreuung, Service sowie Vermittlung einer Gastfamilie mit Platz in einer öffentlichen Schule.

Zusatzkosten: Reiseversicherung, Visumsgebühren (außer bei EU Destinationen), Taschengeld (Unterrichtsmaterial, Kosten für öffentliche Verkehrsmittel etc.).

Stipendien: Jedes Jahr Teil- und Vollstipendien für besonders motivierte bzw. finanziell benachteiligte Schüler.

Staatsangehörigkeit: EU Bürger, Anmeldung und Bewerbung erfolgt bei EF im Land des Wohnsitzes.

Sonstiges: Alternativ zum klassischen Schüleraustausch können Interessenten auch ein Schuljahr an den Privatschulen und Internaten der EF International Academy verbringen. Dort kann innerhalb von zwei Jahren ein Internationaler Schulabschluss (A Levels oder International Baccalaureate Diploma) erworben werden. Nähere Information unter www.ef.de/academy.

ICXchange-Deutschland e.V. (ICX)

Bahnhofstr. 16–18, 26122 Oldenburg
Tel.: 0441/92 3 98-0, Fax: 0441/92 3 98-99
info@ICXchange.de, www.ICXchange.de
Bürozeiten: Mo – Fr von 9.00 bis 17.00 Uhr
Gründungsjahr: 1974

Schüleraustausch seit 1974

SCHÜLERAUSTAUSCH WELTWEIT

Altersstufe: 14 bis 18 Jahre (einige Programme erst ab 15).

Länderauswahl: USA, Kanada, Australien, Südafrika, England, Irland, Frankreich, Spanien, Costa Rica, Ecuador, Russland.

Voraussetzungen: Gute Gesundheit, Anpassungsbereitschaft und Aufgeschlossenheit gegenüber anderen Lebensweisen, Fremdsprachenkenntnisse.

Bewerbungsverlauf: Schriftliche Bewerbung und persönliches Auswahlgespräch.

Vor- u. Nachbereitung: Je ein 2-tägiges Seminar, umfangreiche schriftliche Informationsmaterialien, persönliche Beratung.

Betreuung: Örtliche/regionale Betreuer im Gastland. ICX bleibt Ansprechpartner in Deutschland.

Dauer des Aufenthalts: Von einem Quartal/Trimester bis zu einem Schuljahr.

Programmgebühren: Je nach Zielland und Aufenthaltsdauer ab € 4.350,– .

Enthaltene Leistungen: Flug, Vor- und Nachbereitungsseminar, Einführung vor Ort, Kranken- und Unfallversicherung, Schulgebühren, Auswahlgespräch.

Stipendien: Einkommensabhängige Stipendien bis zu € 1.000,–.

Partnerorganisation: Zusammenarbeit mit langjährigen Partnern im jeweiligen Land.

Sonstiges: Als Alternativen zu den Langzeitaufenthalten werden School-Guest-Programme (4 Wochen an der High School) oder Sprachferienprogramme (3 Wochen in den Sommerferien) angeboten. Schriftliche Informationsmaterialien können unter www.ICXchange.de/broschuere kostenlos angefordert werden.

TREFF – International Education e.V.

Negelerstraße 25, 72764 Reutlingen
Tel.: 07121-696696-0, Fax: 07121-696696-9
info@treff-sprachreisen.de, www.treff-sprachreisen.de
Gegründet 1984

SCHULAUFENTHALTE IN DEN USA, IN KANADA, AUSTRALIEN & NEUSEELAND

Gemeinnützige Organisation mit langjähriger Erfahrung bei Durchführung von Schulaufenthalten.

TREFF kooperiert mit Austauschorganisationen in den USA, Schulbehörden in Kanada, Bildungsministerien in Australien und Schulen in Neuseeland und entsendet pro Jahr ca. 150–200 Teilnehmer. Jungen Menschen soll die Möglichkeit geboten werden, fremde Länder und Kulturen besser kennen zu lernen, Freundschaften zu entwickeln, sich mit Offenheit und Toleranz zu begegnen und Freundschaften zu schließen. So soll ein Beitrag zur besseren Völkerverständigung geleistet werden.

Altersstufe: 15–18 1/2 Jahre.

Anmeldefristen: Je nach Land, 4–2 Monate vor Programmbeginn.

Voraussetzungen: Wichtiger als ein bestimmter Notendurchschnitt sind die innere Einstellung, die Toleranz und die Fähigkeit, sich auf andere Menschen und ihre Lebensgewohnheiten einstellen zu können.

Bewerbungsverlauf: Persönliches Bewerbungsgespräch, ausführliche Beratung, ganztägiges Vorbereitungsseminar vor Abreise, Betreuung vor Ort durch jeweilige Partner (z.B. Partnerorganisation in den USA, Schulamt in Kanada) und durch TREFF, Nachtreffen der Returnees.

Kulturelle und touristische Angebote, Ausflüge: Je nach Land, z.B. durch das kanadische Schulamt organisierte Ausflüge, Exkursionen von Anbietern vor Ort.

Dauer des Aufenthalts: USA, Kanada: 1 Semester oder 2 Semester.
　　　　　　　　　Australien, Neuseeland: 1, 2, 3 oder 4 Terms (Quartale).

Programmgebühren, Stipendien, Zusatzkosten: Abhängig von Land und Dauer, z.B.
1 Schuljahr USA 7.300 €, 1 Semester Kanada ab 9.200 €, 1 Term Australien ab 6.700 €,
1 Term Neuseeland ab 6.300 €. Flug und Krankenversicherung im Preis enthalten.
Teilstipendium bis zu 1.500 € möglich.

Zusatzkosten: Taschengeld, Visumgebühren, Reise-Rücktrittskosten-Versicherung, Schuluniform (falls nötig).

Partner: USA: von CSIET anerkannte Austauschorganisationen, z.B. ISE.
　　　　　Kanada: International Student Progam des jeweiligen Schulamts.
　　　　　Australien: die Kultusministerien der Bundesstaaten.
　　　　　Neuseeland: die Schulen direkt.

Sonstiges: In Kanada, Australien und Neuseeland kann man die Schule/Region auswählen. Die Mitarbeiter von TREFF bereisen die angebotenen Länder regelmäßig und treffen sich vor Ort mit den verantwortlichen Mitarbeitern der Partnerorganisationen, Schulämter, Schulen und Kultusministerien.
Alle Teilnehmer bzw. die Eltern haben bei TREFF einen persönlichen und kompetenten Ansprechpartner, der sich im jeweiligen Land bestens auskennt.

Southern Cross

Friedrichstr. 37, 70174 Stuttgart
Tel.: 0711- 3803416, Fax: 0711-3803417
m.noack@southerncross.eu
www.highschool-downunder.com
Bürozeiten: Mo-Fr 8.30-16.30 Uhr
Gründungsjahr: 1998
Ansprechpartner: Margit Noack

Highschool Aufenthalte an staatl. und privaten Schulen in Australien und Neuseeland

Anzahl der jährl. Vermittlungen: 200

Altersstufe: 14 – 18 Jahre

Bewerbungsfrist: keine bestimmten Anmeldefristen
Siehe www.highschool-downunder.com

Voraussetzungen: englische Grundkenntnisse

Bewerbungsverlauf: individuelle Beratung beim Kunden zu Hause (auch abends und am Wochenende möglich) oder in einem unserer Büros

- Platzierung in einer selbstgewählten und von uns empfohlenen Schule
- Vertrag nach deutschen Reiserecht inkl. Schul-, Gastfamilien-, Abreise- und Preisgarantie

Vorbereitung: Einführungsveranstaltung gemeinsam mit den Eltern in Deutschland, z.B. in Stuttgart, Düsseldorf oder Hamburg, Guidebook für die Schüler

Betreuung: betreute Gruppenflüge, deutschsprachige Anlaufstelle in Sydney für Notfälle

Touristische, kulturelle Angebote: eigene Reiseangebote für die Termferien, siehe www.highschool-downunder.com

Dauer des Aufenthalts: mind. 1 Term (ca. 3 Monate), Details auf der Webseite

Abreisezeit: verschiedene Termine. Bitte auf der Webseite nachschlagen

Programmgebühren: siehe www.highschool-downunder.com

Zusatzkosten: siehe www.highschool-downunder.com

Staatsangehörigkeit: das Programm wendet sich an Deutsche, Österreicher und Schweizer sowie an andere EU-Bürger

Study Nelson Ltd. – Bildungsberatungsagentur für Neuseeland

284 Trafalgar Street, Nelson 7040, Neuseeland
Telefon: +64 3 546 6338, Fax: +64 3 545 9227
info@studynelson.com, www.studynelson.com
Gründungsjahr: 1999
Ansprechpartner: Birgit Neumann

Anzahl der jährl. Vermittlungen: Ca. 80 im Schulprogramm

Selbst vor Ort als einzige deutsche Austauschorganisation mit Hauptsitz in Neuseeland

Altersbegrenzung (Mindest- od. Höchstalter): Mindestalter: 14 Jahre

Anmelde- / Bewerbungsfrist: 4 bis 6 Monate vor gewünschtem Starttermin, aufgrund des Standorts in Neuseeland sind auch kurzfristige Anträge möglich.

Besondere Voraussetzungen: Schüler sollten einen guten Notendurchschnitt vor allem im Fach Englisch haben sowie aufgeschlossen und tolerant gegenüber fremden Kulturen sein.

Bewerbungsverlauf: Persönliche Gespräche in Deutschland sowie ausführliche telefonische Beratung.

Vorbereitung: Informationsveranstaltungen und Vor- und Nachbereitungstreffen in Deutschland sowie einwöchiger Einführungskurs nach der Ankunft vor Ort in Neuseeland.

Betreuung: Persönliche und zuverlässige Betreuung vor Ort, schulische Begleitung durch deutsche Diplompädagogin, 24 Stunden Notruf Telefon, Regelmäßige Newsletter, Berichte als Information für die Eltern

Ausflüge, touristische und kulturelle Angebote: Aktivitätenprogramm während der Schulzeit und betreute Schülerreisen während der Ferien (www.studenttours.co.nz)

Dauer des Aufenthalts: 3, 6, 9 oder 12 Monate bzw. 18 Monate, die zum Schulabschluss in Neuseeland (NCEA) führen.

Abreisezeit: Januar, April, Juli, Oktober

Programmgebühren: Kosten für 2 Schulterms ab 10.980 Euro (inkl. Gebühren für Flug, Versicherung und Unterkunft mit Vollverpflegung und persönlicher Betreuung)

Zusatzkosten: Schuluniform: ca. 200 Euro, Visagebühr: ca. 100 Euro, Taschengeld

Stipendien: Es werden Teilstipendien angeboten, Bedingungen und Informationen siehe www.studynelson.com

Staatsangehörigkeit: Keine bestimmte Staatsangehörigkeit erforderlich.

Sonstiges: Individuelle Neuseelandreisen für Eltern: www.nzdirect.co.nz und Erwachsenenprogramm für die Zeit nach der Schule: www.auszeitneuseeland.com

Deutsche Stiftung United World Colleges (UWC)

Darmstädter Landstraße 110
60598 Frankfurt am Main
Tel.: 069 – 6330 7563, Fax: 069 – 6330 7623
stiftungsbuero@uwc.de, www.uwc.de
Bürozeiten: Mo-Fr 9.00 – 17.00 Uhr
Gründungsjahr: 1995
Ansprechpartner: Frau Hanne Soulis, Frau Nadine Schaal

Anzahl der jährl. Vermittlungen: 20 – 25

Partnerorganisation: UWC Network Deutschland e.V.

Altersbegrenzung (Mindest- od. Höchstalter): Mindestens 15 und nicht älter als 16 Jahre bei Bewerbungsschluss

Anmelde- / Bewerbungsfrist: Jeweils der 15. Dezember des dem ersten Collegejahr vorausgehenden Jahres

Besondere Voraussetzungen: Bewerber müssen mindestens die 10. Klasse besuchen

Bewerbungsverlauf: Vorauswahl und 3-tägiges Auswahlwochenende mit Einzelgesprächen, Gruppenaufgaben, Präsentationen

Vor- u. Nachbereitung: Vorbereitungstreffen für SchülerInnen und Eltern; Jahrestreffen derzeitiger SchülerInnen; Nachbereitungstreffen

Betreuung: Durch die Geschäftsstelle, Alumni-Netzwerk und Betreuer vor Ort am College

Ausflüge, touristische und kulturelle Angebote: Je nach Land und College gegeben

Dauer des Aufenthalts: 2 Jahre

Abreisezeit: I.d.R. September, für Swasiland Januar

Ungefähre Zusatzkosten: Je nach College

Stipendien: Vergabe von Teil- und Vollstipendien nach Bedarf

Staatsangehörigkeit: Voraussetzung ist, dass mind. ein Elternteil in Deutschland steuer- oder sozialabgabenpflichtig ist

Länder: USA, Kanada, Costa Rica, Niederlande, Bosnien & Herzegowina, Wales/Großbritannien, Singapur, Hong Kong, Italien, Norwegen, Indien, Swasiland, Venezuela

Sonstiges: Abschluss mit dem International Baccalaureate (IB), in Deutschland als Abitur anerkannt

Xplore GmbH

Theodorstr. 48
22761 Hamburg (+ Büros in Berlin und Köln)
Tel.: 040.429 336 00, Fax: 040.429 336 11
info@xplore.de, www.xplore.de
Öffnungszeiten: Mo–Fr 9.00–17.00 Uhr
Ansprechpartner: Heike Pätzel, Heike.Paetzel@xplore.de

Neue Organisation mit routinierten Mitarbeitern, die über 20 Jahre Erfahrung bei der Vermittlung von Gastschulaufenthalten aufweisen.

Anzahl der jährl. Vermittlungen: Ca. 150–200

Länder: USA, Kanada, Australien, Neuseeland, Argentinien, Brasilien, Singapur, England, Indien, Irland, Skandinavien (Dänemark, Finnland, Norwegen, Schweden). In einigen Programmen gibt es freie Wahlmöglichkeiten für Regionen oder Schulen!

Altersbegrenzung: Ca. 14–18 Jahre

Bewerbungsfrist: Je nach Land und Abreisetermin.

Voraussetzungen: Offenheit, kommunikativer Charakter, Integrationsfähigkeit, Bereitschaft, sich auf ein anderes Leben und andere Menschen einzulassen sowie die Sprache zu lernen.

Bewerbungsverlauf: Jeder Bewerber wird individuell beraten, telefonisch oder persönlich.

Vor- u. Nachbereitung: Zwei- bis dreistündiges Beratungs- und Bewerbungsgespräch, eintägiger Vorbereitungs-Workshop und zusätzliche Seminare im Programmland (z.B. New York, Toronto, Singapur). Mehrtägiges Nachtreffen inkl. Unterkunft, Verpflegung und Aktivitäten in Deutschland.

Betreuung: 24-Stunden „Help Line" unserer Auslandspartner, lokale Betreuer vor Ort, feste Ansprechpartner für Eltern und Schüler in Deutschland.

Ausflüge, touristische und kulturelle Angebote: Je nach Programmland, z.B. Reisen nach Vietnam (Singapur), Patagonien (Argentinien), ins Outback oder nach Sydney (Australien).

Dauer des Aufenthalts: 3 bis 12 Monate, z.T. Verlängerung auf 2 Jahre möglich.

Abreisezeit: Januar bzw. Februar, April oder Juli bzw. August

Programmgebühren: Je nach Programmland und -dauer, ab € 5.750

Extrakosten: ca. € 150/Monat Taschengeld, Flug, evt. Versicherung (in manchen Programmen bereits enthalten), Schulbücher, evt. Schuluniform, Visumsgebühren

Stipendien: Vollstipendium Brasilien, Teilstipendium für die USA und Neuseeland

Zweijähriges Oberstufenmodel an einem UWC

Deutsche Stiftung UWC, United World College
Darmstädter Landstr. 110, D-60598 Frankfurt,
T. 069 63307563, F. 069 6330 7623, stiftungsbuero@uwc.de, www. uwc.de
UWC Network Austria, Postfach 49, A-1150 Wien, T. +43 680 1245 215,
selection@uwc.ac.at, www.uwcaustria.net
Swiss Association for the United World Colleges, Daria Zogg (Sekretariat),
T. +41 079 677 16 56, www.uwc.ch/d

Gruppe internationaler Schulen, in denen Schüler aus über 120 Ländern zwei Jahre lang gemeinsam leben und lernen, und ihre Schulausbildung mit einem internationalen Abschluss, dem International Baccalaureate (IB) Diplom beenden. Die Schulen befinden sich in Bosnien-Herzegowina, Costa Rica, Hong Kong, Indien, Italien, Kanada, Norwegen, Singapur, Swasiland, den USA und Wales.

Alljährlich werden Plätze für den zweijährigen Besuch eines Colleges vergeben; bei Bedarf erhalten die Schüler Teil- oder Vollstipendien. Bewerbungsfristen meist im Dezember oder Januar.

Deutsche Bewerber sind zum Zeitpunkt des Bewerbungsschlusses mindestens 15 und noch nicht älter als 16 Jahre alt, besuchen mindestens die 10. Klasse und haben mindestens ein in Deutschland lebendes Elternteil (bzw. Erziehungsberechtigten). Schweizer Bewerber sind in ihrem ersten Jahr am UWC idealerweise 16 oder 17 Jahre alt und richten ihre Bewerbung mittels eines handgeschriebenen Briefes an Herrn Jürgen Capitain, Pädagogische Hochschule Zürich, Sihlhof LAA 214, Lagerstr. 5, CH-8090 Zürich. Beigefügt werden müssen außerdem ein Lebenslauf mit Passfoto und Angabe der wichtigsten Personalien, Kopien der ID bzw. des Passes und der letzten beiden Zeugnisse, je ein Empfehlungsschreiben eines Lehrers und einer nicht verwandten Person sowie die Zustimmung der Eltern. Österreichische Kandidaten besuchen zum Zeitpunkt der Bewerbung die 6. oder 7. Klasse einer AHS bzw. die 2. oder 3. Klasse einer BHS/ORG, sind zwischen 15 und 17 Jahre alt, verfügen über gute Englisch-Kenntnisse, haben keine Schwierigkeiten im schulischen Bereich und besitzen die österreichische Staatsbürgerschaft oder haben ihren Lebensmittelpunkt in Österreich. Die Auswahl erfolgt in drei Stufen: schriftliche Vorauswahl, Auswahlwochenende und Endauswahl.

EVZ-Stipendium

Stiftung EVZ,
AP Sonja Böhme, T. 030 259297-74, F. 030 259297-11, boehme@stiftung-evz.de
www.stiftung-evz.de/foerderung/stipendien/schueleraustausch

Die Stiftung „Erinnerung, Verantwortung und Zukunft" vergibt jährlich Voll- und Teilstipendien für einen Schüleraustausch zwischen Deutschland und Mittel- und Osteuropa, dessen Teilnehmer entweder Angehörige ehemaliger Zwangsarbeiter und anderer NS-Opfer sind oder die sich in ihren Heimatländern mit Fragen der Zwangsarbeit oder des Nationalsozialismus auseinandergesetzt haben.

Schülerstipendium Asien und Türkei

AFS Interkulturelle Begegnungen e.V.,
Postfach 50 01 42, D-22701 Hamburg, Friedensallee 48, D-22765 Hamburg,
AP Daniel Kober, T. 02841 6022551, H. 0172 4175751, daniel.kober@afs.org,
www.afs.de
Die Stiftung Mercator ermöglicht es mit Teilstipendien alljährlich zehn fünfzehn- bis
siebzehnjährigen Schülern aus Deutschland und der Schweiz, ein Jahr in Asien oder
der Türkei zu verbringen. Auswahl und Betreut vom AFS. Bewerben kann sich, wer
derzeit die 10. Klasse besucht oder gerade abgeschlossen hat.

Voltaire

Pädagogischer Austauschdienst,
T. 030 459 793 51, F. 030 459 793-55, voltaire@centre-francais.de,
www.kmk-pad.org/programme/stipendienprogramm-voltaire.html
Dt.-frz. Schüleraustausch, der durch das DFJW, den PAD der KMK und die Stiftung Genshagen koordiniert wird und je 300 deutschen und französischen Schülern
zwischen 15 und 16 Jahren die Möglichkeit gibt, für ein halbes Jahr in einer Gastfamilie des Partnerlandes zu leben und eine deutsche bzw. französische Schule zu besuchen. Deutsche Schüler reisen Anfang September nach Frankreich; der Gegenbesuch
der französischen Schüler erfolgt im März. Die Teilnehmer erhalten einen pauschalen
Fahrtkostenzuschuss sowie einen Zuschuss zu den Unterhaltskosten von derzeit 250 €.
Die Bewerbungsunterlagen sind teils auf Französisch auszufüllen und enthalten
u.a. eine Stellungnahme der Schule und die Einverständniserklärung der Eltern sowie
Kopien der letzten beiden Zeugnisse. Bewerbungsschluss im Oktober eines jeden
Jahres.
Warum nicht mal andersrum? Hier der Bericht einer Französin, die ein halbes Jahr
in Deutschland mit Voltaire verbrachte:

Erfahrungsbericht – Sechs Monate Deutschland

Von ihren Erfahrungen berichtet die Französin Magali, die sich über Voltaire
ein halbes Jahr in Deutschland aufhielt:

„Ein Schüleraustausch mit England weckte in mir die Leidenschaft für Fremdsprachen. Seitdem antworte ich auf die Frage nach meinem Berufswunsch mit
„mehrsprachig", doch leider ist das ja kein richtiger Beruf ... Aber wenn ich mir
einmal etwas in den Kopf gesetzt habe, setze ich auch alles daran, den Wunsch in
Erfüllung gehen zu lassen. Deswegen hatte ich vor, meine gesamte „première",
also die elfte Klasse, in Deutschland zu verbringen. Doch ein ganzes Jahr war entschieden zu viel für meine Mutter, deren einzige Tochter ich bin. Als sie vom Voltaire Programm hörte, fand sie das viel besser, hegte aber dennoch Zweifel.

Auch ich selber war innerlich zerrissen und habe viel über die Vor- und Nachteile nachgedacht:

„Durch einen Auslandsaufenthalt lerne ich die Sprache schneller und einfacher als in der Schule, und das ist es, was ich wirklich möchte." – „Aber was ist wenn deine Gastfamilie schrecklich ist?" – „Ach Quatsch! Wenn sie am Voltaire Programm teilnimmt, kann sie nur nett sein!" – „Aber sechs Monate können ganz schön lange dauern! Außerdem warst du noch nie länger von zu Hause weg als zwei Wochen!" – „Um so länger ist die Zeit, in der ich reife! Dazu kommt, dass ich ein eigenes Handy bekomme, ferner ein Konto mit 500 €, die ich ausgeben darf. So fühle ich mich erwachsener!" – „Du spinnst! Du vergisst dein Umfeld, das sehr traurig sein wird, wenn du nicht mehr da bist!" – „Okay, ich muss zugeben, dass ich es vermissen werde, aber naja ... Dafür werden wir noch glücklicher sein, wenn wir uns wieder sehen! Zudem verpasse ich keine wichtigen Prüfungen, wenn ich in Deutschland bin!" – „Na gut! Du hast gewonnen, die Vorteile überwiegen wirklich!"

Und so habe ich mich entschieden: ein sechsmonatiger Aufenthalt in Deutschland war wirklich die Chance meines Lebens. Und warum Deutschland? - Nun ja, meine erste Deutschlehrerin entfachte in mir das Feuer für die deutsche Sprache, und meine zweite ließ dieses noch wachsen. Außerdem möchte ich mithelfen, mein Land mit seinem „Feind" zu versöhnen. Es kann doch nicht sein, dass zwei Nachbarländer, die dazu noch beide zur EU gehören, weiterhin miteinander verfeindet sind.

Eine Woche vor meiner Abreise nach Deutschland konnte ich mir überhaupt nicht vorstellen, meine Stadt Amiens zu verlassen. Das kam daher, dass ich viel zu viel für die Schule zu tun hatte, so dass ich noch nicht einmal Zeit hatte, meine Koffer zu packen. Aber ich begann es zu begreifen, als die Verabschiedung von meinen Freunden näher rückte. Danach war mein großer Bruder an der Reihe, und als dies überstanden war, verabschiedete ich mich von meinen Omas und anschließend von meiner Kusine – das war besonders schwer. Eigentlich waren alle Abschiede nicht einfach zu ertragen, ich habe viel geweint.

Ende Februar war der Tag dann gekommen. Mein Gepäck wurde ins Auto verladen und los ging's. Während der Fahrt war die Stimmung merkwürdig; als ob wir in den Urlaub führen und nicht, als würden wir für sechs Monate getrennt voneinander leben.

Nach vier Stunden erreichten wir unser Ziel im Schnee. Mein Vater fragte ungefähr fünfmal, und jedes Mal falsch: „Können Sie misch sagen bitte wo isch kann finden (H)ändelstraße?" Eine weitere Stunde später waren wir da: Meine Gastmutter wartete schon an der Tür und hieß uns willkommen. Dann stellten wir uns der ganzen Familie vor, aßen zusammen und alle erhielten ihre Gastgeschenke. Am nächsten Tag musste ich mich nun auch vom Rest der Familie verabschieden. In den Augen meiner Mutter bildeten sich Tränen, und auch ich musste weinen ...

Am ersten März ging es dann in der 10. Klasse richtig los - doch leider nicht für mich, weil ich nichts verstand. Ich gewöhnte mich aber schnell an das deutsche Schulsystem, das sich sehr vom französischen unterscheidet. Der Unterricht ist beispielsweise viel mündlicher ausgerichtet, und die Lehrer haben eine bessere Beziehung zu den Schülern. Außerdem ist der Inhalt der Stunden sehr anders, so hatten wir z.B. in Sport auch so manche Theoriestunde, und einmal haben wir sogar Fangen gespielt! Das hätten wir in Frankreich nie gemacht, außer vielleicht in der Grundschule. Der Matheunterricht war für mich auch komisch. Erst lernten wir die Logarithmen, was mein Bruder im Abi macht, und dann waren Kosinus, Sinus und Tangens an der Reihe, was ich drei Jahre zuvor schon gelernt hatte.

Als letzter Unterschied bliebe noch anzuführen, dass deutsche Schüler in Englisch ein viel höheres Niveau haben - wodurch sich auch meine Schwierigkeiten erklären; es ist ja allgemein bekannt, dass Franzosen nicht so gut in Fremdsprachen sind. Aber die Lehrer waren sehr verständnisvoll. Das ist vielleicht auch ein Grund, warum mein Zeugnis so gut aussieht ...

Des Weiteren fand ich auch sehr gut, dass der Unterricht nur vormittags stattfand. Aus all diesen Gründen finde ich das französische Schulsystem wirklich doof - Schule ist wirklich nicht das Wichtigste im Leben! In Deutschland hat man nachmittags auch mal Zeit, etwas anderes zu machen.

So nutzte ich zum Beispiel meine Freizeit ausgiebig. Da war zum einen der Schulchor, an dem ich jeden Montagnachmittag teilnahm, ganz ohne meine Gastschwester. Dann gab es den Teeniekreis von unserer Gemeinde, bei dem ich mit zehn anderen Jungen und Mädchen und vier Mitarbeitern sang, bastelte, kochte, redete und insgesamt sehr viel Spaß hatte. Außerdem war ich noch im Jugendzirkus, bei dem ich fast jeden Freitag und einmal im Monat auch samstags Training hatte. Ich probierte dort viele verschiedene Sachen aus: Rola, Keulenjonglage, Akrobatik, Tanz, Feuer, Ringtrapez, Trapez, und sogar das Schwungtrapez! Im Sommer hatten wir ein zweiwöchiges Camp. In der ersten Woche stellten wir ein Programm fertig, und in der zweiten Woche präsentierten wir es in einem Zelt.

Jeden Abend um zehn vor acht sah ich mit meiner Gastschwester die Nachrichten. Zuerst schauten wir die Nachrichten für Kinder, was gut war, weil ich sie besser verstand als die folgende eigentliche Nachrichtensendung: „Hier ist das erste deutsche Fernsehen mit der Tagesschau ...“

Sehr wichtig war mir auch mein Tagebuch, dem ich pro Tag ungefähr eine Stunde widmete. Soviel Zeit brauchte ich, um all meine Erlebnisse niederzuschreiben, Flyer und Werbungen von o.g. Aktivitäten sowie Fotos davon einzukleben. Ich wollte einfach, dass mein Tagebuch richtig schön wird.

Die deutsche Lebensweise unterschied sich doch in einigen Punkten von der französischen. Beispiel: das Essen. Neu war für mich, dass wir fast nie mit der ganzen Familie zusammen aßen. Morgens frühstückte ich mit meiner Gastschwester und ihrer Mutter, mittags aßen wir drei mit meinem Gastbruder, und abends war ich meist allein mit meiner Gastschwester am Tisch. Nur Sonntagmittag speisten wir alle zusammen. Bei mir zu Hause wird dagegen fast jede Mahlzeit gemeinsam eingenommen. Auch das Essen selber war ganz anders: was ich in Frankreich zum Frühstück esse (Müsli) aß ich in Deutschland abends, und zum Frühstück aß ich wiederum das, was ich normalerweise abends esse. Es gab auch nicht fünf Gänge, wie von Zuhause gewohnt, sondern es wurde alles nebeneinander angeboten.

Ein anderes Thema ist die Rolle von Frau und Mann. Ich habe den Eindruck, dass die Stellung des Mannes in Deutschland viel wichtiger ist als die der Frau. Meist sind nämlich die Frauen im Haushalt tätig. Das liegt daran, dass die Kinder schon mittags zu Hause sind und nachmittags wenig in Einrichtungen betreut werden können. Aber warum gibt es fast keine Hausmänner??

Hätte ich vor diesem Auslandsjahr geglaubt, dass ich ein Jahr später in Deutschland wohnen würde? Nein, bestimmt nicht! Und warum? Weil ich noch nie länger als zwei Wochen von meinen Eltern getrennt war und dachte, dass ich das nicht schaffen würde. Aber weil ich es geschafft habe, weiß ich nun, dass ich gereift bin. In diesen sechs Monaten habe ich viel gelernt. Natürlich kann ich jetzt viel besser Deutsch - und habe keine Angst mehr, Fehler zu begehen!
Fazit zum Voltaire Programms: einfach großartig!"

Magali und ihre Voltaire-Austauschpartnerin

Brigitte Sauzay

DFJW,
T. 030 288 757-15, F. 030 288 757-88, hamet@dfjw.org,
www.dfjw.org/brigitte-sauzay-programm
Das individuelle, dt.-frz. Schüleraustauschprogramm wird vom DFJ durch Fahrtkostenzuschüssen unterstützt und richtet sich hauptsächlich an Schüler der Jahrgangsstufen 9-11, die einen mindestens dreimonatigen Aufenthalt im Partnerland verbringen möchten. Bewerber sollten über angemessene Französischkenntnisse verfügen und müssen sich Gastschule und Austauschpartner selber suchen. Deutsche Schüler reisen in der Regel Anfang des Schuljahres (Herbst) nach Frankreich; französische Schüler kommen im Frühjahr. Der Antrag auf Freistellung vom Unterricht ist an das zuständige staatliche Schulamt zu richten.
Bewerbungen laufend, jedoch möglichst spätestens drei Monate vor Beginn der Reise. Zusammen mit den Bewerbungsformularen, von denen ein Exemplar an die französische Schule weitergeleitet wird, ist der Antrag auf Fahrtkostenzuschuss mindestens einen Monat vor Ausreise an das DFJW einzureichen.

Heinrich Heine

DFJW,
T. 030 288 757-0, F. 030 288 757-88, www.dfjw.org
Schüleraustauschprogramm, gefördert vom französische Erziehungsministerium, den Kultusministerien bzw. Senatsverwaltungen der sich beteiligenden Bundesländer sowie dem DFJW und dem PAD. Das Programm richtet sich an Schüler der Klassenstufen 9, 10 und 11, die bei Beginn des Austausches das Niveau B1 der Partnersprache erreicht bzw. eine Sprachkompetenz in der Partnersprache erreicht haben, die einen sinnvollen Austausch erlaubt. Der Austausch wird von den jeweiligen Familien privat organisiert und sollte zwischen drei und acht Wochen dauern, davon mindestens zwei Wochen während der Schulzeit.

Kopernikus

Staatliches Schulamt Cottbus,
Blechenstr. 1, D-03046 Cottbus, T. 0355 4866516, F. 0355 4866598,
Petra.Weiszflog@Schulaemter.Brandenburg.de, www.stiftung-toleranz.de,
www.dpjw.de
Das bilaterale, brandenburgisch-polnische Schüleraustauschprogramm, das von der F.C.Flick-Stiftung gegen Fremdenfeindlichkeit, Rassismus und Intoleranz und vom Deutsch-Polnischen Jugendwerk (DPJW) gefördert wird, erlaubt es Schülern mit guten Deutsch- und Polnischkenntnissen, ausreichend guten schulischen Leistungen und einem signifikanten Interesse an Polen, ein halbes Jahr lang den Alltag in einer polnischen Gastfamilie mitzuerleben und eine polnische Schule zu besuchen.

Individueller Schüleraustausch

DPJW,
Förderreferat Schüleraustausch, AP Dominika Gaik, T. 022 5188 938,
dominika.gaik@dpjw.org, www.dpjw.de
Schüler aus ganz Deutschland ab der neunten Klasse, die Basiskenntnisse im Polnischen haben und deren Teilnahme durch die Schulleitung bzw. die zuständige Schulbehörde genehmigt wurde, können sich um drei- bis sechsmonatige Aufenthalte in polnischen Gastfamilien bewerben, sofern ihre Eltern im Gegenzug bereit sind, einen polnischen Schüler aufzunehmen. Wer noch keine Sprachkenntnisse hat, wird zu einem Tandemsprachkurs eingeladen.

Die deutschen Teilnehmer bekommen von der F. C. Flick Stiftung gegen Fremdenfeindlichkeit, Rassismus und Intoleranz ein monatliches Taschengeld von 100 € sowie einen Fahrtkostenzuschuss.

Bewerbungen jederzeit, aber spätestens bis zum 30. Juni (für das Winterhalbjahr) bzw. bis zum 31. Dezember (für das Sommerhalbjahr). Zu den Unterlagen gehören ein Antrag auf Förderung, eine Kopie des Formulars „Informationen für die Gastfamilie", ein zweiseitiges Motivationsschreiben, Kopien der Versicherungspolice und des letzten Zeugnisses sowie ggf. eine Kopie der Bestätigung über Sprachkenntnisse in polnischer Sprache.

Parlamentarisches Patenschaftsprogramm (PPP)

Deutscher Bundestag,
Platz der Republik 1, D-11011 Berlin, T. 030 227 39336, mail@bundestag.de,
www.bundestag.de

Deutscher Bundestag (Foto:AS)

Das Stipendienprogramm des deutschen Bundestags und des amerikanischen Kongresses ermöglicht es alljährlich 300 deutschen und amerikanischen Schülern, ein Jahr als Gastschüler im jeweils anderen Land zu verbringen. Neben den Reisekosten werden Verwaltungs- und Versicherungskosten übernommen. Die Stipendiaten müssen dagegen selber für das Taschengeld aufkommen, das erfahrungsgemäß etwa 150 US$ pro Monat beträgt. Auch die Kosten der Reise zum Auswahlgespräch müssen vom Bewerber getragen werden.

Zuständige Organisationen sind derzeit, je nach Wahlkreis, AFS, Experiment, GIVE, Partnership International und Youth For Understanding.

Für 15- bis 17-jährige Schüler mit erstem Wohnsitz in Deutschland, und guten Schulleistungen. Näheres im Internet unter „Europa und Internationales".

Erfahrungsbericht – Austauschjahr USA

Von ihren Erfahrungen als PPP-Stipendiatin erzählt *Lea*, die ein Austauschjahr in der Nähe der Stadt Charlotte in North Carolina verbrachte:

„Ich erhielt das PPP-Stipendium in meinem Wahlkreis und hatte somit nicht nur ein voll bezahltes Auslandsjahr, sondern auch einige Besonderheiten, die mein Jahr von anderen Austauschen unterschieden. Das fing schon mit der Bewerbung an – nachdem ich die Unterlagen mit der Selbstbeschreibung und dem Motivationsschreiben abgeschickt hatte, bekam ich eine Einladung zu einem Vorstellungsgespräch. In der Universität Münster trafen sich alle, die sich auf das Stipendium im Wahlkreis Hamm-Unna beworben hatten. Es wurden Gruppen- und Einzelgespräche geführt. Dabei kam es nicht auf gute Zeugnisse an, auch nicht auf die Englischnote; es ging viel mehr darum, offen für Neues zu sein, sich zu engagieren und Motivation zu zeigen. Ich persönlich engagiere mich in verschiedenen Medienprojekten und bin politisch aktiv; auch Musik zählt zu meinen Hobbys. Nach dem Gruppeninterview wurden drei Bewerber ausgewählt, aus denen der im Wahlkreis aufgestellte Bundestagsabgeordnete den Stipendiaten bestimmte.

Bevor ich mich im Sommer auf den Weg nach Amerika machte, gab es ein verpflichtendes Vorbereitungsseminar, bei dem sich alle Stipendiaten des PPP-Stipendiums meiner Organisation mit einer Gruppe von Mitarbeitern eine Woche lang in einem kleinen Ort in Niedersachsen trafen. Die Mitarbeiter, zum größten Teil ehrenamtlich Aktive, waren alle selber mit dem PPP-Stipendium in Amerika gewesen und wussten, welche Ängste und Erwartungen wir hatten und wie man uns am besten auf das kommende Jahr vorbereiten könnte. Es war eine tolle Woche, sämtliche meiner Befürchtungen wurden angesprochen und alle meine Fragen beantwortet. Neben Gesprächen über Schule, Gastfamilien und Gewohnheiten der Amerikaner gab es nützliche Tipps, wie man am besten mit dem „Culture Shock" umginge. Nachdem die Woche vorüber war, wären wir alle am liebsten direkt in den Flieger gestiegen – Goodbye Deutschland! Doch noch mussten wir uns gedulden, es ging erst im August los.

Wir trafen uns am Flughafen in Frankfurt und flogen zusammen nach Washington D.C., wo uns ein Team der amerikanischen Partnerorganisation CIEE erwartete, um mit uns ein Wochenende in der amerikanischen Hauptstadt zu verbringen und uns dann in unsere Gastfamilien zu entlassen. Für die meisten war es der erste Kontakt mit Amerika – eine Menge Eindrücke, die erst einmal zu verarbeiten waren! Ich war froh, noch immer in Gesellschaft der anderen PPP-Schüler zu sein.

Nach zwei Tagen Kultur und Sightseeing flogen wir in die verschiedenen Bundesstaaten, in denen unsere Gastfamilien auf uns warteten. Einige von uns lebten sogar in der gleichen Stadt, ich persönlich war aber die einzige PPP-Stipendiatin in meinem Bundesstaat. In meiner Umgebung lebten allerdings Stipendiaten aus anderen Ländern, mit denen ich eine Menge unternahm, da es während des Jahres mehrere Treffen nur für PPP-Austauschschüler geben sollte. Wir fuhren beispielsweise zusammen in die Hauptstadt North Carolinas, Raleigh, um uns miteinander bekannt zu machen, und feierten gemeinsam Halloween und Silvester."

Im Rahmen ihres Stipendiums wurde Lea auch nach Richmond in Virginia eingeladen, wo ein Halbjahres-Seminar aller PPP Schüler stattfand. „Wir sprachen über unsere bisherigen Erfahrungen, über Probleme, die verschiedenen Lebensumfelder und über unsere Schulen. Es war erstaunlich, wie viel alle zu berichten hatten.

Der interessanteste und lehrreichste PP-Ausflug ging nach Raleigh. Sowohl amerikanische High School Schüler als auch Austauschschüler bekamen die Möglichkeit, als so genannte „Pagen" des Gouverneurs eine Woche lang die Regierungsgebäude des Heimatstaats kennen zu lernen. Als eine Art Praktikantin arbeitete ich im Legislaturgebäude und in der Staatsbibliothek und verteilte interne Post zwischen den verschiedenen Ämtern und Regierungsstellen des Staates. Zwischendurch gab es verschiedene Führungen in den Gebäuden und Staatsmuseen, und ein persönliches Gespräch mit der Gouverneurin von North Carolina, Beverly Perdue. Es war eine tolle Möglichkeit, um die Regierungsvorgänge eines amerikanischen Staates besser nachzuvollziehen.

Nach einem Jahr ging es dann wieder nach Hause. Wir trafen uns in Washington D.C., wo alles begonnen hatte, um eine Art Nachbereitungs-Seminar zu besuchen. Es war spannend zu hören, welche Erfahrungen die anderen gemacht hatten. Alle hatten sich verändert und ein unglaubliches Jahr verbracht. Jetzt bin ich bin gespannt auf unser Nachbereitungsseminar in Deutschland."

Schweizer internationaler Schüleraustausch

Ch Stiftung,
www.ch-go.ch/programme/magellan
„Magellan" heißt das Austauschprogramm, mit dem Schweizer Schüler einen mehrwöchigen Aufenthalt an einer Schule außerhalb Europas durchführen können. Ansprechpartner der einzelnen Kantone auf:
www.echanges.ch/de/nationale_agentur/kantonale_anlaufstellen.php.

Schüleraustausch mit Russland

DRJA,
AP Merrit Wolff, T. 040 87 88 679-13, merrit.wolff@stiftung-drja.de, Meike Köhler,
T. 040 87 88 679-12, meike.koehler@stiftung-drja.de,
www.stiftung-drja.de/foerderung/schulischer-austausch/austausch
Fördert dreimonatige Gastschulaufenthalte von deutschen Schülern an russischen Schulen mit einem Stipendium, das 75% der Reisekosten abdeckt und eine Vor- und Nachbereitung beinhaltet. Auf Wunsch könnte auch ein Gegenbesuch eines russischen Gastschülers erfolgen. Das Stipendium ist von der Schule in Deutschland für ausgewählte Schüler zu beantragen. Ein ausführlicher Leitfaden findet sich auf der Homepage der Stiftung.

Bayerisch-Tschechisches Gastschuljahr

EUREGIO EGRENSIS, Arbeitgemeinschaft Bayern e.V.,
Fikentscherstr. 24, D-95615 Marktredwitz, T. 09231 6692-0, F. 09231 6692-29,
info@euregio-egrensis.de, www.euregio-egrensis.de/jugend/gastschuljahr_info.php
Mit diesem Projekt der Koordinierungs- und Informationsstelle für grenzüberschreitende Zusammenarbeit zwischen Deutschland und der Tschechischen Republik haben Schüler aus Deutschland und Tschechien die Möglichkeit, einen längeren Zeitraum im Nachbarland zu verbringen. Für bayerische Gymnasiasten im Alter von 16 bis 18 Jahren, die zwei bis drei Wochen an einer tschechischen Schule verbringen. Auch kurzfristige Anmeldung im laufenden Schuljahr sind möglich; allerdings muss die Bewerbung der EUREGIO mindestens 30 Tage vor Beginn des Austausches vorliegen. Die Geschäftsstelle in Marktredwitz übernimmt die Reisekosten zwischen dem deutschen Wohnort und dem tschechischen Gastschulort, außerdem zahlt die Euregio einen Einführungskurs in die tschechische Sprache und die Versicherung der Gastschüler. Bei der Online-Bewerbung werden u.a. Gewohnheiten, Vorlieben und Hobbys der Gastschüler abgefragt, was bei der Suche nach einer geeigneten Gastfamilie hilft.

Binnenaustauschprogramm Schweizer Mittelschulen

Ch Stiftung,
www.ch-go.ch/programme/rousseau
„Rousseau" nennt sich das Austauschprogramm für Schüler von Schweizer Mittelschulen (Sekundarstufe II), bei dem ganze Klassen, Schülergruppen oder einzelne Schüler die in der Schule gelernte Fremdsprache in Gastfamilien anwenden. Der Austausch wird von den allen 26 Kantonen angeboten; Ansprechpartner auf:
www.echanges.ch/de/nationale_agentur/kantonale_anlaufstellen.php.

Schweizer Schulpartnerschaften

Ch Stiftung,
www.ch-go.ch/programme/pestalozzi/partnerschaften
Mit den Pestalozzi-Partnerschaften der Ch Stiftung haben einzelne Schweizer Schüler oder ganze Schulklassen die Möglichkeiten, den Schulalltag in einem anderen Landesteil kennen zu lernen.

Ferienaustausch Schweiz

Ch Stiftung, www.ch-go.ch
Elf- bis fünfzehnjährige Schweizer Schüler aus dem Nordwesten (Kantone AG, BL, BS, BE, FR, LU, SO, ZH), der Suisse romande (BE, JU, FR, GE, NE, VS, VD) und dem Tessin tauschen mit dem Mobilitätsprogramm „Pestalozzi" mit einem gleichaltrigen Partner aus einer der beiden anderen Regionen für eine bis zwei Wochen den Platz. Bewerbungen i.d.R. bis Ende Februar. Die Austauschverantwortlichen der einzelnen Kantone finden sich auf:
www.echanges.ch/de/nationale_agentur/kantonale_anlaufstellen.php.

Projekte

Jugendaustausch Westsibirien

Jugendumweltnetzwerk JANUN Hannover e.V.,
AP Felix Tietje, JANUN Hannover e.V., Bülowstraße 52/A6, D-10783 Berlin,
T. 0173 47 87 315, felix@feliz.de, www.sibirien.janun-hannover.de
Unterhält seit einigen Jahren Kontakte nach Jugra, in der Region des Chanty-Mansischen Autonomen Gebiets (CHMAO) in Westsibirien. Regelmäßig finden Jugendaustauschbegegnungen statt, bei denen junge Menschen aus Deutschland und Westsibirien in Workshops Gemeinsamkeiten und Unterschiede herausarbeiten. Inhaltliche Schwerpunkte liegen in den folgenden Bereichen: Auseinandersetzung mit Kultur, Tradition und Identität, Fortbildung von ehrenamtlich Tätigen in der Jugendarbeit, Kinder- und Jugendbeteiligung, Jugendarbeit, Natur- & Umweltschutz, NGO-Arbeit, Erlebnispädagogik, Formen der Projektarbeit, Alltag in Sibirien & Deutschland im Vergleich und nachhaltiger Tourismus.

Deutsch-indisches Schulprojekt

RBS,
AP Dr. Bettina Berns, T. 0711 46084-45, bettina.berns@bosch-stiftung.de,
www.bosch-stiftung.de
Von der RBS geförderte Programm für Schülern der Klassen 8-12 von allgemeinbildenden oder beruflichen Schulen in Baden-Württemberg, die der Bildungspartnerschaft Baden-Württemberg – Indien angehören. Über einen Zeitraum von zwei Jahren sollen deutsche und indische Schüler bei der Arbeit an einem gemeinsamen Projekt zusammenwachsen, interkulturelle Kompetenzen erwerben und Freundschaften knüpfen.
Für bis zu 10 Schüler einer Jahrgangsstufe, die gemeinsam mit einer indischen Partnergruppe ein Projektkonzept erarbeitet haben, das einer Jury vorgelegt wird. Aus allen Bewerbungen werden drei deutsch-indische Schultandems ausgewählt. Das Gros der gemeinsamen Projektarbeit läuft über E-Mail und das Internet ab, aber es stehen auch Besuche der deutschen Schüler in Indien und der indischen Schüler in Deutschland auf dem Programm.

Menschenrechte

EUROPEANS FOR PEACE,
Lindenstraße 20-25, D-10969 Berlin, T. 030 25 92 97 34, F. 030 25 92 97 11,
europeans-for-peace@stiftung-evz.de, www.europeans-for-peace.de
Unter dem Motto "Looking Back – Moving Forward" setzt sich das Förderprogramm für Menschenrechte ein. Jugendliche zwischen 14 und 21 Jahren untersuchen in internationalen Projekten historische und aktuelle Beispiele für Menschenrechtsverletzungen. Bewerben können sich, mittels einer Projektskizze, Partnerschaften von Schulen und Jugendgruppen aus Deutschland, Mittel-, Ost- und Südosteuropa oder Israel

sowie die Jugendlichen selbst. Die Stiftung übernimmt die Reisekosten der Gruppen zu den internationalen Projektbegegnungen, Unterbringungs- und Verpflegungskosten und Sachkosten für die Erarbeitung eines Projektproduktes und für die Präsentation der Ergebnisse. Neben der finanziellen Förderung haben die Projektverantwortlichen die Möglichkeit, an einer mehrtägigen internationalen Fortbildung zur inhaltlichen und methodischen Projektarbeit sowie der Verwaltung der Fördermittel teilzunehmen. Näheres zum aktuellen Ausschreibungsthema, Projektanregungen sowie eine umfangreiche Linksammlung auf der Website.

West-östlicher Schüler- und Jugendaustausch

Stiftung West-Östliche Begegnungen,
Mauerstr. 93, D-10117 Berlin, T. 030 2044840, F. 030 20647646,
info@stiftung-woeb.de, www.stiftung-woeb.de

Fördert Schüler- und Jugendaustauschprojekte zwischen Deutschland und den neuen unabhängigen Staaten auf dem Gebiet der früheren Sowjetunion sowie den baltischen Staaten, also Armenien, Aserbaidschan, Weißrussland, Estland, Georgien, Kasachstan, Kirgistan, Lettland, Litauen, die Republik Moldau, die Russische Föderation, Tadschikistan, Turkmenistan, die Ukraine und Usbekistan.

Mit den Fördermitteln werden Fahrtkosten, produktbezogene Sachkosten (z.B. Drukkosten für eine Dokumentation, Einladung, Durchführungskosten einer gemeinsamen Veranstaltung, etc.), Tagespauschalen und Zuschüsse zur Unterkunft bestritten.

Deutsch-Türkischer Schüleraustausch

RBS,
AP Maren Sauvant, H. 0162 3651325, schueleraustausch@gmx.de, Stella Voutta,
T. 0711 46084-858, F. 0711 46084-10858, stella.voutta@bosch-stiftung.de,
www.bosch-stiftung.de

Deutsche und türkische Schüler haben Gelegenheit, das jeweils andere Land intensiv kennen zu lernen und neue Kontakte zu knüpfen. Gefördert werden nicht Einzelpersonen, sondern Schülergruppen von 10-25 Teilnehmern, die in Projekten ihre interkulturellen, zivilgesellschaftlichen und demokratischen Kompetenzen ausbauen. Mögliche Projekte sind Theater- und Musikaufführungen, Recherchen zu gesellschaftlichen oder politischen Themen oder handwerkliche Projekte. Das Alter der Jugendlichen sollte zwischen 14 und 21 liegen. Besuch und Gegenbesuch dauern jeweils bis zu einer Woche, davon ist an mindestens 3 Tagen am Projekt zu arbeiten. Unterbringung in Gastfamilien. Fördermittel werden für die Vor- und Nachbereitungstreffen verantwortlicher Lehrkräfte, Reisekosten, Aufenthaltskosten (inkl. notwendiger Versicherungen, Eintrittsgelder etc.) sowie Projektdurchführungskosten (z.B. Arbeitsmaterial, Honorare) bereitgestellt.

Entwicklungspolitischer Austausch

ENSA-Programm,
Lützowufer 6-9, D-10785 Berlin, T. 030 25482237, F. 030 25482359,
AP Christine Blome, christine.blome@giz.de, www.ensa-programm.com
Fördert den entwicklungspolitischen Schulaustausch zwischen Deutschland und Ländern in Afrika, Asien und Lateinamerika finanziell; zahlt beispielsweise Zuschüsse von bis zu 70 % der Flugkosten und Aufenthalt, maximal 10.000 €. Außerdem werden die Teilnehmer durch Vor- und Nachbereitungsseminare unterstützt.

Teilnehmerkreis: 15- bis 24-jährige Schüler aller weiterführender Schulformen in Deutschland. Die Anträge sind nicht von den Schülern selbst, sondern von den weiterführenden Schulen bzw. Elternvereinen sowie Nichtregierungsorganisationen (NRO) in Kooperation mit diesen Schulen zu stellen. Die Antragsfrist liegt normalerweise zwischen Mai und September. Dem Antrag ist eine Vorstellung des Projektplans beizulegen, mit dem die teilnehmenden Schüler auch langfristig für Globales Lernen begeistert werden sollen. Der Austausch soll mindestens 18 Tage dauern; davon sind mindestens 14 Tage für das Projekt vorgesehen.

Den Auftakt fand das Programm im WM-Jahr 2006 mit Straßenfußballprojekten in Lateinamerika und Afrika; es fanden aber bereits mehr als 60 Projekte aus den verschiedensten Bereichen statt, von gemeinsamen Tischler- und Schneiderwerkstätten in Mosambik über Workshops zu globalen Wasserproblemen und zum Klimawandel mit philippinischen Schülern bis hin zur HIV-/Aids-Aufklärung in Südafrika.

Jugendbotschafter in Japan

RBS,
AP Andrea Tischer, T. 0711 46084187, andrea.tischer@bosch-stiftung.de.
www.bosch-stiftung.de/jugendbotschafter, http://blog.bosch-stiftung.de/jugendbotschafter
Deutsches Youth For Understanding Komitee e.V.,
Averhoffstr. 10, D-22085 Hamburg, T. 040 227002-0, F. 040 227002-27, info@yfu.de,
AP Kristin Woller, T. 040 22700253, F. 040 22700227, woller@yfu.de, www.yfu.de
Alljährlich haben bis zu zehn Schüler der Oberstufe ab 16 Jahren die Möglichkeit, als Jugendbotschafter nach Japan zu reisen.

Nach einem zweitägigen Vorbereitungsseminar geht's in den Großraum Tokio, wo zwei Wochen lang das moderne und traditionelle japanische Leben kennen gelernt werden kann. Die jungen Deutschen leben in japanischen Gastfamilien und besuchen japanische Schulen. Im Laufe der vierzehn Tage werden auch wichtige japanische Kulturstätten außerhalb Tokios besichtigt.

European Youth Parliaments

Europäisches Jugendparlament in Deutschland e.V.,
Sophienstr. 28-29, D-10178 Berlin, T. 030 28095155, F. 030 28095150, info@eyp.de,
AP Jan-Philipp Beck, T. 030 97005095, jp.beck@eypej.org, www.eyp.de
Europäisches Jugendparlament Österreich, EYP Austria,

Lassingleithnerplatz 2/3, A-1020 Wien, T. +43 699 17 122 717, F. +43 1 925 25 61,
info@eypaustria.org, AP Georg Krenn, georg.krenn@eypaustria.org,
www.eypaustria.org
Europäisches Jugendparlament Schweiz,
AP Konrad Staeger, konrad.staeger@eyp.ch, info@eyp.ch, www.eyp.ch
Dreimal jährlich finden internationale Sitzungen im Rahmen des European Youth Par-
liaments an wechselnden Orten in ganz Europa statt, bei denen bis zu 250 internationale junge Delegierte zusammentreffen, die in Teamarbeit politische Vorschläge und
Visionen für ein zukünftiges Europa entwickeln und gemäß parlamentarischem Prozedere in einer Parlamentssitzung debattieren. Die Veranstaltungen dauern jeweils zehn
Tage und werden von der Heinz-Schwarzkopf-Stiftung geleitet. Ziel ist es, die
Gemeinsamkeiten und Unterschiede kennen und verstehen zu lernen, Fremdsprachenkenntnisse zu erproben und sich in den gemeinsamen Diskussion wie auch privat
untereinander auszutauschen. Teilnehmen können junge Menschen zwischen 16 und
22 Jahren.

Zeitungsprojekt „Jugend und Europa"

DFJW und RBS,
AP Elsa Bothier, T. 030 2887 5726, bothier@dfjw.org, Irene Weinz,
T. 0711 460 84-160, F. 0711 460 84-10160, irene.weinz@bosch-stiftung.de,
www.bosch-stiftung.de
Ins Leben gerufen von der RBS und dem DFJW, führen deutsche und französische
Schülergruppen bei diesem Projekt gemeinsam Recherchen und Interviews zu selbstgewählten europäischen Fragestellungen durch und verfassen Artikel, die in den
jeweiligen Tageszeitungen ihrer Heimatregionen veröffentlicht werden. Bei der mindestens fünftägigen Begegnung arbeiten die Schüler in Teams von höchstens fünf Personen zusammen. Teilnehmen können Schüler der Sekundarstufen I und II der Gymnasien sowie der Real- und Berufsschulen, die über Grundkenntnisse des Französischen verfügen. Es bewirbt sich der Lehrer der jeweiligen Schulklasse; mit oder ohne
Hilfe des DFJW wird dann eine Partnerklasse in Frankreich gesucht. Das DFJW
gewährt einen Zuschuss zu den Fahrtkosten zum Ort der Begegnung. Bewerbungsfrist
jeweils im Oktober, von Januar bis Juni finden dann die Treffen der teilnehmenden
Gruppen statt. Die besten Beiträge werden im Herbst oder Winter bei einer Preisver-
leihung in Berlin gekürt.

Jugend in Aktion

Ch Stiftung,
www.ch-go.ch/programme/jugend-in-aktion
Die Schweizer Ch-Stiftung ermöglicht jungen Menschen zwischen 13 und 30 Jahren
mit dem Jugend-in-Aktion-Programm, allein oder in der Gruppe innerhalb der EU und
in benachbarten Ländern zu leben, sich an Projekten zu beteiligen und Kompetenzen
und Fähigkeiten aufzubauen, die sich zu Hause in dieser Form nicht erlernen lassen.
Mögliche Projekte sind neben Freiwilligeneinsätzen Jugendbegegnungen, Jugendini-

tiativen, Partizipative Demokratie, Jugendbegegnungen mit benachbarten Partnerländern und Begegnungen junger Menschen mit Verantwortlichen der Jugendpolitik. Das Programm kann mit und in den folgenden Ländern durchgeführt werden: Belgien, Bulgarien, Dänemark, Deutschland, Estland, Finnland, Frankreich, Griechenland, Großbritannien, Irland, Italien, Lettland, Litauen, Luxemburg, Malta, Niederlande, Österreich, Polen, Portugal, Rumänien, Schweden, Slowakische Republik, Slowenien, Spanien, Tschechische Republik, Ungarn, Ukraine, Zypern, Ägypten, Albanien, Algerien, Armenien, Aserbeidschan, Bosnien-Herzegowina, EJR Mazedonien, Gazastreifen, Georgien, Island, Israel, Jordanien, Kosovo, Kroatien, Libanon, Liechtenstein, Marokko, Moldawien, Montenegro, Norwegen, Russische Föderation, Schweiz, Serbien, Syrien, Tunesien, Türkei, Weißrussland und Westjordanland.

Schweizer Schulprojekte

Ch Stiftung,
www.ch-go.ch/programme/pestalozzi/pro-patria
Die Stiftung Pro Patria fördert den Klassenaustausch zwischen den Schweizer Sprachregionen mit einem Austauschbonus von bis zu 2000 CHF. Dabei werden Projekte unterstützt, die sich um die Themen Sprache, Kultur, Kunst oder Landeskunde drehen. Bewerben können sich Schweizer Schulklassen, die ein Projekt durchführen, das den o.g. Kriterien entspricht und deren Schule oder Schulgemeinde sich im Pro Patria-Sammelnetz engagiert.

Schülerpraktika

Alfried Krupp-Schülerstipendium für Betriebspraktika im Ausland,
Ursula Ines Gehlert, EWG - Essener Wirtschaftsförderungsgesellschaft mbH, Postfach
10 10 51, D-45010 Essen, www.schulen-und-wirtschaft.de/pages/wettbewerb05.html
Jährlich werden 50 "Alfried Krupp-Schülerstipendien im Ausland" an Schüler Essener Schulen vergeben. Den Stipendiaten wird ein vierwöchiges Betriebspraktikum im Ausland, ein Crashkurs in Business-Englisch an zwei Samstagen vor dem Auslandsaufenthalt und ein zweitägiges Bewerbungstraining nach Abschluss des Praktikums finanziert. Vom Stipendiaten ist eine Eigenbeteiligung von 210 € vorgesehen; die restlichen Kosten des Auslandsaufenthalts – Reisekosten, Unterbringung, Verpflegung, Eintrittsgelder, Fahrtgelder vor Ort etc. Business-Englischkurs und professionelles Bewerbungstraining – trägt die Stiftung.
Für Schüler der Jahrgangsstufe 9 mit dem Ziel des Schulabschlusses nach der 10. Klasse, die danach eine berufliche Ausbildung aufnehmen möchten, und Schüler der Jahrgangsstufe 12, die voraussichtlich kein Studium beabsichtigen. Bewerber sollten zu Beginn des Praktikums das 15. Lebensjahr erreicht haben. Bewerbungsfrist Anfang Oktober, Vergabe der Praktikumsplätze Februar, März.
AP: Peter Iden, T. 040 878867912, peter.iden@stiftung-drja.de und Merrit Wolff, T. 040 878867913, merrit.wolff@stiftung-drja.de

Berufsbildendes Praktikum

IFA, Internationaler Fachkräfteaustausch,
AP Carina Flandorfer, T. +43 1 545 16 71-32, flandorfer@ifa.or.at,
www.ifa.or.at/de/auslandspraktika/schuelerinnen
Organisiert und fördert berufsbezogene Auslandspraktika für österreichische Schüler berufsbildender mittlerer und höherer Schulen. Bewerber sind mindestens 16 und besuchen eine berufsbildende mittlere oder höhere Schule. Die Bewerbungsunterlagen bestehen aus:

- Motivationsschreiben (Deutsch und Englisch)
- Lebenslauf (Deutsch und Englisch)
- Kopie eines gültigen Lichtbildausweises
- Kopie des letzten Schulzeugnisses
- ggf. zusätzliche Zertifikate (Sprachkurse etc.)
- bei Minderjährigen Einverständniserklärung der Erziehungsberechtigten

PractiGo GmbH - Sprachen erleben

Neidenburger Str. 9, D-28207 Bremen
Tel.: 0421-4377280, Fax: 0421-4377362
Info@PractiGo.com, www.PractiGo.com
www.praktikumsvermittlung.de
Bürozeiten: 8.30–18 h
Gründungsjahr: 2001
Ansprechpartner: Das gesamte Team hilft gerne weiter

AB INS AUSLANDSPRAKTIKUM!

Vermittlung maßgeschneiderter Praktikumsplätze weltweit. Das Praktikumsprogramm zeichnet sich durch Individualität und Flexibilität aus. So bestimmt man weitgehend selbst Ziel, Zeitpunkt und den Bereich. Vor Ort wird dann ein passendes Unternehmen gesucht.

Auf Wunsch gibt's auch einen Intensivsprachkurs zur Sprachvorbereitung und eine Unterkunft, z.B. in einer Gastfamilie oder WG vor Ort.

Altersstufe: Sprachkurse ab 16 Jahre, Praktika ab 18 Jahre.

Voraussetzungen: Kenntnisse der jeweiligen Landessprache erforderlich, die in einem Sprachkurs vor Ort erworben werden können.

Dauer des Aufenthalts: Bei einem Praktikum sollten mindestens 6 Wochen eingeplant werden. Gerne auch länger.

Anmeldefristen: In der Regel 8–12 Wochen vor Praktikumsbeginn. In dringenden Fällen auch schneller.

Kosten / Leistungen: Organisationskostenbeitrag: ab 250 EUR (abhängig vom Land), Unterkunft: ab 46 EUR/Woche im Einzelzimmer einer WG (abhängig vom Land), Intensivsprachkurse: ab 90 EUR/Woche (Kurs mit 25 Std./Woche).
Siehe Preiskalkulator auf der Homepage.

Entgelt: Die Praktika sind in der Regel nicht vergütet aber kompatibel mit gängigen Stipendien.

Staatsangehörigkeit: Die Angebote gelten für alle Menschen aus Europa, die weltoffen sind und Spaß am Erlernen einer Fremdsprache und einer anderen Kultur haben.

Länder / Gebiete des Aufenthaltes: Individuell abgestimmt, grundsätzlich Fachpraktika in allen Bereichen, wobei jede Stadt hierbei ihre Schwerpunkte hat.

Länder: Spanien, Argentinien, Chile, Costa Rica, Ecuador, Galapagosinseln, Guatemala, Mexico, Australien, England, Irland, Malta, Kanada, Neuseeland, Schottland, Südafrika, USA, China, Japan, Frankreich, Italien, Russland.

Verbandsmitgliedschaften, Zertifizierung: WYSE Confederation, WYSE Work Abroad.

STUDIUM

Hat man während der Schulzeit durch diverse Austauschprogramme, Sprachreisen und internationale Work- und Sommercamps „Feuer gefangen", geht es meist erstmal wieder los mit dem Ernst des Lebens: Ausbildung oder Studium.

Dass das Studium eine weitere Möglichkeit darstellt, auch ins Ausland zu gehen, ist seit dem 1987 gegründeten Erasmusprogramm bekannt; neben diesem existieren aber noch zahlreiche weitere Programme und Fördermaßnahmen – wir hier in Europa sind wirklich gesegnet in dieser Hinsicht. Zu nennen wären u.a. DAAD, Auslands-BAFöG, die Friedrich-Ebert-Stiftung, die Fulbright-Kommission, die Friedrich-Naumann-Stiftung, und das sind beileibe noch nicht alle.

Viele Universitäten unterhalten Kooperationen mit Partnerhochschulen weltweit, was besonders den Studenten zugute kommt, die ein Studium außerhalb Europas im Blick haben.

Wer ganz besonders mutig ist, geht nicht nur für ein Studienjahr oder -semester ins Ausland, sondern absolviert gleich das ganze Studium fernab des Heimatlandes.

Palazzi Florence Association for International Education

APICIUS International School of Hospitality
DIVA Digital Imaging and Visual Arts
FAST Fashion Accessories Studies and Technology
FUA Florence University of the Arts
sQuola Center for Contemporary Italian Studies
Corso Tintori 21, I - 50122 Firenze
Tel.: +39 055 033 2727, Fax: +39 055 22 64 469
info@fua.it, www.palazzifirenze.com
Person in charge: Dr. Gabriella Ganugi

PALAZZ:
Florence Association for International Education

Group of academic, interdisciplinary institutions located in the historical center of Florence, Italy. The programs range from a variety of short term up to professional certificate and four-year academic programs. Graduate, volunteer, community service, and internship programs are also available. The main schools of our institutions address liberal and studio arts, business, fashion and accessory design, hospitality management, culinary arts, food communications and publishing, digital and visual media and imaging, and contemporary Italian language studies.

Number of annual placements: 1200 and up

Partners abroad: Internationally located colleges and universities.

Ages: high school and up

Closing date for applications: Applications are accepted for January 1 month intersessions, spring and fall semesters, and three 3-week summer sessions.

Seminars, assistance: All students are welcomed to Florence with a thorough, informative orientation session on all areas of their study abroad experience - academics, advising, extracurricular activities, field trips, medical care, etc. On campus advisers are available for all student needs as well as a 24 hour emergency hotline.

Excursions, touristic and cultural offers: GEFT, Ganzo Educational Field Trips, is the Palazzi department that creates, customizes, and manages a wide range of educational excursions in destinations throughout Italy and Europe.

Length of stay: General Education study abroad students may opt for one month or semester periods of study. Students interested in structured, professional certificate programs may study for 1, 2, or 4 years in specific areas of the arts, hospitality, fashion, digital media and publishing.

Scholarships: Scholarship opportunities are available.

Nationalities: Non-EU students must obtain study visas for longer periods of study.

magoo international GmbH
Harburger Schloßstr. 6-12, 21079 Hamburg
Tel.: 040-766292830, Fax: 040-766292831
info@magoo-international.com
www.magoo-international.com
Gründungsjahr: 2005
Ansprechpartner: Bianca Lieb, Sarah Kühl

Studium im Ausland
Kostenloser Beratungs- und Vermittlungsservice für Studierende, die im Ausland an einer der Partnerhochschulen von magoo international studieren möchten.
Partnerhochschulen existieren in den USA, in Irland, Kanada, Australien, Neuseeland, Spanien, Dänemark, Malaysia, Südafrika und Monaco. Es können sowohl einzelne Semester als auch ganze Studienprogramme (z.B. Master) oder Sprachkurse vermittelt werden.
magoo international unterstützt während des gesamten Bewerbungsprozesses, stellt Übersetzungshinweise, Vorlagen zur Erstellung von Unterlagen und Hinweise zu den Themen Sprachtest, Visum, Versicherung, etc. zur Verfügung. Die Bewerbungen werden von der Organisation kostenfrei geprüft und an die entsprechende Partneruni weitergeleitet.
Weiterhin können sich Studierende für einen Reisekostenzuschuss in Höhe von 300 Euro bewerben, der einmal pro Semester vergeben wird. Kunden erhalten ferner einen Rabatt auf Flüge bei STA Travel (Berlin).

Studiengänge: Diverse

Studien-/Ausbildungsdauer: Je nach Programm. Sie kann ein paar Wochen (z.B. Sprachkurs), ein Semester oder auch mehrere Jahre (bei einem Bachelor- oder Masterstudium) dauern.

Zulassung: Abhängig vom Studienprogramm und der Hochschule. magoo international berät die Studierenden hierzu ausführlich.

Fristen: Es gelten die Bewerbungsfristen der Hochschule im Ausland. In der Regel sollte eine Bewerbung mindestens drei bis sechs Monate vor der gewünschten Ausreise bei magoo international in Hamburg eingegangen sein.

Abschlüsse: Diverse

Gebühren: Abhängig von Programm und Hochschule im Ausland.

Gießener Zentrum Östliches Europa (GiZo)

Geschäftsstelle,
Otto-Behaghel-Straße 10 E, 35394 Gießen
Tel. 0641 - 99 311 66, Fax 0641 - 99 311 67
geschaeftsfuehrung@gizo.uni-giessen.de
www.uni-giessen.de/gizo

Ansprechpartner: Katarzyna Wisniewiecka-Brückner

Gründungsjahr: 2006

Der Masterstudiengang „Interdisziplinäre Studien zum Östlichen Europa" bildet Studierende dazu aus, mit interdisziplinärer Osteuropakompetenz und Sachverstand politische, rechtliche, wirtschaftliche und kulturelle Entwicklungen und Zusammenhänge im östlichen Europa professionell zu analysieren, zu reflektieren und zu bewerten.

Studiendauer: In zwei Studienjahren (vier Semester) werden 120 ECTS erworben. Das breite Lehrangebot ermöglicht den Studierenden eine individuelle Gestaltung des Curriculums und erlaubt eine Spezialisierung, die sich an den individuellen Interessen orientiert.

Zulassung: Die fachliche Voraussetzung für die Zulassung zum Masterstudiengang ist ein einschlägiger Bachelor-Abschluss oder ein äquivalenter Universitätsabschluss mit der Prädikatsnote „gut" oder besser. Als sprachliche Eingangsvoraussetzung sind sehr gute Kenntnisse in einer slavischen für das Hauptfach Slavistik und einer slavischen Sprache für das Hauptfach Osteuropäische Geschichte nachzuweisen.

Für ausländische Studienbewerber ist zusätzlich der Nachweis sehr guter Kenntnisse der deutschen Sprache (DSH-Niveau) erforderlich.

Fristen: Die Bewerbungsfrist ist 15. Juli.

Abschlüsse: Master of Arts.

Praxis- und Berufbezug des GiZo-Masters: Alternativ zu einer Projektarbeit kann ein Berufspraktikum im östlichen Europa oder in einer mit Osteuropa kooperierenden Institutionen, einem Unternehmen oder Verlag erbracht werden. Ein Praktikum bietet die Gelegenheit, die im Studium erworbenen Kenntnisse in der Praxis umzusetzten und sich zusätzliche, studienergänzende Fertigkeiten anzueignen.

Kooperationen: Das Gießener Zentrum Östliches Europa baut auf einem weit verzweigten Netzwerk institutionalisierter Kooperationen zwischen der Universität Gießen und Partnereinrichtungen im östlichen Europa (Kazan, Lodz, Prag etc.) auf.

Mid Sweden University
Tel.: 0046 771 975 000
www.studyinmidsweden.se
Offers: Bachelor and Master Studies
at different locations:
Campuses in Härnösand, Sundsvall and Östersund

Mittuniversitetet
MID SWEDEN UNIVERSITY

Number of students: 17.000

Founding year: Mid Sweden University is a young university, but its roots go back more than 150 years. As early as in 1842, in the same year as the elementary school was established in Sweden, the decision was taken to place a teachers' education college in Härnösand. Today, Mid Sweden University has three campuses, Härnösand, Sundsvall and Östersund

Study programmes:

Bachelor's Programmes
– Biology
– Computer Engineering
– Ecotechnology
– Electronics

Master's Programmes
– Behavioural- and social sciences
– Business Administration, Marketing and Management
– Computer Engineering
– Design for All
– Ecotechnology and Sustainable Development
– Electronics Design
– Human Geography focusing on tourism
– Human Resources
– Journalism, Media and Democracy
– Pulp and Paper engineering
– Sports Technology
– Tourism

Length of studies: one, two and three years depending on programme

Admission and deadlines: All details can be found on:
www.miun.se/studyinmidsweden/Application/

Diplomas: Higher education in Sweden is in accordance with the Bologna process and divided into three levels: Bachelor's Degree Master's Degree, Licentiate Degree or a PhD.

Fees: None for EU/EES citizens

Olds College

4500 - 50 th Street, Olds, Alberta,
Canada, T4H 1R6
Phone: (403) 556-8281,
Toll Free: 1-800-661-6537, Fax 403-556-4711
www.oldscollege.ca
Hours Monday - Friday; 8:15 AM to 4:30 PM
Person in charge: Dr. H. J. (Tom) Thompson, President & CEO
Different locations: Calgary, Alberta and Olds, Alberta
Number of students: 1350
Founding year: 1913

OLDS COLLEGE

Offers: Two year diplomas, certificates, and Bachelor of Applied Science, Continuing Education

Study programmes: Animal Sciences, Land & Environment, Business, Agriculture, Plants and Horticulture, Machinery & Trades, Fashion, General Studies and Continuing Education

Length of studies: Two year diplomas, certificates, and Bachelor of Applied Science, Continuing Education

Admission: Olds College will accept any high school diploma or equivalent high school certification from secondary education systems outside the province of Alberta. Specific course requirements vary by program. Applicants interested in attending Olds College should simply apply online on the Web site.

English language skills: The language of instruction is English. Unless noted elsewhere, Olds College applicants whose previous academic study was in a language other than English must provide proof of English language capabilities. Applicants unable to prove at least three years of instruction in English must then provide evidence of English language competence by one of the following:

– Test of English as a Foreign Language (TOEFL) Internet Based, score of 79
– International English Language Testing System (IELTS) score of 6.0
– Canadian Academic English Language Assessment (CAEL) score of 60
– Canadian Language Benchmark Assessment (CLBA) score of 8.0

Deadlines: Individuals who are interested in applying to Olds College programs can do so November 1 of each year for the following fall semester. Criteria for programs are reviewed individually, after which applicants are contacted with the results. Students are encouraged to apply early, as space in programs is limited.

Diplomas: Animal Health Technology, Equine Science, Farrier Science, Land & Water Resources, Land Agent, Business Administration, Agricultural Management, Production Horticulture, Turfgrass Management, Environmental Horticulture (Arboriculture and Landscape Management), Agriculture & Heavy Equipment certificate/diploma, Apparel Technology.

Fees: Approximately $7500 Canadian tuition and fees

Sterling Business College, SBC
65 Newcastle Street,
Perth 6000 Western Australia
Phone: (618) 9221 0000
Fax: (618) 9221 4044
sbc@sterlingcollege.com
www.sterlingcollege.com
Office hours: Monday – Friday 8:30 – 16:30
Year founded: 1996
Person in charge: Janelle Dawson

Number of students: 200

Study programmes: Office Skills, Business, Community Services, Marketing, Management, Graphic Design, Tourism

Length of studies: 9weeks – 2,5years

Admission: minimum level of English proficiency equivalent to an Upper Intermediate Level or an IELTS 5.5
Completed application form, with application fee, academic transcripts and evidence of English

Deadlines: Intake dates four time per year in February, April, July, October

Diplomas: Certificate II, Certificate III, Certificate IV, Diploma, Advanced Diploma

Fees: From AUD2,400 per term

Professional memberships, certifications:

– Registered Training Organisation (RTO)

– Training Accreditation Council (TAC)

– Western Australian Private Education and Training Industry Association (WAPETIA)

– Perth Education City (PEC)

– CRICOS Registered

Tomsk Polytechnic University (TPU)

30 Lenina prospect, 634034 Tomsk, Russia
Tel. / Fax: +7 (3822)563 304
iie@tpu.ru, www.tpu.ru, www.iie.tpu.ru
Office hours 9 a.m. till 6 p.m.
Founding year: 1896
Person in charge: Mrs. Elena V. Milkina,
head of Admission Department of TPU

Number of students: 25 000

Study programmes: More than 250 programmes in Russian and English medium. General fields: Geology and Oil and Gas Industry; Material Science and New Materials Technology, Electronics; Microelectronics, Optical Engineering; Mechanical Engineering; Electrical Power Engineering; Production of Inorganic Matter; Production of Polymers, Biotechnology, Oil and Gas Processing; Environment Protection; Economics, Accounting, Management; Public Relations, Advertising; Social and Cultural Service and Tourism; Linguistics; Computer Science; Russian language courses; summer school programme; Double Master's Degree programmes jointly with German universities

Length of studies: Bachelor degree course 4 years; Master degree course 2 years; Ph.D. course 3 years; Short-term course optional, not less than 10 hours per week; Summer school programme 4 weeks

Admission: To join Tomsk Polytechnic University prospective student should: Fill in online application form on *www.iie.tpu.ru/en/2_application.php* and wait for an admission officer reply, who will guide you through the whole admission procedure

Deadlines and fees: A.) Preparatory course: August, 1. B.) Bachelor and C.) Master degree course: 15th of June, Ph.D. course in D.) Russian or E.) English and F.) Short-term course: 2,5 months before the beginning of classes: G.) Summer school programme May 1.

Fees: See website for details

Professional memberships, certifications: IAU, IAUP, EAIE, UICEE, IGIP, SEFI, EARMA, iNEER, WFEO, CESAER, CLUSTER, EUA, T.I.M.E, NQA, CEAB, ABET

NINE FACTS ABOUT TPU

1. High-quality education since 1896, over 130,000 alumni

2. National Research University since 2009

3. Ranked second out of all Russian technical universities

4. Partner of more than 40 universities and educational institutions around the world.

5. Special department aimed at providing services for 2000 international students from about 30 countries

6. Immensely engaging and successful learning of Russian language in Russian speaking environment, interaction with native speakers

7. Acquaintance with Russian culture and traditions

8. Exceptional recreation, good weather, comfortable on-campus accommodation with modern facilities where you can build an everlasting network

9. Location in a beautiful Siberian city Tomsk with developed infrastructure

Aktuelles Buchprogramm interconnections als PDF-Download
www.interconnections-verlag.de/img/buchprogramm-prospekt.pdf

WHITEHOUSE whitehouse institute of design, australia

Whitehouse Institute of Design, Australia

2 Short Street, Surry Hills NSW 2010
Level 4, 672 Bourke Street, MELBOURNE VIC 3000
Tel: +61 2 92678799, Fax: +61 2 9267 6947
enquiry@whitehouse-design.edu.au, www.whitehouse-design.edu.au
Hours: Monday – Friday   8.30am – 6pm
Founded in 1988
Person in charge of foreign students: Linda Digance

Australia is one of the best places in the world to live while you learn. The standard of living is amongst the highest in the world, yet costs remain competitive. On your breaks from study, you will have a wide choice of activities to enrich your experience – from cultural festivals, concerts and museums, to major sporting events.

Enrollment / Number of students: 500

Number of exchange student per year (approx.): 30

Number of teachers / other staff: 50

Student-faculty-ratio: 10:1, Average class size: 25

School facilities: Library, lockers, cafeteria, design studios

Academic focus:
The Institute offers a three-year Bachelor of Design with specialisations in Fashion Design, Interior Design and Styling & Creative Direction. Whitehouse graduates develop an individual design identity through an integration of theory and practice, preparing them for entry into the creative industries.

Extracurricular activities:
Internships, work experience, excursions to Museums and Art Galleries

Other highlights:
Accademia Italiana provides a number of competitive scholarships exclusively to the Whitehouse Institute for graduating applicants in Fashion Design and Textiles and Interior Design. An industry panel awards part and full scholarships for design excellence, to enable recipients to undertake postgraduate study in a prestigious one-year program in Italy.

Nearest cities:
Sydney, Melbourne, nearest airports: Kingsford Smith, Sydney, Tullamarine, Melbourne

Additional school fees:
AUD$21,460 Annual Tuition Fee, AUD$388.80 Overseas Health Cover

Students can apply directly on the website

Erfahrungsbericht – Zu Gast in Chile

Im Schlauchland Amerikas

Robin und *Magdalena* bereiteten sich schon von Beginn ihres Sozialwissenschaftsstudiums in Hannover auf ein Auslandssemester in Lateinamerika vor; belegten im Rahmen ihres Schwerpunkts „Internationale Beziehungen" entsprechende Seminare und besuchten im Fachsprachenzentrum Spanischkurse. Da ihre Universität einen Kooperationsvertrag mit einer Universität in Chile abgeschlossen hatte, nahmen sie Kontakt zum Leiter

Auf Reisen beim Machu Picchu in Peru

des Instituts in Chile auf. Insgesamt lief die Organisation sehr unbürokratisch, dafür aber auch chaotisch ab. So kam die mehrfach zugesicherte Aufnahmebestätigung der dortigen Universität erst, als ein Professor der beiden telefonisch nachhakte. Dann konnte es endlich losgehen.

„Nach fast 40 Stunden Anreise kamen wir spät abends in Concepción an, wo wir von unserer Mitbewohnerin abgeholt wurden. Obwohl wir vorher vier Semester Spanisch gelernt hatten, gestaltete sich die Kommunikation als schwierig. Man muss nämlich wissen, dass unter allen spanischsprachigen Ländern Chile mit den meisten Eigenwortkreationen, den Chilenismen, hervorsticht. Und als wäre das noch nicht genug, verwenden sie diese Wörter auch noch in einem rasanten Sprachtempo. Wir kamen uns vor, als hätten wir vorher noch nie ein spanisches Wort gesprochen, geschweige denn jemals irgendeine Unterhaltung auf Spanisch geführt."

Ihre Unterkunft, ein winziges Zimmer, war den beiden durch die chilenische Mitbewohnerin eines Freundes vermittelt worden. „Wir teilten uns die kleine Wohnung mit einer höchst lebendigen chilenischen Fotografin. In Chile ist es üblich, dass Studenten Zimmer bei Familien in großen Häusern mieten. Im Mietpreis ist in der Regel auch Vollverpflegung inbegriffen. Unsere Unterkunft ließ uns da ein paar mehr Freiheiten. Sie lag jedoch etwas außerhalb des Zentrums, weshalb wir immer mit dem günstigen, aber langsamen „Micro" (Kleinbus) oder den etwas teureren „Colectivos" (Sammeltaxis) zur Universität fahren mussten."

Die ersten Tage gestalteten sich für Robin und Magdalena schwierig und unübersichtlich. „Wir fuhren zur Universität, um uns anzumelden und um die uns noch völlig unbekannten Formalitäten zu klären. Wir hatten zum Glück unsere Mitbewohnerin dabei, die für uns mit den Dozenten sprach. Alle waren freundlich zu uns, jedoch konnte uns niemand wirklich weiterhelfen. Ein Vorlesungsverzeichnis sollte erst kurz vor Semesterbeginn erscheinen."

Am Anfang hatten Magdalena und Robin Schwierigkeiten, die Dozenten zu verstehen. „Noch schlimmer jedoch war die Kommunikation mit den Compañeros, der man nur schwer folgen konnte. Unbekannte Chilenismen wurden gerne mal mit anderen unbekannten Chilenismen erklärt. Wir wurden in jedem Kurs schnell als Austauschstudenten ausgemacht – jedes Mal waren wir die einzigen Blonden …

Beim Lernen

Als wir gewahr wurden, welche Menge an Literatur für die einzelnen Kurse zu bewältigen waren, und dass pro Seite ungefähr eine Stunde mit Wörterbuch zu veranschlagen war, senkten wir unsere Kurse neben dem Spanischkurs für alle Austauschstudenten auf einen einzigen, der zwar mit einem etwas undurchsichtigen Namen aufwartete (Theoría VI), aber unseren Vorstellungen zur Entwicklungsgeschichte Lateinamerikas entsprach. So saßen wir unter der Woche meist bei Mate und Pulverkaffee daheim und kämpften uns durch die Fachliteratur. Unseren Fortschritt bemerkten wir daran, dass die Lesezeit pro Blatt und die Zahl der nachzuschlagenden Wörter sank! Um unseren Kurs in der Universität zu bestehen, waren zwei Klausuren zu schreiben, ein Referat zu halten und eine zwanzigseitige Hausarbeit abzugeben. Als Ausgleich für unsere Sprachschwierigkeiten hatten wir ein bisschen weniger von den Klausuren zu bearbeiten –alles andere hätten wir auch zeitlich nicht geschafft!"

Bald waren Robin und Magdalena „chilenisiert": „Wir gaben unseren Kaffeekonsum ganz auf und begaben uns völlig in die Hände des lateinamerikanischen Mate-Getränkes. Die Mateblätter wurden in einer genau vorgegebenen Art, ritualartig, richtig beherrschbar erst nach jahrelanger Übung, in ein Gefäß gefüllt und immer wieder mit ein paar Schlucken heißen Wassers (80°!) aufgefüllt. In dem Blättertopf stak dann der Bombillo, ein eiserner Strohhalm mit Siebfuß, der den köstlichen bitteren Matesaft aus den Blättern filterte. Noch heute gehört der Mate fest zu unserem täglichen (Über-)Leben. Ein Liter pro Tag ist da keine Seltenheit.

Nach zwei Monaten konnten wir uns halbwegs gut verständigen. Das lag vor allem am ständigen Lesen und an der Kommunikation mit den aufgeschlossenen Chilenen. Besonders gut klappte die Verständigung mit den anderen Austauschstudenten, da sich sowohl Wortschatz als auch Redegeschwindigkeit eher auf unserem Niveau befanden."

Nach Abschluss des Semesters machten sich Magdalena und Robin auf, das Schlauchland mit Bussen zu erkunden. „Wir besuchten Lamas, Wüsten, das Meer, riesige Sanddünen, urzeitliche, unverwüstliche Geoglyphen in den Tiefen der chilenischen Atacamawüste, machten einen Abstecher nach Peru und bestaunten die atemberaubenden Höhen und den wunderschönen Urwald. Auf den Höhepunkt

Ein Zuckerwatteverkäufer in Bolivien

unserer Reise trafen wir in Bolivien: das Gefühl, das wir hatten, als wir mitten im größten Salzsee der Welt, dem Salar de Uyuni, standen, vergessen wir wohl niemals! In der Regenzeit ist der See von einer zwei bis drei Zentimeter hohen Wasserschicht bedeckt, und das reine Hellblau des Himmels spiegelt sich darauf. Soweit man sehen konnte, nur Hellblau!"

Wieder zurück in Deutschland, ließen sich Robin und Magdalena mühelos ihren chilenischen Schein von ihrem Institut anerkennen und fühlten sich nun gewappnet, um für ihre Diplomarbeiten über Lateinamerika auch Originaltexte auf Spanisch zu lesen.

Austausch und Projekte

MUN (UNO-Planspiel)

EMUNNET,
AP Koosje Spitz, K.Spitz@teimun.org, info@teimun.org,
emunnet.wikispaces.com, http://teimun.org/
Model European Parliament - Deutsches Komitee e.V.,
Eschelbachstr. 14, D-53129 Bonn, T. 0228 231254, F. 0228 8234016,
AP Anna von Bülow, buelow-mep@gmx.de, www.mep-germany.de
MEP Austria,
Theresianische Akademie, Favoritenstr. 15, A-1040 Wien, T. +43 1 505 15 71 51,
F. +43 1 505 15 71 51, 0676-5013748,
AP Gottfried Oehl, gottfried.oehl@theresianum.ac.at, www.mepaustria.at
Model United Nations sind Plan- und Rollenspiele für Schüler und Studenten, in denen die Arbeit der UN simuliert wird. Weltweit finden Konferenzen an Schulen und Universitäten statt, deren Teilnehmer in die Rolle eines Diplomaten eines der Mitgliedsländer der Vereinten Nationen schlüpfen. Diese vertreten die Meinung „ihres" Landes dann in simulierten Komitees, z.B. der UN-Generalversammlung oder dem

Ausschuss für Fragen der Menschenrechte und versuchen, Befürworter ihrer Resolutionsentwürfe (*draft resolutions*) zu finden oder durch Kompromissbildung für sich zu gewinnen. Dabei werden weltpolitische Themen diskutiert und Resolutionstexte entworfen.

Zu den wichtigsten Simulationen zählen NMUN, THIMUN in Den Haag, die WorldMUN der Harvard-Universität sowie GIMUN (Geneva International Model United Nations).

Nach demselben Beispiel finden zahlreiche ähnliche Planspiele statt, beispielsweise das „Model European Parliament", das zweimal pro Jahr in einer europäischen Großstadt stattfindet, und zu dem aus allen EU- und einigen Beitrittsländern Delegierte anreisen.

Erfahrungsbericht – Delegation Nepal in Den Haag

Politikwissenschaftsstudent David kam durch sein Interesse an internationaler Politik, an Diplomatie und Verhandlungsgeschick auf die Idee, an einem World MUN teilzunehmen.

„Seit dem Studium bin ich Mitglied der United Nations-Unigruppe. Hier erfuhr ich viel über das System der Vereinten Nationen und die Arbeitsweise in internationalen Organisationen. Praktisch setzte ich dieses Wissen durch die Unterstützung unserer eigens veranstalteten kleineren *Model United Nations* um, beispielsweise in Schulen. Dabei wurde ich auf das World MUN aufmerksam und fasste mit einem Kommilitonen die Idee, eine eigene Delegation zu organisieren."

Nach der Idee kam die Frage: Wie geht es nun weiter? Es gibt viele Dinge zu erledigen und noch mehr offene Fragen, wenn man eine eigene Delegation stellen möchte. Wer finanziert die Reise, wie läuft das Programm vor Ort ab, wie bereitet man sich am besten vor?

„Nach zahlreichen Treffen fand sich eine 14-köpfige Delegation ein. Wir meldeten uns für das World MUN in Den Haag an und durften als Land Nepal repräsentieren.

Was wusste ich davor über dieses Land? – So gut wie nichts, eventuell noch, wo es liegt ... irgendwo südlich von China. Mit meinem Wissen würde ich dieses Land später in der WTO (Welthandelsorganisation) vertreten – natürlich nur als Simulation, aber vor vielen anderen Studierenden aus der ganzen Welt.

Zur Vorbereitung wurde zunächst für alle Delegationsmitglieder ein Länderguide erstellt. Dieser diente mir – wie meine eigene Recherche – als erste Informationsquelle über Nepal. Die nächste Aufgabe bestand darin, zu einem vorgegebenen Thema ein *Position Paper* zu verfassen. Bei den Besprechungen über unsere Möglichkeiten fiel uns schnell auf, dass wir nicht gerade mit großen Forderungen in die Verhandlungen gehen konnten, da Nepal ein sehr kleines Land ist. Es verfügt weder über Ressourcen noch über Macht. Geographisch ist es zwischen zwei wirtschaftlich aufsteigenden Riesen, Indien und China, zu verorten. Es blieb uns also nur übrig, uns mit Vertretern anderer kleiner Staaten zusam-menzutun, um mehr Stimmgewicht zu erlangen.

Nach einigen Treffen, intensiver Vorbereitung und einem Vorbereitungsworkshop in Berlin stand der Reise meiner Delegation nichts mehr im Wege. Mit dem Zug fuhren wir von Berlin aus nach Den Haag und trafen noch auf der Fahrt Mitglieder anderer Delegationen. Da wurde mir erst so richtig bewusst, dass die Veranstaltung recht groß war! Am Ziel angekommen ging es zunächst zur Stadthalle, wo wir uns nochmals registrierten und unserer Programme und Namensschilder in Empfang nahmen. Es waren viele Studierende aus den unterschiedlichsten Ecken der Welt da.

Repräsentanten von Mosambik und Chile

Nach den Anmeldungsformalitäten ging es schnell ins Hotel, das fast an der Nordsee lag. Man konnte das Meer förmlich riechen – aber zum Urlauben waren wir ja nicht gekommen. Der nächste Tag begann mit der Eröffnungszeremonie, bei der sich zunächst das Organisationskomitee vorstellte. Dann folgte eines der schönsten Erlebnisse des World MUN: Zusammen mit anderen Delegierten trugen wir die Flaggen aller 192 Mitgliedsstaaten der Generalversammlung der Vereinten Nationen durch den Saal. Das Zusammengehörigkeitsgefühl war unbeschreiblich; in den zwei Minuten kreuzte ich Menschen aus allen Teilen der Erde. Ein spannendes Gefühl, 2500 junge Menschen auf einem Fleck!

Am Abend war Kennenlernen angesagt. Freizeitveranstaltungen gab es im Übrigen fast jeden Abend der folgenden Woche. Dies finde ich an einem World MUN sehr schön: Man trifft viele interessante Menschen verschiedenster Nationen und kann sich mit ihnen austauschen.

Der nächste Tag war der erste Verhandlungstag. Nach dem gemeinsamen Frühstück mit der eigenen Delegation (bei 2500 Delegierten war man natürlich nicht die einzige im Hotel) ging es zu den Verhandlungen. Am ersten Tag wurde unser Thema („Barriers to free Trade") festgelegt, über das wir mit den Delegierten der anderen Staaten diskutierten und verhandelten. Dieses Thema bedeutete für uns als diplomatische Vertreter der Bundesrepublik Nepal eine große Herausforderung, da Nepal als „landlocked country" über keinen Zugang zu Hochseehäfen verfügt und größtenteils von Indien abhängig ist. Das Land gehört zu den am wenigsten entwickelten Ländern der Welt, hat eine hohe Armutsrate und bezieht Entwicklungshilfe. Darüber hinaus gibt es nur einen einzigen internationalen Flughafen in dem Land, der sich in der Hauptstadt Katmandu befindet. Die politische Lage des Landes ist äußerst instabil; so ist Nepal erst seit kurzem eine Republik. In der Wirtschaft sind 80 % aller Nepalesen im Primärsektor tätig, also in der Landwirtschaft. Dennoch sind einige Teile des Landes Nahrungsmitteldefizitregionen.

Umso spannender waren dann die Diskussionen mit Vertretern der westlichen Staaten. Es eine nicht zu unterschätzende Herausforderung, sich in die Lage eines kleinen, wirtschaftlich schwachen Landes zu versetzen und seine Interessen international durchzusetzen. Zum Teil verspürte ich einen gewissen Frust, da es nicht einfach war, sich gegen mächtige Interessen durchzusetzen – ähnlich wie in der Realität eben."

In den darauf folgenden fünf Konferenztagen wurde viel debattiert, es wurden Reden gehalten, Working Papers geschrieben und abgestimmt. Die einzelnen Verhandlungstage waren lang und arbeitsintensiv, und David und seine Truppe gewannen einen Einblick in die schwierigen, langen Prozesse innerhalb von UN-Verhandlungen. „Interessant war es, zu sehen, welche Bedeutung Definitionen bekommen können – vor allem, wenn Menschen aus verschiedenen Kulturkreisen involviert sind! Eine besondere Herausforderung war auch, entsprechend der jeweiligen Länderposition zu argumentieren, also die eigene Perspektive zu verlassen und eine andere anzunehmen.

Das World MUN gab mir die Möglichkeit, mit Studierenden aus aller Welt auf einem sehr hohen Niveau zu debattieren. Trotz gewisser Schwierigkeiten, sei es die Sprache oder ein anderes Verständnisproblem zwischen verschiedenen Kulturkreisen, ermöglichte die Teilnahme am MUN ein Wachstum bestimmter Kompetenzen, wie z.B. die Fähigkeit, Perspektiven zu wechseln. Wichtig waren auch die abendlichen Social Events, bei denen man die Möglichkeit hatte, die anderen Delegierten auch außerhalb der Konferenz kennen zu lernen. Somit konnte ein breites Netzwerk von internationalen Freunden etabliert werden.

Zusammenfassend kann ich feststellen, dass die Teilnahme am WMUN in jeder Hinsicht einen positiven Effekt auf mich hatte. Wichtige Fähigkeiten konnten geübt und fortgebildet werden und man hatte die Möglichkeit, Menschen aus allen Teilen der Welt zu treffen und sich mit ihnen anzufreunden. Die Vertretung eines Landes bei einem World MUN hat meinen wissenschaftlichen und beruflichen Werdegang sehr gefördert. Sie gab mir die Gelegenheit, theoretisches politik- und wirtschaftswissenschaftliches Wissen praktisch anzuwenden und darüber hinaus internationale Freundschaften zu knüpfen."

Deutsch-Russisches Jugendparlament

DRJA

AP Sara Andersch, T. 040 878867924, sara.andersch@stiftung-drja.de,

Swetlana Pomjalowa, 040 878867930, swetlana.pomjalowa@stiftung-drja.de

Politisch interessierte junge Leute zwischen 17 und 25 Jahren haben die Möglichkeit, zeitgleich zu den deutsch-russischen Regierungskonsultationen und dem Petersburger Dialog in eigenen Sitzungen und Ausschüssen über aktuelle Themen von Politik, Gesellschaft und Wirtschaft zu debattieren. Als Abschluss können die Teilnehmer Vorschläge und Positionen vor dem gegenwärtigen russischen Präsidenten und deutschen Kanzler vortragen. Das Deutsch-Russische Jugendparlament versteht sich als „Schule der Zivilgesellschaft" und wird von der Bundeszentrale für politische Bildung gefördert. Alle Kosten für Übernachtung und Verpflegung werden vom Veranstalter getragen, die Anreise vom Wohnort zum Veranstaltungsort und zurück zahlt der Teilnehmende selbst, darüber hinaus eine Teilnahmegebühr von 50 €. Bewerbung über ein Formular auf der Website einzureichen, üblicherweise bis Anfang Juni jeden Jahres.

China-Studienprogramm für deutsche Studenten

SDV,

AP Dr. Julia Schütze, T. 028 82096-462, schuetze@studienstiftung.de,

Janine Heeb (Sekretariat), T. 0228 82096-464, heeb@studienstiftung.de,

www.studienstiftung.de/china.html

An hochqualifizierte Studierende aller Fächer (außer Hauptfach Sinologie) werden jährlich 10 Stipendien vergeben. Die 10 Stipendiaten werden nach einem Intensivkurs Chinesisch an der Uni Trier, zu dem jährlich im August zwanzig Bewerber eingeladen werden, ausgewählt. Nach einem zweiten Intensivkurs im März brechen die 10 Stipendiaten im August des darauf folgenden Jahres zu einem Auslandsjahr an einer chinesischen Universität, voraussichtlich der Universität Nanjing, auf. Insgesamt erhalten die Austauschstudenten die folgende Förderung von der Alfried Krupp von Bohlen und Halbach-Stiftung: zwei vorbereitende Sprachkurse an der Universität Trier, eine Pauschale von 1.000 € für Privatunterricht bis zur Abreise nach China, Arbeitsmaterial, Reisekosten nach Trier, Arzt- und Visakosten, ein monatliches Stipendium in Höhe von 700 € für 12 Monate, eine Mobilitätspauschale von 1000 €, die Kosten für die An- und Abreise. Die Studiengebühren werden von chinesischer Seite getragen.

Ingenieur- und Naturwissenschaften

Bayer-Stiftungen,

Corporate Office, Foundation & Donations Management, Gebäude Q26,

D-51368 Leverkusen, T. 0214 3041111, www.bayer-stiftungen.de

Studierende von Natur- und Ingenieurwissenschaften (Biologie, Biochemie, Biotechnologie, Bioverfahrenstechnik, Chemie, Chemieingenieurwesen, Pharmazie und Physik) im Hauptstudium werden bei internationalen Studienprojekten, Praktika, Sommerkursen, Aufbau- und Ergänzungsstudiengängen sowie Abschlussarbeiten und Promotionsvorhaben finanziell gefördert.

Bewerber benötigen gute bis sehr gute Abiturnoten und ein überdurchschnittlich erfolgreich absolviertes Vordiplom bzw. Bachelor-Prüfung; ferner einen breiten Horizont und ein hohes Maß an Leistungsbereitschaft und persönlichem Engagement, im sozialen, politischen oder kulturellen Bereich. Bewerbungsfrist Mitte Juni bis Mitte Juli.

Kurt-Hansen-Stipendium

Bayer-Stiftungen,
www.bayer-stiftungen.de/de/kurt-hansen-stipendien.aspx
Lehramtsstudierende naturwissenschaftlicher Fachrichtungen im Hauptstudium bewerben sich um Förderung internationaler Studienprojekte, Praktika, Sommerkurse, Aufbau- und Ergänzungsstudiengänge sowie Abschlussarbeiten. Es gelten dieselben Bedingungen wie beim Carl-Duisberg-Stipendium.

Karl-Kolle-Stiftung

Karl-Kolle-Stiftung,
Westfälische Str. 179, D-44309 Dortmund, T. 0231 7225805, F. 0231 7225812,
info@karl-kolle-stiftung.de, AP Dr. Jochen Plaßmann, www.karl-kolle-stiftung.de
In Zusammenarbeit mit der Hochschule für Technik, Wirtschaft und Kultur Leipzig (HTWK) unterstützt die Karl-Kolle-Stiftung begabte, zielstrebige Studierende im Hauptstudium, die einen Teil ihres Studiums im Ausland absolvieren wollen.

Eva Kleinn-Stipendium

Michael Succow Stiftung zum Schutz der Natur,
Grimmer Str. 88, D-17489 Greifswald, info@succow-stiftung.de,
AP Friederike Badura-Wichtmann, T. 03834 7754623, F. 03834 535743,
badura-wichtmann@succow-stiftung.de, www.succow-stiftung.de
Für Studierende, Absolventen und Doktoranden der Ernst-Moritz-Arndt-Universität Greifswald, sofern sie ein Thema oder Projekt über Naturschutz, ökologische Bildung oder nachhaltige regionale Entwicklung entsprechend des Stiftungsmottos „Erhalten und Haushalten" bearbeiten.

Dem Antrag ist ein grober Kostenplan beizufügen, der aufschlüsselt, wofür die finanzielle Unterstützung benötigt wird (Reise, Aufenthalt, Material, Publikation, Diverses).

Stipendium zum chinesischen Spracherwerb

DAAD,
AP Monika Ziesemer, Ref. 423, Ziesemer@daad.de, T. 0228 882344
Mit dem „Huayu Enrichment Scholarship Program (HES)" ermöglicht das taiwanesische Bildungsministerium deutschen Studierenden den Erwerb und Ausbau chinesi-

scher Sprachkenntnisse an Sprachzentren taiwanischer Hochschulen. Das Stipendium läuft über höchstens ein Jahr und beträgt monatlich 25.000 NT$, derzeit ca. 625 €.

Taiwan

DAAD,
AP Monika Ziesemer, Ref. 423, Ziesemer@daad.de, T. 0228 882344
Das taiwanische Bildungsministerium vergibt Stipendien für Bachelor-, Master- und Ph.D.-Studiengänge auf maximal vier Jahre an deutsche Studierende über ihr Scholarship Program of Taiwan (SPOT). Monatliche Stipendienhöhe 625-750 € (25.000-30.000 NT$). Stipendiaten dürfen die Universität in Taiwan frei wählen, müssen sich allerdings auch eigenständig um die Zulassung kümmern.
Bewerben kann sich, wer die deutsche Staatsangehörigkeit besitzt (nicht aber die taiwanische), keine weiteren Stipendien von anderen taiwanischen Regierungsstellen oder Institutionen erhält, nicht gleichzeitig Austauschstudenten ist und nicht bereits einmal ein Stipendium des Scholarship Program of Taiwan für den gleichen akademischen Abschluss in Anspruch genommen hat.

Stipendienprogramm „Metropolen in Osteuropa"

SDV,
AP Dr. Peter Antes, T. 0228 82096-286, antes@studienstiftung.de, Ingeborg Schmitz,
T. 0228 82096-280, schmitz@studienstiftung.de,
www.studienstiftung.de/osteuropa.html
Jährlich 15 Stipendien für Studierende aller Fächer mit überdurchschnittlichen Studienleistungen, die ein Jahr, mindestens aber sieben Monate, im osteuropäischen Ausland verbringen möchten. In Ausnahmefällen kann der Aufenthalt auf vier Semester ausgeweitet werden (wenn bsplw. ein Master in Osteuropa angestrebt wird). Finanziell getragen wird das Programm von der Alfried Krupp von Bohlen und Halbach-Stiftung. Bewerbungsschluss jeweils der 15. März. Die Bewerbungsunterlagen werden bei der Studienstiftung angefordert. Monatliches Stipendium von 750 €, einmalige Reisekostenpauschale bis 1000 €, einmalige Mobilitätspauschale von 1000 € und Übernahme von Studiengebühren bis 2500 €. Ferner wird ein Intensivsprachkurses im Zielland oder studienbegleitender Sprachunterricht bis 1000 € finanziert.

Zentraleuropäisches Stipendienprogramm

Ceepus,
OeAD AP Mag. Sabine Stalujanis, T +43 1 534 08 459, F +43 1 534 08 499,
sabine.stalujanis@oead.at, ceepus@oead.at, www.oead.at
Das „Central European Exchange Program for University Studies" ermöglicht österreichischen Studierenden Studienaufenthalte an Partnerinstitutionen in Mittel-, Ost- und Südosteuropa, z.B. in Albanien, Bosnien-Herzegowina, Bulgarien, Kroatien, Tschechien, Ungarn, Mazedonien, Montenegro, Polen, Rumänien, Serbien, Slowakei, Slowenien und Kosovo. Die monatliche Fördersumme beträgt derzeit knapp 1000 €.

Forschungsstipendium für österreichische Studierende und Doktoranden

Aktion Österreich – Slowakei,
SAIA, n. o., Námestie slobody 23, 812 20 Bratislava, Slowakei, AP Michael Schedl,
T. +43 1 534 08-454, F +43 1 534 08-499, michael.schedl@oead.at, saia@saia.sk,
www.oead.at www.aktion.saia.sk, www.scholarships.at
Österreichische PhD-Studierende der Naturwissenschaften, Technischen Wissenschaften, Human- und Veterinärmedizin, Land- und Forstwirtschaft, Sozial-, Rechts- und Wirtschaftswissenschaften, Geisteswissenschaften, Theologie sowie der Künstlerischen Studien erhalten für ein- bis viermonatige Forschungen an slowakischen staatlichen und öffentlichen Hochschulen und Instituten der Slowakischen Akademie der Wissenschaften oder Archiven, Bibliotheken, Museen und Forschungseinrichtungen neben freier Unterkunft, einem Reisekosten- und Mobilitätszuschuss ein monatliches Stipendium von derzeit 940 €. Bewerber sollten mindestens ein Semester ihres PhD-Studiums abgeschlossen haben und nicht älter als 35 sein.
Auch Postdoktoranden erhalten zu ähnlichen Bedingungen ein drei- bis sechsmonatiges Forschungsstipendium für die Slowakei, derzeit 1500 € monatlich. Bewerbung halbjährlich, zum 15. März und zum 15. Oktober.
Aktion Österreich - Tschechien,
DZS MSMT, Senovazne nam. 26, P.O. Box 8, CZ-110 06 Praha 1,
T. +420 224 230 069, aktion@dzs.cz, www. dzs.cz
ICM der OeAD-GmbH,
AP Michael Schedl, T +43 1 534 08-454, F +43 1 534 08-499,
michael.schedl@oead.at, www.oead.at
Nach einem ähnlichen Prinzip funktioniert eine Kooperation mit Tschechien. Neben ein- bis neunmonatigen Semester- und Jahresstipendien und ein- bis dreimonatigen Stipendien für kurzfristige Aufenthalte für 19- bis 35-jährige Studierende sind auch Stipendien für bis zu 45 Jahre alte Universitätslehrer, Stipendien für Dissertationsnetzwerke und Stipendien für Tandem-Diplomarbeiten möglich. Das monatliche Stipendium beträgt derzeit 27.000 CZK. Bewerbung zweimal jährlich, i.d.R. im März oder April und im Oktober auf www.scholarships.at.
Aktion Österreich-Ungarn,
H-1462 Budapest, Pf. 706, T/F. +36 1 266 7474, omaa@omaa.hu,
www.omaa.hu/stipendien.htm
Eine ähnliche Kooperation erlaubt österreichischen Studierenden und Graduierten Studien- und Forschungsaufenthalte in Ungarn. Doktoratsstudierende bis 35 verbringen einen bis neun Monate an ungarischen Universitäten, wenn sie zumindest grundlegende Sprachkenntnisse aufweisen. Ferner werden drei- bis vierwöchige Sommersprachkurse für bis zu 35-jährige Studierende finanziert, außerdem ein- bis neunmonatige Studienaufenthalte österreichischer Studierender, die unter 35 sind und entweder mindestens 4 Semester studiert (bei Diplom) oder ein Masterstudium begonnen haben. Bei letzterem Programm erhalten die Studierenden monatlich 80 000 HUF, außerdem einen einheitlichen Mobilitätszuschuss von 200 €. Bewerbung über www.scholarships.at.

Geschichte

Historisches Seminar der Universität zu Köln,
Meister-Eckehart-Str. 9, D-50923 Köln, AP Fritz Thyssen-Stiftung Dr. Frank Suder,
T. 0221 277496-0, F. 0221 277496-29, fts@fritz-thyssen-stiftung.de
Die Stiftung unterstützt über das Jürgen-Heideking-Fellowship-Programm Doktoranden bei Forschungen zur amerikanischen, deutschen und internationalen Geschichte sowie der Geschichte der deutsch-amerikanischen Beziehungen. Den Stipendiaten wird ermöglicht, von Köln aus ein großes wissenschaftliches Projekt zum Abschluss zu bringen und sich durch einen einjährigen Gastaufenthalt mit der akademischen Welt zu vernetzen. Zielgruppe: hochqualifizierte Nachwuchswissenschaftler mit abgeschlossener Promotion, aber ohne Lehrstuhl. Geforscht wird in Washington, D.C., Köln und Madison, WI.
Eine gemeinsame Kommission des Deutschen Historischen Instituts Washington und des Historischen Seminars der Universität Köln trifft die Auswahl der Stipendiaten.

Gaststipendienprogramm am Institute for Advanced Study, Princeton

School of Historical Studies,
Institute for Advanced Study, USA - Princeton, New Jersey 08540
Ermöglicht deutschen Wissenschaftlern der Altertumswissenschaften, Geschichtswissenschaft oder Kunstgeschichte einen Forschungsaufenthalt an der „School of Historical Studies" am Institute for Advanced Study in Princeton. Die Stipendiaten können als Mitglieder des Instituts alle Lehr- und Forschungseinrichtungen der Princeton University in vollem Umfang nutzen. Ansprechpartner ist Dr. Frank Suder von der Fritz Thyssen-Stiftung, s.o.

Osteuropa

BAYHOST,
Bayerisches Hochschulzentrum für Mittel-, Ost- und Südosteuropa,
Universitätsstr. 31, D-93053 Regensburg, F. 0941 943-5051, info@bayhost.de,
AP Katrin Döppe, T. 0941 943 5049, doeppe@bayhost.de, Marian Mure,
T. 0941 9435049, mure@bayhost.de, www.bayhost.de,
www-cgi.uni-regensburg.de/Einrichtungen/Bayhost
Einrichtung aller bayerischen Universitäten, Fach- und Kunsthochschulen. Berät in Fragen der Forschungskooperation, koordiniert akademische Kontakte ins östliche Europa und unterstützt über das BAYHOST-Programm den Austausch von Studierenden und Wissenschaftlern. So werden beispielsweise Stipendien für Sommerkurse in Bulgarien, Kroatien, Polen, Rumänien, Serbien/Montenegro, Slowenien, der Slowakei, Tschechien und Ungarn vergeben, aber auch Stipendien für Studienaufenthalte in Kroatien, Polen, Serbien, Slowakei, Tschechien und Ungarn. Zudem werden Studierende, die gerne ein Praktikum in den Ländern Mittel-, Ost- oder Südosteuropas absolvieren möchten, in Zusammenarbeit mit Akademischen Auslandsämtern und Praktikumsbörsen an bayerischen Hochschulen unterstützt, u.a. mit einer Praktikumsbörse.

Hans-Böckler-Stipendium

Hans-Böckler-Stiftung,
Hans-Böckler-Str. 39, D-40476 Düsseldorf, T. 0211 7778-0, F. 0211 7778120,
zentrale@boeckler.de, AP Dietrich Einert, Dietrich-Einert@boeckler.de,
www.boeckler.de/470.html
Die Stiftung fördert Studierende in der Regel für drei Semester mit derzeit bis zu
597 € plus 150 € Büchergeld. Teilweise wird auch der monatliche Krankenkassen-
beitrag bezuschusst.
Bewerben kann sich, wer in der Gewerkschaft ist, oder – im „ergänzenden Auswahlverfahren" – wer gesellschaftspolitisch engagiert aber (noch) kein Gewerkschaftsmit-
glied ist, mit den Werten und Zielen der Gewerkschaftsbewegung aber grundsätzlich
übereinstimmt. Neben der finanziellen ist die ideelle Förderung der Stiftung nicht zu
unterschätzen.
Besonderen Wert wird auf die Unterstützung von Auslandsaufenthalten gelegt, von
Sprachkursen über kurzfristige studienbezogene Auslandsaufenthalte bis hin zu Aus-
landsstudien, die u.U. sogar mehrere Jahre lang bis zur Erlangung eines ausländischen
akademischen Titels gefördert werden. Jedoch: Anträge, die sich nur auf die Förderung des Auslandsaufenthaltes beziehen, werden abgelehnt!

Studiengänge

Fremdsprachen

Fremdsprachenassistenten

Ein Fremdsprachenassistent, oft unter dem englischen Begriff *Teaching Assistant* oder
Assistant Teacher bekannt, ist ein angehender Lehrer, der für einen gewissen Zeitraum
an einer Schule im Ausland beim (Deutsch-)Unterricht mitwirkt. Im Normalfall ersetzt
er weder eine Lehrstelle noch übernimmt für den Lehrer den Unterricht, sondern assis-
tiert bei der praktischen Unterrichtsgestaltung, oder er arbeitet mit kleinen Gruppen
von Lernenden. Häufig organisiert der Fremdsprachenassistent auch außerunterricht-
liche Aktivitäten, bei denen die Schüler mit kulturellen Mitteln zum Sprechen animiert
werden sollen.
Ein Einsatz ist in verschiedenen Ländern sowohl an staatlichen als auch an privaten Schulen möglich. Das Gehalt wird von der jeweiligen Schule oder deren zuständi-
ger Schulbehörde gezahlt. In Einzelfällen gibt es auch Zuschüsse zur Unterkunft bzw.
freies Logis.
Eine der Hürden stellt das Auswahl- oder Vorstellungsgespräch dar; das mit ein wenig
Vorbereitung aber gut zu meistern ist. Am besten informiert man sich ein wenig über
das aktuelle Zeitgeschehen des eigenen und des Wunschlandes. Oft wird nach einem
Vergleich des Schul- oder Wahlsystems gefragt, und man soll die jeweiligen Vor- und

Nachteile kurz schildern. Keine Angst, es werden keine Genies gesucht, man darf also durchaus mal etwas nicht wissen. Wichtig ist es, sich nicht durcheinanderbringen zu lassen sondern souverän zu bleiben, also nicht völlig verschüchtert herumzustottern. Schließlich muss man ja mit den Schülern, dem Lehrerkollegium und generell dem Alltag an einer Schule im Ausland klarkommen. Es kann sein, dass man nach Ideen für den Unterricht gefragt wird: ob es neuere deutsche Literatur gibt, die man gerne besprechen würde, welche Filme man anschauen und welche außerschulischen Aktivitäten man bieten möchte. Man sollte sich auch darauf einstellen, eine mündliche Selbstdarstellung zu geben, oder den Lebenslauf (möglicherweise auch in der Fremdsprache) vorzustellen und evtl. zu kommentieren. Im Grunde wird in dem Gespräch nichts anderes gemacht, als Allgemeinbildung, Belastungsfähigkeit, Selbstbewusstsein, Kreativität, Motivation und Fremdsprachenkenntnisse zu testen. Also: locker bleiben und in den Tagen vor dem Gespräch einfach vermehrt Zeitung lesen (auch die aus dem Wunschland!) und Tagesschau gucken.

In Deutschland ist der PAD zuständig. Angehende Englischlehrer haben beispielsweise die Möglichkeit, als Assistenten nach Australien, Großbritannien, Irland, Kanada, Neuseeland oder in die USA zu gehen, angehenden Französischlehrern stehen Belgien, Frankreich und Québec offen. Spanischlehrer in spe können in Spanien, künftige Italienischlehrer in Italien tätig sein.

PAD / Comenius,
T. 0228 501224, F. 0228 501259, comenius@kmk.org, pad@kmk.org,
www.kmk-pad.org, www.kmk-pad.org/programme/comenius.html
Neben dem PAD-Programm bietet sich auch über COMENIUS, einem Teil des SOKRATES-Programms, die Möglichkeit, als Fremdsprachenassistent in fast allen europäischen Ländern tätig zu sein. Teilnehmen können angehende Lehrkräfte aller Fachrichtungen nach dem vierten Fachsemester und Lehramtsabsolventen ohne Arbeitserfahrung. Die drei- bis zehnmonatige Assistenzzeit wird zwischen September und Februar an Schulen, Vorschulen oder Einrichtungen der Erwachsenenbildung in den EU-Mitgliedstaaten (auch: Island, Liechtenstein, Norwegen und Türkei) begonnen. COMENIUS-Assistenten erhalten einen monatlichen Unterhalts- sowie einen einmaligen Fahrtkostenzuschuss.

Amity Institute,
www.amity.org/intern.html
Mit dem „Intern Teacher Program" haben 20- bis 30-jährige Studierende die Möglichkeit, an öffentlichen und privaten US-Schulen in ca. 20 Wochenstunden als Fremdsprachenassistent die eigene Sprache und Kultur zu unterrichten. Unterkunft und Verpflegung werden gestellt. Reise und Versicherungen zu Lasten der Teilnehmer. Zudem sollte ein monatlicher Betrag von ca. 150 US$ für persönliche Ausgaben eingeplant werden. Neben der Arbeit an der Schule besuchen die Programmteilnehmer zwei akademische Lehrveranstaltungen, davon eine mit Bezug zu den USA.

RBS,
AP Elischeth van Gelder, T. 0711 46084146, elisabeth.vangelder@bosch-stiftung.de,
Meingard Baumann, Telefon 0228 501-254, meingard.baumann@kmk.org,
www.bosch-stiftung.de

Die RBS setzt mit dem Programm „Völkerverständigung macht Schule", das angehende Lehrer als Praktikanten nach Ost- und Mitteleuropa schickt, auf den Austausch mit dem Osten. Studierende und Hochschulabsolventen vermitteln an ausgewählte Schulen in Mittel-, Ost- und Südosteuropa sowie in Kasachstan drei bis sechs Monate lang ein aktuelles Deutschlandbild. Die Stipendiaten wirken im Deutschunterricht mit, initiieren interkulturelle Schülerprojekte und unterstützen die Kinder beim Erlernen der deutschen Sprache und Kultur. Bewerbung online zwischen Mitte Oktober und Anfang Februar.

KulturKontakt Austria, Servicestelle für Mobilitätsprogramme des bmukk,
Universitätsstr. 5, A-1010 Wien, T. +43 1 523 87 65-611, sprachassistenz@kulturkont-
akt.or.at, AP Silvia Flotzinger-Aigner, silvia.flotzinger-aigner@kulturkontakt.or.at,
Katrin Havlicek, katrin.havlicek@kulturkontakt.or.at, www.sprachassistenz.at
Bundesministerium für Unterricht, Kunst und Kultur,
Abteilung III/13b, Concordiaplatz 1, A-1010 Wien, AP Dr. Nikolaus Douda,
T. +43 153120-3301, nikolaus.douda@bmukk.gv.at, Hanna Malhonen,
T. +43 1 53120-3626, hanna.malhonen@bmukk.gv.at, www.bmukk.gv.at

Mit dem Sprachassistenzprogramm können auch österreichische Studierende Unterrichtserfahrung an einer Schule im Ausland sammeln. Die Sprachassistenten wirken, je nach Land, pro Woche zwischen 12 und 15 Stunden im Deutschunterricht an Sekundarschulen in derzeit zehn Ländern mit (der Einsatz an Primarschulen ist z.Zt. nur in wenigen Ländern möglich): Belgien, Frankreich, Französischsprachige Schweiz, Großbritannien, Republik Irland, Italien, Kroatien, Niederlande, Russland und Spanien. Dabei schwankt der Bedarf an Sprachassistenten gewaltig – so werden beispielsweise in Frankreich alljährlich 120-180 Stellen frei; in Russland dagegen nur eine. Auch der Verdienst schwankt, liegt aber meist um die 800 € monatlich.

Beginn der sieben- bis zehnmonatigen Assistenzzeit ist i.d.R. der 1. Oktober. Bewerbung online oder per Post bis Mitte Dezember.
Zielgruppe: Studenten und Absolventen von Pädagogischen Hochschulen bzw. Pädagogischen Akademien, Fachhochschulen und Universitäten, insbesondere Lehramtskandidaten. Außerdem Unterrichtspraktikanten und Lehrer. Gibt es weniger Bewerber als freie Stellen, sind auch Studenten anderer Studienrichtungen zugelassen, sofern sie – wie alle anderen – die folgenden Bedingungen erfüllen:

- mindestens vier Semester Studium bei Antritt der Tätigkeit
- Deutsch als Muttersprache
- österreichische Staatsbürgerschaft
- Grundkenntnisse der Landessprache (ausgenommen Niederlande)
- Höchstalter 30 Jahre

Südtiroler können sich bewerben, allerdings nicht um Assistenzstellen in Italien. Angehörige anderer Staatsbürgerschaften sind u.U. auch zugelassen.
WBZ CPS, Haus der Kantone,
CH-3000 Bern 7, AP Renata Leimer, T. 031 320 16 70, leimer.renata@wbz-cps.ch,

Sylvia Scheidegger, T. 031 320 16 72, scheidegger.sylvia@wbz-cps.ch, www.wbz-cps.ch
Schweizer Studierende von Universitäten und Pädagogischen Hochschulen werden als Sprachassistierende für Deutsch an Schulen in Großbritannien und Frankreich vermittelt, ferner als Sprachassistenten für Französisch in Großbritannien, Deutschland oder Österreich.

DaF-Assistenten in Großbritannien sollten Studierende der Anglistik sein, Studierende der Wirtschafts-, Sozial- und Geisteswissenschaften sowie der Pädagogik, Geschichte oder Geographie mit deutscher oder englischer Sprache / Literatur als Nebenfach, Studierende der Germanistik oder des Fachbereichs „Deutsch als Fremdsprache" (DaF) oder Studierende bzw. Diplomanden der pädagogischen Hochschulen (PH). Gute Englischkenntnisse sind erforderlich; außerdem müssen die 21- bis 30-jährigen Bewerber bereits 4 Semester studiert haben und deutsche Muttersprachler mit nicht zu ausgeprägtem Schweizer Akzent sein. Der achtmonatige Einsatz in England und Wales beginnt am 1. Oktober und endet am 31. Mai; der Einsatz in Schottland und Nordirland dauert dagegen neun Monate und beginnt bereits am 1. September. Bei einem Unterrichtspensum von 12 Wochenstunden erhalten die Sprachassistenten eine monatliche Vergütung von derzeit 800 Pfund.

Die Bedingungen für Frankreich sind ähnlich; natürlich werden statt den englischen französische Sprachkenntnisse erwartet. Assistenten an den höheren Schulen „collège" oder „lycée" werden sieben Monate, vom 1. Oktober bis 30. April, eingesetzt; an einer „primaire" ist der Einsatz auch neun Monate, bis 30. Juni, möglich. Das Gehalt beträgt hier 957 €.

Künftige und ehemalige Deutschassistenten von Québec finden Gleichgesinnte sowie eine Fülle von Tipps auf http://invasions.kilu.de.

Erfahrungsbericht – Fremdsprachenassistent in Thailand

Caroline bot sich die Möglichkeit, über das weltwärts-Programm als Fremdsprachenassistentin in Thailand zu arbeiten. Von ihrer Entsendeorganisation ASF hatte sie davor zwar jede Menge Auskünfte zu Essen, Sprache, Klima und Verhaltensregeln bekommen; trotzdem war am Anfang alles brandneu und ungewohnt, zumal vieles in der Praxis ohnehin ganz anders aussah:

„So wurde mein Plan, alle nach dem Aussteigen aus dem Auto mit dem typisch thailändischen Gruß, dem *wai*, zu begrüßen, dadurch zunichte gemacht, dass meine Gastmutter mir einen riesigen Teddybären in die Hand drückte. Auch das Essen konnte ich zu Anfang nicht richtig genießen, da mir ständig schlecht war. Mitteilen konnte ich das der Gastfamilie aber nicht, aufgrund mangelnder Sprachkenntnisse und da ich nicht unhöflich erscheinen wollte. Die Gerichte waren für mich fast alle neu, teilweise sehr scharf gewürzt, und vieles hatte ich noch nie vorher gesehen. Am Ende habe ich die Thai-Küche aber geliebt und dem deutschen Essen nicht hinterhergetrauert, da es in Thailand einfach eine unglaubliche Vielfalt gibt – sogar für mich als Vegetarierin! Allerdings passierte es häufig, dass die Thais nicht genau wussten, was man als Vegetarier essen kann und was nicht. Auch meine Gastfamilie fragte bis zum Ende noch nach und machte sich Sorgen, wenn ich wieder einmal nur gebratenen Reis essen konnte.

In der Schule zeigten sich große Unterschiede zum deutschen System. In Thailand herrscht einfach eine viel stärkere Hierarchie. Lehrer sind große Respektspersonen, die von Schülern immer zuerst gegrüßt werden und an denen diese nur gebückt vorbei laufen. Schüler dürfen, im Gegensatz zu den Lehrern, im Schulgebäude keine Schuhe tragen und sitzen bei Schulversammlungen oder ähnlichem nicht wie die Lehrer auf Stühlen, sondern auf dem Boden. Außerdem werden Lehrer nicht von Schülern korrigiert oder auf Fehler angesprochen, damit sie nicht in Verlegenheit geraten. Sogar unter den Lehrern gibt es noch Rangunterschiede. Die Departmentleiter, stellvertretenden Direktoren und der Schulleiter z.B. hatten noch mehr Macht und Einfluss in der Schule als die normalen Lehrer, und somit wurde ihnen auch mehr Respekt entgegengebracht.

Als *assistant teacher* hatte ich nur eingeschränkt die Möglichkeit, einen Freundeskreis aus Gleichaltrigen aufzubauen, da ich in der Schule Lehrerin, also eine Respektsperson, war, der sich auch die älteren Schüler selten freundschaftlich zu nähern wagen. Nachmittags kam ich dann meist spät nach Hause, musste Unterricht planen oder ähnliches und wollte dann auch noch Zeit mit der Gastfamilie verbringen.

Ich hatte aber das Glück, eine 17-jährige Gastschwester zu haben, mit der ich mich sehr gut verstand, einen 18-jährigen Nachbarn, mit dem ich ab und zu Fahrradtouren machte, kochte und an einem Sportkurs teilnahm, sowie eine 21-jährige Gastcousine, die zwar in Bangkok lebte, aber mit der ich sehr viel unternahm, wenn sie zu Besuch war.

Dass ich durch meinen Arbeitsplatz wenig Zeit hatte, lag auch daran, dass ich kein – wie es in der Projektbeschreibung stand – *assistant teacher*, also eine Hilfslehrerin eines Thai-Englischlehrers, war, sondern von Anfang an alleine unterrichtete. Darauf vorbereitet war ich allerdings überhaupt nicht. Noch, als ich das erste Mal in eine Klasse ging, glaubte ich, gleich mit einer Lehrerin zusammen zu unterrichten, weil es mir kurz vorher noch so beschrieben worden war. Im Klassenraum teilte die Lehrerin mir dann aber mit, dass sie nun zu ihrer Klasse müsse, und wo im Buch ich anfangen solle. Auch in allen meinen anderen Klassen unterrichtete ich alleine. Ich hatte 12 Klassen mit jeweils 50 bis 60 Schülern einmal die Woche in Englisch, und einen Kurs aus Freiwilligen der Abschlussklassen zweimal die Woche in Deutsch.

Die Englischklassen waren im Jahrgang M3, was vom Alter her der neunten Klasse in Deutschland entspricht – nicht jedoch von den Sprachkenntnissen her, diese waren deutlich schlechter. So kam es häufig zu Kommunikationsproblemen, da die Schüler mich und meine Anweisungen einfach nicht verstanden. In manchen Klassen gab es Schüler, die durch eigenständiges Lernen besser Englisch sprachen und verstanden; diese konnten dann den anderen die Aufgaben mitteilen. Mit einer

Klasse kam ich besonders gut zurecht, weil sie vorher schon einmal bei einem Muttersprachler Englischunterricht hatten und es somit gewohnt waren, dass man nur Englisch mit ihnen sprach. Der normale Thai-Englischunterricht sieht nämlich so aus, dass der Lehrer vorne mit einem Mikrofon und Lautsprecher steht und auf Thai englische Grammatik erklärt. Die Schüler müssen so gut wie nie selber sprechen oder schreiben.

Gerade das sollte ich, so wurde es mir von den anderen Englischlehrern mitgeteilt, mit den Schülern üben. Dazu spielte ich Sprachspiele und ließ die Schüler in Gruppen zu bestimmten Themen arbeiten. Damit war jedoch meine Koordinatorin nicht einverstanden, und so musste ich mit dem Textbuch weiterarbeiten, was den Unterricht für mich und die Schüler nicht gerade erleichterte. Zwar versuchte ich, meiner Koordinatorin zu erklären, dass man auch spielerisch etwas lernen konnte, doch sie hielt das nicht für richtigen Unterricht und sagte mir, die Schüler würden durch ihre Abschlussprüfung fallen, wenn ich nicht das Buch benutzte. Dass die anderen Englischlehrerinnen teilweise gar nicht mehr kamen, nachdem ich begonnen hatte, einmal die Woche ihre Klasse zu unterrichten, ließ sie dabei völlig außen vor. Bei diesem Konflikt musste ich leider nachgeben, da auch für mich die anderen Lehrer große Respektspersonen waren, die sich mir gegenüber manchmal deutlich überlegen fühlten und mit denen ich mich niemals hätte anlegen können.

Manchmal war ich während meiner Arbeitszeit überfordert, wenn die Schüler mich nicht verstanden und ich sie nicht. Auch hätte ich mir mehr Unterstützung von Seiten der anderen Englischlehrerinnen gewünscht, die mich manchmal eher als Konkurrenz wahrnahmen. Eigentlich sollten sie mich auch in der thailändischen Sprache unterrichten, aber dieser Sprachkurs fand nur einmal statt, danach hatte niemand mehr Zeit dazu. In der Schule waren die nicht ausreichenden Sprachkompetenzen kein Problem im Umgang mit den Kollegen, da ich mich außerhalb der Unterrichtszeiten nur im ‚English Department' aufhielt und die Lehrer alle mit mir Englisch sprachen. Lediglich im Unterricht wären bessere Thaikenntnisse sicherlich von Nutzen gewesen.
Generell halte ich den Einsatz von ausländischen Lehrern im Fremdsprachenunterricht für sinnvoll, da die Schüler auf diese Art unterschiedliche Dialekte und die Eigenarten der jeweiligen Kultur kennenlernen, allein schon durch den anderen Unterrichtsstil, aber auch durch die Inhalte. Diese Erfahrungen können Schüler besonders gut durch einen ausländischen Lehrer machen, da so das Interesse an anderen Kulturen konkreter angeregt wird."

Erfahrungsbericht – PAD im Elsass

Als Isabel aus schulischer Begeisterung ihr Französischstudium begann, hatte sie sich anfangs noch keine Gedanken über einen Auslandaufenthalt gemacht. Mit dem näher rückenden Examen drängte sich ihr jedoch immer mehr die Frage auf, in welcher Weise sie ihre Sprachkenntnisse vertiefen und ausbauen könnte.

„Zunächst hörte ich über die Uni vom ERASMUS-Programm, das mir aber nicht völlig zusagte. So suchte ich nach einer anderen Möglichkeit, und erfuhr durch Zufall vom Programm des PAD, mit dem man für circa sieben Monate, je nach Schulform, als Fremdsprachenassistent an einer ausländischen Schule in Europa oder Amerika arbeiten kann. Die gute Organisation und die sehr angenehmen und entsprechend entlohnten Arbeitsbedingungen (12h / Woche, ca. 750 € / Monat) überzeugten mich. Nach einem langwierigen Auswahlverfahren fuhr ich meinem großen Abenteuer in Mühlhausen (Mulhouse) im Elsass entgegen. Ich sollte dort an zwei Collèges vier Tage die Woche Deutsch unterrichten; andere Assistenten waren an einem Lycée oder an Grundschulen. Von den Schulen und meiner Betreuungslehrerin wurde ich sehr herzlich aufgenommen, so dass mir der Start in den neuen, ungewohnten Alltag etwas leichter fiel. Bereits von Deutschland aus hatte ich ein „Studio" im Studentenwohnheim in Mulhouse gemietet, so dass ich mich vor Ort nicht noch mit einer aufwändigen Wohnungssuche beschäftigen musste.

In diesen sieben Monaten in Frankreich stieß ich natürlich in allen Lebensbereichen auf viel Neues – sei es an meinem Arbeitsplatz, auf Reisen in Frankreich, Süddeutschland und der Schweiz, zu denen ich neben der Schule noch ausreichend Gelegenheit hatte, oder im ganz normalen Alltag, der in einem fremden Land schon zu etwas Besonderem wird."

Obwohl ihre Tagesabläufe sehr unterschiedlich aussahen und oft spontan entwickelt wurden, gibt Isabel eine kleine Kostprobe eines Tages:

„Nach einem kleinen Frühstück aus Brioche und Nutella, mit musikalischer Untermalung des Radiosenders „France Bleu Alsace", mache ich mich per Tram und TER (franz. Regionalbahn) auf den Weg zu meinen Schulen, die in dem kleinen Örtchen Saint-Louis an der Schweizer Grenze liegen. Bereits auf dem Flur zum Lehrerzimmer, nachdem mich die obligatorische Hausmeisterin unter wachsamem Blick durch das Schultor passieren lässt, schallt mir das fröhliche „Guten Morrrgen" eines meiner Schüler entgegen. Nachdem ich mit einer der Deutschlehrerinnen schnell noch die Klassenaufteilung besprochen habe, übernehme ich meine Schülergruppe und mache nun für eine halbe Stunde Unterricht, bevor die Gruppe gewechselt wird. Der Unterricht findet halb auf Deutsch, halb auf Französisch statt – je nachdem, wie viel die Schüler verstehen. Heute habe ich deutsche Zeitungen mitgebracht, und die Jugendlichen sollen dazu einen Fragebogen ausfüllen. Mit größter Begeisterung durchwühlen sie das Material und sind völlig erstaunt, bekannte Gesichter aus Politik, Sport und Musik anzutreffen. So geht der Vormittag dahin, und nach dem gemeinsamen Mittagessen in der Schulkantine – Baguette und ein Stück Käse sind bei jedem Hauptgericht obligatorisch – folgt in der zwei-stündigen Mittagspause mein „Club d'allemand". Da die Kinder den ganzen Tag in der Schule verbringen, kommen oft nicht viele. Aber die wenigen, meist sehr guten Schüler – hin und wieder auch Deutsche, die sich freuen, ein bisschen mutter-sprachlichen Kontakt zu haben – sind hoch motiviert und zu allen „Deutschspiel-chen" bereit. Im Nachmittagsunterricht bin ich bei den 12-Jährigen eingeteilt, die ich an diesem Tag mit der Lehrerin zusammen unterrichte. Wir schreiben einen Brief an den Weihnachtsmann in Deutschland. Nach einer Stunde ist die ganze Tafel über und über mit Vokabeln bedeckt, denn jeder wünscht sich schließlich etwas anderes vom Weihnachtsmann.

Für heute ist mein Schultag zu Ende; ich setze mich in den nächsten Bus und fahre noch für eine Stunde an den Rhein nach Basel, das nur 10 Minuten entfernt liegt – nur eben über die Grenze. Zurück in Mulhouse erwartet mich zunächst ein Rendezvous bei meiner Bank, aber nachdem wieder ein paar Schwierigkeiten aus der Welt geräumt wurden, kann ich ruhigen Gewissens den Gastvortrag eines fran-

zösischen Professors über die „Littérature francaise" genießen, der gleich gegenü-ber von meinem Wohnheim in der Universität stattfindet. Noch schnell zum Einkaufen in den *Supermarché Match* – Baguette, Käse und franzö-sischer Wein stehen auch bei mir ganz oben auf dem Ein-kaufszettel –, dann geht es zum Deutsch-Stammtisch im irischen Pub. Die Bedienung spricht zwar kaum ein Wort Englisch, aber das kann man

Käse aus dem Elsass in einer Markthalle (Foto: AS)

in Frankreich ja auch nicht erwarten. Dort treffe ich mich jede Woche mit einigen Deutschassistenten; oft sind aber auch Assistenten aus Amerika, England und Venezuela dabei. Nach einem schönen Abend, bei dem neue Reise- bzw. Besichti-gungspläne fürs Wochenende geschmiedet werden, geht wieder einmal ein aufre-gender Tag in diesem Land zu Ende.

In meiner Zeit in Frankreich habe ich viele Erkenntnisse gewonnen (die französi-sche Bürokratie ist nur mit viel Geduld zu ertragen!), Erinnerungen gesammelt (zahlreiche Besuche im Restaurant „L'Entrecôte", die bei mir nahezu immer mit einem elsässischen Flammkuchen endeten), Fotos geknipst (malerische Bilder von einem wunderschönen Ausflug in die tief verschneiten Vogesen) und Souvenirs erstanden. So auch den plüschigen Storch, der seinem Status als Wahrzeichen des Elsass alle Ehre macht, denn die Sehnsucht nach Frankreich, die habe ich anschei-nend gleich mitgekauft."

DeutschMobil

RBS,
AP Christina Hesse, T. 0711 46084160, christina.hesse@bosch-stiftung.de, Nadine
Lashuk, T. 0711 46084126, nadine.lashuk@bosch-stiftung.de, www.deutschmobil.fr
Die Föderation der Deutsch-Französischen Häuser in Frankreich, die RBS und der
DAAD, der im Rahmen seines Sprachassistentenprogramms Mittel für vier Stipendien
zur Verfügung stellt, vergeben jährlich zehn Lektorate in Frankreich. Mit dem Deut-
schMobil, einem von Mercedes Benz zur Verfügung gestellten Van, besuchen die Lek-
toren dann Primarschulen und Collèges einer bestimmten Region mit dem Ziel, ein
positives Deutschlandbild zu vermitteln. Dies geschieht in spielerisch gestalteten
Unterrichtsstunden, in denen den französischen Schülern bei Sprachanimationen,
Bewegungsspielen, Filmprojektionen oder beispielsweise Hip-Hop-Tanzkursen die
deutsche Sprache und Kultur näher gebracht wird.
Bewerber sollten ein abgeschlossenes Hochschulstudium sowie landeskundliche
Kenntnisse (insbesondere des französischen Schulwesens) und pädagogische Kenntnisse aufweisen. Gerne gesehen sind erste Erfahrungen auf dem Gebiet DaF. Ferner
werden gute französische Sprachkenntnisse, Flexibilität und Mobilität sowie der Führerschein Klasse B vorausgesetzt. Die Ausschreibungen sind ab Anfang des Jahres auf
der Homepage der Bosch Stiftung verfügbar.

Auslandspraktikum Deutsch als Fremdsprache

Österreich Kooperation,
AP Dr. Arnulf Knafl, T +43 1 534 08 452, F +43 1 534 08 499,
arnulf.knafl@oead.at, www.oek.at
Österreichischen Studierenden des Fachs Deutsch als Fremdsprache, die sich im
2. Studienabschnitt befinden, stehen pro Jahr 40-45 Praktikumsplätze in den folgenden
Ländern offen: Ägypten, Algerien, Argentinien, Armenien, Aserbaidschan, Australien,
Brasilien, Bulgarien, Burjatien, Bhutan, Chakassien, Chile, China, Ecuador, Estland,
Finnland, Georgien, Ghana, Indien, Japan, Jordanien, Kasachstan, Kroatien, Kirgisi-
stan, Kuba, Madagaskar, Marokko, Mexiko, Mongolei, Montenegro, Nicaragua,
Polen, Portugal, Rumänien, Russland, Senegal, Serbien, Slowakei, Slowenien, Tsche-
chische Republik, Tunesien, Türkei, Ukraine, Ungarn, Usbekistan, Venezuela und
Vietnam.
Je nach Land erhalten die Praktikanten ein monatliches Stipendium von höchstens 510
€ vom BMWF, außerdem einen Reisekostenzuschuss und die Versicherung. Die Dauer
des Praktikums beträgt zwischen 3 und 5 Monaten.
Bewerbungen bis Mitte Februar bei der zuständigen Ansprechperson der jeweiligen
Heimatuniversität.

Geisteswissenschaften

DGIA, Stiftung Deutsche Geisteswissenschaftliche Institute im Ausland,
„Feldmann-DGIA-Reisebeihilfen", Rheinallee 6, D-53173 Bonn, T. 0228 37786-0,
dgia@stiftung-dgia.de, www.stiftung-dgia.de/reisebeihilfen.html
Vergabe von jährlich ca. 110 Stipendien in Form von Seminaren, Sommerschulen, Praktika, Stipendien und Preisen an deutsche und ausländische Wissenschaftler. Neben der Vermittlung von Praktika werden Kurzaufenthalte von Studierenden an den Auslandsinstituten gefördert. Näheres zur Nachwuchsförderung der Auslandsinstitute auf www.stiftung-dgia.de/institutsprogramme.html.

Deutsche Studierende geisteswissenschaftlicher und benachbarter Disziplinen, die sich auf Praktikumsplätze an den DGIA-Auslandsinstituten beworben haben, können sich um Finanzierung durch den DAAD bewerben; die Förderung beinhaltet in der Regel die Reisekosten sowie eine monatliche Teilstipendienrate zum Lebensunterhalt. Das Praktikum muss mindestens sechs Wochen dauern, und Bewerber müssen das Grundstudium erfolgreich gemeistert haben. Einmal jährlich werden zudem bis zu sechs Gerald D. Feldman-Reisebeihilfen an international orientierte, deutsche Geisteswissenschaftler vergeben. Dabei führen die Wissenschaftler ein selbst gewähltes Forschungsvorhaben in bis zu drei Gastländern der Institute der Stiftung DGIA durch. Schwerpunkt ist die Recherche in Bibliotheken oder Archiven des jeweiligen Gastlandes. Es wird erwartet, dass länderübergreifende Studien entstehen, die der Forschung neue und originelle Impulse verleihen. Die Förderungsmaßnahmen sind insbesondere an promovierte Geisteswissenschaftler gerichtet; in Ausnahmefällen werden auch Hochschulabsolventen (M.A., Staatsexamen, Diplom) gefördert. Bewerbungsende jeweils im Oktober.

Wirtschaft

Praxisqualifizierung weltweit für Bachelorabsolventen (FH)

GIZ,
(ehemals InWEnt), AP Katja Metzer, T. 228 4460 1273, F. 0228 4460 1482,
Joscha Hoffmann, T. 0228 4460 1245, F. 0228 4460 1482,
fh-praxissemester@inwent.org, www.giz.de
Bachelorabsolventen deutscher Fachhochschulen aus den Bereichen Wirtschaft und (angewandte) Technik FH- und Bachelorstudenten der Studienrichtungen Wirtschaft und (angewandte) Technik werden durch Stipendienprogramme des Bundesministeriums für Bildung und Forschung (BMBF) gefördert. Wer ein fünf- bis sechsmonatiges fachbezogenes Praktikum im (nicht deutschsprachigen) Ausland absolvieren möchte und in das Programm aufgenommen wird, verpflichtet sich zur Einhaltung der folgenden Programmpunkte:

- eintägiges Vorbereitungsseminar
- Berichterstattung
- eintägiges Auswertungsseminar

Bewerber dürfen höchstens 30 Jahre alt sein und müssen zum Zeitpunkt der Bewerbung an einer deutschen Fachhochschule immatrikuliert sein. Ferner sind gute Kenntnisse der Landes- oder Geschäftssprache nötig, bzw. in Asien gute Englischkenntnisse. Außerdem benötigen die Kandidaten mindestens drei Monate beruflich-praktische Erfahrung, z.B. im Rahmen einer Berufsausbildung, Vorpraktika, 1. Praxissemester oder fachbezogene Nebentätigkeiten. Bewerbungsende alljährlich Mitte November; genauen Termin auf der Homepage von InWEnt überprüfen.

IPC,
International Placement Center e.V.,
Hochschulstr. 1, D-64289 Darmstadt, T. 066151 165662, F. 06151 164488,
info@ipc.hg.tu-darmstadt.de, www.ipc-darmstadt.de
Vermittlung von Praktika für Wirtschaftsinformatik- oder Wirtschaftsingenieurwesenstudenten (nur Uni, keine FH).

Wirtschaftskammer Österreich, Abteilung Personal und Organisationsentwicklung
– Ausland,
Wiedner Hauptstr. 63, A-1045 Wien, AP Anton Denk, T. +43 590 900-4275,
Anton.Denk@wko.at, pers.ausland@wko.at, http://wko.at/
Volontärseinsätze bei einer Außenhandelsstelle der Wirtschaftskammer Österreich für österreichische Studierende der Rechtswissenschaften, Betriebswirtschaft, Internat. Betriebswirtschaft, Wirtschaftsrecht, Volkswirtschaft, Wirtschaftspädagogik, Wirtschaftsinformatik, Wirtschaftswissenschaften bzw. an wirtschaftsnahe Fachhochschul-Studierende mit internationaler Orientierung und Fremdsprachen. Bewerber befinden sich im 5. bis 10. Semester, besitzen ausgezeichnete Sprachkenntnisse, fundierte Anwenderkenntnisse in Word, Excel, Access, Internet und Arbeitserfahrung von mindestens einem Monat. Bewerbungen zwischen 1.5. und 15.9. Es besteht die Wahl zwischen einem zweiwöchigen Praktikum im EU-Büro in Brüssel. einem ein- bis zweimonatigen Einsatz in Europa oder Übersee, oder einem dreimonatigen Einsatz in Belgrad, Budapest, Bukarest, Kiew, Ljubljana, Moskau, Prag, Bratislava, Sarajevo, Sofia, Warschau, Zagreb, Helsinki, Kopenhagen, Oslo oder Stockholm.

AIESEC – Internationale Studierendenvereinigung Wirtschafts- und Sozialwissenschaften

Deutsches Komitee der AIESEC e.V.,
Kasernenstr. 26, D-53111 Bonn, T. 0228 28980-0, F. 0228 28980-10,
info@aiesec.de, www.aiesec.de
AIESEC Vienna,
Augasse 2-6, A-1090 Wien, T. +43 1 313 364 873, F. +43 1 310 8288,
office@aiesec.at, AP Iulia Mugescu, iulia.mugescu@aiesec.net, www.aiesec.at
AIESEC in Switzerland,
Eigerstr. 55, Postfach, CH-3007 Bern, T. +41 31 370 05 05, F. +41 31 370 05 00,
info@aiesec.ch, www.aiesec.ch
Die Vereinigung vermittelt anderthalb- bis achtzehnmonatige bezahlte Auslandspraktika der Bereiche Wirtschaft, Informationstechnologie und Entwicklungshilfe. Anforde-

rungen sind das Vordiplom oder 4. Fachsemester und vorheriges Engagement im AIE-SEC-Lokalkomitee.

Schweizer Absolventenprogramm

Swiss-California Foundation,
401 College Ave., Suite D, Santa Rosa, CA 95401, T. +1 707 565 6456, F. +1 707 565-7231, info@swisscalifornia.com, www.swisscalifornia.com
Bietet Bachelor- oder Masterabsolventen der Universität St Gallen (HSG) mit den Fächern business management, Wirtschaft, international affairs u.ä., in einem achtmonatigen Stipendienprogramm zwischen November und Juni in Kalifornien Arbeitserfahrung zu sammeln. Bewerber benötigen sehr gute Englischkenntnisse. Monatliches Stipendium von 1250 US$.

Jura

Erfahrungsbericht – Jurapraktikum in Singapur

„Ok lah. Das ist Singlish für „okay, wird gemacht", und jeder, der einmal auch nur eine kurze Weile in Singapur verbracht hat, kennt diese Phrase." *Aline* hörte sie sehr oft, da sie zwei Semester an der National University of Singapore studierte und im Anschluss ein Praktikum bei einer mittelgroßen deutschen Anwaltskanzlei mit Schwerpunkt Wirtschafts- und Unternehmensrecht machte.

„Die ersten Monate gefielen mir so gut, dass ich mich im Dezember um ein zweimonatiges Praktikum für den Sommer bewarb. Es ist grundsätzlich sinnvoll, sich rechtzeitig, d.h. mind. sechs Monate im Voraus, um ein Praktikum zu bemühen. Für Auslandspraktika gilt das im Besonderen. Ich war die letzte Praktikantin für das kommende Jahr, die im Dezember noch angenommen wurde. Das Vorstellungsgespräch fand schon eine Woche nach meiner schriftlichen Bewerbung statt. Idealerweise war ich vor Ort; die Kanzlei beschäftigte aber regelmäßig deutsche Praktikanten und Referendare und war daher an Telefoninterviews gewöhnt.

Zu dem ca. dreißigminütigen Gespräch empfingen mich die zwei Anwälte, die gemeinsam das Büro in Singapur leiteten. Sie befragten mich nach meiner Person und meinen bisherigen Erfahrungen und informierten mich gleichzeitig über die Arbeitsschwerpunkte der Kanzlei, die in Singapur ausschließlich beratend tätig ist. Dementsprechend recherchierte und erstellte ich während meines Praktikums vor allem Gutachten zu rechtlichen Fragen im internationalen Privatrecht. Von besonderem Interesse waren dabei die wirtschaftsrechtlichen Entwicklungen in anderen asiatischen Ländern. So recherchierte ich aktuelle Änderungen im thailändischen Gesellschaftsrecht, die rechtlichen Grundlagen für Immobilieninvestitionen in Indien und den Erlass von Vorschriften zur Bekämpfung der Korruption im Amt in Indonesien.

Aline beim Lunch mit ihrer Kollegin, beim Sushi Essen

Natürlich kam ich aber auch mit dem singapurischen Recht in Kontakt. So stellte sich für einen in Singapur ansässigen deutschen Unternehmer die Frage, nach welchem Recht sein Testament am ökonomischsten verfasst werden konnte. In diesem Zusammenhang recherchierte ich die rechtliche Stellung des gemeinsamen Testaments im singapurischen Recht sowie die Nachlassspaltung und Zuständigkeit von Gerichten im internationalen Erbrecht. Neben diesen materiellrechtlichen Fragen erledigte ich auch administrative Tätigkeiten, ferner Übersetzungen von Grundbucheinträgen, Kontoauszügen und Darlehensverträgen in die englische Sprache."

Aline hatte sich schon immer für Fragen des internationalen Rechts interessiert, weshalb sie auch eine Zeitlang außerhalb Europas studieren wollte.

„Das Praktikum erweiterte mein grundlegendes Wissen in diesem Bereich um die wichtige praktische Komponente. Durch diese Erfahrungen wurde ich in meiner Entscheidung bestärkt, meinen universitären Schwerpunkt in Deutschland in diesem Bereich zu absolvieren. Besonders in der Vorlesung zum Internationalen Privatrecht waren mir dabei dann viele Begriffe durch das Praktikum bereits vertraut."

Das Praktikum lohnte sich Alines Meinung nach jedoch nicht nur in fachlicher Hinsicht. „Alle Anwälte waren überaus freundlich, geduldig und hilfsbereit. Das Team wurde durch sieben Mitarbeiterinnen verstärkt, zu denen ich sehr schnell eine persönliche Bindung aufbaute. Im zweiten Monat meines Praktikums wurde es im Büro sogar richtig eng, weil wir von zwei weiteren Praktikanten und zwei Rechtsreferendaren verstärkt wurden. Die Atmosphäre war stets professionell, aber sehr herzlich. An der persönlichen Entwicklung in dem – für viele – neuen Land wurde rege Anteil genommen."

Nach dem Jahr schwärmt Aline von der multikulturellen Atmosphäre und den Singapurern, die trotz des arbeitsamen, hektischen Kanzleialltags nie ihre Freundlichkeit und Effizienz verloren. „Fast jeden Tag hatte ich dort etwas Außergewöhnliches erlebt. An meinem letzten Arbeitstag musste ich zwei Anläufe unternehmen, um mich von allen zu verabschieden: nach der Hälfte hatte ich nämlich so heftig angefangen zu weinen, dass ich mich erst einmal wieder sammeln musste. – Singapur habe ich definitiv mit zwei weinenden Augen verlassen! Eine Referendariatsstation in Singapur, am liebsten bei „meiner" Kanzlei, ist schon in Planung."

Referendare – Wahlstation im Ausland

Wo das Referendariat früher noch 36 Monate dauerte, ist es heute in weitaus kürzerer Zeit zu durchlaufen, nämlich normalerweise in zwei Jahren. Noch immer aber wird es gerade in den größeren, internationaler ausgerichteten Kanzleien gerne gesehen, wenn eine Wahlstation im Ausland absolviert wird. Die Vorteile liegen auf der Hand: Neben den Sprachkenntnissen und dem Kennenlernen eines anderen Landes und einer anderen Kultur sind es vor allem auch spezifische Kenntnisse der Rechtslage eines bestimmten Landes, die vor allem bei einer angestrebten Tätigkeit im grenzüberschreitenden Rechtsverkehr oder internationalen Organisationen von Bedeutung sind.

Genaue Voraussetzungen sind bei den Justizprüfungsämtern (Oberlandesgerichten) zu erfragen: www.de-iure.de/sinnvoll/ljpa.htm.

Bei der Auswahl des Landes ist darauf zu achten, dass zumindest grundlegende Kenntnisse der Landessprache vorhanden sind, so dass man sich einigermaßen in Wort und Schrift verständigen kann. Schließlich hat man es vor Ort nicht mit dem üblichen Urlaubsvokabular, sondern mit juristischem Fachvokabular zu tun.

Gemäß Landesjustizprüfungsgesetzen kommen nur Wahlstationen mit juristischem Bezug in Frage, also typischerweise Kanzleien, Botschaften, internationale oder juristische Organisationen, Rechtsabteilungen von Unternehmen oder juristische Fakultäten ausländischer Universitäten. Ein Informationspaket mit zahlreichen Adressen möglicher Wahlstationen (ISBN 3-00-005024-8) bietet der Bayrische Referendarverein; zu beziehen über die Schweitzer-Sortimentbuchhandlung München, muenchen@schweitzer-online.de. Näheres unter www.referendarverein.de/service-buchtip.php. Auf der Seite ist auch ein allgemeines Informationspaket zum Referendariat in Bayern in pdf- und Word-Form downloadbar.

Gerade bei begehrten Referendariatsstationen wie Botschaften oder internationalen Organisationen empfiehlt sich eine frühzeitige Bewerbung. Wer sich für einen Platz bei der EU-Kommission interessiert und über das normale Praktikantenprogramm nicht aufgenommen wurde, hat immer noch die Möglichkeit, mit den Abteilungen direkt über Telefon oder E-Mail Kontakt aufzunehmen, da viele Abteilungen und Bereiche auch außerhalb des offiziellen Praktikantenprogramms noch weitere Plätze zur Verfügung stellen. Auf diese Weise kann man den gewünschten Bereich sogar gezielt aussuchen und ist nicht darauf angewiesen, vom offiziellen Programm hoffentlich an die ersehnte Stelle vermittelt zu werden.

Welche Art von Arbeit man dann im Ausland leistet, hängt von der jeweiligen Stelle ab. Arbeitet man in einer Anwaltskanzlei, so wird man viel mit Recherche, dem Studium von Akten und verschiedenen Schreibtätigkeiten beschäftigt sein, hat aber u. U. auch die Chance, einen Anwalt vor Gericht oder zu anderen offiziellen Terminen zu begleiten, bei Zeugenbefragungen oder der Auswahl von Jury-Mitgliedern zugegen zu sein oder eigenständig Mandanten zu betreuen. Bei der EU-Kommission wird man häufig zu Übersetzungen und Protokollen herangezogen werden, bekommt jedoch auch anspruchsvollere Aufgaben und arbeitet mit dem aufregenden Gefühl, mittendrin zu sein und Politik mitzugestalten.

Hilfreich ist auch das Internetportal für Rechtsreferendare vor oder nach der Auslandsstation: www.auslandsstation.de, das Juraportal www.jurawelt.com/referendare/llm/ oder die Internetpräsenz von ELSA, der europäischen Vereinigung von Jurastudenten, www.elsa.org bzw. www.elsa-germany.org/de oder www.elsa-austria.org bzw. www.elsa-switzerland.org. Eine Liste Deutsch-Ausländischer Juristenvereinigungen findet sich auf www.dfj.org/verein.html. Wer sich schon festgelegt hat und auf jeden Fall in die USA möchte, findet auf den Internetseiten der Deutsch-Amerikanischen Juristenvereinigung e.V., www.dajv.de/wahlstagepraktikum.html, eine Fülle von Informationen. Dank eines Netzes von amerikanischen Rechtsanwaltskanzleien und Behörden gelingt mit dem *Internship Service* häufig die Vermittlung von Praktikums- oder Referendariatsstellen. Desweiteren auch Details zu Masterstudiengängen.

Erfahrungsbericht – Unglaubliches Indien

Ein Jahr vor Beginn der Wahlstation war Nike im Grunde nur eines klar: Sie wollte ins englischsprachige Ausland. Nach einigen gescheiterten klassisch-offiziellen Bewerbungen bei Kanzleien in Vietnam, USA, Kanada, beim Auswärtigen Amt und einigen Institutionen in Brüssel begann sie, im Familien- und Bekanntenkreis herumzutelefonieren, um neue Ideen zu sammeln. „Dabei stellte sich heraus, dass ich österreichische Verwandtschaft in Indien habe, die sich sofort bereit erklärt haben, sich für mich umzuhören. Über deren indischen Bekannten kam ich letztlich zu einer indischen Kanzlei.

Es war zunächst etwas schwierig, dem indischen Anwalt zu verdeutlichen, wer ich war und was ich machen wollte usw. Das Referendariat ist eben ein für Ausländer sehr eigentümliches Konstrukt, das einiger Erklärung bedarf. Nachdem ihm aber mein Lebenslauf gut gefiel und er die Idee ganz spannend fand, mit einer europäischen Juristin zu arbeiten, sagte er mir zu, und ich beschloss spontan, die Chance zu nutzen, ein paar Monate in einem mir bis dahin vollkommen fremden Land zu verbringen.

Die Kanzlei lag in Kochi (mit ca. 600.000 Einwohnern für indische Verhältnisse eher eine Kleinstadt) im Staat Kerala in Südindien. Ich war von Ende Juni bis Anfang September dort, also genau zur Monsunzeit. Der Monsun ist aber eine recht unberechenbare Erscheinung; während meiner Zeit dort blieb er sehr zum Leidwesen der Bauern so gut wie aus, so dass das Wetter meist sonnig und heiß war. Das Klima war tropisch mit einer Luftfeuchtigkeit von bis zu 90 %.

Die Kanzlei wurde von den Seniorpartnern geführt, deren Sohn mein Ausbilder war. Er war etwas älter als ich und, mit einem Augenzwinkern, furchtbar enttäuscht, dass ich ihm kein deutsches Bier mitgebracht hatte. Zusätzlich arbeiteten in der Kanzlei fünf weitere Barrister, also Prozessanwälte, sowie drei Clerks. Die Clerks sind im common law-System diejenigen, die die Mandantenkorrespondenz übernehmen, die Fälle für den Barrister aufbereiten, Rechnungen schreiben, die Akten für die Verhandlungen bereitlegen und transportieren usw.

Ich selbst begann nach einer etwa einwöchigen Einarbeitungsphase, die sowohl die indische Verfassung als auch indisches Vertrags-, Delikts- und Schadensersatzrecht umfasste, und nach dem Studium einiger Akten zur Orientierung, kleinere Fälle zunächst mit meinem Ausbilder durchzusprechen. In der Folgezeit schrieb ich dann Entwürfe von Klageschriften, eine Klageerwiderung in einem sehr spannenden Schadensersatzprozess gegen eine Fluggesellschaft (indischer Arzt, dessen Gattin ihn auf einen Kongress begleiten wollte, die Koffer mit ihren lebenswichtigen Medikamenten gingen verloren und Anschlussflug und Kongress waren auch dahin. Von common law zu Murphy's Law ist es eben manchmal nur ein kleiner Flug) und generell Schriftsätze in verschiedenen Rechtsgebieten, recherchierte spezifische Rechtsfragen und suchte natürlich immer wieder die berühmten Präzedenzfälle, die ich manchmal auch fand.

Meine Arbeitszeiten waren von 9 bis ca. 20 Uhr. Zu Arbeitsbeginn hatte mein Ausbilder schon das typische indische Morgenprogramm hinter sich: Aufstehen um 5 Uhr, Fitnessstudio von 6 bis 7 Uhr, Frühstücken, Tee trinken. Ich war regelmäßig die erste, die Feierabend machte.

Von 9 bis 10 Uhr bereitete man sich auf den Gerichtstag vor. Da sich die Kanzlei im Wohnhaus der Familie befand, gab es oft auch nochmals ausgiebiges Frühstück und viel Tee. Der Gerichtstag am High Court of Kerala begann um 10 Uhr 15 mit einem Gongschlag, der an eine Schulglocke erinnerte. Die Richter wurden von Gerichtsdienern in weißer Uniform mit roter Schärpe hereingeleitet. Im Zuschauerraum befinden sich nur Anwälte; dass die Parteien selbst vor Gericht auftreten, ist völlig unüblich und kommt höchstens bei Haftprüfungsterminen vor. Man steht beim Eintreten der Richter auf, worauf sich Richter und Anwälte voreinander verneigen. Die Gerichtssprache ist Englisch, allerdings ist diese Sprache bei manchen Indern anfangs schwer zu verstehen. Gerichtspause ist von 13 bis 13 Uhr 45. Zum Mittagessen wurden wir immer zurück in die Kanzlei bzw. nach Hause gefahren, wo auch schon das von den Angestellten zubereitete Essen auf dem Tisch stand. Es ist in Indien vollkommen selbstverständlich, mindestens drei Hausangestellte und einen Fahrer zu haben. So kam ich jeden Tag in den Genuss von authentischem indischem Essen. Dann ging es immer recht schnell zurück ans Gericht, denn Gemütlichkeit ist in Indien beim Essen nicht vorgesehen. Das Ende des Gerichtstages markiert wieder der Gong um 16 Uhr 15. Bemerkenswert ist, dass jeder Anwalt immer zu Gericht geht, auch wenn er selbst keine Verhandlung hat. Ich habe versucht, das zu ergründen, weil mir das, naja, extrem ineffizient vorkam. Es geht im Grunde schlicht und einfach nur ums Sehen und gesehen werden. Mit dem Abrechnen nehme man es eben nicht so genau wie in anderen Ländern. Aha.

Nach Ende des Gerichtstages gab es erst mal wieder eine Erholungsphase von ca. zwei Stunden mit reichlich Essen, manchmal warm, meist aber mit Kuchen, Keksen und Tee.

Danach begann im Grunde der eigentliche Arbeitstag. In dieser Zeit wurden Fälle besprochen, Mandanten beraten, Klagen geschrieben usw. Dabei blieb aber grundsätzlich immer genug Zeit für private Gespräche und Telefonate, so dass es nicht verwunderlich ist, dass regelmäßig bis 1 Uhr nachts gearbeitet werden musste. Dies ist einer zunächst etwas befremdlichen Tatsache geschuldet: In Indien wird Berufliches und Privates nicht getrennt. Gar nicht. Es ist auch völlig normal, dass man über Eltern und Geschwister, seinen Freund und natürlich die Heiratspläne ausgefragt wird. Man sollte auf keinen Fall die Aussage verweigern, das wäre eine grobe Beleidigung. Ich wurde regelrecht in die Familie aufgenommen und von den Angestellten nur noch mit *Deedee* (=kleine Schwester) angesprochen, da es auf Hindi üblich ist, die Menschen nicht mit ihrem Namen anzusprechen, sondern mit ihrer Position in der Familie. Die Familie ist in Indien eben das maßgebende Bezugssystem.

Grundsätzlich wird auch an den Wochenenden gearbeitet. Davon war ich aber komplett befreit.

Die Seniorpartnerin der Kanzlei war Vorsitzende der Women Lawyer Association of India und ermöglichte mir, im Rahmen einer Vortragsreihe am High Court einen Vortrag zur Einführung in das deutsche Rechtssystem zu halten. Ich fand mich dann vor einem Gewusel von Menschen wieder, ein Mikro in der Hand, um die Musik und den Fernseher zu übertönen. Das war wirklich bizarr. Nach dem Vortrag kam ich aber mit einigen sehr interessierten Anwälten ins Gespräch – ein bisschen schien also doch akustisch angekommen zu sein!"

Der Aufenthalt in Indien selbst bedarf, wie jeder andere Auslandsaufenthalt, natürlich einiger Planung im Vorfeld. Nike empfiehlt eine Planungszeit von mindestens sechs Monaten: „Auch weil in Indien generell eine etwas andere Arbeitsgeschwindigkeit an den Tag gelegt wird. Es dauerte tatsächlich über drei Monate, bis ich mein unterschriebenes Zuweisungsformular in den Händen hielt. Die erste wichtige Erfahrung im Umgang mit Indern ist eben, dass eine Anfrage erst dann ernst genommen d. h. bearbeitet wird, wenn ihr durch mindestens zweimaliges Nachfragen Nachdruck verliehen wurde. Zudem muss man damit rechnen, dass nicht jede indische Kanzlei über Fax und Scanner verfügt und man somit eventuell auf die indische Post setzen muss, die ihren schlechten Ruf leider völlig zu Recht hat.

Einen kleinen Vorgeschmack auf die teilweise etwas verwirrende bürokratische Logik bekommt man, wenn man versucht, herauszufinden, welche Art Visum man benötigt. Klarheit bringt nur der Anruf beim Konsulat. Ein *Entry Visa* in Form des *Internship Visa* musste es sein. Dafür brauchte ich u.a. ein Einladungsschreiben von der Kanzlei, das per E-Mail an mich verschickt wurde und daher auch keine Originalunterschrift aufwies, was aber wiederum im Konsulat niemanden störte.

Das Visum galt sechs Monate ab Ausstellungsdatum, durfte also auch auf keinen Fall zu früh beantragt werden, (was die Sache noch spannender machte) und beinhaltete die Erlaubnis, mehrfach in Indien ein- und auszureisen. Das nutzte ich und verbrachte ein Wochenende in Singapur bei einer Freundin, genoss die im Vergleich zu Indien sehr organisierte Zivilisation, trank Kaffee ohne Ende (guter Kaffee ist in Indien rar; dafür bekommt man an jeder Ecke tollen Schwarztee oder Chai) und fühlte mich bei der Rückkehr nach Kochi beim Einatmen der immer und überall nach Jasmin duftenden Luft das erste Mal ein bisschen so, als wäre ich wieder Zuhause. Der Duft kam von den Jasminketten, die alle Inder entweder im Haar trugen oder vorne ans Auto gebunden oder hinters Ohr geklemmt hatten.

Ich befand mich in der komfortablen Situation, zunächst bei meiner Verwandtschaft wohnen zu dürfen. Die restliche Zeit verbrachte ich in einem Hotel. Dabei zeigte sich, dass Indien kein Low-Budget-Land mehr ist – jedenfalls dann, wenn man halbwegs europäischen Standard haben möchte, d.h. fließendes Wasser (warm und kalt), Klimaanlage (die man definitiv braucht), Betten ohne Bettwanzen und auch ansonsten ohne tierische Mitbewohner. Mein Ausbilder war glücklicherweise äußerst hilfsbereit, eine indische typische Eigenschaft, und handelte für mich einen guten Preis aus. Essen und Trinken waren aber in der Regel sehr günstig; ein komplettes Menü für umgerechnet 5 € war keine Seltenheit.

Was sollte man mitbringen? – Ein wenig Abenteuerlust, viel Neugierde, Flexibilität und ... Oropax.

Was erwartet einen? – Begegnungen mit wunderbar unvoreingenommenen, offenen und freundlichen Menschen. Viele interessante Gespräche mit Rikschafahrern – einer freute sich so über unsere Bekanntschaft, weil sein Schwager Deutscher war, dass er uns noch eine kleine kostenlose Stadtrundfahrt schenkte. Extrem bunte, unvorstellbare Eindrücke von extremen Gegensätzen. Ungekannte Gerüche. Gelassenheit im Straßenverkehr. Temperatur- und Chiliresistenz. Wilde, bunte Festivals. Imposante Architektur. Geheimnisvolle Tempelzeremonien. Die besten Mangos der Welt. Bananen in allen Größen. Schmuck in jeglicher Form. Unvergessliche Zugfahrten mit Meals on Wheels-kulinarischer Versorgung. Elefanten und Tiger. Riesige Schmetterlinge. Schlangenbeschwörer mit dressierten Kobras. Und natürlich die berühmten heiligen Kühe, die gerne mitten auf der Straße liegen und den Verkehr zum Erliegen bringen."

Ein Schlangenbeschwörer mit seinen Kobras

Jura – Forschung und Studien

SDV,
bucerius@studienstiftung.de, AP Dr. Julia Schütze, T. 0228 82096-462,
schuetze@studienstiftung.de, Susanne Gülden (Sekretariat), T. 0228 82096-463,
guelden@studienstiftung.de, www.studienstiftung.de

Das Bucerius-Jura-Programm ermöglicht jungen, qualifizierten Juristen weltweite Forschungs- und Studienaufenthalte. Das Projekt muss vom Bewerber selbst konzipiert werden und sollte sich über mindestens sechs Monate erstrecken. Bei einem geplanten LL.M. oder Master-Abschluss muss zusätzlich eine Forschungskomponente enthalten sein. Vorgaben zu bestimmten Länder gibt es nicht. Das Programm ist auch für unkonventionelle Vorhaben offen.

Erfolgreiche Kandidaten erhalten neben einem monatlichen Vollstipendium (1.000 €, bzw. 1.500 € für die USA und 1.600 € für Japan) und einem Startgeld von 500 € die Reisekosten sowie einen Zuschuss zu den Studiengebühren bis 12.500 €.

Bewerber sollten die Erste Juristische Staatsprüfung mit mindestens „vollbefriedigend" (vor Antritt des Stipendiums) abgeschlossen haben und bei der Bewerbung höchstens 35 Jahre alt sein.

Bewerbungsschluss jeweils Anfang März; etwa zehn Wochen danach folgt eine Auswahltagung. Die Unterlagen werden bei der Studienstiftung angefordert.

Japanprogramm für Rechtsreferendare

RBS,
AP Andrea Tischer, T. 0711 46084187, andrea.tischer@bosch-stiftung.de,
www.bosch-stiftung.de

Um einem übermäßigen Fokus auf angloamerikanische Länder entgegenzuwirken, hat die RBS ein Förderprogramm eingerichtet, das Rechtsreferendare, die ihre dreimonatige Auslandsstation in Japan verbringen möchten, unterstützt. Voraussetzungen sind das 1. juristisches Staatsexamen mit Prädikat, sehr gute Englischkenntnisse und Grundwissen über Japan. Neben der finanziellen Unterstützung (Flugkosten und monatliches Stipendium von derzeit 1500 €) wird den Teilnehmern in einem Vorbereitungskurs landeskundliches und sprachliches Grundwissen des Gastlandes vermittelt. Zudem erhalten die Teilnehmer in Japan regelmäßigen Sprachunterricht und nehmen an Kompaktseminaren zum japanischen Recht und zur japanischen Landeskunde teil.

Auswahl der bis zu 15 Stipendiaten halbjährlich. Eine geeignete Wahlstation ist vom Kandidaten selbst zu suchen; allerdings mit Unterstützung der Stiftung. Näheres auf den Seiten der RBS, www.bosch-stiftung.de, unter „Deutsch-japanische Beziehungen".

Gesucht: Gute Beiträge, Tipps, Erfahrungs– und Reiseberichte sowie Manukripte!

Es winken Freiexemplare aus dem Verlagsprogramm und ggf. eine Bescheinigung über eine redaktionelle Mitarbeit. Kontakt: Formular bei interconnections.de

Medizin

Famulatur

EMSA,
Paul-Henry Mackeprang (Public Relations Officer), pr@emsa-europe.eu,
www.emsa-europe.org
SwiMSA Exchanges, Swiss Medical Student Association,
National Exchanges Office, c/o Lernzentrum Medizin (Büro 103), Klingelbergstr. 61,
CH-4056 Basel, T. +41 61 265 33 88, swimsa-exchanges-med@stud.unibas.ch,
AP Tanja Grandinetti, www.swimsa-exchanges.ch
AMSA, Austrian Medical Students Association,
AKH Ebene 6M, Währingergürtel 18-20, Postfach 15, A-1097 Wien,
www.amsa.at

Die vier Monate während Famulaturzeit nach dem Physikum kann auch im Ausland absolviert werden. Sie stellt die erste Möglichkeit dar, während des Medizinstudiums praktische Erfahrung zu sammeln. Es handelt sich um eine Pflichtvoraussetzung zur Zulassung zum zweiten Abschnitt der Ärztlichen Prüfung, also zum Praktischen Jahr. Sie muss während der unterrichtsfreien Zeit stattfinden, also in den Semesterferien oder in einem Urlaubssemester.

60 Tage der Famulatur sind im Krankenhaus abzuleisten, 30 Tage in einer Praxis und weitere 30 Tage dürfen an einer Stelle nach Wahl absolviert werden. Dafür gelten jedoch je nach Bundesland unterschiedliche Vorschriften. So ist Patientenkontakt in Nordrhein-Westfalen beispielsweise vorgeschrieben, weswegen ein Labor als Wahlstation nicht anerkannt ist.

Als „famulus" (Gehilfe) geht der Student den Ärzten zur Hand. Eine Famulatur im Ausland organisiert man eigenständig oder wendet sich an die bvmd, die Bundesvertretung der Medizinstudierenden in Deutschland, vormals DFA (Deutscher Famulantenaustausch e.V.). Diese hält von ca. 70 Ländern aktuelle Listen mit Adressen von Krankenhäusern und Kontaktpersonen bereit. Ist der Wunschort nicht dabei, hilft ein wenig Eigeninitiative, also die Recherche im guten alten Internet. Dort sind auch vorformulierte Bewerbungsschreiben zu finden.

Bewerben sollte man sich 3-6 Monate vor der gewünschten Abreise. In jedem Fall sind ein Anschreiben und ein tabellarischer Lebenslauf nötig; manchmal ist auch eine Versicherungsbescheinigung für Haftpflicht und Krankheit erforderlich. Empfehlenswert sind die Versicherungspakete der Deutschen Ärzteversicherung oder MLP, einfach mal informieren und vergleichen.

Eine gute Vorbereitung ist das A & O – wer wirklich etwas mitnehmen möchte aus der Zeit im Ausland, sollte seine Sprachkenntnisse so gut es geht auf Vordermann bringen, denn: Je besser man die Sprache vor Ort beherrscht, desto mehr direkten Patientenkontakt wird man haben. In jedem Fall ist es ratsam, sich das medizinische Fachvokabular der jeweiligen Sprache einzupauken. Englischkenntnisse sind auf jeden Fall notwendig, außer in der deutschsprachigen Schweiz und Österreich. In manchen Ländern wird zusätzlich noch ein Sprachzeugnis verlangt, beispielsweise

Spanisch für Peru. Meist bemüht sich das Krankenhaus vor Ort, einen englischsprachigen Tutoren zu stellen.

Einzupacken ist das gleiche wie für eine Famulatur in Deutschland: Kittel, Stethoskop, Reflexhammer, Lämpchen und notwendige Literatur. In ärmeren Ländern können als selbstverständlich erachtete Utensilien wie Einmalhandschuhe oder Desinfektionsmittel fehlen, weswegen es sich empfiehlt, auch diese einzupacken.

Bei der bvmd bewerben kann sich, wer an einer deutschen Uni eingeschrieben ist, zum Zeitpunkt des Auslandsaufenthalts mindestens das zweite klinische Semester abgeschlossen hat und bereits eine einmonatige Famulatur nachweisen kann. Im außereuropäischen Ausland und der Schweiz sind vier abgeschlossene klinische Semester und das 1. Staatsexamen Voraussetzung für eine Teilnahme; für Großbritannien und Kanada muss man zusätzlich mindestens im 5. Studienjahr sein. Wer bereits nach der neuen Approbationsordnung studiert und nicht das 1. Staatsexamen macht, muss einen vom zuständigen Dekanat ausgestellten Nachweis über die absolvierten Kurse erbringen. Für Famulaturen in Asien, Afrika oder Südamerika werden einmal jährlich so genannte Trikont-Seminare angeboten.

Unterkunft und Verpflegung (Essensgeld, Kantine im Krankenhaus oder Essen in einer Gastfamilie) werden vom Gastland gestellt, in manchen Fällen erhält der Famulant auch ein Taschengeld. Bei außereuropäischen Aufenthalten von mehr als 40 Tagen kann man zusätzlich einen Fahrtkostenzuschuss beantragen; dies gilt auch für Island und die Türkei.

Die bvmd stellt pro Jahr ca. 300 Plätze, von denen ein Drittel im Frühjahr vergeben werden, zwei Drittel im Sommer. Bewerbungsfristen sind der 15.Juli für eine Famulatur zwischen Januar und Juni, und der 15.Dezember für die Famulatur zwischen Juli und Dezember. Zu- und Absagen werden ca. 2 Monate nach Bewerbungsfrist verschickt. Wer eine Absage erhält, kann sich aber immer noch um einen Restplatz bewerben. Die Restplatzliste wird gemeinsam mit der Absage und einem Formular verschickt, mithilfe dessen man sich um einen Restplatz bewerben oder die Bewerbung für die nächste Bewerbungssaison aufrechterhalten kann.

Die Anerkennung der Famulatur stellt in der Regel kein Problem dar. Am besten holt man sich vor der Abreise eine vom Landesprüfungsamt (LPA) vorgedruckte Famulaturbescheinigung und lässt diese von der Klinik vor Ort unterschreiben und stempeln. Zudem erhält man nach der Famulaturzeit ein *IFMSA Certificate*. (IFMSA= International Federation of Medical Students' Associations)

Bei weiteren Fragen empfiehlt es sich, zunächst die bvmd-Austausch-Lokalvertretung aufzusuchen, die es an fast jeder medizinischen Fakultät gibt, meist in der Fachschaft. Ansprechpartner sind auch die Bundeskoordinatoren der bvmd-Sparte Austausch, neo@bvmd.de. Telefonsprechzeiten sind Montag bis Freitag (außer Mittwoch) von 10 bis 12 Uhr und Dienstag und Donnerstag zusätzlich noch von 14 bis 15 Uhr, T. 0228 882 731. Um die ehrenamtlich arbeitenden Koordinatoren nicht mit unnötigen Fragen zu belästigen, sollte man sich vor dem Anruf alle Angaben auf der Homepage der bvmd genau durchlesen, www.bvmd.de.

In Österreich läuft die Famulatur nach einem sozialen Schema ab – für die Vermittlung zahlt man derzeit einen Preis von 395 €, in dem auch Unterkunft, Verpflegung und Haftpflichtversicherung enthalten sind (gesonderte Preise für die USA, Kanada und Australien). Damit wird Studierenden aus finanzschwächeren Ländern eine Famulatur in Österreich ermöglicht.

Nach diesem Schema funktionieren auch die Austauschprogramme für Schweizer – die Anmeldegebühr (400 CHF) ermöglicht einem ausländischen Medizinstudenten, in der Schweiz Erfahrung zu sammeln. Unterkunft und Verpflegung (mindestens eine Mahlzeit pro Tag) sind in diesem Fall frei. Neben dem bilateralen Austausch hat die Schweiz aber auch unilaterale Verträge abgeschlossen; die Gebühr beträgt dann 200 CHF (ohne Kost und Logis). Bewerbungen zwischen Oktober und März.

Projekte in der Entwicklungszusammenarbeit

BVMD,
AP (NPO) Georg Beyer, Anklamer Str. 77, WG 2. OG, D-17489 Greifswald,
NPO@bvmd.de, http://bvmd.de/

Auch abseits von PJ, Famulatur und dem Forschungsaustausch gibt es für Medizinstudenten Möglichkeiten, Erfahrung im Ausland zu sammeln. Die internationalen Public Health-Projekte beispielsweise haben den Vorteil, dass die Bewerbungsfristen nicht so lange wie beim Forschungs- oder Famulantenaustausch sind. Zudem stehen sie auch jüngeren Semestern offen. Und: einige der Projekte kann man sich auch als Krankenpflegepraktika oder Famulaturen anrechnen lassen.

Die Projekte finden an verschiedenen Ecken der Welt statt. Beim *Rwanda Village Project* beispielsweise erarbeiten Studierende mit guten Englisch- oder Französischkenntnissen, die sich für mindestens drei Monate verpflichten möchten, die primäre Gesundheitsversorgung in Entwicklungsländern und Präventivmedizin aktiv und verbessern gleichzeitig gemeinsam mit der Dorfbevölkerung deren Lebensbedingungen. Programmpunkte sind der Bau von Toiletten, Verbesserung der Ernährungssituation und einkommenssteigernde Maßnahmen und ein Malaria-Präventionsprogramm. Zudem wirken die Projektteilnehmer an einer Aufklärungskampagne über Gesundheit und Familienplanung mit. Bei einem anderen Projekt arbeiten die Teilnehmer in einer lokalen Niederlassung des Roten Kreuzes in Mexiko in der Notfallambulanz, auf der Verletztenstation, im Operationssaal und auf einer kleinen Station mit. Dieses Projekt ist ein Beispiel für die Möglichkeiten, die sich auch jüngeren Semestern ohne umfassende medizinische Kenntnisse bieten. Auf der Website der bvmd findet sich eine Auflistung aller derzeitigen Projekte mit Details und Ansprechpartnern.

Generell wechseln Anforderungen Teilnahmebedingungen je nach Projekt. So benötigt man für manche bestimmte Scheine, für andere sogar bereits abgeleistete Famulaturen. Auch die Fristen fallen von Projekt zu Projekt unterschiedlich aus; meist betragen sie 5 Monate. Genau wie beim Forschungsaustausch benötigen Bewerber einen Letter of Recommendation sowie ein anerkanntes Sprachzeugnis. Alle zur Bewerbung nötigen Formulare stehen als Download auf der Homepage bereit.

Bei weiteren Fragen hilft der National Public Health Officer (NPO) übrigens weiter, sofern die Antworten nicht auf der Homepage stehen.

Buchtipp: „Arbeiten in der Entwicklungszusammenarbeit", interconnections.de, > Shop.

Forschungsaustausch für Medizinstudenten

Bvmd,
Kennedyallee 91 – 103, D-53175 Bonn, T. 0228 882731, F. 0228 882732,
nore@bvmd·de, AP Lea Berger, www.bvmd.de
AMSA, Austrian Medical Students Association, www.amsa.at
SwiMSA Exchanges,
swimsa-exchanges-med@stud.unibas.ch, www.swimsa-exchanges.ch

Beim *Research Exchange* handelt es sich um ein Austauschprogramm der *Internatio-nal Federation of Medical Students' Associations* (IFMSA), in der Medizinstudenten-organisationen aus ca. 100 Ländern organisiert sind. Jeder Medizinstudent in Deutsch-land, der Schweiz und Österreich hat hierdurch die Möglichkeit, an einem For-schungsprojekt im Ausland teilzunehmen, das mindestens einen Monat dauert. Im Gegensatz zum Famulantenaustausch steht dieser Austausch auch jüngeren Semestern offen. Die Forschung kann in einem Labor, einem Projekt oder bei einer Studie betrie-ben werden. Bei den spezialisierten Stationspraktika eines klinischen Projekts legt der Studierende beispielsweise einen besonderen Schwerpunkt fest, z.B. ein spezielles Krankheitsbild oder eine Untersuchungs- oder Therapietechnik. Ferner kann man in ein wissenschaftliches Forschungsprojekt oder eine klinische Studie eingebunden wer-den und je nach Vorkenntnissen bereits sehr aktiv mitarbeiten. Eine Suchmaschine mit den Kategorien *Land, Fachrichtung, Typ des Projekts* (Basic science, Clinical project with/without lab work) und *Monat, in dem das Projekt angeboten wird* auf den Seiten der bvmd spuckt gezielt die Projekte aus, die für den jeweiligen Studierenden interes-sant sind, www.ifmsa.net/public/searchredb.php.

Der Austausch ist bilateral, d. h. dass für jeden deutschen oder österreichischen Studenten auch ein Student des jeweiligen Landes nach Deutschland oder Österreich kommt. Da sich das Angebot auf viele Gebiete, Methoden und Kurse erstreckt, ist die Mitarbeit an einem Forschungsprojekt im Ausland häufig ergänzend und bereichernd im Rahmen von Promotionen.

Bewerben kann sich, wer eingeschriebener Medizinstudent an einer deutschen bzw. österreichischen Universität ist, die englische Sprache gut beherrscht, sich für Forschung und wissenschaftliches Arbeiten interessiert und offen für fremde Kulturen ist. Die Staatsbürgerschaft ist unerheblich, und es können sich auch Studenten aus medizinverwandten Studiengängen bewerben, die die gesonderten Bedingungen per Mail erfragen sollten, nore@bvmd.de. Diese E-Mail stellt auch die Kontaktadresse bei allen Fragen rund um den Austausch dar – sofern sie der lokale bvmd-Ansprechpart-ner nicht beantworten konnte, den man meist in der Fachschaft der Uni findet.

Man benötigt in jedem Fall einen *Letter of Recommendation*, also ein Empfeh-lungsschreiben der Uni, das von einem Professor (z.B. Doktorvater oder Dekan) geschrieben werden sollte. Normalerweise gibt es auch Standardschreiben im Studien-dekanat. Zudem benötigt man ein offizielles bvmd-Sprachzeugnis. Dabei wird die Prüfung vor einem staatlich anerkannten Sprachlehrer abgelegt, z.B. beim jeweiligen Spracheninstitut bzw. bei der Sprachenabteilung der Universität oder bei vergleichba-ren Institutionen, z.B. einem Amerika-Haus, British Council o.Ä. Das nötige Formular steht zum Download auf der Website der bvmd bereit. Abiturzeugnisse, TOEFL-Tests, Sprachzeugnisse von Volkshochschulen, Gymnasiallehrern u. Ä. werden *nicht* akzeptiert.

Die Bewerbungsfrist bei Projektbeginn zwischen Januar und Juni ist der 15.7., bei einem Projektbeginn zwischen Juli und Dezember ist es der 15.12. Bei der Bewerbung auf Restplätze keine Bewerbungsfrist. Die Unterlagen sind an die Geschäftsstelle der bvmd zu schicken, Formulare finden sich ggf. auf der Website. Da bei manchen Ländern die Bewerbung auch in digitaler Form einzureichen ist, sollte man zur Sicherheit alle Unterlagen einscannen und auf dem Computer abspeichern.

PJ im Ausland

Wer sein Fernweh nach Famulatur, Forschungsaustausch und anderen Projekten im Ausland immer noch nicht gestillt hat, kann sein Praktisches Jahr im Ausland verbringen. Allerdings sind organisatorischer Aufwand und finanzielle Belastung meist recht hoch, und Platzvermittlungen und Stipendien sind leider recht spärlich gesät.

Der erste Schritt ist die Frage nach der Anerkennung durch das zuständige Landesprüfungsamt. Die akzeptierten Kliniken wechseln von Bundesland zu Bundesland. Gute Chancen bestehen bei Lehrkrankenhäusern von Universitäten, deren Niveau der medizinische Ausbildung als den vom jeweiligen LPA vorgegebenen Richtlinien gleichwertig entspricht. Einige Landesprüfungsämter stellen Listen der ausländischen Kliniken bereit, deren Anerkennung gesichert ist.

Es gilt also, zunächst die Auslandsberatung des Dekanats und den Ansprechpartner des zuständigen LPAs aufzusuchen und Informationen zusammenzutragen.

Eine in manchen Fällen heikle Bedingung ist der dem LPA nachzuweisende Studentenstatus. Die Immatrikulation an der heimischen Universität genügt für diesen Zeitraum nicht. Ist eine Immatrikulation an der Universität im Ausland aus bürokratischen oder finanziellen Gründen nicht möglich, so besteht eine mögliche Lösung darin, den dortigen Studiendekan um eine Bestätigung der Gleichstellung in Rechten und Pflichten mit immatrikulierten Studenten zu bitten. Dies ist aber nicht immer möglich und muss gerade bei PJs in den USA und in Großbritannien vorher abgeklärt werden..

Auch hier benötigt man einen Nachweis der Sprachkenntnisse; meist reicht eine Bescheinigung eines Hochschullehrers oder einer Sprachkursteilnahme.

Über den bvmd-Austausch werden keine PJ-Plätze vermittelt, allerdings stellt er Berichte früherer PJ-ler zur Verfügung, die in der Regel hilfreiche Angaben über Bewerbung, Ablauf und generell die gesammelten Erfahrungen anderer Studenten sowie eine Krankenhausliste enthält, in denen schon Praktika oder Famulaturen abgeleistet wurden. Hilfreich ist auch das *World Directory of Medical Schools*, das von der „World Health Organisation" herausgegeben wird und das in der Regel in der Universitätsbibliotheken oder online eingesehen werden kann. Es enthält Studienbedingungen und Adressen aller medizinischen Hochschulen weltweit. Glück hat, wer Kontaktpersonen vor Ort hat, z.B. vermittelt durch persönliche Kontakte von Chefärzten oder Professoren.

Viele Universitäten haben auch eigene PJ-Programme, die bei europäischen Ländern über das Erasmus/Sokratesprogramm laufen, wodurch eine monatliche finanzielle Unterstützung von ca. 150 € schon mal gewährleistet ist. Mit Ländern wie den USA, Kanada oder Australien existieren in einigen Fällen auch Austauschverträge, nachfragen lohnt sich.

Neben der Unterstützung durch das Erasmusprogramm stehen dem auslandswilligen PJler noch weitere potentielle Finanzspritzen offen. So kann man beispielsweise für das Auslands-BAföG qualifiziert sein, obwohl man beim normalen BAföG nichts erhält. Ferner existiert die Möglichkeit des Fahrtkostenzuschusses durch den DAAD, sofern man ein ganzes oder halbes PJ-Tertial im außereuropäischen Ausland ableistet. Je nach Land liegt der Zuschuss zwischen 101 und 708 €. Die Vergabe läuft über die bvmd, fahrtkostenzuschuss@bvmd.de. Hoffnung macht, dass in den letzten Jahren über 80% der Bewerber diesen Zuschuss erhalten haben. Unter Umständen vergibt die Heimat-Universität noch weitere Stipendien oder Förderungen – einfach mal fragen!

Carl-Duisberg-Stipendium

Carl-Duisberg-Gesellschaft,
T. 0214 3041111, www.bayer-stiftungen.de/de/carl-duisberg-stipendien.aspx
Für Studierende der Human- und Veterinärmedizin, sofern sie an wissenschaftlichen Projekten oder Weiterbildungen in den Bereichen Kardiologie, Onkologie, Inflammation, Gynäkologie oder Bildgebende Diagnostik interessiert sind.
Für Bewerber mit überdurchschnittlich guten Noten bei Abitur und Physikum. Erwartet wird ferner ein breiter Horizont und ein hohes Maß an Leistungsbereitschaft und persönlichem Engagement im sozialen, politischen oder kulturellen Bereich. Bewerbungsschluss jeweils Mitte oder Ende Juli, bei Fragen hilft die Hotline weiter.

Pharmazie

Bundesverband der Pharmaziestudierenden in Deutschland e.V. (BPhD),
Deutsches Apothekerhaus,
Postfach 080463, D-10004 Berlin, ausland@bphd.de, ipsf@bphd.de, www.bphd.de
AFÖP,
Akademischer Fachverband Österreichische Pharmazeuten, office@afoep.at,
http://afoep.at/
ASEP,
Association suisse des étudiants en pharmacie, president.asep@gmx.ch,
www.pharmasuisse.org/de/
Im Rahmen eines Austauschprogrammes (SEP) fördert die International Pharmaceutical Students Federation (IPSF) ein- bis dreimonatige Praktika in Apotheken oder anderen pharmazeutischen Unternehmen im Ausland. In Einzelfällen wird das Praktikum sogar als Famulaturersatz anerkannt. Näheres dazu (im Vorfeld!) beim zuständigen Landesprüfungsamt. In diesen Fällen unbedingt eine schriftliche Bestätigung einfordern. Die Bewerbungsfrist ist i.d.R. der 1. Dezember.

Zahnmedizin

Zahnmedizinischer Austauschdienst (ZAD) e.V.,
Mallwitzstr. 16, D-53177 Bonn, AP Doris Bungartz, T. 0228 8557-44, F. 0228 340671,
db@fvdz.de, www.zad-online.com
Auch Studierende der Zahnmedizin, die eine zweimonatige Famulaturzeit im Ausland verbringen möchten, werden bei der Organisation des Aufenthalts unterstützt. Ansprechpartner an der Uni ist der LEO (local exchange officer) des zahnmedizinischen Austauschdienstes ZAD, der nützliche Formulare bereithält; außerdem Famulaturberichte, in denen sich die Famulaturadressen befinden.

Bei außereuropäischen Aufenthalten kann ein Reisekostenzuschuss des DAAD gewährt werden, der zum 1. Januar bei Famulaturen im Sommer und zum 1. Oktober bei Famulaturen im Winter beantragt werden muss. Eine frühzeitige Bewerbung lohnt sich aber, da die Zuschüsse so lange gewährt werden, bis die finanziellen Mittel erschöpft sind.

Eine Reihe nützlicher pdf-Dokumente ist auf der Homepage zu finden, beispielsweise eine Adressliste von Kliniken und Universitäten. Teilnehmen kann, wer den ersten klinischen Behandlungskurs abgeschlossen hat.

IADS,
secretary@iads-web.org, http://iads-web.org/
Weit weniger aufwändig ist die zwei- bis vierwöchige Famulatur über die IADS (International Association of Dental Students), die derzeit in Ägypten, Bosnien-Herzegowina, Dänemark, Estland, Georgien, Ghana, Großbritannien, Indien, Island, Israel, Litauen, Malta, Mazedonien, Mexiko, Nigeria, Norwegen, Polen, Portugal, Puerto Rico, Rumänien, Russland, Schweden, Schweiz, Slowenien, Sudan, Tansania, Tschechien, Türkei, Ukraine und Ungarn möglich ist. Mit Ägypten, Mazedonien, Portugal, Rumänen, Slowenien, Tschechische Republik, Türkei und Ungarn wurde ein bilaterales Abkommen, geschlossen, so dass man während der Famulaturzeit entweder freie Unterkunft und Verpflegung oder eine finanzielle Unterstützung der Gastuniversität erhält. Das Bewerbungsformular händigt der LEO aus.

ADSA, AMSA,
AP Elisabeth Gruber
Die Austrian Dental Students' Association organisiert mehrmals im Jahr so genannte European Visiting Programs (EVP), bei denen Zahnmedizinstudenten eine Woche lang an den Kursen und Praktika einer ausländischen Universität teilnehmen. Einige der EVPs lassen sich als freies Wahlfach im Rahmen von drei Semesterstunden von der MUW anrechnen. Die Teilnahme an einem EVP kostet 50 €.

Der Verlag sucht weitere zum Programm passende Manuskripte!

Auch für gute Reiseberichte, Beobachtungen und Tipps gibt's ein Freiexemplar aus dem Verlagsprogramm bzw. bei substaniellen Beiträgen auch eine Bescheinigung über eine redaktionelle Mitarbeit. info@interconnections.de

Natur- und Ingenieurwissenschaften, Land- und Forstwirtschaft

IAESTE (International Association for the Exchange of Students for Technical Experience),
Deutsches Komitee im DAAD, Referat 514, Kennedyallee 50, D-53175 Bonn,
AP Günter Müller-Graetschel (Deutscher Sekretär und Referatsleiter, T. 0228 882
266, mueller-graetschel@daad.de, Claudia Broll (Fahrtkostenzuschuss-Programm),
T. 0228 882 473, F. 0228 882 9473, broll@daad.de, www.iaeste.de
IAESTE Austria,
AP Stefan Hofbauer (Nationalsekretär), H. 0043 664 88447750,
national.secretary@iaeste.at, Cornelia Knötig (Exchange Secretary), H. 0043 650
4237836, T. +43 1310888035, office@iaeste.at, www.iaeste.at
IAESTE Switzerland,
Weinbergstr. 41, CH-8006 Zürich, T. +41 43 244 93 13, F. +41 43 244 93 39,
AP Naomi Frank, T. +41 43 244 95 07, outgoing@office.iaeste.ch, www.iaeste.ch
Vermittelt Studierenden aller Nationalitäten aus natur- und ingenieurwissenschaft-lichen Fachrichtungen an deutschen Unis Auslandspraktika innerhalb der EU. Die Praktika sind ausreichend vergütet, so dass die Lebenshaltungskosten vor Ort gedeckt sind. Zudem wird vom IAESTE-Komitee des Gastgeberlandes die Unterkunft gestellt und die Betreuung gewährleistet. In der Regel sollten Bewerber bereits drei Semester studiert haben. Bewerbungen jeweils Anfang Oktober bis Ende November.
Bei Praktika außerhalb der EU kann ein Fahrtkostenzuschuss beantragt werden. Antragsberechtigt sind deutsche und den Deutschen gleichgestellte Studierende, die an einer deutschen staatlichen bzw. staatlich anerkannten Hochschule mindestens im 2. Fachsemester voll immatrikuliert sind bzw. einjährige Masterstudiengänge bereits ab dem 1. Fachsemester. Es ist ein Sprachnachweis erforderlich, entweder vom Sprach-lernzentrum der Uni bzw. dem entsprechenden Institut, oder von einer der folgenden Institutionen: TOEFL-Test, Cambridge Certificate, IELTS, UNI-Cert, UCLES, TOEIC (bei Englisch), DELF, DALF (bei Französisch).
Für Österreicher gilt: Registrierung im Herbst beim IAESTE Lokalkomitee der Hei-matuniversität (sofern keines existiert bzw. bei Fachhochschulen: im Internet nach dem nächstgelegenen Lokalkomitee forschen). Schweizer Studierende finden die Aus-schreibungen ab Anfang des Jahres online.

Dokorandenaustausch

Marietta Blau-Stipendium,
AP Dr. Tibor Szabo, T. +43 1 534 08 456, tibor.szabo@oead.at, www.oead.at,
www.grants.at
Das Stipendium ermöglicht exzellenten österreichischen Doktoranden der Naturwis-senschaften, Technische Wissenschaften, Humanmedizin, Land- und Forstwirtschaft, Veterinärmedizin, Sozial-, Rechts- und Wirtschaftswissenschaften sowie Geisteswis-senschaften und Theologie, 6-12 Monate ihres Doktorats- oder PhD-Studiums im Aus-land abzusolvieren. Das Stipendium beträgt 1.200 Euro pro Monat und kann zweimal

im Jahr beantragt werden (1. September und 1. März). Bewerbung online unter www.scholarships.at.

Japan-Stipendium

Monbukagakusho-Stipendium,
AP Dr. Lydia Skarits, T +43 1 534 08 405, F +43 1 534 08 499,
lydia.skarits@oead.at, tokio-ob@bmaa.gv.at, www.oead.at
Österreichische Studierende und Graduierte der Fachbereiche Naturwissenschaften, Technische Wissenschaften, Human- und Veterinärmedizin, Land- und Forstwirtschaft, Sozial-, Rechts- und Wirtschaftswissenschaften sowie Geisteswissenschaften, Theologie und Künstlerische Studien können sich um einen bis zu zweijährigen Aufenthalt in Japan bewerben. Das monatliche Stipendium beträgt 940 € für Studierende und Graduierte und 1040 € für Graduierte über 30 Jahre mit Doktorat.

Ökologie in Osteuropa

LOGO e.V.,
Schwarzer Weg 35, D-49536 Lienen, T. 05484 962222, F. 05484 962221, AP Irmgard
Rennemeier, T. 05484 962222, Fax 05484 962221, rennemeier@logoev.de,
www.logoev.de
Bemüht sich um Landwirtschaft und ein ökologisches Gleichgewicht mit Osteuropa und vermittelt Praktika im ökologischen Landbau. Während das Programm im Osten auf regen Zuspruch stieß (2200 Agrarstudenten aus Osteuropa und Zentralasien absolvierten bereits ein Praktikum in Deutschland), reagierten die deutschen Agrarstudenten bisher verhalten: Ganze fünf nahmen bislang die Angebote des Vereins wahr, ein Praktikum in der Russischen Föderation abzuleisten.
In der Vergangenheit wurden beispielsweise dreimonatige Praktika für landwirtschaftliche Nachwuchskräfte an der unteren Wolga bei Astrachan angeboten, dem „russischen Tor nach Osten". Unterstützung erhielten die Praktikanten dabei von Mitgliedern der Staatlichen Universität Astrachan.

Aufbaustudiengänge

Judentum

SDV,
AP Dr. Matthias Frenz, T. 0228 82096-283, Inge Schmitz, T. 0228 82096-280,
leobaeck@studienstiftung.de, www.studienstiftung.de/leo-baeck.html
Die Leo Baeck Fellowship ist ein internationales Stipendienprogramm für Doktoranden zur Erforschung der Geschichte und Kultur des deutschsprachigen Judentums in Zentraleuropa und in der Emigration. Bietet jährlich zwölf Nachwuchswissenschaftlern die Gelegenheit, ein Jahr an einem Studienort ihrer Wahl zu forschen.

Die SDV führt das Programm in inhaltlicher Kooperation mit dem *Leo Baeck Institut London* und mit finanzieller Unterstützung des Bundesministeriums für Bildung und Forschung (BMBF) durch.
Zielgruppe: Doktoranden, die im Bereich der Geschichte und Kultur des deutschsprachigen Judentums forschen möchten und ihr Studium, dessen Abschluss nicht länger als drei Jahre zurückliegen darf, mit „sehr gut" abgeschlossen haben. Das Studien- oder Forschungsprojekt muss vom Bewerber selbst konzipiert werden. Die Doktoranden erhalten monatlich ein Stipendium von 1.150 €; für Forschungsaufenthalte im Ausland wird ein Auslandszuschlag gewährt.
Bewerbung immer bis Anfang Februar. Anschließend wird ggf. zu einem Auswahlseminar nach Bonn eingeladen.

ERP-Stipendienprogramm

SDV,
AP Dr. Julia Schütze, T. 0228 82096-462, schuetze@studienstiftung.de, Susanne Gülden, T. 0228 82096-463, guelden@studienstiftung.de, www.studienstiftung.de
Nachwuchskräfte aller Fächer, deren Studium (in der Regel Master-Niveau, in begründeten Ausnahmen auch exzellenter Bachelor mit Berufserfahrung) zum Zeitpunkt der Abreise mit dem Ergebnis „gut", bei Juristen „vollbefriedigend" abgeschlossen wurde und die zum Zeitpunkt der Bewerbung höchstens 30 Jahre alt sind, erhalten Stipendien bis zu 91.000 US$ für ein- bis zweijährige Studien- oder Forschungsaufenthalte an amerikanischen Spitzenuniversitäten. Von den Bewerbern wird fachliche Exzellenz, breites Interesse und gesellschaftliches oder politisches Engagement erwartet. Um die Bewerbung an der gewünschten US-Hochschule und ggf. des Praktikums kümmert sich der Bewerber selbst.
Bewerbungsschluss jeweils der 30. November; Unterlagen werden bei der Studienstiftung angefordert. Aussichtsreiche Bewerber werden im Januar und Februar zu zwei Auswahlseminaren nach Bonn eingeladen.

Haniel-Stipendienprogramm

SDV,
AP Michael Bethig (Sekretariat Studienstiftung), T. 0228 82096-468, bethig@studienstiftung.de, Eva Scholz, T. 0228 82096-470, scholz@studienstiftung.de, www.studienstiftung.de
Graduierte aller Fachrichtungen, die bei einem Aufbaustudium im Ausland und einem mindestens zweimonatigen Praktikum wirtschaftlichen Fragen nachgehen und sich für den internationalen Arbeitsmarkt qualifizieren möchten, erhalten monatliche Stipendien von 1.000 bis 1.500 €, einen Studiengebührenzuschuss von bis zu 15.000 € sowie eine Reisekostenpauschale. Jährlich werden 12 solcher Stipendien vergeben, vermehrt nach Osteuropa, Asien, Lateinamerika, Afrika oder den Nahen Osten.
Bewerber haben ihr Hochschul- oder Fachhochschulstudium (mindestens Bachelor) zum Zeitpunkt der Abreise mit „gut" (Juristen: „vollbefriedigend") abgeschlossen und kümmern sich eigenständig um ein wirtschaftsbezogenes Aufbaustudium im Ausland

mit international anerkanntem Zusatzabschluss. Gefördert wird für 12 bis max. 22 Monate; im Anschluss folgt ein zwei- bis dreimonatiges Praktikum bei einem Unternehmen des Gastlandes.

Monatlich erhält ein Stipendiat 1.000 € in europäischen Ländern bzw. 1.500 € in Großbritannien, den USA und den meisten außereuropäischen Ländern, ein einmaliges Startgeld von 500 € und eine Reisekostenpauschale von 1.000 €. Studiengebühren werden bis zu einer Höhe von max. 15.000 € übernommen.

Bewerbungsschluss jeweils im November; aussichtsreiche Kandidaten werden zu Auswahlgesprächen im März eingeladen. Die Bewerbungsunterlagen sind auf o.g. Internetseite herunterzuladen.

McCloy Academic Scholarship Program

SDV,
AP Dr. Anke Dörner, T. 0228 82096-330, doerner@studienstiftung.de, Mylène Wienrank, T. 0228 82096-331, wienrank@studienstiftung.de, www.studienstiftung.de

Die Harvard University, die McCloy-Stipendien-Stiftung im Stifterverband für die Deutsche Wissenschaft, das Bundeswirtschaftsministerium als Verwalter des ERP-Sondervermögens, die Haniel Stiftung und der McCloy Alumni Fonds vergeben jährlich bis zu sieben Stipendien an „herausragende Nachwuchskräfte", die einen zweijährigen Master an der John F. Kennedy School of Government (eine der Professional Schools in Harvard) absolvieren. Das Stipendium beinhaltet eine monatliche Zahlung von 1.900 US$ (für 21 Monate), ein einmaliges Startgeld von 500 US$, eine Reisekostenpauschale von 1.000 US$ sowie die vollständige Übernahme der Studiengebühren, 40.000 US$ pro Jahr.

Bewerber müssen die folgenden Voraussetzungen erfüllen:

- akademische Exzellenz, substanzielle (internationale) Arbeitserfahrung, Kommunikationsfähigkeit und Interesse an praxisorientierten Fragestellungen
- bei der Bewerbung höchstens 35 Jahre alt
- Bachelor, Master, Diplom oder Staatsexamen zum Zeitpunkt der Abreise mit mindestens „gut" (bei Juristen „vollbefriedigend") abgeschlossen, möglichst erste Berufserfahrung

Die Bewerbungsmappen sind bei der Studienstiftung anzufordern und einschließlich Gutachten bis zum 15. Oktober einzureichen. Nach der Vorauswahl durch die schriftlichen Unterlagen findet im Januar ein Auswahlseminar statt, bei dem die deutsche McCloy-Kommission über die Vergabe der Stipendien entscheidet. Gleichzeitig ist Anfang Januar online die Bewerbung für eines der Master-Programme auszufüllen: www.hks.harvard.edu/apply. Dafür sind die Ergebnisse von TOEFL und GRE/GMAT nötig. Wichtig: eine Aufnahme in das Scholarship-Program bedeutet nicht unbedingt die Aufnahme zur Harvard Kennedy School, wenn die Auswahlentscheidung der deutschen Kommission auch berücksichtigt wird.

Gaststipendienprogramm am Bologna Center

Fritz Thyssen-Stiftung für Wissenschaftsförderung,
www.fritz-thyssen-stiftung.de
Deutsche Nachwuchswissenschaftler können sich um Stipendien für Studien- und Forschungsaufenthalte am Bologna-Center of the Paul H. Nitze School of Advanced International Studies, The Johns Hopkins University, Bologna, bewerben. Das Center bietet amerikanischen Nachwuchswissenschaftlern wie jüngeren Wissenschaftlern anderer Länder die Möglichkeit, sich wissenschaftlich fortzubilden und je nach Aus- und Fortbildungsstand einen voll anerkannten akademischen Abschluss einer amerikanischen Universität zu erhalten (M.A., Ph.D.).

Europastudiengang

Europainstitut Klaus Mehnert,
AP Prof. (em.) Dr. phil. Dr. h.c. Winfried Böttcher, T. 0241 174888,
winfried.boettcher@rwth-aachen.de, Christian Welscher, T. +7 4012595234,
christianwelscher@web.de oder Markus Lux, T. 0711 4608439,
markus.lux@bosch-stiftung.de, www.europastudien-kaliningrad.de
Der einjährige postgraduale Studiengang am EIKM in Königsberg (Kaliningrad) ist derzeit der einzige deutschsprachige Europastudiengang in Russland. Einschreiben können sich Absolventen aller universitären Studiengänge aus allen Ländern, das Studienjahr beginnt im September. Dank einer Kooperation ist es möglich, nach einem Semester in Königsberg an die Bergische Universität Wuppertal in Deutschland zu wechseln und das Studium dort im Rahmen des dortigen Masterstudiengangs Europastudien abzuschließen, mit dem Doppelabschluss des russischen Diploms und des deutschen Masterabschlusses. Absolventen steht eine Tätigkeit in der Russisch-Europäisch-Deutschen Zusammenarbeit offen.
Den besten Absolventen wird alljährlich der „Willy-Brandt-Preis" der Sozialdemokratischen Fraktion im Europäischen Parlament verliehen. Der Preis beinhaltet ein vollfinanziertes einmonatiges Praktikum in Brüssel und Straßburg.

Master für Europäische und Internationale Studien

Institut Européen des Hautes Études Internationales,
10 Avenue des Fleurs, F-06000 Nice, T. +33 493979386, 4939770,
scolarite.iehei@wanadoo.fr, melanie.hobaoloc@cife.eu (englischsprachige Variante),
iehei@wanadoo.fr, www.iehei.org
In Vorbereitung auf eine berufliche Tätigkeit in europäischen und internationalen Organisationen und Institutionen bietet das Institut Européen des Hautes Études Internationales in Nizza einjährige Masterstudiengänge an; einen englischsprachigen, der in Istanbul, Nizza, Berlin und Poznan durchgeführt wird, und einen deutsch-, englisch- und französischsprachigen, der in Nizza, Berlin, Rostock und Rom stattfindet. Das Studium dauert von Oktober bis Juli und kostet 8000 €; in bestimmten Fällen sind Gebührenerlässe von 5500 € möglich, zudem werden Stipendien zur teilw. Deckung der Lebenshaltungskosten gewährt.

Mercator Kolleg für internationale Aufgaben

Mercator Stiftung Deutschland,
AP Oliver Haack, T. 0201 24522-65, haack@stiftung-mercator.de,
www.stiftung-mercator.de
Mercator Stiftung Schweiz,
AP Jorge Tamayo, p.tamayo@stiftung-mercator.ch, http://cms.stiftung-mercator.ch
SDV,
AP Julia Apitzsch, T. 030 20370-441, apitzsch@studienstiftung.de,
www.studienstiftung.de
Schweizerische Studienstiftung,
AP Dr. Claudine Leysinger, claudine.leysinger@studienstiftung.ch,
www.studienstiftung.ch/d/

Hochqualifizierten, zielorientierten Hochschulabsolventen aller Fachrichtungen, die eine verantwortungsvolle Tätigkeit in internationalen Einsatzfeldern anstreben, stehen jährlich 20 Kollegstellen offen. Das 13-monatige Programm sieht die Mitarbeit bei zwei bis drei verschiedenen internationalen Organisationen, global tätigen NGOs, Non-Profit-Organisationen oder Wirtschaftsunternehmen vor, außerdem die Bearbeitung einer selbstgewählten praktischen Fragestellung der internationalen Zusammenarbeit. Zudem finden regelmäßige Seminare zur internationalen Politik sowie zur Entwicklung von Führungskompetenzen statt.

Monatlich erhält der Stipendiat 1.250 €; ferner weitere Fördermittel für Auslandsaufenthalte und Sprachkurse.

Jeder Bewerber hat ein Projekt zu entwerfen und eine Auswahl möglicher Arbeitsstationen zu benennen. Projektvorschläge früherer Jahrgänge waren beispielsweise: Beiträge zur Sicherheitspolitik im Baltikum (Estland zwischen NATO und Russland), Meeresschutzgebiete als Instrument internationaler Umweltpolitik, die Mittelmeerpolitik der Europäischen Union oder Nachhaltige Terrorismusprävention in Nordafrika und im Nahen Osten.

Anforderungen:

- ausgezeichneter Studienabschluss einer Universität oder Fachhochschule (B.A. ist nicht ausreichend)
- sehr gute Kenntnisse des Englischen und einer weiteren modernen Fremdsprache
- mindestens ein Jahr Auslandserfahrung nach Schulabschluss
- mindestens ein Jahr Berufserfahrung (auch durch Praktika)
- bei der Bewerbung höchstens 29 Jahre alt (FSJ, Wehr- und Zivildienst sowie Kindererziehungszeiten werden angerechnet)
- deutsche oder Schweizer Staatsangehörigkeit
- sehr gute Allgemeinbildung, sehr gute Kenntnisse der internationalen Politik und Wirtschaft, breite persönliche Interessen und gesellschaftliches Engagement
- interkulturelle Kompetenz, Teamfähigkeit, Organisationsvermögen

Das Programmjahr beginnt jeweils im September, Bewerbungsfrist März. Auswahlseminare im Mai in Berlin.

Praktische Erfahrung

Carlo-Schmid-Programm für Praktika bei Internationalen Organisationen und EU-Institutionen

SDV,
AP Studienstiftung Eva Scholz, Telefon 0228 82096-470, scholz@studienstiftung.de,
www.studienstiftung.de,
AP DAAD Tabea Kaiser, Telefon 0228 882-598, kaiser@daad.de, www.daad.de
Kooperation der SDV mit dem Deutschen Akademischen Austauschdienst (DAAD), finanziert aus Mitteln des Bundesministeriums für Bildung und Forschung und der RBS. Das Programm bietet qualifizierten Studierenden und Graduierten die Möglichkeit, sich im Rahmen eines drei- bis zehnmonatigen Praktikums mit den Arbeitsweisen einer internationalen Verwaltung bekannt zu machen. Bewerber suchen sich entweder in Eigeninitiative ein entsprechendes Praktikum, oder bewerben sich um eines der zahlreichen Praktikumsangebote, die der DAAD ausschreibt. Stipendiaten des Programms erhalten monatliche Zuschüsse zu den Lebenshaltungskosten und eine Reisekostenpauschale. Je nach Land betragen die monatlichen Zuwendungen ab 650 € für Studierende und ab 925 € für Graduierte. Zusätzlich können Sommerseminare und Auslandstreffen in Anspruch genommen werden.
Bewerbungsschluss für Praktika zwischen September und Juni meist im Februar. Bewerber müssen die deutsche Staatsangehörigkeit aufweisen, bei Bewerbungsschluss das Grundstudium abgeschlossen haben, mindestens im 3. Semester eines Bachelor-Studiengangs sein bzw. einen Hochschulabschluss haben, der nicht länger als zwei Jahre zurückliegen darf. Zudem sind ausgezeichnete Kenntnisse des Englischen und gute Kenntnisse einer weiteren modernen Fremdsprache gefordert. Während des Studiums sollte man sich zudem bereits mit internationalen Themen auseinandergesetzt haben.
Bewerbungsunterlagen online beim DAAD.
Einzureichen beim DAAD, Internationaler Praktikantenaustausch, Referat 514.

Erfahrungsbericht – Sechs Monate Kopenhagen

Bettina, der ein Praktikum bei den Vereinten Nationen so unerreichbar und schlecht finanzierbar vorkam wie wohl den meisten, erfuhr durch einen Freund über das CSP. „Zu schön um wahr zu sein, dachte ich, und schickte die eher aufwändigen und zweisprachigen Bewerbungsunterlagen trotzdem los. Mein interdisziplinärer Studiengang und meine internationalen Praktika zahlten sich aus und ich erhielt eine Einladung zum Auswahltag. Dieser bestand aus einem zwanzigminütigen Gespräch vor einer dreiköpfigen Kommission sowie einer Gruppendiskussion auf Englisch über aktuelle und grundsätzliche Fragen der internationalen Politik. Dabei ist es zu empfehlen, sich über die Organisation, bei der man sich beworben hat, zu informieren, gründlich den internationalen Teil der Tageszeitung zu lesen und seine Fremdsprachenkenntnisse aufzufrischen. Es ist jedoch absolut machbar. Dem Auswahltag folgte bald eine Bestätigung zur Aufnahme ins Programm, mit einer Einladung zum einwöchigen Vorbereitungsseminar in Berlin. Dort ergab sich nicht nur die Gelegenheit, sich mit anderen und ehemaligen Stipendiaten auszutauschen, sondern sich auch allgemein über den Berufseinstieg bei internationalen Organisationen zu informieren.

Anfang September flog ich dann nach Kopenhagen, um mein sechsmonatiges Praktikum beim Entwicklungsprogramm der Vereinten Nationen (UNDP) anzutreten. Mich erwartete ein überaus dynamisches, junges und sehr internationales Team, das mich sofort als vollwertige Mitarbeiterin aufnahm. Als Mitarbeiterin des Teams für externe Beziehungen und Kommunikation des internationalen JPO Personalvermittlungsprogramms wurde ich mit der Vermarktung des Programms und mit der internen und externen Kommunikation betraut. Mir wurden von Anfang an verantwortungsvolle Projekte übertragen, und man hatte immer ein offenes Ohr für Anregungen. Ein Highlight war sicherlich der dreitägige Personalmanagement-Workshop in Schweden, bei dem ich auch das Management aus New York kennenlernte und an der Personalstrategie mitarbeitete.

Am meisten begeisterte mich jedoch die Internationalität und Offenheit im Team, das Sprachengewirr und das Gefühl, einen Beitrag zur internationalen Entwicklung zu leisten. Schnell formte sich eine internationale Praktikantengemeinschaft, mit der ich meine Freizeit verbrachte und Dänemark erkundete. Zusätzlich organisierten die Kopenhagener UN-Mitarbeiter zahlreiche internationale Abende, an denen man sich mit Mitarbeitern anderer UN-Organisationen aus aller Welt austauschen konnte."

Zu Ende des Praktikums stand für Bettina fest, dass sie sich langfristig im Kommunikationsbereich und Personalmanagement der Vereinten Nationen betätigen wollte. „Ein erfolgreiches Praktikum ist dafür jedoch meist nicht ausreichend. Obwohl einige Organisationen manche Carlo-Schmid-Stipendiaten sofort übernehmen, ist es für die meisten erst der Anfang eines langen Weges. Es ist jedoch allemal hilfreich, schon einmal internationale Luft geschnuppert zu haben und zu sehen, welche Möglichkeiten es gibt. Ich habe mich nun für einen berufsbegleitenden Aufbaustudiengang entschieden, der mich für die Aufnahme ins „Junior Professional Officer Programme" qualifizieren soll (www.jposc.org). Ohne das CSP wäre ich diesen Weg nie gegangen, und ich kann es nur empfehlen."

Praktika bei EU-Institutionen

Bundeskanzleramt,
EU-Job-Information, Abt. III/4, Hohenstaufengasse 3, A-1010 Wien,
T. +43 1 53115 7377, F. +43 1 53109 7377, eujobinformation@bka.gv.at,
AP Margareta Kaminger, www.bundeskanzleramt.at
Verbindungsbüro Land Niederösterreich,
Rue du Commerce 20-22, B-1000 Bruxelles, T. +32 2/54 90 66-0, F. +32 2 50 26 00-9,
post.noevbb@noel.gv.at, www.noel.gv.at
Österreicher Studierende und Absolventen informieren sich über o.g. Kontakt, wo auch die Broschüre „Praktika bei den EU-Institutionen" zum Download bereitsteht, oder bestellen die Broschüre „Wo sind in Brüssel Praktika möglich?" beim Verbindungsbüro des Landes Niederösterreich. Bewerber sind nicht älter als 30 Jahre, mindestens im 8. Semester bzw. haben ihr Studium an der Universität oder Fachhochschule bereits abgeschlossen.

Touristik-Praktika

Willy Scharnow-Stiftung für Touristik,
Gervinusstr. 5-7, D-60322 Frankfurt, T. 069 27 39 07 16, F. 069 27 39 07 66,
info@willyscharnowstiftung.de, www.willyscharnowstiftung.de/antrag.html
Stipendienvergabe von bis zu 180 € monatlich für Praktikanten bei touristischen Unternehmen im Ausland. Für Bewerber mit abgeschlossener Ausbildung als Reiseverkehrskaufmann oder solche im Studium der BWL-Touristik an einer touristischen Hochschule. Das Praktikum sollte mindestens vier Monate, höchstens ein Jahr dauern, und ein Antrag ist spätestens drei Monate vor Aufnahme der Tätigkeit zu stellen.
Die Bewerbungsunterlagen müssen den Praktikantenvertrag, das IHK-Abschlusszeugnis bzw. die Immatrikulationsbescheinigung, einen Nachweis über bisherige Tätigkeiten sowie einen kurzen Lebenslauf beinhalten. Onlinebewerbung.

Vulcanus in Japan

EU-Japan Centre for Industrial Cooperation,
Rue Marie de Bourgogne 52, B-1000 Bruxelles, T. +32 22823715, F. +32 22820045,
AP Margherita Rosada, m.rosada@eu-japan.eu, office@eu-japan.eu,
www.eu-japan.eu/global/vulcanus-in-japan.html
Vergibt alljährlich Stipendien an EU-Studierende der Fächer Ingenieurwesen, Wissenschaft und Architektur, die sich im Haupt- oder Postgraduiertenstudium befinden. Mit den 2.000.000 Yen soll der Stipendiat Reise- und Lebenshaltungskosten finanzieren. Das einjährige Programm setzt sich durch einen viermonatigen Intensivkurs Japanisch und einem achtmonatigen Praktikum in einem japanischen Unternehmen zusammen, das für die Unterkunft sorgt. Bewerbungsfrist alljährlich im Januar; das Programm beginnt i.d.R. im September.

Logistik-Praktika

Schenker AG,
Corporate Human Resources, Kontakt für Praktikanten, Alfredstr. 81, D-45130 Essen,
T. 0201 8781-8660, F. 0201 8781-8827, AP Mandy Börsch,
mandy.boersch@dbschenker.com, www.dbschenker.com
Drei- bis sechsmonatige Praktika für Berufseinsteiger in Asien und den USA.

Praxisqualifizierung in Asien sowie in Entwicklungs- und Transformationsländern

CDS,
Carl Duisberg Stiftung für internationale Bildung und Zusammenarbeit, AP Ute Maas,
T. 0228 4460 1150, F. 0228 4460 2150, ute.maas@inwent.org, www.giz.de
Unterstützt werden Studierende oder Absolventen wirtschaftlicher, technischer oder kombinierter Studiengänge, die bis zu 30 Jahren alt sind und in ausgewählten Ländern Asiens, in Entwicklungs- und Schwellenländern sowie in Transformationsländern Mittel- und Osteuropas mindestens dreimonatige, strukturierte Praktika bei Unternehmen, Auslandshandelskammern, Delegiertenbüros, Repräsentanzen deutscher Wirtschafts- und Exportverbände, Einrichtungen zur Förderung deutscher Auslandsinvestoren o. Ä. absolvieren möchten. Finanzielle Unterstützung über Darlehen oder Teilstipendien.

Werkstudierendenprogramm Kanada

DKG,
wsp@dkg-online.de, AP Osborne Clarke, www.dkg-online.de
Mit bis zu 100 deutschen Studierenden führt die Deutsch-Kanadische Gesellschaft e.V. seit mehr als vierzig Jahren alljährlich in den Sommer-Semesterferien ein Werkstudierendenprogramm in Kanada durch. Dabei sammeln die Teilnehmer zwei Monate lang praktische Arbeitserfahrungen und bereisen im Anschluss einen weiteren Monat das Land. Bewerber besitzen die deutsche Staatsangehörigkeit, sind höchstens 30

Jahre alt und an einer deutschen oder ausländischen Universität, Hochschule bzw. FH eingeschrieben. Vorausgesetzt werden gute englische bzw. französische Sprachkenntnisse und grundlegende Kenntnisse über Politik, Geschichte, Wirtschaft und Geografie des Landes, ferner die Mitgliedschaft in der Deutsch-Kanadischen Gesellschaft (30 € pro Jahr). Erfolgreiche Kandidaten werden im Februar zu einem Auswahlgespräch nach Köln eingeladen. Im Juni findet ein Vorbereitungswochenende statt, ebenfalls in Köln.

USA-Praktika

Steuben-Schurz-Gesellschaft e.V.,
USA-Interns Program, Lange Str. 25-27, D-60311 Frankfurt a. M., T. 069 7144 8609,
F. 069 1310 873, info@usa-interns.org, www.usa-interns.org, AP Juliane Adameit,
www.steuben-schurz.org
Deutsch-Amerikanisches Praktikantenprogramm. Vermittelt Praktika und Traineestellen in den USA an Studierende aller Fachrichtung zwischen 22 und 30 Jahren, die sich mindestens im 5. Fachsemester befinden. Bedingung: Vordiplom und vorzügliche Englischkenntnisse sowie erste Arbeitserfahrungen und die deutsche Staatsbürgerschaft oder eine unbefristete Aufenthaltsgenehmigung. Je nach Branche und Unternehmen sind sowohl bezahlte als auch unbezahlte Praktika möglich. Bewerbungsunterlagen und weitere Details, derzeit lediglich auf Englisch, auf den Webseiten.

ERASMUS-Praktika

ch Stiftung,
T. +41 32 246 18 18, info@ch-go.ch, www.ch-go.ch
DANUBE,
Zieglergasse 28, A-1070 Wien, T. +43 1 524 06 06-21, F. +43 1 524 06 06-99,
mobility@danube.or.at, www.danube.or.at
Gefördert werden Praktika für Studierende in einer Gasteinrichtung im europäischen Ausland, nicht aber solche in europäischen Institutionen bzw. Organisationen, nationalen diplomatischen Vertretungen sowie Organisationen, die EU-Programme verwalten. Mögliche Zielländer sind alle Mitgliedsstaaten der EU, die Türkei und die EFTA/EWR-Länder Island, Liechtenstein, Norwegen. Der Förderungszeitraum beträgt drei bis zwölf Monate, monatliche Stipendien machen bis zu 400 € aus. Deutsche Studierende wenden sich an ihren zuständigen Hochschulkoordinatoren, der auf http://eu.daad.de/eu/ aufgelistet ist, Österreicher und Schweizer an o.g. Kontakte.

Der Verlag sucht weitere zum Programm passende Manuskripte!

Auch für gute Reiseberichte, Beobachtungen und Tipps gibt's ein Freiexemplar aus dem Verlagsprogramm bzw. bei substaniellen Beiträgen auch eine Bescheinigung über eine redaktionelle Mitarbeit.

Kontakt: Formular bei interconnections.de

AUSBILDUNG

Auch hierzulande sieht man sie noch ab und an durch die Städte ziehen, gewandet in schwarze Schlaghosen und Westen, den breitkrempigen Hut auf dem Kopf und einen gedrechselten Wanderstab in der Hand – eine Erinnerung an längst vergangene Zeiten: Handwerksgesellen auf der Walz. Was früher selbstverständlich war – die Wanderjahre bzw. Walz, Tippelei oder Gesellenwanderung, bei der junge Handwerker auf ausgedehnten Reisen neue Arbeitspraktiken und Lebenserfahrung sammelten – ist heute eine romantischen Remineszens. Die von Land zu Land verschiedenen Ausbildungsinhalte, Stundenpläne und Prüfungsordnungen sowie die damit zusammenhängenden Schwierigkeiten der gegenseitigen Anerkennung von Berufsabschlüssen sind die Stolpersteine, die 99% der heutigen Auszubildenden von einem Auslandseinsatz abhalten. Dank eines neuen Berufbildungsgesetzes liegen die Hürden heute jedoch niedriger. Auszubildende haben nun das Recht, einen Teil der Ausbildung (bis zu einem Viertel) im Ausland zu absolvieren und sich in Deutschland anrechnen lassen.

NEC, Nationales Europass Center in der Nationalen Agentur Bildung für Europa beim Bundesinstitut für Berufsbildung (NA beim BIBB),
Robert-Schuman-Platz 3, D-53175 Bonn, T. 0228 107-1645, -1646, -1644, -1660,
europass@bibb.de, www.europass-info.de

Zu den weiteren erfreulichen Neuerungen gehört der Europass-Mobilitätsnachweis, ein europaweit einheitliches Dokument, das alle im Ausland gemachten Lernerfahrungen dokumentiert. Es enthält Angaben zu Inhalten, Zielen und Dauer des Auslandsaufenthaltes. Der genaue Überblick über den Umfang der internationalen Erfahrung und die Dokumentation jeder Art von Lernaufenthalten im Ausland sorgen für eine willkommene Transparenz.

PROQUA Leitstelle Maastricht, AP Christa Slooten, christa.slooten@gmx.net,
www.euregiokompetenz.de

Auszubildende der Kreise Aachen, Düren, Euskirchen und Heinsberg sowie der Stadt Aachen.können am EU-Interreg-III-Projekt „Euregiokompetenz" teilnehmen, das ihnen ermöglicht, nach der Ausbildung in den jeweiligen Nachbarländern zu arbeiten bzw. zu leben. Dafür beinhaltet der Lehrplan zusätzliche Komponenten, beispielsweise Sprach- oder Kulturunterricht. Ergänzend wird ein Euregiokompetenz-Praktikum angeboten.

Es gibt bereits einige Ausbildungen, bei denen ein Auslandseinsatz fester Bestandteil ist, dazu zählen derzeit: Europa-Wirtschaftsassistent, Eurokaufmann, Internationaler Marketingassistent, Europa-Wirtschaftsassistent, Euro-Fremdsprachenkorrespondent und Europasekretär.

Je nach Dauer der Ausbildung schließt man mit einem Zertifikat oder Diplom ab. Wer die gesamte Ausbildung im Ausland absolviert, hinterher aber evtl. wieder in der Heimat arbeiten möchte, sollte sich unbedingt über die Anerkennung des erstrebten Abschlusses erkundigen.

Zu bedenken ist jedoch, dass i. R. keine geringen Kosten anfallen und es kein Gehalt gibt. In Australien und Neuseeland beispielsweise sind den privaten, kommunalen oder staatlichen Fach- und Berufsschulen, an denen gemeinhin ausgebildet wird, Kursgebühren von 2800 bis 7000 A$ pro Semester zu zahlen.

Zu allen Belangen rund um Aus- und Weiterbildung in Europa informiert das europäische Portal zur beruflichen Mobilität, EURES, auf http://ec.europa.eu/eures.

ETI European Training Institute,
57 Rue Froissart, B-1040 Brussels,
T. +32 24007730, F. +32 07327525,
info@e-t-i.be, www.eutraining.be

Seminare, Masterstudiengänge und weitere Programme zur Aus- und Weiterbildung im Bereich der öffentlichen Angelegenheiten der EU.

Berufsbildung ohne Grenzen

BMAS, Bundesministerium für Arbeit und Soziales,
Wilhelmstr. 49, D-10117 Berlin, T. 03018 527-0, F. 03018 527-1830,
info@bmas.bund.de, www.bmas.de

Mobilitätsberatung, eine bundesweite Beratungsinitiative an Kammern, die vom Bundesministerium für Arbeit und Soziales (BMAS), dem Deutschen Industrie- und Handelskammertag (DIHK) und dem Zentralverband des Deutschen Handwerks (ZDH) ins Leben gerufen wurde, um die grenzüberschreitende Mobilität von Auszubildenden und jungen Beschäftigten zu erhöhen. Bundesweit stehen knapp 40 Mobilitätsberater in den Industrie- und Handelskammern und Handwerkskammern als Ansprechpartner von Schulen, Betrieben und Auszubildenden selbst zur Verfügung.

BAföG

Laut § 5 BAföG und § 16 BAföG wird eine Ausbildung von Deutschen im Ausland u.U. gefördert, z.B. in den folgenden Fällen:

- wenn der Auszubildende seine Ausbildung bis zum Erwerb des ausländischen Ausbildungsabschlusses nach einer mindestens einjährigen, inländischen Ausbildungsphase im EU-Ausland fortsetzt – findet der Auslandsaufenthalt im Rahmen einer grenzüberschreitenden Zusammenarbeit zwischen einer inländischen und ausländischen Ausbildungsstätte statt, so ist die einjährige Ausbildungsphase im Inland nicht mehr obligatorisch.
- Auslandsausbildungen, die im Rahmen einer Inlandsausbildung außerhalb der EU durchgeführt werden, können für ein Jahr bzw. bei Vorliegen besonderer Gründe für maximal zweieinhalb Jahre gefördert werden, wenn sie, mindestens sechs Monate oder ein Semester bzw. zwölf Wochen (Praktikum, Studium im Rahmen einer Hochschulkooperation) dauern, und der Auslandsaufenthalt nach dem Ausbildungsstand förderlich ist (d. h. regelmäßig Grundkenntnisse in einem mindestens einjährigen Studium im Inland erworben wurden) und mindestens teilweise auf die Inlandsausbildung angerechnet werden kann.

Zu beachten ist, dass die Ausbildungsstätten den Gymnasien ab Klasse 11, Höheren Fachschulen, Akademien, Hochschulen oder bestimmten Berufsfachschulklassen gleichwertig sind. Der Besuch anderer Ausbildungsstätten wie z.B. Abendgymnasien, Fachschulklassen und Berufsaufbauschulen wird nicht gefördert. Gymnasiasten aus Bundesländern, in denen das Abitur nach zwölf Schuljahren erworben wird, sowie Gymnasiasten, die ihr Abitur aufgrund landesrechtlicher Sonderregelungen schon nach zwölf Schuljahren erwerben, können auch Förderung für einen Auslandsaufenthalt in der Klasse 10 erhalten.
Wer seine gesamte Ausbildung im Ausland machen möchte, erhält leider keine Förderung, es sei denn, es treffen besondere Umstände zu, z.B.
Wenn der Auszubildende als sog. Grenzpendler von seinem ständigen Wohnsitz in Deutschland aus eine im Ausland gelegene Ausbildungsstätte besucht und die gesamte Ausbildung dort absolviert
Wenn der – minderjährige – Auszubildende als Auslandsdeutscher seinen ständigen Wohnsitz im Ausland hat

Leistungen:

- Nach der BAföG–Auslandszuschlagsverordnung erhält der nicht bei den Eltern wohnende Auszubildende zusätzlich zu den Bedarfssätzen die notwendigen Studiengebühren (bis zu 4.600 € pro Studienjahr), die Reisekosten, ggf. einen Zusatzbetrag für die Kosten der Krankenversicherung und, für Ausbildungen außerhalb der EU, einen Auslandszuschlag, dessen Höhe nach Ländern unterschiedlich festgesetzt wurde (zwischen 60 und 450 € pro Monat).

- Diese BAföG-Auslandszuschläge werden prinzipiell in voller Höhe als Zuschuss geleistet, brauchen also später nicht zurückgezahlt werden. Durch die höheren Förderungssätze bei einer Auslandsausbildung können auch diejenigen gefördert werden, die im Inland wegen der Höhe des Einkommens ihrer Eltern bisher keine Förderung erhalten hatten.
- Anträge auf Förderung einer Auslandsausbildung sind mindestens sechs Monate vor Beginn des Ausbildungsabschnitts bei Ämtern für Ausbildungsförderung (Auslandsämter) mit Formblatt 6 zu stellen, die auch Auskünfte zur Auslandsförderung erteilen.

Auslandsaufenthalte für Auszubildende werden in der Regel auch über das EU-Bildungsprogramm Leonardo da Vinci gefördert. Näheres dazu unter www.na-bibb.de/leonardo_da_vinci_3.html.
Weitere Stipendien auf www.na-bibb.de/pool-projekte_1189.html.
Hier eine Datenbank mit internationalen Austauschprojekten und -programmen: www.ausbildungplus.de/html/46.php.
Bundesagentur für Arbeit,
Zentrale, Auslands- und Fachvermittlung (ZAV), Presse - Marketing – Information,
D-53107 Bonn, T. 0228 7131313, zav-auslandsvermittlung@arbeitsagentur.de,
www.ba-auslandsvermittlung.de
Ausführliche Auskünfte zur Ausbildung im europäischen Ausland, vom jeweiligen Ausbildungssystem und den Ausbildungswegen über den Stellenwert und das Niveau bis hin zur Anerkennung dieser Ausbildung in Deutschland.

(Bildquelle: Hr Webselling Pixelio)

Projekte

BGZ

BGZ, Berliner Gesellschaft für internationale Zusammenarbeit mbH,
Augsburger Str. 33, D-10789 Berlin, T. 030 809941-0, F. 030 809941-20,
info@bgz-berlin.de, www.bgz-berlin.de
Beantragt fast jedes Jahr Leonardo-Mobilitätsprojekte, die in der Regel eine Laufzeit
von 1 bis 2 Jahren haben und dann von anderen Projekten abgelöst werden. Diese ste-
hen ausschließlich Berliner Teilnehmern offen, die dann über die Partnereinrichtungen
(Kammer, Innung, Verbände, etc) angemeldet werden. Aktuelle Projekte sind auf der
Homepage ausgeschrieben.

Deutsch-Französisches Austauschprogramm in der beruflichen Bildung

dfs-sfa,
T. 0681 501 11 80, F. 0681 501 12 13, info@dfs-sfa.org, www.dfs-sfa.org
Teilnehmen können 12- bis 15-köpfige Gruppen von Auszubildenden, Berufsfach-
schülern und Fachschülern oder Arbeitnehmern und Umschülern in der Weiterbildung;
den Antrag stellen die jeweiligen Ausbildungsbetriebe, Kammern, Verbände, Innun-
gen, Lehrlingsausbildungszentren, überbetriebliche Ausbildungszentren, Einrichtungen der beruflichen Weiterbildung oder berufliche Gymnasien, Berufsfachschulen und
Fachschulen. In der Ausbildung ist ein Aufenthalt von mindestens drei Wochen vorgesehen, in der Weiterbildung zwei Wochen. Die Austauschprogramme in der Aus- und
Weiterbildung werden vom Bundesministerium für Bildung und Forschung gefördert,
die Austausche von beruflichen Vollzeitschulen fördert das Kultusministerium des
betroffenen Landes. Die Organisation von deutscher Seite aus übernimmt das dt.-frz.
Sekretariat für den Austausch in der beruflichen Bildung.

Gefördert werden:

* Fahrt von zwei Bildungsfachkräften der deutschen Einrichtung zur französischen
  Einrichtung zur inhaltlichen Vorbereitung des Austausches
* sprachliche Vorbereitung der Teilnehmer
* Fahrtkosten der Gruppe nach Frankreich einschließlich der Kosten für die Begleiter

Gastro-Austausch mit Frankreich

IHK Aachen,
AP Dr. Angelika Ivens, T. 0241 4460 352, angelika.ivens@aachen.ihk.de,
www.aachen.ihk.de/de/ausbildung/international/startseite.htm
Gemeinsam mit der Hotelfachschule Challes-les-Eaux in Frankreich führt die IHK
Aachen einen Austausch in der beruflichen Bildung für Köche, Restaurantfachleute,

Hotelfachleute und Hotelkaufleute im zweiten Lehrjahr durch. Nach dem dreiwöchigen Besuch der französischen Auszubildenden in Deutschland erfolgt der Gegenbesuch der deutschen Auszubildenden in Frankreich.

Leonardo da Vinci-Programm für Handwerker

Europäische Union,
info@amici-del-leonardo.de, www.amici-del-leonardo.de
Mit dem Azubi-Austauschprogramm der Europäischen Union wird jungen Azubis einer beruflichen Erstausbildung ein dreiwöchiger bis neunmonatiger Auslandsaufenthalt in einem europäischen Land ermöglicht.
Hier finden sich weitere Austauschprojekte für Handwerker:
www.handwerks-power.de/schueler-eltern/ausbildung-zukunft/karriere-zukunft/ausland.html.

Lehrstellentausch Schweiz

Ch Stiftung,
info@ch-go.ch, www.ch-go.ch/programme/piaget/lehrstellentausch
Unter dem Programmnamen „Piaget" tauschen Schweizer Lehrlinge mit einem Partner-Lehrling aus einer anderen Sprachregion für einen individuell festgelegten Zeitraum Lehrstelle, Schule und Elternhaus bzw. Unterkunft.

XChange

Internationale Bodenseekonferenz, Arbeitsgemeinschaft Alpenländer,
Klausmühle 18, A-6900 Bregenz, AP Dr. Stefan Veigl, T. +43 676 6807390,
veigl.xchange@aon.at, www.xchange-info.net
Bilaterales Austauschprogramm der Internationalen Bodenseekonferenz und der Arbeitsgemeinschaft Alpenländer. Lehrlinge erhalten die Chance, vier Wochen ihrer betrieblichen Ausbildung in einer Firma eines anderen Landes absolvieren; im Gegenzug kommt ein Lehrling der Austauschfirma in das eigene Unternehmen. Mitmachen können Lehrlinge und Auszubildenden aller anerkannten Ausbildungsberufe, die das erste Lehrjahr erfolgreich abgeschlossen haben.

Der Ausbildungsbetrieb bezahlt dem Auszubildenden seinen regulären Lohn weiterhin, erhält dabei aber für den Zeitraum des Praktikums einen Lehrling aus dem Austauschbetrieb, dessen Lohn wiederum von seinem Unternehmen bezahlt wird. Kosten für die Unterkunft werden mit einem Betrag bis zu 25 € pro Nacht bezuschusst; zudem gibt es ein Tagegeld von 5 € pro Austauschtag. Auch Reisekosten werden gegen Vorlage von Belegen erstattet.

Teilnehmende Regionen sind Baden-Württemberg und Bayern in Deutschland, das Elsass in Frankreich, die Lombardei, die Provinz Trient und Südtirol für Italien, Liechtenstein, die Kantone Aargau, Appenzell-A., Appenzell-I., Graubünden, Schaffhausen, St. Gallen, Tessin, Thurgau und Zürich in der Schweiz und Oberösterreich, Salzburg, Tirol und Vorarlberg in Österreich.

Praktische Erfahrung

Go.for.europe

Go.for.europe,
AP Sibylle Sock, T. 07151 56832-45, ssock@bbq-online.de, www.goforeurope.de
Baden-Württembergische Handwerkstag e.V. ,
Heilbronner Str. 43, D-70191 Stuttgart, T. 0711 263709-0, F. 0711 263709-100,
info@handwerk-bw.de, AP Nina Geißel, T. 0711 263709-162,
ngeissel@handwerk-bw.de, www.handwerk-bw.de
Baden-Württembergischer Industrie- und Handelskammertag e.V.,
Schützenstr. 8, D-78462 Konstanz, T. 07531 2860100, F. 07531 2860165,
info@konstanz.ihk.de, AP Verena König, T. 07531 2860-157,
verena.koenig@konstanz.ihk.de, www.konstanz.ihk.de
Das Gemeinschaftsprojekt baden-württembergischer Handwerkskammern und Verbände, das sich durch Mittel aus dem Europäischen Sozialfonds finanziert, fördert Auslandspraktika von Auszubildenden in Europa.
Junge Baden-Württemberger, die sich noch in der Ausbildung befinden und währenddessen schon ins Ausland gehen möchten, erhalten bei der Servicestelle Auskunft zu den Möglichkeiten von Auslandsaufenthalten. Ferner wird Unterstützung beim Antrag eines europäischen Stipendiums geleistet.

Venedig-Stipendien Denkmalpflege

Zentralverband des Deutschen Handwerks,
Mohrenstr. 20/21, D-10117 Berlin, T. 030 20619-0, F. 030 20619460, info@zdh.de,
AP Hendrik Voß, T. 030 20619-307, F. 030 2061959-307, voss@zdh.de, www.zdh.de,
www.villafabris.eu
In der Denkmalpflege tätige Handwerker der Bereiche Naturstein, Holz, Stuck, Farbe und Metall, die über eine abgeschlossene Ausbildung und mindestens einjährige Berufserfahrung verfügen, haben die Möglichkeit, sich drei Monate lang am Europäischen Zentrum für die Berufe in der Denkmalpflege in Venedig weiterzubilden. Dort werden Theorie- und Praxiskurse angeboten, die z.B. alte und neue Handwerkstechniken in der Denkmalpflege vorstellen oder über Bau- und Kunstgeschichte, Baustoffkunde oder Dokumentation informieren. Vom Bundesministerium für Bildung und Forschung werden Stipendien und Teilstipendien vergeben; die Stipendiaten werden anhand der Bewerbungsunterlagen von einem Komitee ausgewählt.

Mobilitätsprogramm für Auszubildende

SINDBAD,
AP Karin Lüdecke, T. 0228 98238-30, karin.luedecke@sequa.de, www.sequa.de
Europäisches Mobilitätsprogramm für Auszubildende mit der Besonderheit, dass die drei bis zwölf Wochen dauernden Praktika und Betriebsbesuche als Gruppenmaßnah-

men durchgeführt werden. Die Teilnehmer können damit Betriebe und die Arbeitswelt in einem EU-Land (oder Norwegen, Island, Liechtenstein oder der Türkei) kennenlernen. Die Finanzierung erfolgt über das LEONARDO DA VINCI-Programm der EU. Pro Teilnehmer gibt es Zuschüsse zwischen 470 und 1170 €, außerdem ggf. einen Pauschalbetrag zur sprachlichen und kulturellen Vorbereitung.
SEQUA ist für die Akquirierung der Gelder bei der Europäischen Kommission sowie für die Verwaltung zuständig.

TRANSDUAL

SEQUA,
IHK Karlsruhe, Herr Stößer, T. 0721 174 2220, josef.stoesser@karlsruhe.ihk.de
IHK Aachen, Karin Lüdecke, T. 0241 4460352, F. 0241 4460314,
angelika.ivens@aachen.ihk.de, ausbildung.international@aachen.ihk.de,
www.sequa.de
Ähnlich wie SINDBAD bietet es die Möglichkeit, Lernaufenthalte mit einer Gruppe zu finanzieren. Zielorte sind London, Paris und Madrid, Dauer drei bis 24 Wochen. Ansprechpartnerin bei SEQUA ist Karin Lüdecke, Kontaktdaten s.o. Interessenten können sich aber auch an die Auslandshandelskammer AHK Paris, die IHK Karlsruhe und die IHK Aachen wenden.

GJØR DET

InWEnt,
Team Bilaterale Programme, T. 0228 4460-1648Abt. 6.03 Internationale Berufliche
Mobilität, T. 0228 44601305, F. 0228 4460-1114, gjordet@inwent.org,
www.europa.inwent.org
Bei diesem Austausch mit Norwegen gelten die gleichen Bedingungen und Ansprechpartner wie bei BAND. Lediglich die Antragsfristen sind unterschiedlich:

- Mai bei Projekten im laufenden Kalenderjahr
- November für das Folgejahr

InWEnt arbeitet hier mit dem norwegischen Partner *Senter for internasjonalisering av høgre utdanning* (SIU) zusammen.

TRAINING BRIDGE

InWEnt gGmbH, Abt. 6.03 Internationale Berufliche Mobilität,
T. 0228 4460-1648, trainingbridge@inwent.org, www.europa.inwent.org
Austausch von Auszubildenden und Ausbildern mit Großbritannien mit der Besonderheit, dass nur außerschulische Einrichtungen der beruflichen Bildung wie Unternehmen, Betriebe, Kammern (IHKs, HWKs etc.) sowie Träger der außer- und überbetrieblichen Ausbildung (z.B. Berufsbildungswerke) antragsberechtigt sind, d.h. es können sich nicht die Auszubildenden selbst bewerben. Berufsbildende Schulen können

auch keinen eigenen Antrag stellen, wohl aber als Partner im Projekt mitarbeiten. Mithilfe des Programms sollen Brücken zwischen Betrieben und jungen Leuten beider Länder geschlagen werden. Bilaterale Netzwerke von Unternehmen und ausbildenden Institutionen werden aufgebaut, um auch längerfristig eine deutsch-britische Zusammenarbeit in der beruflichen Bildung zu gewährleisten.

Auszubildende in Deutschland und Großbritannien können damit im Rahmen eines Projekts einen drei- bis sechswöchigen Abschnitt ihrer Ausbildung im Partnerland verbringen. Zusätzlich werden Projektverantwortliche, Ausbilder und Lehrer durch Aufenthalte im Partnerland und die Teilnahme an gemeinsamen Tagungen auf die Aufgaben einer effektiven Projektbegleitung vorbereitet.

Die Antragsfristen sind:

- Dezember für das Folgejahr
- Mai für das laufende Kalenderjahr
- September für das laufende Kalenderjahr

Ausbilder, die zur Vorbereitung und Projektabstimmung die Partner in Großbritannien besuchen oder 1-2 Wochen bei ihnen hospitieren, müssen keine Antragsfristen beachten. Kernstück von TRAINING BRIDGE ist der Austausch der Auszubildenden, d. h. jeweils ein Besuch in Großbritannien und ein Gegenbesuch der britischen Auszubildenden in Deutschland.

Jährlich findet eine bilaterale Projektleitertagung in Deutschland oder Großbritannien statt, auf der Erfahrungen ausgetauscht und Projekte ausgewertet werden.

Das Programm wird vom Bundesministerium für Bildung und Forschung (BMBF) gefördert. Auf britischer Seite ist der British Council, auf deutscher InWent für die Beratung bei Planung, Organisation und Beantragung des jeweiligen Austauschprojektes zuständig, ebenso für die Prüfung und Bewilligung der Projektanträge sowie die Abrechnung der Fördermittel. In der Regel erhalten die Teilnehmer neben Zuschüssen von 75% auf die Reisekosten zusätzlich noch Tagespauschalen zu Verpflegung und Unterkunft sowie einen Pauschalbetrag zur sprachlichen Vorbereitung.

Doing Business in the English-Speaking World

IHK Aachen,
AP Ellen Lenders, T. 0241 4460-354, ellen.lenders@aachen.ihk.de,
Dr. Angelika Ivens, T. 0241 4460-352, angelika.ivens@aachen.ihk.de,
www.aachen.ihk.de/de/ausbildung/international/doing_business

Auszubildenden und jungen Berufstätigen aus dem kaufmännischen Bereich können mit diesem von der IHK Aachen individuell zusammengestellten, praxisnahen Intensivseminar an der Berufsakademie der Deutsch-Britischen Industrie- und Handelskammer ECBM in London ihre Englischkenntnisse verbessern und Zusatzzertifikate erwerben, z.B. „Kaufmann International". Ein Teil der Kosten kann durch das LEONARDO-DA-VINCI Programm gedeckt werden.

BAND

InWEnt, (GIZ)
Team Bilaterale Programme, T. 0228 4460 1648, www.inwent.org
Ähnlich wie TRAINING BRIDGE, nur dass die Kooperation hierbei mit dem niederländischen *Centrum voor innovatie van opleidingen*, kurz CINOP erfolgt.
Auch bei BAND sind die schon bei TRAINING BRIDGE genannten außerschulischen Einrichtungen der beruflichen Bildung antragberechtigt, um in deutsch-niederländischen Partnerschaften Projekte für deutsche und niederländische Auszubildende fördern zu lassen.
Auch hier werden die mit dem Projekt betrauten Ausbilder bei Reisen und Hospitationen im Partnerland mit Zuschüssen bedacht. Neben der Beratung, Planung und Organisation des Projekts gewährt InWEnt die folgende finanzielle Unterstützung: Reise- und Aufenthaltskosten der Auszubildenden, Reise- und Aufenthaltskosten der Ausbilder bzw. Begleitpersonen und sprachliche Vorbereitungen der Auszubildenden.

Antragsfristen sind

- Juni bei Projekten im laufenden Kalenderjahr
- Dezember für das Folgejahr

AHK-Zertifikat Kaufmann für Spanien

Deutsche Handelskammer für Spanien,
AP Reinhard Giese, T. +34 91 353 09 15, reinhard.giese@ahk.es
Diese Zusatzqualifikation erlangt man mit Abschluss eines dreimonatigen Praktikums in einem spanischen Betrieb, das sich an einen dreimonatigen Theorieblock in Barcelona oder Madrid anschließt. Die Theorie beinhaltet eine Einführung in die aktuelle spanische Wirtschaftspolitik, die spanische Betriebswirtschaft und die wichtigsten Rechtskenntnisse, Marketing und Kommunikationstechniken.
Zielgruppe: Bewerben können sich Auszubildende und junge Angestellte aus Berufen mit internationalem Bezug, wie Speditions-, Groß- und Außenhandels-, Industrie- und Tourismuskaufleute. Es sind Spanischkenntnisse der Sprachkompetenzstufe B2 nachzuweisen. Fragen beantwortet auch Josef Stößer von der IHK Karlsruhe, Adresse s.o.

Praxisphase im Ausland

InWEnt, (GIZ)
AP Martina Böckmann, T. 0228 4460 1807, F. 0228 4460 1482,
ba-praxisphase@inwent.org, www.inwent.org
BA-Studenten wird mit diesem Programm eine internationalere Ausrichtung ihrer Ausbildung ermöglicht. Studierende an deutschen Berufsakademien nach dem baden-württembergischen Modell aus Fachbereichen der Wirtschaft und der (angewandten) Technik werden vom Bundesministerium für Bildung und Forschung (BMBF) bei Praktika in nicht-deutschsprachigen Ländern weltweit, besonders in Asien, in Lateinamerika und in Mittel- und Osteuropa sowie der Gemeinschaft Unabhängiger Staaten

(GUS) für einen Zeitraum von acht Wochen bis sechs Monaten gefördert. Die Finanzierung erstreckt sich auf die folgenden Bereiche: Erstattung der Reisekosten, Beteiligung an Sprachkurskosten, Beteiligung an den Kosten zur Beantragung des Visums für die USA und Beteiligung an den Fahrtkosten zum Vorbereitungs- und Auswertungsseminar.

Bewerber reichen ihre Unterlagen bei ihrer BA ein, die diese dann an InWEnt weiterleitet. Die folgenden Voraussetzungen sollten erfüllt sein:

- Altersgrenze von 25 Jahren
- mindestens ein Jahr kombinierte Studien- und Praxiserfahrung
- Nachweis einer qualifizierten Praktikumsstelle im Ausland
- gute Kenntnisse der Landes- beziehungsweise Geschäftssprache;
- für Asien: gute Englischkenntnisse

Hotel- und Gastrobranche Großbritannien

Mandl Sprachkurse,
Zimmermanngasse 13, A-1090 Wien, T. +43 1 405 52 01, F. +43 1 408 28 17,
H. 0043 676 432 68 04, mandl@mandl.at, www.mandl.at
Vermittelt drei- bis viermonatige bezahlte Jobs in typisch britischen Hotels an österreichische Schüler der Tourismusschulen und der Höheren Lehranstalten für wirtschaftliche Berufe. Die Tätigkeit liegt in den Bereichen Service, Küche und teilweise Zimmer. Derzeit liegt der garantierte Mindestverdienst bei 121 GBP bzw. 150 € pro Woche bei freier Unterkunft und Verpflegung.

Gastgewerbe USA

Fachverband Hotellerie,
Wirtschaftskammer Österreich, Bundessparte Tourismus und Freizeitwirtschaft, Wiedner Hauptstr. 63, A-1045 Wien, T. +43 590 900, F. +43 590 900, http://portal.wko.at
Unterstützt bei der Bewerbung um ein zwei- bis dreimonatiges Praktikum in den USA und bei der Beschaffung des dafür benötigten J-1-Visums. Zielgruppe: österreichische Schüler oder Absolventen von Gastgewerbe- oder Tourismusausbildungsstätten im Alter von mindestens 18 Jahren.

Europäischer Handwerkeraustausch

Offene Häuser e.V.,
Goetheplatz 9 B, D-99423 Weimar, T. 03643 50 23 90, F. 03643 85 11 17,
info@openhouses.de, www.openhouses.de
Zimmerer, Maurer, Dachdecker, Tischler und Steinmetze setzen gemeinsam mit Handwerkern anderer europäischer Länder in Gruppen von sechs bis zwölf mehrere Wochen lang Baudenkmale, die sich in gemeinnütziger Trägerschaft befinden, wieder instand. Partnerländer sind derzeit Tschechien, die Slowakei, Frankreich, Spanien, Italien, Estland, Lettland und Litauen.

Praktika österreichischer Lehrlinge

IFA – Internationaler Fachkräfteaustausch,
AP Sabine Hofstätter, T. +43 1 545 16 71-23, hofstaetter@ifa.or.at, www.ifa.or.at
Organisiert dreiwöchige Gruppen-Auslandspraktika für Lehrlinge in europäischen Ländern, die zweimal im Jahr stattfinden. Die Ausschreibungen sind jeweils im Frühjahr und Herbst. Teilnehmen können mindestens sechzehnjährige Lehrlinge, die möglichst schon das zweite Lehrjahr absolviert haben. Es werden auch individuelle bzw. vom Betrieb organisierte Praktika gefördert. Die Bewerbungsunterlagen sollten enthalten:

- Motivationsschreiben (Deutsch und Englisch)
- Lebenslauf (Deutsch und Englisch)
- Kurzbeschreibung des Lehrbetriebs und des Tätigkeitsbereichs (Deutsch und Englisch)
- Kopie eines gültigen Lichtbildausweises
- Kopie des letzten Zeugnisses
- ggf. zusätzliche Zertifikate (Sprachkurse, Wettbewerbe etc.)
- Einverständniserklärung des Betriebs
- Einverständniserklärung der Erziehungsberechtigten bei Minderjährigen

let's go!

LGH, Landes-Gewerbeförderungsstelle, let's go!-Team,
Auf'm Tetelberg 7, D-40221 Düsseldorf,
T. 0211 30108-108, F. 0211 30108-500, gasche@lgh.de, www.lgh.de,
www.letsgo-netz.de, www.letsgoazubi.de
Auszubildende aus dem Handwerk werden bei dreiwöchigen Auslandspraktika in Finnland, Frankreich, Italien, Niederlande, Norwegen, Polen, Portugal, Spanien, Türkei, Island, Liechtenstein u.a. Ländern unterstützt. Die Förderung besteht aus einem Zuschuss von max. 300 € für die Vorbereitung, länderabhängigen Pauschalbeträgen (zwischen 500 und 900 €) und dem Abschluss einer Kranken-, Unfall- und Haftpflichtversicherung. Voraussetzung zur Teilnahme sind ein bestehendes Ausbildungsverhältnis mit einem Handwerksbetrieb, die Zustimmung des Ausbildungsbetriebes und der Berufsschule, und ein Mindestalter von 18 bei der Ausreise.

let's go Friedensdienst

GIZ GmbH,
T. 0211 8689-180, F. 0211 8689-181,
AP Thomas Klein, thomas.klein@giz.de,
www.juha-ez.de
Mit „Junges Handwerk in der Entwicklungszusammenarbeit" wird Auszubildenden aus Handwerksberufen in NRW ein entwicklungsbezogenes Auslandspraktikum ermöglicht.

Euregio Berufspraktikum

Regierungspräsidium Karlsruhe,
Referat 26, Grenzüberschreitende Zusammenarbeit und Europa, Markgrafenstr. 46,
D-76133 Karlsruhe, T. 0721 926-0, F. 0721 926-6211, poststelle@rpk.bwl.de,
www.euregio-zertifikat.de, AP Ingrid Thomalla, T. 0721 9367428, F. 0721 9267427,
ingrid.thomalla@rpk.bwl.de
Auszubildende oder Schüler berufsqualifizierender Vollzeitschulen, deren Ausbildungsstätte im Oberrheingebiet liegt, können ein mindestens vierwöchiges ausbildungsbezogenes Praktikum in Frankreich (Elsass) oder der Schweiz (Kantone Aargau, Basel-Landschaft, Basel-Stadt, Solothurn und Jura) absolvieren, sofern ihre Ausbildungsstätte zustimmt und die Vergütung weiter zahlt. Alternativ kann auch ein je dreiwöchiges Praktikum in beiden Ländern geleistet werden.
Ggf. ist eine zusätzliche Förderung möglich, u. U. wird ein Französischkurs vor dem Praktikum finanziert. Nach erfolgreicher Teilnahme erhalten die Auszubildenden das „Euregio-Zertifikat".

Industriekauffrau / Industriekaufmann in Paris

IHK Aachen,
AP Dr. Angelika Ivens, T. 0241 4460352, F. 0241 4460314,
angelika.ivens@aachen.ihk.de,
www.aachen.ihk.de/de/ausbildung/international/startseite.htm
Eine zweijährige dt.-frz. Ausbildung zur Industriekauffrau bzw. zum Industriekaufmann ist an der der Ecole Franco-Allemande de Commerce et d'Industrie (EFACI) in

In Paris, Arc de Triomphe (Foto: AS)

Paris möglich. Neben dem deutschen Abschluss der IHK Aachen streben die Auszubildenden den französischen Abschluss BTS Comptabilité-Gestion an. Gemäß dem deutschen dualen Ausbildungsprinzip wird die Hälfte der Ausbildung an der Schule, die andere Hälfte im Betrieb verbracht.
Bewerber sollten die allgemeine Hochschulreife oder Fachhochschulreife und gute Französisch- und Mathematikkenntnisse aufweisen. Die Ausbildung beginnt alljährlich Ende September. Man sollte sich so früh wie möglich bewerben; dazu das Bewerbungsformular herunterladen und ausgefüllt zusammen mit dem tabellarischen Lebenslauf und dem Anmeldeformular (beides auf Französisch) sowie einer Kopie des Reifezeugnisses bzw. der letzten beiden Zeugnisse und eventuell Praktikumsbescheinigungen an die IHK Aachen
schicken. Erfolgreiche Bewerber werden zu einem Vorstellungsgespräch eingeladen, das in französischer Sprache geführt wird.

Ausbildungsgänge

ProPolska

Oberstufenzentrum Bürowirtschaft und Verwaltung,
Lippstädter Str. 9 -11, D-12207 Berlin, T. 030 90172-501, F. 030 90172-509,
info@oszbueroverw.de, www.oszbueroverw.de, AP Gerhard Schnepel,
T. 030 901 72–527, propolska@oszbueroverw.de

Am Oberstufenzentrum für Bürowirtschaft und Verwaltung in Berlin (OSZ) wird seit 2002 der internationale Ausbildungsgang Kaufmann/-frau für Bürokommunikation angeboten, bei dem man Wirtschaftspolnisch als Fremdsprache Nr. 1 lernt und einen vier- bis sechsmonatigen Teil der Ausbildung im zweiten Lehrjahr in Polen verbringt. Ganz ohne Zeitverlust schließt man die Ausbildung nach drei Jahren mit einer KMK-Sprachprüfung in Wirtschaftspolnisch, der kaufmännischen Prüfung vor der Industrie- und Handelskammer und mit einer Bescheinigung im Europass ab.

Typische Praktikumsstellen in Polen sind Unternehmen, Forschungs- und Bildungsinstitute oder deutsche Tochterunternehmen, bei denen die Auszubildenden vorwiegend zu Verwaltungsarbeiten und Sachbearbeitung, Datenarchivierung und Textverarbeitung, Verkauf und Versand sowie Materialbeschaffung und Rechnungswesen herangezogen werden.

Auf polnischer Seite ist die Stadt Posen (Poznan) Dreh- und Angelpunkt, da von Berlin aus schnell erreichbar und heute eine der modernsten und wichtigsten Industrieregionen in Westpolen. Mehr als 300 deutsche Unternehmen sind hier ansässig, von Töchtern großer Firmen wie Volkswagen bis zu kleinen und mittleren Unternehmen. Zudem gewährleistet die Partnerschule des OSZ eine gute Betreuung vor Ort.

Getragen wird das deutsch-polnische Ausbildungsprojekt vom Mobilitätsprogramm Leonardo da Vinci und von der Senatsverwaltung für Inneres sowie einzelnen Bezirksämtern in Berlin.

Neu ist das Projekt „ProRossija", dank dem voraussichtlich ab 2012 Praktika in Kaliningrad möglich sind.

E-FAIT

STRATO AG, Personalabteilung,
Pascalstr. 10, D-10587 Berlin, T. 030 88615-262, F. 030 88615-263,
personal@strato.de, www.strato-ausbildung.de

Das Projekt „Europaerfahrung für Azubis in IT-Berufen" wurde vom Oberstufenzentrum für Informations- und Medizintechnik (OSZ IMT), der Deutschen Telekom, dem Ausbildungsverbund Fachinformatik Berlin (afib) und dem Institut für lebenslanges Lernen in Europa (ILE-Berlin) ins Leben gerufen. Bei STRATO werden verschiedene Ausbildungsgänge angeboten, die einen Aufenthalt im Ausland beinhalten, z.B. zwei Monate Auslandspraktikum in Irland.

ASET

ASET- Asociación Hispano-Alemana de Enseñanzas Técnicas,
Provenza 535, drcha., bajos, E-08025 Barcelona, T. +34 934462700,
F. +34 934462704, info@asetforum.com, www.asetforum.com
Das deutsche Berufsausbildungszentrum bietet in Madrid und Barcelona eine zwei-
sprachige, bikulturelle kaufmännische Berufsausbildung nach dem deutschen dualen
System an. Konkrete Ausbildungen sind: Industriekaufmann/-kauffrau, Informatik-
kaufmann/-kauffrau, Kaufmann/Kauffrau für Spedition und Logistikdienstleistung.
Die Ausbildung gliedert sich in mehrere Blöcke; darunter mehrere sechswöchige
Unterrichtseinheiten in deutscher sowie mehrere neunwöchige Praxisblöcke in spani-
scher Sprache.

Neben der zweijährigen Ausbildung ist auch eine einjährige Berufsvorbereitung
am ASET möglich, mittels derer Schüler mit deutscher mittlerer Reife den Zugang zur
kaufmännischen Berufsausbildung bei ASET erreichen. Das „Modell 10+1" genannte
Programm besteht aus einer kaufmännischen Grundausbildung und Praktika in verschiedenen Unternehmen.

Seit ein paar Jahren bietet ASET in Kooperation mit der Fachhochschule Südwestfa-
len zudem ein dreijähriges Wirtschaftsstudium an, das auf drei Arten absolviert werden kann: als ausbildungsbegleitendes Studium, als berufsbegleitendes Teilpräsenzstu-
dium für deutsche Berufstätige oder als Präsenzstudium in Barcelona.

Hotel- und Gaststättenmanagement in den Niederlanden

Arcus College,
Benzenraderweg 1, NL-6411 EC Heerlen, T. +31 455606700, info@arcuscollege.nl,
AP Jef Wallz (Lehrer), T. +31 45 545 2786, jwallz@arcuscollege.nl,
www.arcuscollege.nl
Dreijährige bilinguale Ausbildung, die die Inhalte von zwei Ausbildungsgängen, der
Ausbildung zum Koch bzw. zum Hotel- oder Restaurantfachmann, verbindet und
Kenntnisse zur Abwicklung von Führungs- und Managementaufgaben vermittelt.
Bewerber benötigen die Fachoberschulreife. Ausbildungsbeginn ist jeweils Anfang
September.

Berufsausbildung Hotel und Gastronomie in Portugal

Berufsbildungszentrum Portimão (BBZ),
Centro DUAL Portimão, Edifício Portimar 2° andar, Urbanização Alto do Quintão,
P-8500-833 Portimão / Algarve, T/F. +351 2824 84703/ 2824 27367,
AP Anabela Baptista, abaptista@dual.pt, www.hotelfachleute-portugal.com
Deutsch-Portugiesische Industrie- und Handelskammer. Bietet drei deutschsprachige
Ausbildungen in Portimão: Hotelfachmann/-frau, Koch/Köchin und Restaurantfach-
mann/-frau. Die Ausbildung dauert zweieinhalb Jahre. Bewerber sind zwischen 18
und 25 Jahre, haben den Realschulabschluss, bei Hotelfach das Abitur oder einen sehr
guten Realschulabschluss, verfügen über gute Englischkenntnisse und Auslandserfah-

rung und haben nach Möglichkeit bereits ein Praktikum in der Hotellerie oder Gastronomie abgeleistet. Neben Einschreibe- und Prüfungsgebühren ist mit monatlichen Gebühren von ca. 270 € zu rechnen, die Unterkunft und Verwaltung abdecken.
Es besteht die Möglichkeit, Berufsausbildungsbeihilfe der Bundesagentur für Arbeit zu beantragen, z.Zt. ca. 570 € pro Monat. Ferner wird das Kindergeld aus Deutschland weiter gezahlt.

Compagnons du Devoir

Association Ouvrière des Compagnons du Devoir Deutschland,
Willmanndamm 1a, D-10827 Berlin, T. 030 81828605,
deutschland@compagnons-du-devoir.com, www.compagnons-du-devoir.com
Französische Gesellenvereinigung. Ermöglicht deutschen Berufseinsteigern zwischen 18 und 25 Jahren eine in Deutschland anerkannte, zweijährige Handwerksausbildung. Um sprachlich gewappnet zu sein, besuchen die Auszubildenden zu Beginn einen einmonatigen, vom DFJW geförderten Intensivsprachkurs. Im Anschluss beginnt die Ausbildung in französischen Handwerksunternehmen, regelmäßig unterbrochen von der Schulung im Berufsbildungszentrum. Die Auszubildenden erhalten eine monatliche Vergütung von 460 bis 610 € und sind in Gastfamilien oder in Häusern der Compagnons untergebracht. Die Ausbildung beginnt i.d. Regel im Juli oder September.
Ein weiteres Angebot der Compagnons wendet sich an deutsche Handwerksgesellen bis 24 aus dem Bau- und Transportwesen, dem Metall- und Ledergewerbe und dem Nahrungsmittel- und Dekorationsbereich. Es wird zunächst ein vom DFJW geförderter einmonatiger Intensivsprachkurs im Wunschland besucht, um im Anschluss in einem Betreib für einen Zeitraum von mindestens einem Jahr zu arbeiten. Ergänzt wird die berufliche Weiterbildung durch Schulungen und Seminare. Die Unterkunft erfolgt in Handwerkerheimen der Compagnons; die Lebenshaltungs- und Aufenthaltskosten werden i.d.R. durch den vom Betrieb gezahlten Lohn gedeckt.

Als Zielland eignet sich prinzipiell jedes Land weltweit, insbesondere aber England, Frankreich, Italien, Spanien, Kanada, Österreich und Rumänien.

Kanada, Südküste (Foto: Sentha Hehn)

WEITERBILDUNG

Seminare und Projekte

Deutsch-Tschechische Sprachanimation

Deutsch-Tschechischer Jugendaustausch TANDEM,
AP Hansjürgen Karl, karl@tandem-org.de, T. 0941 585 57-20,
Lenka Hubá?ková, lenkahubackova@seznam.cz, Skype kalenavok,
T. +420 724084294,
tandem@tandem.adam.cz, www.tandem-org.de
Regelmäßige Fortbildungen im Bereich der Sprachanimation. Neben dem Sprachtraining dienen die Seminare dem Erfahrungsaustausch und der Weiterbildung interkultureller Kompetenzen. Das Konzept zur deutsch-tschechischen Sprachanimation soll auf spielerische Weise dazu ermutigen, die zu lernende Fremdsprache aktiv zu benutzen. Damit sollen Sprechhemmungen abgebaut, Ähnlichkeiten und Unterschiede in beiden Sprachen herausgearbeitet und die wichtigsten alltagssprachlichen Wendungen spielerisch eingeübt werden.

Germany meets Turkey

ICD, Institute for Cultural Diplomacy,
T. 030 2360 7680, F. 030 23607 6811, gmt@culturaldiplomacy.org,
AP Mark Donfried, T. 030 236076814, F. 030 236076811,
donfried@culturaldiplomacy.org,
Judith Christ (RBS), T. 0711 46084148, judith.christ@bosch-stiftung.de,
www.culturaldiplomacy.org, www.germanymeetsturkey.org

Das „Germany Meets Turkey - A Forum for Young Leaders"-Programm von der RBS und dem Institute for Cultural Diplomacy (ICD) ermöglicht jungen deutschen und türkischen Nachwuchsführungskräften den grenzüberschreitenden Austausch in einem gemeinsamen Netzwerk. Auch das Istanbul Policy Center (IPC) ist an dem Projekt beteiligt.

Jeweils zwölf türkische und deutsche junge Führungskräfte zwischen 28 und 38 Jahren haben in diesem berufsbegleitenden, zweijährigen Begegnungsprogramm die Möglichkeit, Kontakte zu knüpfen, gemeinsame Projekte zu verwirklichen und generell die deutsch-türkischen Beziehungen zu stärken. Höhepunkt des Programms bildet die einwöchige gemeinsame Studientour, die im einen Jahr in Deutschland, im nächsten in der Türkei stattfindet. Zielgruppe: junge Führungskräfte, die bereits seit mindestens drei Jahren im Berufsleben stehen, neuen Erfahrungen offen gegenüberstehen und ein Interesse an der deutsch-türkischen Freundschaft haben. Bewerbungsfrist jeweils im Mai.

Deutsch-Japanische Sommerschule

JDZB, Japanisch-Deutsches Zentrum Berlin,
Saargemünder Str. 2, D-14195 Berlin, T. 030 83907251, F. 030 83907220,
AP Dr. Rita Zobel (JDZB), rzobel@jdzb.de, Andrea Tischer (RBS),
T. 0711 46084187, andrea.tischer@bosch-stiftung.de, www.jdzb.de

Bis zu acht deutschen und acht japanischen Nachwuchsführungskräften steht das Young Leaders Forum als Meinungsaustausch- und Begegnungsstätte offen. Jedes Jahr findet die von der RBS in Zusammenarbeit mit dem Japanisch-Deutschen Zentrum Berlin [JDZB] eingerichtete zehntägige Sommerschule unter einem bestimmten Thema des aktuellen Zeitgeschehens statt. In den vergangenen Jahren waren das beispielsweise die Themen „East Asian Integration", „Demographic Change" und „Climate Change".

Nach einem fünftägigen Workshop mit Vorträgen und binationalen Arbeitsgruppen werden Institutionen und Unternehmen besichtigt. Die Schule findet abwechselnd in Japan und Deutschland statt, Verständigungssprache ist Englisch.

Die Teilnehmer, die von ausgewählten Institutionen und Unternehmen in Deutschland und Japan vorgeschlagen werden, weisen berufliche Erfahrungen in Politik, Medien, Gesellschaft, Wirtschaft oder Wissenschaft auf.

Deutsch-Japanischer Austausch

JDZB,
AP Nauka Miura, T. 030 839 07 194, F. 030 839 07 220, nmiura@jdzb.de,
Hitomi Makino, T. 030 839 07 193, hmakino@jdzb.de, www.jdzb.de
Führt ein Austauschprogramm für junge Berufstätige und Auszubildende administrativer, sozialer und verarbeitender Berufe durch. Teilnahmevoraussetzungen sind Grundkenntnisse in Englisch und ein Höchstalter von 30 Jahren (mindestens 18). Bei einem Vorbereitungsseminar in Berlin, einem Einführungsseminar in Tokio und Fachvorträgen und Besuchen in Firmen, Kultureinrichtungen und Behörden sollen die Teilnehmer zwei Wochen lang den Berufsalltag, die Kultur und das Leben in Japan kennen lernen. Gefördert wird das Programm vom Bundesministerium für Familien, Senioren, Frauen und Jugend; die Teilnehmer müssen einen Teil der Kosten (etwa 700 €) selber aufwenden. Bei einem Programmbeginn im Herbst liegt die Bewerbungsfrist i.d.R. Anfang des Jahres.
Außerdem fördert das JDZB in Zusammenarbeit mit dem Bundesministerium für Familien, Senioren, Frauen und Jugend ein zweites Austauschprogramm, das jungen Ehrenamtlichen der Jugendarbeit zwischen 18 und 26 Jahren ein ähnliches zweiwöchiges Programm in Tokio ermöglicht. Eigenbeteiligung der Teilnehmer: ca. 600 €.

Deutsch-Japanischen Kulturaustausch

InWEnt, (GIZ)
AP Ute Maas, T. 0228 4460-1150, F. 0228 4460-2150, ute.maas@inwent.org,
www.inwent.org
Ermöglicht in Verbindung mit dem Studienwerk für Deutsch-Japanischen Kulturaustausch in NRW e.V. japaninteressierten Berufstätigen verschiedener Fachgebiete (z.B. Handwerk, Kunst, Sport, Journalismus, Pädagogik) sowie Studierenden, die mindestens im 5. Studiensemester sind, einen vierwöchigen Aufenthalt in Japan. Nach einem dreitätigen Vorbereitungsseminar in Deutschland geht es zu einer zweiwöchigen Studienreise nach Japan, der ein zweiwöchiges Praktikum folgt. Es ist auch möglich, in Unternehmen oder Institutionen zu hospitieren.
Zielgruppe: höchstens 30 Jahre alt, aus NRW und mit Berufserfahrung. Besonderes Interesse an Japan und ein konkreter Bezug in Ausbildung, Studium oder Beruf werden vorausgesetzt. Neben guten englischen sind auch Grundkenntnisse der japanischen Sprache erwünscht.
Finanzierung über ein Stipendium; allerdings müssen Studierende und Auszubildende 400 € beisteuern, Berufstätige 1000 €.

Swiss Chinese Explorations

Pro Helvetia,
AP Angela Wettstein, T. +41 44 267 71 80, awettstein@prohelvetia.ch,
www.prohelvetia.ch/Swiss-Chinese-Explorations.849.0.html?&L=0
Kulturprogramm mit dem Ziel, die Schweiz und China auf der kulturellen Ebene näher zu bringen.

Trialog e.V.

Trialog - Netzwerk junger Ideen e.V.,
Schönhauser Allee 53, D-10437 Berlin, info@trialog-online.org, AP Martin Brand,
martin.brand@trialog-online.org, www.trialog-online.org
Der eingetragene Verein führt Projekte im Rahmen politischer Bildungsarbeit auf praktischer Ebene durch, beispielsweise Seminare, Filmprojekte, Studienkonferenzen, Exkursionen, etc. Teilnehmer kommen aus verschiedenen Ländern Mittelost- und Osteuropas sowie aus Deutschland. Im Vordergrund stehen dabei aktuelle Themen aus Politik, Umwelt und Gesellschaft mit regionalem Bezug. Auflistung aktueller Projekte im Internet.

Weiterbildungsseminare im kaufmännischen Bereich

IHK Karlsruhe,
Josef Stößer, T. 0721 174220, F. 0721 174279, josef.stoesser@karlsruhe.ihk.de
In einer gemeinsamen Kooperation bieten die IHK Aachen, die IHK Karlsruhe und die deutsch-spanische Handelskammer (AHK) in Madrid maßgeschneiderte Weiterbildungsseminare für kaufmännische Auszubildende und junge Kaufleute an. Zielgruppe: Studenten von deutschen Fachhochschulen, Auszubildende und junge Arbeitnehmer aus dem kaufmännischen Bereich. Sie lernen in einem vierwöchigen Intensivseminar Grundlagen spanischer Unternehmenskultur und verbessern gleichzeitig ihre spanischen Sprachkenntnisse. Voraussetzung zur Teilnahme sind ausreichende Spanischkenntnisse (entsprechend der europäischen Sprachkompetenzstufe B1), ggf. nachzuweisen durch das offizielle DELE-Zertifkat.
Hochschulstudenten können eine Förderung aus Mitteln des ERASMUS-Programms beantragen, Auszubildende und Arbeitnehmer haben diese Möglichkeit über das LEONARDO DA VINCI-Programm- Lebenslanges Lernen.

Czech-German Young Professionals Program

RBS,
AP Carsten Lenk, T. 0711 4608479, carsten.lenk@bosch-stiftung.de,
www.bosch-stiftung.de
Deutsche Gesellschaft für Auswärtige Politik (DGAP),
AP Dr. Jennifer Schevardo, T. 030 2542 3147, schevardo@dgap.org, www.dgap.org
Zwölf Nachwuchskräfte aus der Tschechischen Republik und Deutschland treffen sich zu vier Seminareinheiten in beiden Ländern, um Auswirkungen der europäischen Integration kennen zu lernen und zu diskutieren. Unter anderem soll mit diesen Treffen auch ein Netzwerk zukünftiger Führungskräfte aufgebaut werden.
Zielgruppe: Nachwuchskräfte, die in der Politik, der Verwaltung, in den Medien, der Wirtschaft oder im zivilgesellschaftlichen Sektor arbeiten und sich für europäische Fragestellungen interessieren. Details, auch zur Bewerbungsfrist, bei www.cgypp.eu; im Allgemeinen ist die auf Englisch abgefasste Bewerbung jedoch bis Anfang Oktober einzureichen.

ISRAEL-Programm

InWEnt, (GIZ)
AP Sandra Heidemann, T. 0228 4460-1544, Sandra.Heidemann@inwent.org,
Monika Schmidt, T. 0228 4460-1238, israel@inwent.org,
http://gc21.inwent.org/ibt/de/modules/gc21/ws-FLEXisrael/info/ibt/programm.sxhtml
Das Deutsch-Israelische Programm zur Zusammenarbeit in der Berufsbildung bietet zwei Möglichkeiten des Austausches an:

Projektteamkooperationen:

- Hierbei erhalten je fünf deutsche und israelische Experten die Möglichkeit, während zwei Jahren miteinander zu kooperieren und Pilotprojekte durchzuführen, bei denen dauerhafte Partnerschaften aufgebaut werden. Neben dem fachlichen Austausch geht es dabei vor allem um die Entwicklung gemeinsamer Produkte, z.B. Lehrmittel, Curricula oder andere Instrumente der Berufsbildung.
- Zweimal pro Jahr kommen die Experten zu bilateralen Treffen zusammen. Die Projektarbeit selbst erfolgt in den Unternehmen und Institutionen der jeweiligen Experten. Bereits abgeschlossene Projekte sind KFZ, Mechatronik und IT-Arbeit; Kooperationen zu den Themen „IT-Weiterbildung" und „Microsystemtechnik" sind in Vorbereitung.

Workshops:

Diese finden einmal pro Jahr in beiden Ländern statt und ermöglichen den teilnehmenden Berufsbildungsexperten einen intensiven fachlichen Austausch über aktuelle Entwicklungen in einem eng eingegrenzten Feld der Berufsbildung. In den letzten Jahren ging es beispielsweise um Themen wie die IT-Ausbildung oder Benachteiligtenförderung. Ein Workshop dauert in der Regel 8-10 Tage. Neben dem fachlichen Austausch besuchen die Teilnehmer Unternehmen und Berufsbildungseinrichtungen der Gastgeber.

Deutsch-französischer Zukunftsdialog

Deutsche Gesellschaft für Auswärtige Politik e.V.,
Programm Frankreich/deutsch-französische Beziehungen, „Deutsch-französischer Zukunftsdialog", Rauchstr. 17/18, D-10787 Berlin, T. 030 25423179, zukunftsdialog@dgap.org, AP Katrin Sold, T. 030 25 42 31-79, sold@dgap.org, www.dgap.org
Zwanzig hochqualifizierte Nachwuchsführungskräfte aus Deutschland und Frankreich haben mit diesem einjährigen Programmzyklus alljährlich die Chance, den bilateralen Dialog zwischen beiden Ländern neu zu beleben und grenzüberschreitende Freundschaften und Netzwerke zu knüpfen. Ferner können im Austausch mit Experten Lösungsansätze für aktuelle politische Fragen entwickelt werden. Pro Jahr finden drei Seminare statt, bei denen die Teilnehmer aktuelle politische und gesellschaftliche Fragestellungen diskutieren. Zu den Seminarthemen werden von den Teilnehmern in dt.-frz. Arbeitsgruppen „Policy Briefs" erarbeitet, die dann in Jahresbänden in beiden Ländern publiziert werden.

Zielgruppe: junge Hochschulabsolventen, Doktoranden und Berufseinsteiger aus Wirtschaft, Politik, Kultur, Verwaltung oder Technik, mit besonderen Bezug zum jeweiligen Nachbarland und vorzüglichen Kenntnissen der jeweils anderen Sprache sowie mit Interesse an den dt.-frz. Beziehungen und anderen Themen der Außen-, Europa-, Innen- oder Wirtschaftspolitik.

Gerhard-Günnewig-Stiftung

Gerhard-Günnewig-Stiftung,
Berliner Allee 48, D-40212 Düsseldorf, T. 0211 994 130, F. 0211 994 1310,
zentrale@guennewig.de, www.guennewig.de/stiftung.php
Fachkräften aus dem Hotel- und Gaststättengewerbe aus Nordrhein-Westfalen oder Sachsen wird mit diesem Stipendium von 1000 € die Gelegenheit gegeben, sich im Ausland weiterzubilden. Bewerber sollten überdurchschnittliche Leistungen in Theorie und Praxis erbringen und neben ausgezeichneten Englischkenntnissen auch die Sprache des gewünschten Ziellandes beherrschen, außerdem nicht älter als 25 Jahre sein. Anfragen mit ausreichender Vorlaufzeit.

Minerva Fellowship Program

Minerva Foundation,
Gesellschaft für die Forschung mbH,
Hofgartenstr. 8, D-80539 München, F. 089 2108-1451,
AP Sieglinde Reichardt, T. 089 2108-1242, F. 089 2108 1222, reichardt@gv.mpg.de,
Michael Nagel, T. 089 2108 1258, nagel@gv.mpg.de, www.minerva.mpg.de
Deutsche und israelische Wissenschaftler verbringen Forschungsaufenthalte im jeweils anderen Land, die von einer Woche bis zu 36 Monaten dauern. Zulassungsvoraussetzungen sind ein Hochschulabschluss (M.a., M.sc. oder Diplom) und hervorragende Leistungen. Bewerbungsschluss jeweils am 15. Januar und am 15. Juni.

Praktikum / Praktische Erfahrung

Praktika, Praktika, Praktika. Das A und O jeden Berufsanfängers. Schließlich erhält man so auf recht unverbindliche Art die Chance, in verschiedene Berufsgruppen hineinzuschnuppern, Beziehungen zu knüpfen, Traumberufe zu verwerfen oder neue zu entdecken. Praktika bringen eine gehörige Portion Realität in unsere Jobplanung. Auch spätere Arbeitgeber sehen es gerne, wenn der Lebenslauf mehr als ein Praktikum enthält.

Am besten ist natürlich ein Auslandspraktikum, bei dem mehrere Fliegen mit einer Klappe geschlagen werden: Neben den erworbenen Sprachkenntnissen, den interkulturellen Fähigkeiten und der größeren Selbstständigkeit, die man durch einen Auslandsaufenthalt erwirbt, macht man sich fit für den internationalen Arbeitsmarkt.

Während Praktika während oder direkt nach der Schulzeit meist eher der Orientierung dienen, besteht während der Studienzeit die Möglichkeit, anspruchsvollere „akademische Praktika" abzusolvieren, die das Studium um Praxiserfahrung ergänzen. Nach dem Studienabschluss sind es Berufspraktika, die berufliche Kenntnisse erweitern und Zusatzqualifikationen liefern.

Wer sich um ein Praktikum auf dem internationalen Arbeitsmarkt bewerben möchte, kann dies direkt bei den jeweiligen Firmen oder Unternehmen tun oder sich an Vermittlungsagenturen wenden. Man sollte einen Zeitraum von mindestens 6 Monaten bis zum Wunschtermin einplanen und darauf achten, dass die Bewerbung auf das jeweilige Land zugeschnitten ist. Am einfachsten sind Praktikumsuche und -bewerbung wohl über das Internet; allerdings hat derjenige mehr Chancen, der sich bereits im Land befindet und direkt vor Ort bewirbt.

Eine attraktive Variante ist die Kombination eines Praktikums mit einem Studienoder Sprachschulaufenthalt, Stichwort „Work & Study". Dieses Programm schlägt, ähnlich dem weitaus bekannteren Schwesternprogramm „Work & Travel", zwei Fliegen mit einer Klappe: neben theoretischen werden eben auch praktische Fähigkeiten erlernt.

Erfahrungsbericht – Praktikum Nairobi – Afrikas schönstes und schrecklichstes Gesicht

Ein Praktikum beim DAAD führte *Alena* eines Sommers nach Afrika.

„Drei Monate Nairobi, drei Monate Kenia lagen vor mir, als ich am 13. Juni mit ein paar Tränen in den Augen in den Flieger stieg. Kenia, das Land, über das ich noch vor kurzem Fernsehbeiträge über Unruhen und Bürgerkrieg (oder freundlicher ausgedrückt: *post-election violence*) gesehen hatte, dessen Kulturen und Sprachen ich nicht kannte und dessen Hauptstadt, umgürtet von Slums und Armutsvierteln zu den gefährlichsten dieser Welt gehört.

Trotz aller Schauermärchen: Nairobi ist im Vergleich zu vielen afrikanischen Hauptstädten fast so modern wie eine europäische Großstadt. Es gibt Kinos,

Einkaufszentren und Kaffeehäuser, in den Supermärkten kann vor allem der Brite oder der Inder finden, was sein Herz begehrt.

Doch Nairobi ist nicht nur Luxus. An meinem ersten Wochenende begleitete ich einen kenianischen Pfarrer nach Kibera, das größte Slum Afrikas. Wer als Weißer ohne Begleitung in den Slum geht, hat selbst Schuld, erklärte er mir. Vor Einbruch der Dunkelheit sei jedem geraten, so schnell wie möglich nach Hause zu gehen. Jugendliche, denen du heute noch hilfst, einen Ausbildungsplatz zu ergattern, können dich morgen schon ausrauben.

Der durchschnittliche kenianische Monatslohn liegt bei 90 €. Viele Kenianer arbeiten schwarz und nur gelegentlich. Nur die wenigsten können sich die Studiengebühren an den kenianischen Universitäten leisten – ein Grund, weshalb Stipendien wie die vom DAAD unter Studenten mehr als nur beliebt sind.

Der DAAD leistet Entwicklungszusammenarbeit im akademischen Bereich. Er ermöglicht jungen Menschen nicht nur, in ihrem eigenen Land zu studieren, sondern auch den akademischen Austausch mit Deutschland. Der kenianische Weg zu einem deutschen Stipendium ist jedoch nicht ganz leicht, treffen doch kenianisches Unverständnis für Zeit und deutsche Pünktlichkeit, kenianische Nachsichtigkeit und deutsche Pingeligkeit aufeinander.

Meine Aufgabe bestand darin, eben diese Differenzen auszubügeln, ein nicht immer ganz leichtes Unterfangen. Während der Besuchszeiten betreute ich meist den Empfangstresen und das Telefon. Der erste Kontakt mit den Kenianern verwirrte mich: Sie verstanden weder mich, noch ich sie, und so versuchte ich mit Händen und Füßen zu erklären, welche Dokumente wir bis wann von ihnen benötigten. Dinge, die in Deutschland selbstverständlich sind, werden in Kenia zur Herausforderung. Während geregelte Besuchszeiten und Abgabefristen bestimmter Formulare in Deutschland gang und gäbe sind, tun sich die Kenianer mehr als schwer damit. Klar, denn die Europäer haben die Uhr und die Afrikaner haben die Zeit! Erst in Afrika merkte ich, wie „deutsch" ich wirklich bin."

Dafür schüttelte Alena über manch umständliche Arbeitsweise den Kopf: „Einmal war es zwei Wochen lang meine Aufgabe, Bewerbungen für Stipendien in eine Excel-Tabelle einzutragen. Jede Bewerbung benötigte zwischen vier und sieben Minuten, danach musste jedes einzelne Blatt der Bewerbung nummeriert und diese dann schließlich nach Universitäten sortiert auf Stapel gelegt werden. Vor Eintippen der Bewerbungsliste mussten die Dokumente die richtige Reihenfolge haben, musste das Passfoto des Bewerbers vorn rechts auf die Seite geklebt und die Bewerbung auf Vollständigkeit geprüft werden. Eine Bewerbung, von ihrem Vollständigkeitscheck bis zur richtigen Sortierung, nahm etwa 12 Minuten in Anspruch. Zum Glück war ich nicht allein in diesem Kampf, mein kenianischer Kollege stand mir zur Seite. Allerdings ordnete er etwa 20 Bewerbungen innerhalb von fünf Stunden, weswegen ich inständig hoffte, dass er noch andere Aufgaben erledigen und nicht wirklich die ganze Zeit für so einen ästhetischen Quatsch verschwenden würde ..."

Dass sie noch nach der deutschen Uhr tickte, merkte Alena, als sie sich mit kenianischen Freunden zu bestimmten Uhrzeiten verabredete, was sich als unmöglich herausstellte. „Meiner ersten Verabredung mit einer Bekannten verdankte ich drei einsame Stunden in einem Café. „Ich bin in einer Minute da", erklärte sie mir jedes Mal, wenn ich sie auf dem Handy anrief. Genauigkeit und Ungeduld sind hier fehl am Platz, und wer sich nicht ständig ärgern möchte, passt sich besser an."

Ein Dorn im Auge war Alena dagegen die Dreistigkeit mancher Kenianer, die in ihr den zu schröpfenden Touristen sahen: „Wenn du jemanden nach dem Weg fragst, sollst du ihm z.B., bevor er dir die womöglich noch falsche Info erteilt, „Weggeld" geben. Die Sehenswürdigkeiten sind für Weiße auch unglaublich teuer, und alle verlangen Dollar statt Schilling. Für einen anderthalbtägigen Ausflug in den Nationalpark Nakuru lautete der erste Kostenvoranschlag: 300 Dollar. Pro Person. – Geiz ist geil, und ich finde es unglaublich von den Kenianern, zu glauben, dass die Landeswährung jedes Weißen wie selbstverständlich der Dollar sei, mit dem er also zahlen könne. Meine (deutsche) Kollegin erklärte mir, dass ich als Weiße in Afrika nicht denken möge, dass alles billig und erschwinglich sei. Als ich meinte, dass ich in Europa für 300 Dollar schon eine Woche Urlaub auf Malle machen könnte oder meine Miete für einen ganzen Monat und zwei Wochen Essen zahlen könnte, erklärte sie mir, wir hätten ja auch ein anderes System. Ob ich den Kenianern nur weniger Geld geben würde, weil ich dächte, in Afrika müsse sowieso alles billig sein, und die müssten das ja so gewöhnt sein? Sie verstand nicht, dass die Unverhältnismäßigkeit des Preises gegenüber der gelieferten Ware einfach nur frech und dreist war und dass ich keineswegs die Rassistin war, sondern der Mann, der dachte, ich hätte als deutsche Studentin 300 Euro übrig, um mich in den 60 km entfernten Flamingopark fahren zu lassen. Unglaublich, wie reich dieser Mann nach nur 30 Stunden mit sechs Deutschen geworden wäre. 1800 Dollar, das Eineinhalbfache von dem, was unsere Maid Mary, die hier jeden Tag knapp 12 Stunden kocht, putzt, schrubbt und wäscht, im Jahr verdient, wenn nicht sogar das Doppelte!"

Insgesamt lebte Alena sich aber schnell ein und stimmte sich auf den kenianischen Rhythmus ein. „Nach wenigen Wochen machte einem selbst stundenlanges Warten in einem leeren Bus, der erst losfuhr, wenn er voll war, nichts mehr aus. Während ich anfangs noch um Punkt 9 Uhr im Büro ankam und oft noch längere Zeit vor verschlossenen Türen warten musste, bis die ersten Kollegen eintrudelten, ertappte ich mich am Ende dabei, wie ich immer später und später kam. In Afrika hat jeder Zeit.

So hatte auch ich neben meinem Praktikum Zeit, andere Teile des Landes zu erkunden. Gestresst vom schmutzig-versmogten und ohrenbetäubend lauten Nairobi zog es mich in die vielen Nationalparks, zum Viktoriasee und an Kenias Traumstrände an der Ostküste. Ein Blick in den ostafrikanischen Grabenbruch eröffnet unendliche Weiten, die Wiege der Menschheit, Krater sprießen aus der Erde und am Horizont liegt – noch – verschneit der Kilimandscharo. Saftig grüne Teeplantagen und ein letztes Stück Regenwald, salzige Wüstenregionen, von Flamingoscharen rosa gefärbte Seen, Zebras, Affen und Giraffen in freier Wildbahn, tiefe Schluchten und kilometerhohe Berge: Kenia kann jeden Tag ein neues Gesicht offenbaren. Auch eines, das Angst macht.

Vor meinem Aufenthalt hatte ich unzählige Zeitungsartikel und Berichte über den Klimawandel und seine Folgen gelesen und gesehen. Trockene Gebiete trocknen mehr und mehr aus, das Trinkwasser wird knapp, und es wird die Ärmsten der Armen treffen. Voraussagen, die ich unzählige Male gehört hatte und von denen ich niemals glaubte, sie je mitzuerleben. Doch: In Kenia ist es bereits soweit. Kenia gilt zur Zeit als das wasserärmste Land der Welt, selbst Wüstenländer schlägt es um Längen. Das wenige Wasser kann die vielen Wasserkraftwerke, durch die Energie und damit Strom gewonnen wird, nicht mehr antreiben. Seit Mitte Juli gibt es deswegen Energiesparmaßnahmen. In einem Land, in dem Tausende Menschen in Armut leben, herrscht nun Trinkwassermangel, drei Mal die Woche müssen die Menschen nun auch auf Strom verzichten. Tatsächlich trifft dies nicht die Reichen, die in mit Generatoren versorgten Gebäuden leben und arbeiten und sich ihr Trinkwasser im Supermarkt in Flaschen kaufen – es trifft Menschen, die ihren Lebensunterhalt in winzigen Friseursalons oder Restaurants verdienen, die nun bestimmte Dienste nur noch an vier Tagen in der Woche anbieten können. Ein Friseursalon ohne Fön, ein Restaurant ohne Kühlschrank?

Auch in unserem Büro gab es weiterhin Strom, für unsere neuen Computer und Laptops, für unseren Kühlschrank und unsere Kaffeemaschine. Zu Hause wurden auf dem Hof trotz Wasserknappheit Autos gewaschen, und die Kinder planschten auch weiterhin in unserem zur Apartmentanlage gehörenden Pool, während die Menschen sich irgendwo in den Slums um den letzten noch funktionierenden Wasserhahn drängten.

Mein Praktikum in Kenia gab mir die Möglichkeit, eine fremde Kultur in all ihren Facetten kennen und lieben zu lernen. Kenia ist ein Land, das Afrikas schönstes und schrecklichstes Gesicht offenbart, mit Menschen, die trotz größter Armut ihr letztes Hemd mit dir teilen und Menschen, die dir, aus größter Armut heraus, dein letztes Hemd stehlen. Wer jedoch mit offenen Augen durch Stadt und Land geht, lernt nicht nur etwas über die anderen, sondern vor allem auch über sich selbst."

Spezielle Praktika

Auswärtiges Amt, Akademie Auswärtiger Dienstag,
Werderscher Markt 1, D-10117 Berlin,
T. 030 5000 2132 2682, F. 030 5000 52132 2682, www.auswaertiges-amt.de
Sechs- bis achtwöchige unvergütete Praktika an einer deutschen Auslandsvertretung für Studierende mit erfolgreich abgeschlossenen Grundstudium. Dem Online-Bewerbungsformular sind die folgenden Unterlagen beizufügen: tabellarischer Lebenslauf, Abiturzeugnis, Nachweise über bisherige Studienleistungen und Nachweise über die im Bewerbungsbogen angeführten Tätigkeiten und Kenntnisse.

Eurodyssée

F+U International Academy,
Hauptstr. 1, D-69117 Heidelberg, AP Herr Wieland, T. 06221 912013, F. 06221
23452, wieland@fuu.de, Herr Rippel, T. 06221 912035, rippel@fuu.de, www.fuu.de,
www.fuu-heidelberg-languages.com
Praktikantenprogramm für junge Fachkräfte zwischen 18 und 30 Jahren aus diversen
Branchen in Baden-Württemberg. In drei bis sieben Monaten besuchen die Teilnehmer
zunächst einen einmonatigen Sprachkurs und leisten dann ein Praktikum in einer der
dreißig Partnerregionen im europäischen Ausland ab. Die vom baden-württembergische Wirtschaftsministerium beauftragte International Academy der F+U gGmbH in
Heidelberg wählt die Teilnehmer aus und betreut sie im Vorfeld; die Partnerorganisation in der Zielregion kümmert sich um Unterkunft, Sprachkurs und Vermittlung in
einen passenden Praktikumsbetrieb.

Voraussetzungen:

- Angesprochen sind junge Fachleute mit abgeschlossener Berufsausbildung (z.B.
kaufmännische bzw. Handwerksberufe, etc.) mit guten Abschlüssen und mind.
Grundkenntnissen der Sprache des Ziellandes. Die Bewerber müssen seit mindestens drei Jahren ihren Wohnsitz in Baden-Württemberg haben.
- Vor Ausreise findet ein Wochenendseminar zu Information, Orientierung und Vorauswahl der Bewerber statt. Die Reisekosten zum Wochenendseminar in Heidelberg sowie ins Zielland werden von den Bewerbern selber getragen. Die Gastregion
kommt für den Sprachkurs, das dort angebotene Kulturprogramm und die Unterkunft auf. Ferner erhalten die Praktikanten ein Stipendium von mehreren hundert
Euro (je nach Region), das für die einfachen Lebenshaltungskosten ausreicht. Es ist
eine eigene internationale Krankenversicherung abzuschließen, außerdem müssen
Bewerber bei guter Gesundheit sein. Haftpflicht- und Krankenrückholversicherung
werden über EURODYSSEE abgeschlossen.
- Bewerbungen mit Lebenslauf (Europass-Form) und Zeugniskopien sowie mit
Angaben zu Zielregion, zu möglichen Arbeitsfeldern, zum gewünschten Ausreisetermin etc. sind ganzjährig an F+U möglich. Einladungen zu Vorbereitungsseminaren erfolgen spätestens vier Wochen vor dem möglichen Ausreisetermin.

Dr. Helmut Kraft-Stiftung

InWEnt, (GIZ)
AP Ute Maas, T. 0228 4460 1150, F. 0228 4460 2150, ute.maas@inwent.org,
stiftungen@inwent.org, www.inwent.org
Mit diesem Programm erhalten besonders qualifizierte Studierende an Berufsakademien sowie herausragend qualifizierte junge Berufstätige nach ihrer nicht-akademi-
schen Ausbildung die Möglichkeit, internationale Praxiserfahrung und beruflich
weiterbildende Maßnahmen im nicht-deutschsprachigen Ausland zu sammeln. BA-
Studenten sollten zum Zeitpunkt der Bewerbung mindestens ein Jahr kombinierte Stu-
dien- und Praxiserfahrung mit überdurchschnittlichen Leistungen haben, um an dem

World of XChange

Mit World of XChange weltweit Praktika, Sprachkurse und Work & Travel Programme absolvieren.

Juliane Jantzen (General Client Manager), Langenfelder Str. 45 22769 Hamburg, Telefon: 040 27 88 08 31 oder über E-Mail: juliane@world-of-xchange.com

World of XChange zählt inzwischen zu den größten und erfolgreichsten Vermittlungsagenturen in Deutschland, Österreich und der Schweiz.

Gegründet 1997 von Hubertus von Treuenfels, hat das Unternehmen seitdem Tausende von Auslandsaufenthalten erfolgreich organisiert. Der Ablauf ist dabei einfach und schnell.

Interessierte Kunden schauen sich im Internet die Datenbank mit über 3000 Angebotsanzeigen für Praktika an und bewerben sich direkt um Stellen oder ganze Fachbereiche online. Die Bewerbungsunterlagen werden bearbeitet und vom Hamburger Büro an das Partnerbüro im jeweiligen Land weitergeleitet.

Das Hamburger Team steht bei Fragen und Problemen von Montag bis Freitag unter 040/27880831 und info@world-of-XChange.com zur Verfügung.

Auch bei Flügen, Versicherungen, Sprachkursen oder Unterkünften ist World of XChange behilflich. Dieses Unternehmen setzt im Gegensatz zu den meisten Mitbewerbern nicht auf Pauschalangebote, sondern auf das sogenannte Bausteinprinzip. So kann der Kunde viele Leistungen (die meisten Infos natürlich kostenlos) in Anspruch nehmen, ist aber zu nichts verpflichtet. Bei erfolgreicher Vermittlung fällt eine Gebühr je nach Land und Dauer des Praktikums an. Gebühren beginnen bei € 390. Kommt es innerhalb von 12 Wochen nach Anmeldung nicht zur Vermittlung des gewünschten Praktikums, kann der Kunde von dem Vermittlungsauftrag kostenlos zurücktreten.

Durchschnittlich 6 Wochen dauert es, bis die Bewerber ihren Praktikumsvertrag in den Händen halten. Vertragspartner ist zumeist ein Unternehmen, über das sich der Interessent schon vorher in der Datenbank auf der Internetseite ein Bild machen konnte und welches von dem Vermittlungsagenten vor Ort kontrolliert worden ist. Mit Hilfe der Stellenbeschreibungen auf der Internetseite sollen die Bewerber einen Eindruck von den Aufgaben bekommen, die auf sie zukommen.

Alle weiteren Schritte werden dann mit den XChange-Mitarbeitern sowie dem jeweiligen Partnerbüro besprochen. Auch vor Ort sind die Praktikanten nicht allein. Das Partnerbüro steht ihnen weiterhin mit Rat und Tat zur Seite und während der ersten Tage im neuen Land. So werden sie vom Flughafen abgeholt, zur Unterkunft gebracht, wo die meisten mit anderen Praktikanten aus aller Welt zusammenleben, am ersten Tag zur Praktikumsstelle begleitet, und natürlich ist am Wochenende auch ein Programm geplant ...

Weitere Dienstleistungen, die auf www.world-of-xchange.com gebucht werden können, sind Work & Travel Programme, Sprachkurse, High School Exchange, University Exchange und vieles mehr.

Qualität in Freiwilligendiensten

Quifd – Agentur für Qualität in Freiwilligendiensten im fjs e.V.
Marchlewskistr. 27
10243 Berlin
Tel.: (030) 290 492 16
kontakt@quifd.de, www.quifd.de

Qualität in Freiwilligendiensten

Quifd – Agentur für Qualität in Freiwilligendiensten unterstützt und fördert die Qualitätsentwicklung von Einsatzstellen, Träger- und Entsendeorganisationen von Freiwilligendiensten.

Quifd hat dazu Handbücher mit Qualitätsstandards für Freiwilligendienste entwickelt und vergibt für die nachgewiesene Einhaltung der Standards das Quifd-Qualitätssiegel.

Die Qualitätsstandards von Quifd beziehen sich u. a. auf die Öffentlichkeitsarbeit, umfassende Information zu den Angeboten, das Auswahlverfahren, die organisatorischen Rahmenbedingungen sowie die fachliche Anleitung und persönliche Begleitung der Freiwilligen. Im internationalen Bereich wird außerdem nach der Zusammenarbeit mit den ausländischen Partnerorganisationen gefragt.

Quifd kann für verschiedene Freiwilligendienste (FSJ, FÖJ, Europäischer Freiwilligendienst, weltwärts) genutzt werden, und trägt zu einer größeren Transparenz und Vergleichbarkeit von Angeboten in diesem Feld bei.

Übersicht der zertifizierten Organisationen und weitergehende Informationen zu Quifd:
www.quifd.de

für sie acht- bis zwölfwöchigen Programm teilnehmen zu können. Nicht-Akademiker haben eine Ausbildung im naturwissenschaftlichen-technischen und kaufmännischen Bereich abgeschlossen und maximal ein Jahr Berufserfahrung. Für sie dauert das Programm sieben bis zwölf Monate. Bewerber beider Gruppen dürfen maximal 27 Jahre alt sein und müssen zum Zeitpunkt der Bewerbung bereits einen Praktikumsplatz haben. Die Auswahl erfolgt in einem Gespräch bei Inwent in Bonn.

Bewerbung bis spätestens drei Monate vor dem geplanten Ausreisetermin. Wer in die USA, nach Japan, Brasilien, Australien, Neuseeland oder Kanada möchte, sollte wegen der Antragsfristen für Arbeits- und Aufenthaltsgenehmigung 6 Monate Vorlaufzeit einplanen.

Die Stipendiaten erhalten einen monatlichen Betrag von bis zu 410 € (evtl. Vergütung beim Praktikum wird angerechnet) und Zuschüsse zu den Reisekosten in Höhe von 75 Prozent (maximal jedoch 620 €).

Baden-Württemberg-Stipendium

Baden-Württembergischer Handwerkstag e.V.,
Heilbronner Str. 43, D-70191 Stuttgart, T. 0711 263709-0, F. 0711 263709-100,
info@handwerk-bw.de, www.handwerk-bw.de, AP Christina Stier,
T. 0711 263709-154, F. 0711 263709-254, beruf@bw-stipendium.de, AP Nina André,
T. 0711 263709-154, nandre@handwerk-bw.de, www.bw-stipendium.de
Handwerker aus dem südwestdeutschen Bundesland erhalten bei zwei- bis sechsmonatigen Praktika oder zwei- bis elfmonatigen Weiterbildungen im Ausland eine monatliche Unterstützung von 800 bis 900 € sowie bei Bedarf einen Zuschuss zu einem Sprachkurs von bis zu 500 €. Je nach Art und Höhe werden Studiengebühren und Kosten für Weiterbildungskurse ggf. ebenfalls bezuschusst. Praktikum oder Weiterbildung müssen dabei in direktem Bezug zum erlernten Beruf stehen.
Zielgruppe: Gesellen und Facharbeiter, die ihre Berufsausbildung mit überdurchschnittlichen Leistungen absolviert haben und sonstige Referenzen vorweisen können (beispielsweise die erfolgreiche Teilnahme an einem Berufswettbewerb), ferner Absolventen von Meister- und Technikerschulen mit gutem Abschluss. Der BWHT hat Kontakte zu Partnerorganisationen und Betrieben im Ausland (England, Australien, Neuseeland) und unterstützt den Bewerber bei Bedarf in der Praktikumsvermittlung. Die Stipendien werden viermal pro Jahr vergeben; Stichtage sind der 31.3., 30.6., 30.9. und 31.12.

Arbeitsaufenthalte Mexiko

InWEnt, (GIZ)
AP Bianca May, T. 0228 4460 1408, bianca.may@inwent.org, www. inwent.org
Das zwölfmonatige Programm zum Kennenlernen der mexikanischen Arbeitswelt steht Fachkräften offen, die aus der Umweltpolitik, dem Schutz und der nachhaltigen Nutzung natürlicher Ressourcen/ Erneuerbare Energien sowie aus den Bereichen Wirtschaft/Tourismus, Ingenieurwesen und angewandte Technik, (Tropen-)Medizin, Architektur und Städteplanung, Land- und Forstwirtschaft, Archäologie und Museums-

wesen, Regionalwissenschaften, Soziologie und Ethnologie kommen. Bewerber sind zwischen 21 und 35 und weisen gute Spanischkenntnisse sowie Berufserfahrung auf. Nach einem Einführungsseminar in Bonn und einem Spanischkurs in Mexiko beginnen die Teilnehmer ein selbst gesuchtes, individuelles Praktikum in mexikanischen Firmen oder Institutionen.

Der mexikanische Partner Consejo Nacional de Ciencia y Tecnología (CONACYT) gewährt ein monatliches Teilstipendium von ca. 7.757 Pesos pro Monat; die Teilnehmer sollten Eigenmittel von ca. 4.000 € aufwenden. Bewerbungsschluß 15. Mai bei einer Ausreise im Oktober.

Arbeitsaufenthalte Brasilien

Ähnlich dem oben vorgestellten Programm bietet InWEnt jungen Nachwuchsführungskräften zwischen 21 und 35 die Möglichkeit, praktische Arbeitserfahrung in Brasilien zu sammeln. Dies geschieht durch drei- bis zwölfmonatige Praktika, die sich die Teilnehmer mit Unterstützung der brasilianischen Partneragentur selbst suchen. Bewerber müssen einen staatlich anerkannten Abschluss aus den Bereichen Wirtschaftswissenschaften, Ingenieurwesen, Umweltschutz und Informatik, Design, Journalismus, Hotel- und Gaststättengewerbe aufweisen, die deutsche Staatsbürgerschaft besitzen und gute portugiesische Sprachkenntnisse besitzen. Ggf. werden Stipendien vergeben; es ist aber je nach Praktikumslänge mit ca. 9000 € für Sprachkurs, Reise- und Lebenshaltungskosten zu rechnen, die aus Eigenmitteln bestritten werden müssen. Ansprechpartnerin ist Bianca May, Kontaktdaten s.o.

Parlamentarisches Patenschafts-Programm für junge Berufstätige (PPP)

InWEnt, (GIZ)
AP Jutta Böhme, T. 0228 4460-1172, F. 0228 4460-1222, Katharina Jacobsen,
T. 0228 4460-1339, F. 0228 4460-1222, usappp@giz.de, www.giz.de
Bei diesem bilateralen, deutsch-amerikanischen Jugendaustauschprogramm übernehmen Mitglieder des Amerikanischen Kongresses die Patenschaft über jeweils einen jungen Berufstätigen bis 24 Jahren, der einen einjährigen Auslandsaufenthalt in den USA plant. Bewerben kann sich, wer seine Lehre oder Ausbildung bis zum Zeitpunkt der Ausreise abgeschlossen hat. Ideale Kandidaten kommen aus dem handwerklichen, technischen und kaufmännischen Bereich oder sind junge Landwirte und Winzer (diese sollten die Ausbildung zumindest begonnen haben). Nicht teilnahmeberechtigt sind Auszubildende aus dem medizinischen und kosmetischen Bereich oder Studierende generell. Bzgl. der Altersgrenze gibt es eine Sonderregelung für diejenigen, die das Freiwillige Soziale Jahr oder den Wehr- bzw. Ersatzdienst abgeleistet haben; der jeweilige Zeitraum wirkt „verjüngend", wird also vom Alter abgezogen. Bis zur Ausreise sollten Wehr- oder Ersatzdienst auch abgeleistet sein.

Ferner benötigen Bewerber zumindest solide Grundkenntnisse des Englischen, und sie sollten willens sein, zu einem Auswahltagung in Bonn oder Berlin auf eigene

Kosten anzureisen. Zuletzt muss der Bewerber seine gesundheitliche Eignung durch ein ärztliches Attest nachweisen.

Die Programmkosten werden vom Deutschen Bundestag und Amerikanischen Kongress getragen. Allerdings wird von jedem Teilnehmer ein gewisses Maß an Engagement und Eigeninitiative erwartet. Das bedeutet, daß der Teilnehmer für die Dauer Programmaufenthaltes über ausreichende Eigenmittel verfügen muss, mit denen er Taschengeld und sonstige Lebenshaltungskosten bestreitet, wenn diese nicht aus Mitteln des Programms abgedeckt werden. Empfohlen werden mindestens 4.000 €, also durchschnittlich 350 € für jeden Monat. Um auf Nummer Sicher zu gehen, empfiehlt es sich, zusätzliche 1000 € für unvorhersehbare Kosten (z.B. Dollarschwankungen, Ausflüge und Urlaubsreisen, Autoreparatur) zu veranschlagen. Bei Bedarf wird u.U. ein zinsgünstiges Darlehen in Höhe von 1.500 € gewährt.

Die Inwent gGmbH ist mit der Durchführung des Programms beauftragt, also zuständig für Beratung, Auswahl und Vor- und Nachbereitung der Teilnehmer in Deutschland zuständig. Mit der Organisation, Durchführung und Betreuung in den USA ist dagegen CDS Int. betraut.

Bewerbungsunterlagen jeweils bis Anfang September bei InWEnt Abt. 6.01 / PPP angefordert, Bewerbungsschluss Mitte oder Ende September.

Zum Programmablauf: Im Oktober oder November findet dann die Auswahltagung statt, und die Zu- und Absagen werden üblicherweise im Februar erteilt. Im März ist der TOEFL-Test abzulegen, und im April und Mai finden in regionalen Gruppen achttägige Vorbereitungsseminare statt. Die Ausreise nach New York erfolgt dann im August. In NYC findet dann zunächst ein Orientierungsseminar mit CDS International statt, bevor die Teilnehmer zu ihrem jeweiligen Platzierungsort weiterreisen. Dort folgt dann zunächst bis Dezember die Studienzeit an Community Colleges, Junior Colleges, Technical Schools und anderen Bildungseinrichtungen. Die Teilnehmer besuchen berufsbezogene Kurse und arbeiten mindestens 20 Stunden pro Woche in gemeinnützigen Projekten der Gemeinde mit. Im Januar beginnt dann ein berufsbezogenes Praktikum in einem amerikanischen Unternehmen. Im Juli geht es zu einem Abschlussseminar nach Washington und danach zurück nach Deutschland. Ein Schlusspunkt wird im Herbst mit einem zweitägigen Nachbereitungsseminar in Deutschland gesetzt.

Austauschprogramm wissenschaftliche Volontäre

HDG,
AP Ursula Overath, T. 0228 9165 117, F. 0228 9165 302, overath@hdg.de,
www.hdg.de
Volontäre an Museen, die einen Universitäts- oder vergleichbaren Abschluss aufweisen, Kenntnisse der französischen Sprache haben und bis 35 Jahre alt sind, erhalten im Rahmen des Leonardo da Vinci-Programms der EU in Kooperation mit dem DFJW eine Reisekosten- und Sprachkurspauschale sowie Stipendien für einen Arbeitsaufenthalt in Frankreich und Belgien.

Nachwuchsförderung

GIZ,
AP Tanja Teichgräber, T. 0228 2434-374, Tanja.Teichgraeber@giz.de, www.giz.de
Berufsanfänger sowie Fach- und Hochschulabsolventen absolvieren einen einjährigen Aufenthalt in einem der Partnerländer. Dem bis zu zwölfmonatigen Auslandseinsatz geht ein einmonatiger Inlandsteil mit Vorbereitung in Bad Honnef voraus. Bei der Vorbereitung im Inland werden 340 €, im Auslandseinsatz dann 770 € pro Monat gezahlt, außerdem werden die Kosten für Unfall-, Haftpflicht-, Kranken- und Pflegeversicherung sowie den Hin- und Rückflug übernommen. Offene Stellen sind im Internet ausgeschrieben.

Anforderungen:

- Interesse an entwicklungspolitischen Fragestellungen und Aufgaben
- Wunsch, sich beruflich in der Entwicklungszusammenarbeit zu engagieren
- abgeschlossene Berufsausbildung oder abgeschlossenes Studium in einem für den DED relevanten Berufsfeld für Entwicklungshelfer
- gute Kenntnisse in mindestens einer europäischen Fremdsprache
- Höchstalter 28 zum Zeitpunkt der Bewerbung
- Tropentauglichkeit

Fachkräfte im Ausland

Centrum für internationale Migration und Entwicklung (CIM),
Mendelssohnstr. 75-77, D-60325 Frankfurt am Main, T. 069 719121-0,
F. 069 719121-19, cim@giz.de, www.cimonline.de
Die Arbeitsgemeinschaft der GIZ und der Zentralen Auslands- und Fachvermittlung der Bundesagentur für Arbeit (BA) vermittelt weltweit Fachkräfte. Neben Experten mit langjähriger Berufserfahrung haben auch „Young Professionals", Nachwuchsfachkräfte, die Chance auf einen Auslandseinsatz in verantwortungsvoller Position. CIM stockt das lokale Gehalt der Integrierten Fachkräfte auf ein marktübliches Niveau auf, beteiligt sich an den Beiträgen zur deutschen Sozialversicherung, und übernimmt Reise- und Transportkosten bei der Aus- und Rückreise, sofern der Arbeitgeber nicht zahlt, außerdem die Reisekosten für Heimreisen innerhalb eines mehrjährigen Auslandseinsatzes. Zudem bereitet CIM die Fachkräfte mit Seminaren, Workshops und Sprachkursen auf ihren Einsatz vor.
Wer an dem Programm „Integrierte Fachkräfte" teilnehmen möchte, sollte die folgenden Voraussetzungen erfüllen:

- abgeschlossene Berufsausbildung oder Hochschulabschluss und mindestens drei Jahre Berufserfahrung (Young Professionals auch weniger)
- fundierte Fach- und gute Sprachkenntnisse in der Verkehrssprache des künftigen Einsatzlandes
- Einfühlungsvermögen in andere Kulturen und Arbeitsweisen und hohe interkulturelle Kompetenz

● Bereitschaft und Fähigkeit, Wissen weiterzugeben
● Staatsangehörigkeit eines Mitgliedslandes der Europäischen Union

Eine Suchmaschine mit aktuellen Stellenangeboten findet sich auf der Website von CIM.

Praktika Gartenbau und Landwirtschaft

InWEnt, (GIZ)
AP Gabriele Kohlisch, T. 0228 44601212, gabriele.kohlisch@inwent.org,
www.inwent.org
Berufstätige und Studierende der o.g. Branchen können dank Teilstipendien (aber auch Eigenmittel erforderlich!) ein sechs- bis achtzehnmonatiges berufsbezogenes Praktikum in den USA absolvieren, mit der Möglichkeit, in diesem Zeitraum ein dreimonatiges Teilstudium oder Seminarangebot wahrzunehmen. Bewerber sind höchstens 30 Jahre alt und weisen eine abgeschlossene Berufsausbildung bzw. ein abgeschlossenes Grundstudium sowie Berufspraxis auf. Voraussetzung: gute Englischkenntnisse. Den Stipendiaten wird der (bezahlte) Praktikumsplatz vermittelt. Um Arbeits- und Aufenthaltsgenehmigung kümmert sich InWEnt.

Internationaler Gärtneraustausch

Stiftung Internationaler Gärtneraustausch,
Biozentrum Klein Flottbek und Botanischer Garten,
Ohnhorststr. 18, D-22609 Hamburg, AP Dr. Poppendieck, T. 040 42816258,
hans-helmut.poppendieck@web.de, www.gaertneraustausch.de
Ins Leben gerufen wurde die Stiftung vor über zwanzig Jahren von Loki Schmidt. Der Austausch ermöglicht es Gärtnern Botanischer Gärten, zur fachlichen Weiterbildung Erfahrung im Ausland zu sammeln. Dazu gehören ein Kennenlernen von Pflanzen an ihren natürlichen Standorten sowie der Austausch von Kenntnissen über die Kultur seltener, bedrohter oder schwer kultivierbarer Pflanzen. Ferner wird das gegenseitige Verständnis für die Naturschutzproblematik, Sprache, Lebensweise und Kultur in den Partnerländern gefördert. Interessenten bewerben sich bis zum 15. Oktober bei einem Projekt im kommenden Jahr. Der jeweilige Botanische Garten muss den Gärtner für die Zeit des Austausches frei stellen. Die (formlose) Bewerbung beinhaltet idealerweise die folgenden Punkte:

● gärtnerisches Ziel der Reise (z.B. Ausbau einer bestimmten Spezialsammlung, Kennenlernen der Wachstumsbedingungen von Pflanzen am Wildstandort, etc.)
● Details des geplanten Austausches: welcher Botanischen Garten, welches Land, etwaiger bereits bestehender Kontakt, ggf. geplanter Gegenbesuch eines Gärtners von dort
● Informationen über die Bewerber
● geplanter Zeitraum
● geschätzte Reisekosten

In der Regel übernimmt die Stiftung Reisekosten und Versicherungen; vereinzelt auch Tagegelder.

Ein gesondertes Stipendium wurde kürzlich für Junggärtner ins Leben gerufen. Jedes Jahr erhält ein ausgewählter Junggärtner, der seine Ausbildung an einem Botanischen Garten beendet hat, ein Stipendium in Höhe von 500 €. Bewerbungsschluss ist ebenfalls jeweils der 15. Oktober.

Weiterbildung Gärtner

Longwood Garden,
Education Division, P.O. Box 501, 409 Conservatory Rd., Kennett Square,
PA 19348-0502, USA, T. +1 610 388 5401, EDU-Studies@longwoodgardens.org,
www.longwoodgardens.org/InternationalGardenerTrainingProgram_1_3_4_3_1.html
Mit dem „International Gardener Training Program" wird Studierenden und jungen Berufstätigen aus den Bereichen Gartenbau und Landwirtschaft die Möglichkeit gegeben, ein einjähriges vergütetes Praktikum in den USA abzusolvieren und außerdem an Feldstudien und Vorträgen teilzunehmen.. Anforderungen: gute Englischkenntnisse und Berufserfahrung, internationaler Führerschein, Alter über 18 Jahre. Praktikumsbeginn zweimal jährlich: im Februar (Bewerbungsschluss 1. September) und im September (Bewerbungsschluss 1. März).

Praktikum Agrarbereich

Schorlemer Stiftung des DBV e.V., „Internationaler Praktikantenaustausch",
In der Wehrhecke 1c, D-53125 Bonn, T. 0228 92657-21/22/23,
F. 0228 92657-15, dbv-praktika-international@bauernverband.net,
www.bauernverband.de
Fördert junge Berufstätige und Studierende aus dem Agrarbereich, die drei- bis zwölfmonatige berufsbezogene Praktika in Betrieben der Landwirtschaft und des Garten- und Weinbaus absolvieren. Die Praktika sind in Australien, Europa, Japan, Kanada, Neuseeland, in der Russischen Föderation, in den USA und anderen Ländern möglich.

Bewerber sind zwischen 18 und 30 und verfügen über gute Englischkenntnisse. Ferner ist entweder eine bestandene Praktikantenprüfung in Landwirtschaft oder Gartenbau, ein Berufsabschluss in der Land-, Forst-, Haus- oder Pferdewirtschaft bzw. im Garten- oder Weinbau oder ein Abschluss von mind. vier Semestern Studium im Agrarbereich (Uni oder FH) und mind. sechs Monate relevante Praxiserfahrung nachzuweisen.

Die Bewerbung ist frühzeitig, spätestens jedoch vier Monate vor gewünschter Ausreise, einzureichen, Anmeldeformulare sind telefonisch oder per Post oder E-Mail anzufordern.

Neben einer den Vorgaben des Gastlands angepassten Vergütung erhalten die Programmteilnehmer i.d. Regel freie Unterbringung und Verpflegung von Seiten der Gastbetriebe. Zusätzlich kann auf Antrag ein Pauschalzuschuss aus Mitteln des Bundesministeriums für Ernährung, Landwirtschaft und Verbraucherschutz (BMELV) gewährt werden, der einen Großteil der Programmgebühren abdeckt.

Praktikum im Botanischen Garten

Chicago Botanic Garden, Human Resources – Internship,
1000 Lake Cook Rd., USA-IL 60022 Glencoe, T. +1 8478355440, F. +1 8478351635,
www.chicagobotanic.org/internship
Mehrmonatige, bezahlte und unbezahlte Praktika, die auch internationalen Studierenden und Absolventen der Fachrichtungen Gartenbau, Biologie und Lehramt offenstehen. Neben der Arbeit werden den Praktikanten Seminare, Workshops und Feldstudien geboten.

Praktikantenprogramm Kanada

Deutsch-Kanadische Gesellschaft,
wsp@dkg-online.de, www.dkg-online.de
Unterstützt deutsche Studierenden und Auszubildende bis 35 Jahren bei der Beschaffung der Arbeitsgenehmigung behilflich, sofern bereits ein Praktikumsplatz vorliegt. Anmeldung über die Webseite.
Wie man seinen „Working Holiday Aufenthalt in Kanada selbst organisiert, verrät „Working Holiday Kanada, Jobs, Praktika, Austausch", bei www.interconnections.de, Shop, > Jobs, Praktika …

SWAP Kanada

Supertramp Study & Travel,
T. +43 1 533 51 37, F. +43 1 533 18 33 85, AP Helga Tazreiter,
travel@supertramp.at, www.supertramp.at/sprachreisen/work_abroad/swap_canada
Austauschprogramm für österreichische Studierende und Absolventen (bis ein Jahr nach dem Abschluss) zwischen 18 und 30, denen eine Aufenthalts- und Arbeitsgenehmigung für Kanada vermittelt wird.

Career Training für Studierende, Absolventen und Berufsanfänger (CTS)

InWEnt,
Nina Stellmach, T. 0228 44601231, F. 0228 44601222,
nina.stellmach@inwent.org, www.inwent.org

Mit diesem Programm erhalten Studierende, Absolventen und Berufsanfänger die Möglichkeit einer berufspraktischen Fortbildung in den USA für zwei bis zwölf Monate. Teilnehmen können Studierende aller Universitäten, Technischen Universitäten, Fachhochschulen, Privathochschulen und Berufsakademien sowie Berufsanfänger (mit Berufsausbildung) und Absolventen mit weniger als 12 Monaten Berufserfahrung nach dem Abschluss. Die Altersgrenze liegt bei 32 Jahren, und Bewerber müssen bereits einen Praktikumsplatz in den USA gefunden haben. Nach der erfolgreichen Teilnahme an einem Telefoninterview legen die InWent in Bonn und ihre amerikanische Partnerorganisation CDS International dem Teilnehmer und seinem amerikanischen Arbeitgeber einen Trainingsplan vor, der von letzterem auszufüllen und an CDS zurückzuschicken ist. Während der Zeit in den USA wird der Praktikant von CDS betreut; zu Beginn gibt es auch ein Orientierungsseminar in New York, Washington oder San Francisco. Es kommen einige Kosten auf den Bewerber zu: neben der Teilnahmegebühr von derzeit 550 € sind Lebenshaltungskosten in den USA von monatlich ca. 1250 US$ zu veranschlagen (in Großstädten um die 1500 US$). Zudem monatliche Krankenversicherungskosten von 40 US$, eine Visa-Bearbeitungsgebühr von ca. 100 US$ und eine SEVIS-Gebühr von z. Zt. 180 US$ für zusätzliche Sicherheitsmaßnahmen beim Besuch des US-Konsulats oder der Botschaft. Zusätzlich sind auch die Flug- und sonstige Reisekosten vom Teilnehmer selber zu tragen. Das Programm wird auch für Berufstätige mit mehr als zwölf Monaten Berufserfahrung angeboten; einziger Unterschied ist hier, dass das Praktikum bis 18 Monate dauern kann. Die Bewerbung geht an die Abt. 6.01-Amerika / CTS bei InWEnt.

CrossCulture-Programm

IFA, Institut für Auslandsbeziehungen,
crossculture@ifa.de, AP Dr. Manuela Höglmeier, T. 0711 2225-143,
hoeglmeier@ifa.de, www.ifa.de

Entsendet junge Berufstätige aus Deutschland und der islamischen Welt in das jeweils andere Land, um interkulturelle Erfahrung zu sammeln und ihr theoretisches und praktisches Wissen in einem bis zu dreimonatigen Praktikum zu vertiefen. Mögliche Einsatzgebiete sind: Wissensgesellschaft & Bildung, Rechtsdialog, Justiz & Menschenrechte, Wirtschaft & Umwelt, Internationale Politik & politische Bildung sowie Medien. Den Programmteilnehmern werden die Reise- und Aufenthaltskosten (Visum, Flug, Krankenversicherung, Unterkunft und monatliches Stipendium) gezahlt.

Bewerber sollten gute Sprachkenntnisse in Englisch vorweisen und in einer Organisation oder Institution im Heimatland arbeiten, bei der interkulturelle Fähigkeiten gefragt sind. Die Praktika werden Anfang des Jahres ausgeschrieben. Bewerbungsende normalerweise im März.

Sprachkurs und Praktikum in Italien, Großbritannien und Spanien

Verein für Internationale Mobilität e.V.,
Westliche 104, D-75172 Pforzheim, AP Michael Oschatz,
T. 07231 1400 39,F. 0721 1513 43879, info@vimob.de, www.vimob.de
Bietet im Rahmen des EU-Programms „Lebenslanges Lernen" gemeinsam mit dem
Stadtjugendring Pforzheim Berufstätigen oder Arbeitssuchenden in Handwerks- und
IHK-Berufen die Möglichkeit, einen einmonatigen Sprachkurs und anschließend ein
zweimonatiges Praktikum in Italien (Vicenza/ Veneto), Großbritannien (Totnes) oder
Spanien (Baskenland) abzusolvieren.
Zielgruppe: Mindestalter 18 Jahre, Wohnsitz in Deutschland, abgeschlossene Berufs-
ausbildung und möglichst auch Arbeitserfahrung. An Eigenbeteiligung sind je nach
Land und Leistung ca. 350 € vorgesehen. Während der Teilnehmer einen Zuschuss zu
den Reisekosten zu tragen hat, werden ihm folgende Leistungen gewährt:

- Fahrtkostenzuschuss für An- und Rückreise
- Intensivsprachkurs
- Unterkunft im Doppelzimmer
- Organisation des Praktikumbetriebs
- Betreuung während der Programmdauer
- Kranken-, Unfall- und Haftpflichtversicherung

Praktika Schweiz

Ch Stiftung,
AP Isabelle Füllemann, T. +41 32 625 26 86, i.fuellemann@echanges.ch,
www.ch-go.ch/programme/piaget/mobilitaet-offenestellen
Arbeitslosen Schweizer Studien- und Lehrabgängern wird mit dem Programm „Offene
Stellen" (Premier Emploi/Primo Impiego) ein Praktikum in einem anderssprachigen
Teil der Schweiz ermöglicht. Dabei wird an vier Tagen die Woche in einem Betrieb
gearbeitet, am fünften Tag ein Sprachkurs absolviert. Bewerber benötigen eine abgeschlossene Berufs- oder Hochschulausbildung und ein gültiges Abschlusszeugnis,
müssen in der Schweiz arbeitslos gemeldet sein und Anspruch auf Taggeldentschädi-
gung haben. Ferner dürfen sie keine oder nur geringe Berufserfahrung haben. Es werden solide Grundkenntnisse der Sprache der Region erwartet, in der das Praktikum
absolviert wird. Neben dem Taggeld erhalten die Praktikanten Reisespesen, Verpfle-
gungsspesen, einen monatlichen Zuschuss zu den Kosten der Unterkunft sowie die
Kosten für den Sprachkurs.

Berufspraktika österreichische Facharbeiter

IFA, Internationaler Fachkräfte Austausch,
AP Sabine Hofstätter, T. +43 1 545 16 71-23, hofstaetter@ifa.or.at, www.ifa.or.at
Facharbeiter erhalten über das europäische Programm für lebenslanges Lernen, Leo-
nardo da Vinci, einen Zuschuss zu den Reise-, Versicherungs- und Aufenthaltskosten,

wenn sie ein mindestens zweiwöchiges Berufspraktikum im europäischen Ausland absolvieren. Wer bereits am Programm teilgenommen hat oder sein Praktikum in einem Land machen möchte, das nicht am Austausch teilnimmt, kann Fördermittel des österreichischen Bundesministeriums für Wirtschaft, Familie und Jugend beantragen. Die Bewerbung sollte ein Motivationsschreiben und den Lebenslauf auf Deutsch und Englisch enthalten, ferner die Kopie eines gültigen Lichtbildausweises und des letzten Zeugnisses sowie ggf. zusätzliche Zertifikate (Sprachkurse, Wettbewerbe etc.).

EFTA-Traineeship

EFTA
9-11 rue de Varembé, CH-1211 Geneva 20, T. +41 22 332 26 26, F. +41 22 332 26 77,
mail.gva@efta.int, mail.bxl@efta.int, http://secretariat.efta.int
Neben Isländern und Norwegern haben auch Liechtensteiner und Schweizer die Chance, sechsmonatige bezahlte Praktika in den EFTA-Sitzen in Genf, Brüssel und Luxemburg abzuleisten. Ausschlaggebend ist die schriftliche Onlinebewerbung, es findet kein Vorstellungsgespräch statt. Bewerber müssen aus einem der EFTA-Länder kommen und über 21 sein. Ein Universitätsabschluss, Arbeitserfahrung im öffentlichen Dienst und gute bis sehr gute Fremdsprachenkenntnisse (Englisch und möglichst auch Französisch) erhöhen die Chancen.

Praktikumsförderung

Bayer-Stiftungen,
Corporate Office, Foundation & Donations Management, D-51368 Leverkusen,
T. 0214-30-41111, www.bayer-stiftungen.de
Mit der Hermann-Strenger-Stiftung zur Förderung internationaler Berufserfahrung sollen jungen Berufstätigen bis 30 mit abgeschlossener nicht-akademischer Berufsausbildung erste Arbeitserfahrungen im Ausland ermöglicht werden. Angesprochen sind vor allem Interessenten aus technischen Berufen, Berufen mit naturwissenschaftlichem Bezug und aus dem Gesundheitswesen sowie kaufmännischen Berufen. Erwartet werden gute Sprachkenntnisse; trotzdem ist ggf. ein Monat Sprachkurs vor Beginn des drei- bis sechsmonatigen Praktikums möglich. Gefördert werden in erster Linie Bewerber mit einem Jahr und weniger Berufserfahrung. Es handelt sich jedoch nur um Teilstipendien und ggf. Darlehen; Eigenmittel sind also erforderlich.

Stagiaires

Bundesamt für Migration, Sektion Auswanderung und Stagiaires,
Quellenweg 6, 3003 Bern-Wabern, T. +41 31 322 42 02,
swiss.emigration@bfm.admin.ch, www.swissemigration.ch
Mit 30 Staaten hat die Schweiz so genannte Stagiaires-Abkommen geschlossen, um jungen Berufsanfängern die Erweiterung ihrer beruflichen und sprachlichen Kenntnisse im Ausland zu ermöglichen. Bewerber müssen eine abgeschlossene Berufsausbildung von mindestens 2 Jahren vorweisen und sind höchstens 35, bzw. für Austra-

lien, Neuseeland und Russland höchstens 30 Jahre alt. Bei vorhandenen Berufsprakti-
ka werden den Stagiaires Aufenthalts- und Arbeitsbewilligungen für bis zu achtzehn
Monaten erteilt. Ein viersprachiger SKASA-Prospekt Stagiaires-Austausch mit der
Schweiz befindet sich o.g. Homepage. Das BFM kann u.U. bei der Stellensuche
Unterstützung gewähren.

Japanprogramm für Schweizer Wirtschaftsstudenten

SJCC, Swiss-Japanese Chamber of Commerce,
Kappelergasse 15, P.O. Box 2400, CH-8022 Zürich 1, info@sjcc.ch, AP Paul Dudler,
T. +41 617030945, F. +41 443810946, pdudler@intergga.ch, www.sjcc.ch
Schweizer Studierenden und Nachwuchskräften wird mittels des Stipendienfonds der
Wirtschaftskammer Schweiz-Japan (SJCC) eine einjährige Weiterbildung in Japan
ermöglicht. In einem dreimonatigen Intensiv-Sprachkurs sollen zunächst Sprachkenntnisse vertieft werden, um sich anschließend in einem sechs- bis neunmonatigen, wirtschaftlich ausgerichteten Praktikum mit der japanischen Lebens- und Arbeitsweise
vertraut zu machen.

Praktika in Asien

InWEnt, (GIZ)
AP Monika Gaber, T. 0228 44601293, F. 0228 44602293,
heinznixdorfprogramm@inwent.org, www.inwent.org
Mit dem Heinz Nixdorf Programm sammeln junge deutsche Nachwuchsführungskräfte bis 30 Jahre zur Förderung der Asien-Pazifik-Erfahrung sechs Monate lang Arbeitserfahrung bei einem berufsbezogenen Praktikum in asiatischen Ländern wie China,
Indien, Indonesien, Japan, Malaysia, Südkorea, Taiwan und Vietnam. Bewerber haben
einen betriebswirtschaftlichen, ingenieurwissenschaftlichen oder kombinierten Studienabschluss bzw. stehen kurz davor. Gefördert werden bis zu zwei Monate Sprachunterricht vor der Abreise und bis zu zwei Monate davon im Ausland; außerdem gibt
es, je nach Praktikumsentgelt, monatliche Stipendien zwischen 950 (Japan) und 200 €
(Indien).
Bewerbungsfrist: jeweils der 30. November.

Auf geht's! A je to!

TANDEM,
AP Lucie Matyášová, T. 0941 58557-15, F. 094158557-22,
matyasova@tandem-org.de, Milada Vlachová, T. 0941 58557-14,
vlachova@tandem-org.de, www.tandem-org.de
Das deutsch-tschechische Austauschprogramm zwischen Regensburg und Pilsen wird
von den Koordinierungszentren TANDEM organisiert und vom Bundesministerium
für Bildung und Forschung (BMBF) aus Mitteln des Europäischen Sozialfonds (ESF)
und dem Deutsch-tschechischen Zukunftsfonds finanziert. Mit dem Programm „Freiwillige Berufliche Praktika" haben Auszubildende und Berufsschüler, Berufsanfänger

im Anschluss an eine Ausbildung sowie junge Beschäftigte zwischen 16 und 26 Jahren die Möglichkeit, ein mehrwöchiges Praktikum in einem Betrieb ihrer Branche in Tschechien zu absolvieren. Schüler an Gymnasien, Studenten oder Absolventen von Universitäten oder Fachhochschulen sind von dem Programm ausgeschlossen.

Der Aufenthalt dauert bis zu 12 Wochen, mindestens sind jedoch 21 Tage für das Praktikum vorgesehen.

Aus den Fördermitteln des Deutsch-Tschechischen Zukunftsfonds werden einerseits folgende Leistungen gezahlt:

- pauschalisierter Zuschuss zu Unterbringung und Verpflegung
- ÖPNV-Zuschuss, bei der Förderung über ZuFo, wenn vorher beantragt
- Kranken-, Unfall- und Haftpflichtversicherung
- Sprachanimation
- einmalige Kostenpauschale

Durch Fördermittel des EU-Programms Leonardo da Vinci werden andererseits folgende Kosten übernommen:

- Aufenthaltsstipendium inkl. Fahrtkosten und Versicherung
- einmalige Kostenpauschale
- Sprachanimation und interkulturelle Einführung

Deutsch-Amerikanisches Praktikantenprogramm

InWEnt, (GIZ)
AP Barbara Vogt-Seeliger, T. 0228 4460 1233, barbara.vogt-seeliger@inwent.org,
www.inwent.org
Junge Berufstätige bis 35 Jahren, die die deutsche Staatsangehörigkeit besitzen und vorzugsweise aus kaufmännischen oder technischen Berufen kommen oder Architekten, Designer und Journalisten sind, leisten im Rahmen des Programms ein zwei- bis zwölfmonatiges berufsbezogenes Praktikum in den USA ab. Für Bewerber mit guten Englischkenntnissen, abgeschlossener Ausbildung oder Studium sowie mindestens zwölf Monate Berufserfahrung.
Alternativ sollte weniger als ein Jahr zwischen Abschluss und Praktikumsbeginn liegen. Bei unbezahlten Praktika stehen Teilstipendien von bis zu 3000 € zur Verfügung. Ferner wird ein Reisekostenzuschuss bis 700 € gezahlt. Bewerbungen rund ums Jahr, sollten aber spätestens zwei bis drei Monate vor geplantem Praktikumsbeginn vorliegen.

Internationaler Fachkräfteaustausch der Otto Benecke-Stiftung

Otto Benecke Stiftung e.V.,
Kennedyallee 105–107, D-53175 Bonn, T. 0228 8163-0, F. 0228 8163-200, AP Peter
Rummel, peter.rummel@obs-ev.de, www.obs-ev.de/projekte/fachkraefteaustausch
Junge Fachkräfte kurz vor oder nach dem Ende ihres Studiums der Sozialpädagogik

oder verwandter Studienfächer, Doktoranden und Praktiker haben die Möglichkeit, als Juniorexperten auf ehrenamtlicher Basis einen bis vier Monate in ausgewählten Einrichtungen der Jugendarbeit, freien kommunalen und staatlichen Strukturen der Jugendarbeit oder in Jugendorganisationen der Partnerländer mit zu arbeiten. Diese sind: Bulgarien, Estland, Kasachstan, Lettland, Litauen, Mongolei, Palästina, Polen, Rumänien, Russland, Ungarn und Weißrussland. Die Stiftung übernimmt Reisekosten und ein kleines Taschengeld, Unterkunft und Verpflegung werden vom Partner vor Ort gestellt. Für alle Bewerber mit praktischer Erfahrung in der Jugendarbeit, konzeptionelle und kommunikative Fähigkeiten, die Fähigkeit zu selbstständigem Handeln, Teamfähigkeit und Belastbarkei sowie idealerweise Kenntnissen der jeweiligen Landessprache.

Jugendarbeit in Tschechien

TANDEM,
AP Juliane Niklas, T. 0941 5855 719, F. 0941 5855 722, niklas@tandem-org.de,
www.tandem-org.de/seite_425.html
Das Hospitationsprogramm „Voneinander lernen / U'it se navzájem" richtet sich an ehren- oder hauptamtlicher Mitarbeiter der Jugendarbeit in Deutschland und Tschechien, die Einrichtungen der Jugendarbeit im Nachbarland besichtigen möchten. Gefördert werden Besuche von einer Woche bis zu drei Monaten. Bei der Mitarbeit vor Ort werden fachliche und interkulturelle Kompetenzen durch das Kennenlernen der Methoden der Jugendarbeit des Partnerlandes weiterentwickelt.

Angesprochen sind Mitarbeiter der Jugendarbeit in Deutschland, ehrenamtliche und hauptamtliche Jugendgruppenleiter in Verbänden oder Jugendeinrichtungen und Multiplikatoren zwischen 18 und 35 Jahren. Es können sich auch Interessenten ohne Kenntnisse der tschechischen Sprache bewerben, da der betreuende Mitarbeiter der tschechischen Einrichtung normalerweise Englisch oder Deutsch spricht.
Reisekosten werden nicht erstattet; dafür erhält der Hospitant aber ein monatliches Taschengeld. Unterkunft und Verpflegung werden vom gastgebenden Träger gestellt.

Jugend- und Behindertenarbeit in Russland

Deutsch-Russischer Austausch e.V.,
Badstr. 44, D-13357 Berlin, T. 030 446680-0, F. 030 44668010, info@austausch.org,
AP Holger Löbell, T. 030 446680-27, holger.loebell@austausch.org,
www.austausch.org
Im Rahmen des Hospitationsprojekts mit Udmurtien haben abwechselnd sechs Fachkräfte der Jugend- und Behindertenhilfe aus der udmurtischen Hauptstadt Ischewsk sowie aus Deutschland die Gelegenheit, eine dreimonatige Hospitation bei verschiedenen Trägern der Jugend- und Behindertenhilfe im Partnerland abzuleisten. Das Programm wird über die Hamburger DRJA aus den Mitteln des KJP des Bundes gefördert.

Kinder- und Jugendarbeit in den USA

AGJ – Arbeitsgemeinschaft für Kinder- und Jugendhilfe,
Mühlendamm 3, D-10178 Berlin, AP Renate Wisbar, T. 030 4004 0223,
renate.wisbar@agj.de, www.agj.de
Das Fortbildungsprogramm Council of International Programs, kurz CIP, ermöglicht
es jährlich zehn haupt- und ehrenamtlichen Fachkräften der Kinder- und Jugendarbeit,
sich vier Monate lang in den USA weiterzubilden. Zum Programm gehören ein zweitägiges Vorbereitungsseminar in Deutschland, ein einwöchiges Orientierungspro-
gramm in den USA sowie der Besuch von akademischen Kursen (evtl. an einer Universität). Die Bewerbungsunterlagen sind in doppelter Ausfertigung bis zum 15.
November eines Jahres bei der AGJ einzureichen; Formulare auf der Webseite zum
Download. Während jeder Teilnehmer sich mit einem Betrag von 255 € beteiligt,
deckt das Stipendium des Bundesministeriums für Familie, Senioren, Frauen und
Jugend die restlichen Kosten ab, also die der Hin- und Rückreise und Programmgebühren. Unterkunft und Verpflegung erfolgt in amerikanischen Gastfamilien.

Austausch österreichischer Ausbilder

IFA – Internationaler Fachkräfteaustausch,
AP Sabine Hofstätter, T. +43 1 545 16 71-23, hofstaetter@ifa.or.at, www.ifa.or.at
Fördert den Erfahrungsaustausch von Ausbildern im europäischen Ausland, die
Betriebe, Schulen und andere Ausbildungseinrichtungen sowie öffentliche und private
Einrichtungen der beruflichen Bildung besuchen. Zielgruppe: Lehrlingsausbilder in
Betrieben, Personalverantwortliche, Lehrer in berufsbildenden Schulen sowie Berufs-
bildungsexperten und Schulaufsichtsbeamten.

Die Bewerbungsunterlagen enthalten:

- Motivationsschreiben (Deutsch und Englisch)
- Lebenslauf (Deutsch und Englisch)
- Kurzbeschreibung der beruflichen Tätigkeit und der Möglichkeit, die erworbenen
- Auslandserfahrungen weiterzugeben
- Kopie eines gültigen Lichtbildausweises

Hospitationsprogramm Philanthropie

EFC, European Foundation Centre,
51, rue de la Concorde, 1050 Brussels, Belgium, T. +32 2 512 8938,
F. +32 2 512 3265, capacity-building@efc.be, www.efc.be/projects/ifp
Aufstrebenden Führungskräften gemeinnütziger Organisationen in Europa werden mit
dem „International Fellowship Programme for Learning and Exchange in Philanthro-
py", kurz IFP, Hospitationen in anderen europäischen Institutionen ermöglicht. Zielgruppe: europäische Hochschulabsolventen mit mindestens drei Jahren Berufserfahrung, die seit mindestens zwei Jahren in ihrer Heimatinstitution arbeiten und dort eine
berufliche Perspektive haben. Die Heimatinstitution muss sich bereit erklären, für eine

begrenzte Zeit (drei bis sechs, in Ausnahmefällen acht Wochen) auf ihren Mitarbeiter zu verzichten, sein Gehalt aber weiter zu zahlen.

In der Bewerbung sind bis zu drei Schwerpunktthemen für eine Hospitation zu definieren, zum Beispiel Antragsmanagement, Öffentlichkeitsarbeit, Finanzmanagement, Evaluation oder Lobby- und Kampagnenarbeit. Erwartet werden Kenntnisse der in der Gastinstitution verwendeten Arbeitssprache, außerdem Englischkenntnisse. Die Höhe der Förderung schwankt; maximal werden die Reisekosten und die Unterbringungskosten übernommen; zudem erhalten die Hospitanten ein Tagegeld während des Arbeitsaufenthaltes.

Hospitationsprogramm Pflege und Gesundheit

G-plus – Zentrum im internationalen Gesundheitswesen,
Internationales Hospitationsprogramm, Pflege und Gesundheit, Alfred-Herrhausen-
Str. 44, D-58455 Witten, AP Nina Kolbe, T. 02302 926-390, F. 02302 926-395,
g-plus@uni-wh.de, kontakt@g-plus.org, www.g-plus.org
Unter dem Motto „Blick über den Tellerrand" können sich Leitungskräfte aus Gesundheits- und Pflegeberufen mittels ein- bis dreimonatigen Auslandshospitationen weiterbilden. Von der RBS gibt es Zuschüsse zu Reise- und Aufenthaltskosten, außerdem Unterstützung in organisatorischen Fragen, einen intensiven Vor- und Nachbereitungskurs und die Einsicht in ein weltweites Netzwerk von Einrichtungen im Gesundheitswesen. Die Organisation des Hospitationsprogramms obliegt dem Zentrum G-plus der Forschungsgesellschaft der Universität Witten/Herdecke.

Zielgruppe: Fachkräfte und Lehrkräfte der Gesundheitsberufe, z.B. Physio- und Ergotherapeuten, Logopäden oder Diabetesberater. Nicht für Ärzte und Angehörige von Assistenzberufen (zum Beispiel Arzthelfer).

Zulassungsvoraussetzungen sind neben dem qualifizierten Berufsabschluss und Weiterbildung eine Stellung in Leitungsfunktion oder Projektverantwortung in einer Einrichtung des Gesundheitswesens in Deutschland sowie Kenntnisse in Englisch bzw. in der Landessprache des gewünschten Ziellandes. Der Arbeitgeber muss der Bewerbung zustimmen. Diese kann jeweils zum Ende eines Quartals beim Institut G-plus eingereicht werden, die nötigen Unterlagen finden sich auf www.g-plus.org. Ein Fachgremium wählt die Teilnehmer jeweils im ersten Monat des auf das Abgabedatum der Bewerbung folgenden Vierteljahrs.

Demenz – Internationales Studien-und Fortbildungsprogramm

G-plus,
AP Nina Kolbe, T. 02302 926-390, F. 02302 926-395, g-plus@uni-wh.de,
kontakt@g-plus.org, www.g-plus.org
Pflegefachkräfte, Ärzte, Sozialarbeiter, Pädagogen, Architekten, Ingenieure und weitere Berufsgruppen, die Menschen mit Demenz begegnen, erhalten Zuschüsse zu Bildungsgebühren, Reise- und Aufenthaltskosten bei Bildungsmaßnahmen im Ausland. Dabei kann es sich um ein- oder mehrwöchige Arbeits- und Studienaufenthalte, berufsbegleitende Seminare zum Thema Demenz, ein- bis mehrwöchige Hospita-

tionen in modellhaften Einrichtungen sowie Fern- und Präsenzstudiengänge zu Demenz an Universitäten und Hochschulen handeln. Die Unterstützung erstreckt sich dagegen nicht auf Studien- und Forschungsaufenthalte im Bereich der biomedizinischen Grundlagenforschung. Studien- oder Seminargebühren werden vollständig übernommen, Reise- und Aufenthaltskosten bis zu 75 Prozent. Zudem erhalten Programmteilnehmer Unterstützung bei der Suche nach einem geeigneten Hospitations- bzw. Studienplatz im Gastland sowie Beratung bei inhaltlichen und reiseorganisatorischen Fragen und Problemen. Das Programm beinhaltet Vorbereitungs- und Nachbereitungsseminare, und die Teilnehmer werden in das programmbegleitende Stipendiatennetzwerk eingebunden.

Harkness Fellowship in Health Care Policy

RBS,
AP Brigitte Stähle, T. 0711 46084 53, brigitte.staehle@bosch-stiftung.de,
www.bosch-stiftung.de, www.commonwealthfund.org/fellowships
Alljährlich wird ein Stipendium an einen deutschen Mitarbeiter des Gesundheitswesens vergeben, der im Rahmen eines Aufenthalts in den USA in einer wissenschaftlichen Studie einer Fragestellung aus dem Gesundheits- und Pflegebereich nachgeht, mit dem Ziel, Wissen für die Praxis zu generieren und einen Betrag zur Verbesserung der Versorgungsqualität zu leisten.

Das Stipendium deckt die Kosten für den Hin- und Rückflug in die Vereinigten Staaten, ein monatliches Lebenshaltungsstipendium, die Übernahme von Steuern und Gebühren und von Reise- und Veranstaltungskosten, die in den USA entstehen. Bewerber müssen fließend Englisch sprechen und ihre Eignung in der Bewerbung deutlich machen. Näheres zu Ausschreibung, wichtigen Daten etc. bei www.commonwealthfund.org/Fellowships/Harkness-Fellowships.aspx.

Beruflicher Austausch mit Russland

DRJA
AP Gerhard Behrens, T. 040 878867916, gerhard.behrens@stiftung-drja.de,
www.stiftung-drja.de/foerderung/beruflicher-austausch/
Es gibt (noch) kein eigenständiges Fördersegment für den beruflichen Austausch an der Stiftung Deutsch Russischer Jugendaustausch. Es bestehen jedoch Möglichkeiten, verschiedene Austauschprojekte aus den bereits bestehenden Förderbereichen auch im beruflichen Bereich zu fördern.

Nachwuchskräfte

Bellevue-Programm,
AP Christian Hänel, T. 0711 4608 4975, F. 0711 4608 410975,
christian.haenel@bosch-stiftung.de, www.bosch-stiftung.de/bellevue
Zwecks des Aufbaus von Arbeitsbeziehungen über Ländergrenzen hinweg erhalten alljährlich Nachwuchsführungskräfte aus den obersten Staatsbehörden von sieben EU-

Mitgliedsstaaten ein Stipendium, das einen zwölfmonatigen Arbeitsaufenthalt in einem der Partnerländer ermöglicht.

Beginn des Programms ist jeweils Ende September; den Auftakt bildet ein Einführungsseminar. Bei geringen Sprachkenntnissen verbringen die Stipendiaten Oktober bis Dezember im Gastland, ansonsten geht es im Januar weiter. Ein volles Jahr, bis Dezember also, arbeiten die Stipendiaten dann in der Gastbehörde. Weiterbildende Seminare, die das ganze Jahr über stattfinden, runden die Auslandserfahrung ab.

Am Programm kann nur teilnehmen, wessen Arbeitgeber zustimmt und das Programm als Chance und Personalentwicklungsmaßnahme sieht. Die Stipendiaten müssen nämlich, bei unverändertem Vertragsverhältnis, für bis zu 15 Monate freigestellt werden und erhalten dementsprechend weiterhin das volle Gehalt. Die Stiftung steuert den Rest zur Deckung der auslandsbedingten Mehrausgaben bei und zahlt zudem Umzugskosten, Sprachunterricht und die im Zusammenhang mit Seminaren und sonstigen Pflichtveranstaltungen entstehenden Reise-, Unterkunfts- und Verpflegungskosten.

Bewerber sind Beamte mit mehrjähriger Berufserfahrung in der öffentlichen Verwaltung, die bereits erste Führungsverantwortung übernommen haben oder sich auf eine Führungsposition vorbereiten. Zudem sind die folgenden Voraussetzungen zu erfüllen:

● Höchstalter von 42 Jahren
● mindestens sechsjährige Berufserfahrung nach Studienabschluss
● mindestens vierjährige Tätigkeit als Referent in obersten Bundesbehörden
● erste Führungserfahrung bzw. Aussicht auf Übernahme von Führungsverantwortung
● ausgezeichnete akademische Qualifikation (Masterabschluss o. Ä.)
● Auslandsaufenthalte während Studium bzw. Berufstätigkeit
● Ausgezeichnete Englischkenntnisse
● gute Grundkenntnisse der Sprache des Gastlands
● sehr gute Allgemeinbildung und Kenntnisse der nationalen sowie der internationalen Politik und Wirtschaft
● ausgeprägtes Interesse an der politischen Entwicklung Europas
● Verhandlungsgeschick
● Teamfähigkeit
● Eigeninitiative und ausgeprägte Leistungsbereitschaft
● hervorragendes schriftliches Ausdrucksvermögen
● Fähigkeit und Bereitschaft, sich in kurzer Zeit in unterschiedliche Themen einzuarbeiten
● Fähigkeit und Bereitschaft, interdisziplinär in referatsübergreifenden Arbeitsgruppen zu arbeiten

Bewerbung bis April. Näheres zur aktuellen Ausschreibung sowie das Bewerbungsformular bei www.bosch-stiftung.de/content/language1/html/975.asp.

Erasmus für Jungunternehmer

Unterstützungsbüro „Erasmus für Jungunternehmer",
c/o EUROCHAMBRES, Avenue des Arts, 19 A/D, B-1000 Brüssel, Belgien,
T. +32 22820873, F. +32 22800191, support@erasmus-entrepreneurs.eu,
www.erasmus-entrepreneurs.eu

Das Programm ermöglicht Jungunternehmern, in einem anderen EU-Mitgliedstaat bis zu sechs Monate in einem kleinen oder mittleren Unternehmen zu arbeiten. Qualifiziert sind all jene, die in den letzten drei Jahren ein Unternehmen gegründet haben oder vorhaben, dies zu tun. Ferner sollten sie einen soliden schulischen und beruflichen Hintergrund und eine zukunftsfähige Geschäftsidee vorweisen.

Fachliche Angaben und Fragen zur Teilnahme am Programm sind zu richten an:
Europäische Kommission,
Generaldirektion Unternehmen und Industrie, Referat „Unternehmerische Initiative"
(E.1), B-1049 Brüssel, Belgien, entr-enterpreneurship@ec.europa.eu, entr-portal-
women-entrepreneurs@ec.europa.eu, AP Typhaine Beaupérin und Habla Mihoud,
http://ec.europa.eu/enterprise/policies/sme/promoting-entrepreneurship/erasmus-ent-
repreneurs/index_en.htm

Lehrerfortbildung

Auslandsschulwesen

Bundesverwaltungsamt, Zentralstelle für das Auslandsschulwesen,
D-50728 Köln, T. 022899 358 3666, T. 0221 758 3666, F. 022899 358 3667,
zfa.bewerbung@bva.bund.de, www.bva.bund.de, www.auslandsschulwesen.de

Entsendet Schulleiter, Lehrer, Verwaltungsleiter, Fachberater und Koordinatoren an Schulen weltweit. Bewerber sollten mindestens zwei Jahre mit überdurchschnittlichen Leistungen im innerdeutschen Schuldienst überzeugt haben und vom Dienstherrn für eine Vermittlung ins Ausland freigestellt werden. Beginn des Schuljahres ist i.d.R. der 1. September; in Afrika und Südamerika jedoch zwischen dem 1. Januar und dem 1. März.

Lehrer in den USA

Fulbright Kommission,
Oranienburger Str. 13-14, D-10178 Berlin, T. 030 28 44 43-772, F. 030 28 44 43-42,
germanprograms@fulbright.de, www.fulbright.de

Unterstützt Fremdsprachenlehrkräfte aus dem Sekundarbereich, die an einer amerikanischen Highschool ein Schuljahr lang (August bis Mai) ein volles Lehrdeputat übernehmen, normalerweise im Fach Deutsch. Unter Umständen werden auch Lehrkräfte anderer Fächer mit ausgezeichneten Englischkenntnissen zugelassen. Programmausschreibung und Vorauswahl erfolgt über den PAD.

Experience America

Checkpoint Charlie,
AP Grit Orgis, T. 030 844 90 60, step@cc-stiftung.de, www.cc-stiftung.de
Das 14-tägige Fortbildungsprogramm wird in Kooperation mit dem *International Council of Delaware* von der *Checkpoint Charlie*-Stiftung betreut und durchgeführt. Zielgruppe: Englischlehrer aus Berlin ohne USA-Erfahrung. Neun Bewerber, vorzugsweise Fachbetreuer, Fachmoderatoren, Fachseminarleiter oder Lehrer im bilingualen Unterricht Englisch, werden vom Land gefördert und zahlen insgesamt nur ca. 600 €. Es können sich auch bis zu sechs Gymnasiallehrer aus anderen Bundesländern bewerben; diese zahlen allerdings die gesamten Kosten selber, momentan ca. 2600 US$, da die zuständigen Kultusministerien das Projekt derzeit (noch) nicht fördern.

„Experience America" bietet die Möglichkeit, einen ersten Vorgeschmack vom „Land der unbegrenzten Möglichkeiten" zu bekommen und sich ggf. auf das GTEP einzustimmen. Die Teilnehmer wohnen in amerikanischen Gastfamilien und hospitieren beim Englisch-Unterricht an vier Partnerschulen, wo sie zwei bis vier verschiedene Schultypen kennenlernen (beispielsweise *magnet schools, charter schools,* u.a.). Nachmittags werden amerikaspezifische Workshops angeboten, an denen auch amerikanische Lehrkräfte teilnehmen (Themen sind beispielsweise *Youth Culture & Street Trends, Citizenship & Democracy, Racism,* etc.). Am Wochenende führt das *International Council of Delaware* Studienexkursionen nach Washington D.C., Philadelphia oder New York City durch.

Bewerber müssen das Fach Englisch lehren und einen gültigen Reisepass haben. Der Antrag auf Teilnahme (unter Angabe der Fächerkombination, der Dienstjahre, der Schul- und Privatadresse, E-Mail, und der USA-Erfahrung) sollte der Checkpoint Charlie Stiftung (STEP) bis Anfang Juli vorliegen.

German Teacher Exchange Program (GTEP)

Checkpoint Charlie,
AP Grit Orgis, Ina Frost, step@cc-stiftung.de, www.cc-stiftung.de
Im Rahmen deutsch-amerikanischer Kulturaustauschprogramme erhalten deutsche Lehrer die Möglichkeit, für ein, maximal drei Jahre in den USA zu unterrichten. Die Organisation und Durchführung des Programms liegt in den Händen der Berliner Senatsverwaltung für Bildung, Wissenschaft und Forschung, in Zusammenarbeit mit der Checkpoint Charlie Stiftung in Berlin.

Bewerben kann sich, wer das 1. und 2. deutsches Staatsexamen (Lehramt) oder einen gleichwertigen Abschluss, die Lehrbefähigung für das allgemeinbildende Schulwesen (unabhängig von Fächern und Schulstufen), sowie mindestens 3 Jahre Unterrichtserfahrung aufweist (wobei das Referendariat angerechnet wird). Ferner sollte man gute bis sehr gute englische Sprachkenntnisse haben, die deutsche Staatsangehörigkeit und einen PKW-Führerschein (mit Fahrpraxis) besitzen und sich durch Flexibilität, Engagement und Anpassungsfähigkeit auszeichnen. Das Programm steht sowohl bereits verbeamteten oder angestellten als auch arbeitslosen Lehrer offen. Wer dagegen mit einem US-Bürger verheiratet ist oder bereits die Greencard besitzt, kann leider nicht teilnehmen. Das Anfangsgehalt für Berufseinsteiger mit drei Jahren Berufserfahrung liegt bei ca. US$ 34.000 pro Jahr.

Bewerbungsunterlagen sowie ein Merkblatt online zum Download. Bewerbungsende immer Anfang Dezember. Im Januar findet dann ein Informations- und Auswahlwochenende in Berlin statt.

Exchange Teacher Program

Amity Institute,
3065 Rosecrans Place, Suite 104, San Diego CA 92110, USA, T. +1 619 222 700,
F. +1 619 222 7016, mail@amity.org, www.amity.org
Lehrkräfte aller Fächer haben die Möglichkeit, bis zu einem Schuljahr in den USA zu arbeiten. Voraussetzung: mindestens drei Jahre Unterrichtserfahrung.

Lehrerfortbildung in den USA, Kanada und Australien

d.a.i.,
AP Melanie Kögler, T. 07071-795 26-12, F. 07071-795 26-26,
lehrerfortbildung@dai-tuebingen.de, www.dai-tuebingen.de
In zwei- bis dreiwöchigen Studienreisen vertiefen Lehrer der Fachrichtungen Englisch, Geschichte, Politik, Geografie u.a. ihre kulturellen, sprachlichen und landeskundlichen Kenntnisse. Besonderen Wert wird auf die Vermittlung von ESL-Fertigkeiten gelegt, weswegen sich das Programm am besten für Englischlehrer eignet. Die Teilnehmer sind in einheimischen Gastfamilien untergebracht und besuchen, neben der theoretischen Vermittlung via Vorträgen und Workshops, Bildungseinrichtungen und andere Institutionen und Projekte der Region.

Lehreraustausch Brandenburg-Polen

Landesinstitut für Schule und Medien Berlin-Brandenburg,
Struveweg, D-14974 Ludwigsfelde-Struveshof, T. 03378 209-0, F. 03378 209-198,
kontakt.bbb@lisum.berlin-brandenburg.de,
http://bildungsserver.berlin-brandenburg.de/2028.html
Brandenburger Lehrkräfte unterrichten an grenznahen Schulen der polnischen Partnerwojewodschaften Lubuskie (Lebuser Land) und Zachodniopomorskie (Westpommern). Es handelt sich in der Regel um Deutschunterricht, zum Teil aber auch um Sachunterricht auf Deutsch, z.B. in Erdkunde, Mathematik oder Geschichte. Durch die verhältnismäßig geringen Entfernungen zwischen der grenznahen polnischen Schule und dem Heimatort sind viele der Brandenburger Lehrer an zwei Schulen tätig, einerseits an der Stammschule in Brandenburg und andererseits an der polnischen Schule. Geplant ist die Entsendung polnischer Lehrer, die im Gegenzug an brandenburgischen Schulen unterrichten. Das Projekt wird vom Land Brandenburg gefördert.

Hospitationsprogramm deutscher Lehrer in Frankreich und Großbritannien

PAD,
AP Elke Ebers, T. 0228 501-225, F. 0228 5 01-259, elke.ebers@kmk.org, www.kmk-pad.org
Lehrer an weiterführenden Schulen, die nach dem Zweiten Staatsexamen mindestens drei Jahre Berufserfahrung sammeln konnten, haben die Möglichkeit, im Unterricht an Schulen in Frankreich und Großbritannien mitzuwirken und zu hospitieren. Das Frankreich-Programm steht vorrangig Französischlehrern offen und dauert drei Wochen; das Großbritannienprogramm findet in England und Wales statt, ist ausschließlich Englischlehrern vorbehalten und dauert zwei oder drei Wochen. Bewerbungen sind auf dem Dienstweg an das zuständige Kultusministerium bzw. die zuständige Senatsverwaltung zu richten.

Fortbildung deutscher Fremdsprachenlehrer

PAD,
AP Judith Weber, T. 0228 501 354, F. 0228 501 259, judith.weber@kmk.org,
www.kmk-pad.org
Fremdsprachenlehrer mit Lehrbefähigung und mehrjähriger Berufserfahrung können sich um die Teilnahme an Kursen und Seminaren an Hochschulen oder Lehrerfortbildungszentren in Belgien, Italien, Spanien, China und Taiwan bewerben. Je nach Fortbildungskurs und Land werden Teilstipendien gezahlt. Die Kurse werden Anfang des Jahres über die Kultusministerien der Länder ausgeschrieben und finden ein bis drei Wochen lang zwischen Juli und Oktober statt.

Deutsch-französischer Grundschullehreraustausch

DFJW, T. 030 288 757-0, www.dfjw.org
Deutsche Grundschullehrer mit abgeschlossener Ausbildung und einem festen Anstellungsverhältnis als Lehrer, die Grundkenntnisse des Französischen haben, unterrichten ein Jahr lang an einer französischen Schule, meist vom 1. August bis spätestens 31. Juli des darauffolgenden Jahres. Das Programm wird von den beteiligten Bundesländern getragen (derzeit Baden Württemberg, Berlin, Brandenburg, Hessen, Mecklenburg Vorpommern, Nordrhein-Westfalen, Rheinland-Pfalz, Saarland, Sachsen, Sachsen-Anhalt und Thüringen) und vom Deutsch-Französischen Jugendwerk koordiniert und begleitet. Die Bewerbung ist auf dem Dienstweg an das zuständige Ministerium bzw. den Schulsenator zu richten.

Deutsch-französischer Austausch von Lehrern und Ausbildern

dfs-sfa, info@dfs-sfa.org, www.dfs-sfa.org
Lehrer an beruflichen Schulen, Ausbilder von Betrieben und Ausbildungspersonal in überbetrieblichen Ausbildungsstätten erhalten vom DFS/SFA die Möglichkeit, einen Frankreich-Austausch von zwei Wochen wahrzunehmen. Es werden die Fahrt- und Aufenthaltskosten übernommen.

Lehreraustausch der Schweiz

Ch Stiftung,
T. +41 32 346 18 18, www.ch-go.ch/programme/magellan/mobilitaet
Schweizer Lehrer und Schulleiter können an zwei- bis vierwöchigen Hospitationen und Schulbesuchen im Ausland teilnehmen. Dabei besuchen sich zwei Lehrer gleicher oder ähnlicher Schulstufen und Fächerkombination bzw. Schulleiter für einen Zeitraum von einer bis vier Wochen. Die Besuche finden zeitverschoben statt. Lehrer erhalten neben dem Hospitieren auch die Möglichkeit, im Unterricht zu assistieren oder ganze Lektionseinheiten zu übernehmen. Dieser Austausch ist mit Deutschland, Dänemark, Kanada (Ontario, British Colombia, New Brunswick, Québec, Alberta), Finnland, Frankreich und Spanien möglich. Die Bewerbungen laufend, allerdings sollte eine Vorlaufzeit von sechs bis neun Monaten eingeplant werden. Für die Dauer des Austausches werden die Teilnehmer nicht entlohnt und müssen die mit dem Austausch verbundenen Kosten selber tragen oder die entsprechenden Stellen (z.B. Erziehungsdepartement) um finanzielle Unterstützung bzw. um einen bezahlten Weiterbildungsurlaub ersuchen.

Ferner bieten sich Lehrern sogar einjährige Aufenthalte. Dabei tauschen zwei Lehrer der gleichen oder einer ähnlichen Schulstufe und Fächerkombination für ein Schuljahr ihre Stelle. Das Angestelltenverhältnis wird dabei beibehalten und der Lohn weiter vom Schweizer bzw. ausländischen Arbeitgeber bezogen. Mögliche Austauschländer sind: USA, Australien (Victoria, New South Wales), Deutschland, Kanada (Québec, Ontario, British Columbia, New Brunswick, Alberta), Spanien, Frankreich. Der Austausch ist auch innerhalb der Schweiz möglich. Bei Schuljahresbeginn im August oder September (nördliche Hemisphäre) hat die Anmeldung bis zum 30. November zu erfolgen, bei Schuljahresbeginn im Januar oder Februar (südliche Hemisphäre) bis zum 1. April. Bewerben kann sich, wer 3-5 Jahre Unterrichtserfahrung aufweist, einen Arbeitsvertrag besitzt, der während des Austauschjahrs gültig ist und wer aufgrund der unterschiedlichen Preis- und Lohnniveaus bereit ist, eine Ausgleichszahlung von ca. 200-700 CHF pro Monat an den ausländischen Partnerlehrer zu leisten. Ferner sind Sprachkenntnisse in der Landessprache bzw. Unterrichtssprache erforderlich (für die USA wird ein Sprachtest verlangt) und ein hohes Maß an Flexibilität, Offenheit und der Bereitschaft für außerordentliches Engagement.

ASA-Programm

ASA,
Lützowufer 6-9, D-10785 Berlin, T. 030 25482-0, F. 030 25482–359,
info@asa-programm.de, bewerbung@asa-programm.de, www.asa-programm.de
Das „dynamische Lernprogramm zur Ausbildung von gesellschafts- und entwicklungspolitisch interessierten, weltoffenen und kritisch nachfragenden Menschen" verhilft eben jenen Wissbegierigen zu Trainingsseminaren in Deutschland und Europa sowie einem dreimonatigen Auslandsaufenthalt in mehr als 50 Ländern in Afrika, Asien, Lateinamerika oder Südosteuropa. Vorschläge für Projektpraktika sind bis Mitte September einzureichen.

Neben dem Basisprogramm existieren verschieden Programm-Unterarten: Süd-Nord-Programm, Young Leaders for Sustainability und GLEN.
Zielgruppe: Studierende und junge Berufstätige mit nicht-akademische Ausbildung zwischen 21 und 30 Jahren und Interesse an globalen Zusammenhängen, Spaß an neuem Wissen und neuen Erfahrungen und dem Willen gemeinsam mit Gleichgesinnten etwas zu bewegen. Für Deutsche, Schweizer und Liechtensteiner. Es kommt aber nicht auf die Nationalität allein an; junge Menschen mit Migrationshintergrund sind ausdrücklich aufgefordert, sich auch zu bewerben.

Folgende Kosten werden vom Stipendium finanziert:

- Seminare (Unterkunft, Verpflegung, Seminarinhalte)
- einmalige Zahlung von 150 € (für Fahrtkosten zu den Seminaren, Impfungen, Visum etc.)
- Zuschuss zu Flug- und Lebenshaltungskosten für den dreimonatigen Auslandsaufenthalt (zwischen 280 und 400 € monatlich)
- Beiträge für Kranken-, Haftpflicht- und Unfallversicherung während des Auslandsaufenthaltes

Bei einigen Programmarten kommen noch zusätzliche Leistungen hinzu, beispielsweise beim „Süd-Nord-Programm" 600 € Aufwandsentschädigung für die dreimonatige Praxisphase in Deutschland oder bei den „Young Leaders for Sustainability" mindestens 600 € monatlich für das Unternehmenspraktikum in Deutschland.
Das vollständige ASA-Programm dauert ein Jahr. Es beginnt mit Seminaren im April und Juni und endet mit einem Abschlussseminar im März des darauffolgenden Jahres. Die dreimonatige Praxisphase wird dazwischen durchlaufen; der Zeitraum hängt von der Programmart ab.

Süd-Nord-Programm

Bei dieser Erweiterung des Basisprogramms geht der dreimonatigen Süd-Phase in Asien, Afrika, Lateinamerika oder Südosteuropa von August bis Oktober eine dreimonatige Nord-Phase in Deutschland von April bis Juni voraus. Beide Phasen werden von einem Team aus je zwei Mitgliedern aus Deutschland und aus dem jeweiligen Gastland gemeinsam durchgeführt. Die vier ASA-Teilnehmer leisten in ihrem Projekt einen gemeinsamen Beitrag zu den Projektzielen der Partnerorganisation, z.B. in Form von kleinen Studien, Gestaltung von Workshops oder Mitarbeit in der Öffentlichkeitsarbeit.
Wer sich bewerben möchte, sollte zwischen 21 und 30 Jahren alt sein, gute Sprachkenntnisse und Fachkenntnisse haben und sich durch soziale Kompetenz, Engagement und eine hohe Motivation für die eigenständige Mitarbeit im Projektteam auszeichnen.
Projektvorschläge werden in Abstimmung mit einer Organisation im Norden und einer im Süden geplant und eingereicht. Geeignete Projekte befassen sich mit entwicklungspolitischen Themen, die in beiden Ländern aktuell sind, beispielsweise globale Produktions- und Konsumstrukturen, Klimawandel, Migration, Arbeit mit benachteiligten Jugendlichen oder Umweltbildung.

Young Leaders for Sustainability

Collective Leadership Institute e.V.,
www.youngleadersforsustainability.de
Kooperationsprogramm gemeinsam mit ASA. Es richtet sich an Studierende oder Bachelor-Absolventen, deren Abschluss nicht länger als anderthalb Jahre zurückliegt. Es versteht sich als berufsvorbereitendes Qualifizierungsprogramm, bei dem zusätzliche Trainingsmodule mit wirtschaftsrelevanten Themen durchlaufen werden. Dazu gehören u.a. Nachhaltigkeit und Social Business, Responsible Supply Chain Management als Unternehmensverantwortung und die Rolle von Entwicklungspartnerschaften, Entwicklung von Führungskompetenz im Nachhaltigkeitsmanagement, Verständnis des Regionalkontextes, zentrale Fragen der Globalisierung, interkulturelle Kommunikation, Netzwerkbildung.

Zusätzlich zum Auslandspraktikum wird von April bis Juni auch ein Inlandspraktikum bei einem Unternehmen in Deutschland absolviert. Die Seminarphase beginnt im April und endet im Juni, parallel dazu das dreimonatige Praktikum bei einem Unternehmen in Deutschland. Ab Juli beginnt das dreimonatige Projektpraktikum bei einer Partnerorganisation in Afrika, Asien, Lateinamerika oder Südosteuropa. Verteilt auf das restliche Jahr finden zwei weitere Wochenendseminare zu wirtschaftsrelevanten Themen statt, und ein Seminar im März bildet den Abschluss.

Die Ausschreibung der Projektpraktika erfolgt im November auf der Homepage. Je nach Praktikum sind dabei bestimmte fachliche Kompetenzen vonnöten.

GLEN

GLEN,
Global Education Network of Young Europeans, www.glen-europe.org
Europäisches Kooperationsprogramm mit Tandempartnern aus Mittel- und Osteuropa, bei dem die Verständigungssprache Englisch oder Französisch ist. Dementsprechend ist auch die Bewerbung auf Englisch oder Französisch einzureichen. Teilnehmende Länder sind neben Deutschland Tschechien, Estland, Frankreich, Ungarn, Lettland, Litauen, Malta, Polen, die Slowakei und Slowenien.

Das Projektpraktikum findet in Afrika, Asien oder Südosteuropa statt. Bewerbungen zwischen November und Januar. Auswahl der Teilnehmer Januar und Februar. Von April bis Juni zwei Seminare zur Vorbereitung der Teilnehmer auf die Projektpraktika. Diese werden in der Regel zwischen Juli und Oktober durchgeführt. Zwischen November und März engagieren sich die zurückgekehrten Teilnehmer bei Projekten in ihrer Heimat, unterstützt von einem GLEN-Tutor.

Von den Bewerbern wird erwartet, dass sie sich bereits gemeinnützig engagieren, also ehrenamtlich bei Nichtregierungsorganisationen arbeiten, sich in studentischen Gruppen einbringen, etc. Details auf der englischsprachigen Website.

Journalismus

Fortbildung Rundfunkjournalisten

RIAS, Berlin Kommission,
Hans-Rosenthal-Platz, D-10825 Berlin, T. 030 85036971, F. 030 85036979,
riasberlin@t-online.de, www.riasberlin.de
Halbjährlich wird zwölf Radio- und Fernsehjournalisten mit Berufserfahrung und guten Englischkenntnissen eine dreiwöchige Fortbildung in den USA angeboten, die sich aus einer Einführungswoche in Washington D.C., einem Kurzpraktikum bei einem Radio- oder Fernsehsender und einer Abschlussrunde in New York zusammensetzt.

Teilnehmen können festangestellte und freiberufliche Radio- und Fernsehjournalisten (inkl. Internetjournalisten von Radio- und Fernsehstationen) zwischen Mitte 20 und Mitte 40. Bewerbungstermine zweimal jährlich; bei Programmbeginn im März liegt sie im Oktober, bei Programmbeginn im Oktober im April. Die Bewerbungsunterlagen bestehen aus den vollständigen Kontaktdaten, einem Anschreiben mit Motivation (insbesondere berufliche Relevanz) auf Deutsch und Englisch, dem Lebenslauf mit journalistischem Werdegang und Beschreibung des augenblicklichen Arbeitsbereiches auf Deutsch und Englisch sowie mindestens einem Empfehlungsschreiben (z.B. Chefredakteur, Hauptabteilungsleiter) und den Kontaktdaten einer weiteren beruflichen Referenzperson.

Mit dem „Visiting Media Fellows Program" der DUKE University in Durham NC vergibt die RIAS Berlin Kommission auch bis zu viermal jährlich drei Plätze zur journalistischen Weiterbildung im Rahmen von vierwöchigen Workshops zu politischen und medienpolitischen Entwicklungen. Es gelten die o.g. Teilnahmebedingungen.

Wissenschafts- und Auslandsjournalismus

Dr. Alexander und Rita Besser-Stiftung,
AP Dr. Marcus Chr. Lippe, T. 030 20370-440, lippe@studienstiftung.de,
Jeanette Warnke (Sekretariat), T. 030 20370-443, warnke@studienstiftung.de,
www.studienstiftung.de
Fördert Praktika oder Volontariate bei Auslandskorrespondenten oder in Wissenschaftsredaktionen, bei Zeitungen, Zeitschriften, Radio- oder Fernsehsendern im In- und Ausland. Auch eine praxisorientiert Ausbildung an Journalistenschulen kann u.U. gefördert werden. Es muss sich allerdings in jedem Fall um deutschsprachigen Journalismus handeln.

Zielgruppe: Graduierte aller Fachrichtungen, die höchstens 35 Jahre alt sind und ihr Studium, sofern sie bisher nicht von der Studienstiftung gefördert wurden, mit mindestens „gut" (Juristen „vollbefriedigend") abgeschlossen haben. Es werden Jahresstipendien von bis zu 12.000 € gezahlt.

Die Bewerbungsunterlagen werden bei der Studienstiftung angefordert und sind bis zum 31. März eines Jahres einzusenden.

Das Studien- oder Arbeitsvorhaben, das mindestens neun Monate dauern soll, muss vom Bewerber selbst formuliert und organisiert werden. Aussichtsreiche Kandidaten werden nach Sichtung der schriftlichen Unterlagen zu einem Auswahlverfahren nach Berlin geladen.

Journalisten-Förderung

Konrad-Adenauer-Stiftung e.V.,
Rathausallee 12, D-53757 Sankt Augustin, T. 02241 246-0, F. 02241 246-2591,
zentrale@kas.de, www.kas.de, AP Alexandra Neffgen, T. 02241 2462289,
F. 02241 2462869, Alexandra.Neffgen@kas.de, www.kas.de
Freiberufliche Journalisten, Volontäre oder angestellte Redakteure, die sich weiter fortbilden möchten, werden im Rahmen der Journalistischen Nachwuchsförderung gefördert. Stipendiaten belegen Seminare des MedienKollegs und machen Studienfahrten ins Ausland, z.B. den Nahen Osten, die neuen EU-Länder oder die USA. Bewerbungsfristen jeweils 15. Januar und 1. Juli. Unterlagen zum Herunterladen auf der Webseite.
Bewerber müssen bei Förderungsbeginn unter 32 Jahre alt sein, und die folgenden Punkte dürfen nicht auf sie zutreffen:

- Studium von weniger als vier Semestern
- Teilzeitstudium der Fernuniversität Hagen
- Zweitstudium
- Erststudium an einer ausländischen Hochschule
- berufsbegleitendes Studium

Journalistenaustausch Süden und Osteuropa

Staatskanzlei NRW, c/o Heinz Kühn Stiftung,
Stadttor 1, D-40219 Düsseldorf, T. 0211 837 1274, AP Ute Maria Kilian,
umkilian@stk.nrw.de, www.heinz-kuehn-stiftung.de
Förderung nordrhein-westfälischer Journalisten bis 35 Jahren, die bereits Erfahrungen im journalistischen Bereich und möglichst ein abgeschlossenes Hochschulstudium aufweisen können. Aus- und Weiterbildung in Afrika, Asien, Lateinamerika, Osteuropa und der Russischen Föderation mit Reisekostenpauschalen und Zuschüssen zu Lebenshaltungs- und Sachkosten, sofern der Auslandsaufenthalt berufsbezogen ist und zwischen 6 Wochen und 3 Monaten währt. Bewerber sollten Interesse an entwicklungspolitischen Fragen haben und die Sprache des Gastlandes beherrschen.

Journalismus in Mittel-, Ost- und Südosteuropa

IFA,
AP Urban Beckmann, T. 0711 2225-136, beckmann@ifa.de, www.ifa.de/integration
Journalisten, die ein entsprechendes Studium bzw. praktische Erfahrung nachweisen können, reisen als Redakteure und Medienwirte nach Kasachstan, Polen, Rumänien,

Russland, Serbien und die Tschechische Republik. Der Auslandseinsatz dauert ein, maximal zwei Jahre; ihm geht ein einwöchiges Vorbereitungsseminar in Stuttgart voraus. Neben der monatlichen Vergütung gibt es Finanzspritzen in Form von Wohngeldzuschuss, einer einmaligen Reise- und Umzugspauschale sowie der Übernahme von Visakosten und Unfall- und Berufshaftpflichtversicherung. Bewerbungsende stets am 15.3. Der Auslandseinsatz beginnt im September.

Deutsch-Russischer Journalistenaustausch

Deutsch-Russischer Austausch e.V.,
AP Holger Löbell, T. 030 446680-27, holger.loebell@austausch.org,
info@austausch.org, www.austausch.org
Journalistenaustausch mit Unterstützung des Auswärtigen Amts, bei dem sich jeweils fünf Journalisten aus St. Petersburg und Berlin für jeweils eine Woche gegenseitig in ihren Redaktionen besuchen. Dabei haben die Journalisten die Möglichkeit, die Medien des jeweiligen Partners besser kennen zu lernen, neben den Programmveranstaltungen auch Redaktionen zu besuchen und sich untereinander zu vernetzen. Der Austausch behandelt jeweils ein Schwerpunktthema, aber jeder Teilnehmer ist auch berechtigt, eigene Interessen zu äußern.

Stipendien für Schweizer Journalisten

Oertli-Stiftung,
Seestr. 279, CH-8038 Zürich, T. +41 44 481 53 85, F. +41 44 481 5388,
oertlistiftung@bluewin.ch, www.oertlistiftung.ch
Vergibt Stipendien an Schweizer Journalisten in anderer Sprachregion, um u.a. Kontakte zu knüpfen. Es werden sämtliche Kosten (Reise, Hotel, Taschengeld) übernommen.

Internationale Journalistenprogramme e.V.

IJP, Internationale Journalisten-Programme e.V.,
Geschäftsstelle Berlin, Postfach 31 07 46, D-10637 Berlin, T. 030 306 488-77,
040 1805 7118, F. 030 306 488-78, office@ijp.org, www.ijp.org
Der Verein fördert hochqualifizierte Redakteure, Reporter und freie Autoren aller Medien (Print, TV, Radio, Online) zwischen 18 und 40 Jahren mit Stipendien von 2.500 bis 5.000 €. Je nach Programm arbeiten die Journalisten mindestens sechs Wochen als Gastautoren für ausländische Redaktionen ihrer Wahl, gleichzeitig als Korrespondenten für ihre Heimatmedien.

The Arthur F. Burns Fellowship

IJP,
AP Dr. Frank-Dieter Freiling, freiling@ijp.org, T. 06174 7707, F. 06174 4123,
www.ijp.org
Deutsch-Amerikanisches Journalistenstipendium. Vergabe von Arbeitsstipendien in

Höhe von 4.000 € bzw. 5.500 US$ an deutsche und US-amerikanische Journalisten zwischen 21 und 37 Jahren, die mindestens zwei Monate lang an Redaktionen im jeweils anderen Land hospitieren und gleichzeitig als Korrespondenten für ihre Heimatmedien arbeiten. Bewerbung zwischen Anfang Dezember und Ende Januar an die IJP mit folgenden Unterlagen: ausführlicher Lebenslauf in deutscher oder englischer Sprache, Passbild, kurzer Abriss der journalistischen Pläne im Gastland sowie ein journalistisches Gutachten, das vom Ressortleiter oder Chefredakteur ausgestellt wurde und die Bewerbung als journalistischer Tätigkeitsnachweis unterstützen und gleichzeitig die Beurlaubung für das Stipendium sicherstellen sollte.

Deutsch-Asiatisches Journalistenstipendium

IJP,
AP Martina Johns, johns@ijp.org, www.ijp.org
Seit 1995 wird das Stipendium einmal jährlich an je sechs bis acht deutsche und asiatische Journalisten vergeben. Gefördert wird das Programm von der Alfried Krupp von Bohlen und Halbach-Stiftung, der Allianz S.E., dem Auswärtigen Amt, dem Goethe Institut, die InWEnt gGmbH und die Siemens AG. Die Stipendiaten erhalten zu einem Arbeitsaufenthalt im jeweils anderen Land von den IJP, den Internationalen Journalisten-Programmen e.V., eine einmalige Zahlung von 3.600 €, die für Reisekosten, Verpflegung, Unterkunft und Krankenversicherung verwendet werden sollen. Gastländer sind Indonesien, Südkorea, die Volksrepublik China, Vietnam und Indien. Die Stipendiaten hospitieren acht Wochen in englischsprachigen asiatischen Redaktionen.

Bewerber sind zwischen 28 und 38 Jahren alt und als freie Mitarbeiter, Volontäre oder Redakteure bei deutschen oder asiatischen Zeitungen, Hörfunksendern, TV-Stationen oder Online-Redaktionen angestellt. Englische Sprachkenntnisse werden vorausgesetzt, asiatische sind dagegen nicht nötig. Bewerbungen beinhalten einen tabellarischen Lebenslauf in deutscher bzw. englischer Sprache, ein Passbild, einen kurzen Abriss der Recherchepläne im Gastland sowie ein journalistisches Gutachten, das vom Ressortleiter oder Chefredakteur ausgestellt wurde. Es sollte die Bewerbung als journalistischer Tätigkeitsnachweis unterstützen und gleichzeitig die Beurlaubung für das Stipendium sicherstellen.
Bewerbungsfrist immer zwischen Anfang Oktober und Ende November; Auswahl im Januar.

George Weidenfeld Journalistenstipendium

IJP,
T. 030 34 50 0402, F. 030 34 50 0403, weidenfeld@ijp.org,
www.ijp.org/weidenfeld.html
Das nach dem nach dem Londoner Verleger George Weidenfeld benannte Deutsch-Britische Journalistenprogramm ermöglicht deutschen Journalisten zwischen 23 und 39 einen sechs- bis achtwöchigen Arbeitsaufenthalt in Großbritannien. Auftakt des Auslandsaufenthalts ist eine Deutsch-Britische Journalistenkonferenz in Shropshire, London und Berlin. Für Reisekosten, Verpflegung und Unterkunft erhalten die Stipen-

diaten eine einmalige Zahlung von 3.000 € bzw. 2.500 Pfund. Zielgruppe: Redakteure, Volontäre oder regelmäßige freie Mitarbeiter deutscher Redaktionen. Die Bewerbungsunterlagen (tabellarischer Lebenslauf, Bewerbungsformular, Begründung für die Bewerbung, Abriss der journalistischen Pläne im Gastland, Liste der drei favorisierten Gastredaktionen, journalistisches Gutachten des Ressortleiters oder Chefredakteurs, Passbild) sind auf Englisch anzulegen.

Deutsch-Lateinamerikanisches Journalistenstipendium

IJP,
AP Martin Spiewak, spiewak@ijp.org, www.ijp.org/lateinamerika.html
Deutsche Journalisten zwischen 25 und 35 Jahren, die als Redakteure, regelmäßige Mitarbeiter oder Volontäre bei einem Medium tätig sind, können sich um das Stipendium von 3.300 € bewerben, das ihnen einen zweimonatigen Aufenthalt in Brasilien, Mexiko, Chile, Argentinien u.a. Ländern ermöglicht. Der Aufenthalt kann um einen Monat verlängert werden; finanziell ändert das aber nichts.
Deutsche Journalisten verreisen im Mai/Juni, Bewerbungen zwischen August und November. Die Bewerbungsunterlagen sollten enthalten:

* Anschreiben mit Begründung der Bewerbung
* aussagekräftiger tabellarischer Lebenslauf (Telefon, Fax, E-Mail und Geburtsdatum nicht vergessen!) mit einem Passbild
* drei bis vier schriftliche Arbeitsproben (nicht mehr!) – Fernseh- und Rundfunk-Journalisten: keine Audio- oder Videokassetten, sondern eine Textabschrift der Beiträge einreichen
* Gutachten über den Arbeitsbereich und die journalistischen Fähigkeiten vom Ressortleiter oder Chefredakteur (freie Journalisten: Gutachten ihres wichtigsten Kunden)
* Nachweis (Veröffentlichungen, Zeugnisse, Reisen, Sprachschulen) über die geforderten Spanisch- bzw. Portugiesischkenntnisse

Es ist möglich, eine Präferenz für bestimmte Länder und Medien anzugeben. Partnermedien in Lateinamerika sind beispielsweise: Reforma (Mexiko), La Nación (Costa Rica), Caretas (Peru), Espectador (Kolumbien), Mercurio (Chile), La Nación (Argentinien), El Clarín (Argentinien), Veha (Brasilien), Globo TV (Brasilien), Folha de Sao Paulo (Brasilien), El Nacional (Venezuela) und Siglo 21 (Guatemala).

The Middle East Fellowship

IJP,
AP Dr. Frank-Dieter Freiling, T. 06174 7707, F. 06174 4123, middleeast@ijp.org, www.ijp.org/middleeast.html
Mit dem Deutsch-Nahost Journalistenstipendium haben fünf deutsche Journalisten zwischen 21 und 37 die Möglichkeit, ein zweimonatiges Reise- und Arbeitsstipendium

bei hebräisch-, arabisch- oder englischsprachigen Medien in Ägypten, Jordanien, Libanon, Palästinensische Gebiete, Syrien oder Israel zu erhalten. Die einmalige Zahlung von 4.000 € soll einen Großteil der entstehenden Unkosten (Reisekosten, Unterkunft. Verpflegung, etc.) abdecken.

Wer regelmäßig als Mitarbeiter, Volontär oder Redakteur in deutschen Medien tätig ist, reicht seine (formlose) Bewerbung bis Ende Juni ein; die Ausreise erfolgt dann im November. Neben einem ausführlichen Lebenslauf mit Passbild sollte ein journalistisches Gutachten des Ressortleiters oder Chefredakteurs nicht fehlen.

Deutsch-Israelisches Journalistenstipendium

IJP,
AP Dr. Frank-Dieter Freiling, freiling@ijp.org, www.ijp.org/cramer.html
Das zu Ehren des Journalisten, der sich besonders um eine Verstärkung der deutsch-israel schen Berziehungen bemühte, auch *Ernst Cramer Fellowship* benannte Stipendium gehört zum *Middle East Fellowship* und ermöglicht es alljährlich jeweils zwei deutschen und zwei israelischen Journalisten zwischen 21 und 37 Jahren, im Rahmen eines zweimonatigen Reise- und Arbeitsstipendiums Einblick in den israelischen Journalismus zu gewinnen. Den Auftakt des Programms bildet eine Einführungsveranstaltung in Berlin, die Ende Oktober gemeinsam mit den israelischen Stipendiaten wahrgenommen wird. Im Anschluss geht es für zwei Monate an Zeitungs-, Hörfunk-, TV- oder Zeitschriftenredaktionen nach Israel.

Stipendiaten erhalten eine einmalige Zahlung von 4.000 €. Bewerbung mit Passbild, ausführlichem Lebenslauf und journalistischem Gutachten vom Ressortleiter oder Chefredakteur sowie ggf. Arbeitsproben bis Ende Juni. Arabisch- und Hebräischkenntnisse werden nicht vorausgesetzt, sind aber gerne gesehen. Englisch sollte dagegen gut beherrscht werden.

Deutsch-Niederländisches Journalistenstipendium

IJP,
AP Anke Plättner, T. 030 83229396, F. 030 84317283, plaettner@ijp.org,
www.ijp.org/niederlande.html
Dieses Programm steht pro Jahr acht deutschen Journalisten bis 40 Jahren offen. Nach einer viertägigen Einführungstagung in den Niederlanden verbringen die Stipendiaten im Anschluss den März und April an einer niederländischen Redaktion. Wer nur geringe Kenntnisse des Niederländischen hat, nimmt davor noch an einem zweiwöchigen, von den IJP bezahlten Sprachkurs teil. Ansonsten sieht das Stipendium eine einmalige Zahlung von 3.000 € vor. Partnermedien in den Niederlanden sind u.a.: De Volkskrant, NRC Handelsblad, Trouw, Utrechts Nieuwsblad, De Gelderlander, Haagsche Courant, NOS, Nieuwsblad van het Norden.

Bewerbung (tabellarischer Lebenslauf mit Passbild, journalistisches Gutachten vom Ressortleiter oder Chefredakteur und bis zu drei schriftlichen Arbeitsproben) bis Ende September.

Deutsch-Nordeuropäisches Journalistenstipendium

IJP,
AP Vassilios Theodossiou, T. 030 34500402, F. 030 34500403, theo@ijp.org,
www.ijp.org/nordeuropa.html
Wer journalistische Erfahrung in Dänemark, Finnland, Island, Norwegen oder Schweden sammeln möchte, hat mit diesem Programm die Gelegenheit dazu – vorausgesetzt, er oder sie ist zwischen 18 und 39 Jahren alt und arbeitet als Journalist (freier Mitarbeiter, Volontär oder Redakteur) bei deutschen Medien. Partnermedien in Nordeuropa sind beispielsweise: Dagens Nyheter (Schweden), TV 2 (Dänemark), Helsingin Sanomat (Finnland), RUV, Morgunbladid (Island), Information (Dänemark), NRK (Norwegen), Sveriges Radio, Radio Sweden International (Schweden).
Stipendiaten verbringen zwei Monate zwischen April und Juni an einer Redaktion in einem der fünf genannten Länder. Um wenigstens die größten Unkosten zu decken, erhalten sie eine einmalige Zahlung von 2.500 €. Zusätzlich wird zur An- und Abreise der Tagungen bzw. zum Arbeitsaufenthalt ein Reisekostenzuschuss von bis zu 500 € gewährt. Bewerbungsende im November. Neben dem Anschreiben sind die folgenden Unterlagen einzusenden:

- tabellarischer Lebenslauf mit Passbild
- journalistisches Gutachten des Ressortleiters oder Chefredakteurs
- maximal vier schriftliche Arbeitsproben
- Präferenzangabe für bestimmte Länder und Medien

Marion-Gräfin-Dönhoff-Journalistenstipendium

IJP,
AP Miodrag Soric, soric@ijp.org, www.ijp.org/doenhoff.html
Bis zu fünf deutsche Journalisten zwischen 23 und 35 Jahren können sich um einen Platz im Austauschprogramm mit Polen, Russland, Weißrussland, der Ukraine, Georgien, Armenien und Aserbaidschan bewerben. Die Stipendiaten hospitieren im Oktober und November bei einem russisch- bzw. polnischsprachigen Medium. Mögliche Partnermedien in Osteuropa sind: Nowaja Gazeta (Moskau), Ztg. Podrobnosti (Ekaterinburg), Ztg. Echo (Baku), TV Kamtschatka, Ztg. 24 Saati (Tiflis), Radio Puls (Ulan Ude), INTER-TV und Novy Kanal (Kiew), Ztg. Korrespondent und Zerkalo nedeli (Kiew), Polskie Radio (Warschau), TVP3 (Szczecin), Gazeta Wyborcza (Warschau).
Bewerbungsunterlagen sind mit folgenden Dokumenten bis Ende April einzusenden:

- Bewerbungsbogen (Download auf der Homepage)
- tabellarischer Lebenslauf mit Passbild
- Motivationsschreiben
- journalistisches Gutachten des Ressortleiters oder Chefredakteurs
- maximal drei schriftliche Arbeitsproben
- Präferenzangabe für bestimmte Länder und Medien

The Southern African Bursary

IJP,
AP Marco Vollmar, vollmar@ijp.org, sa-application@ijp.org,
www.ijp.org/southernafrica.html
Das Deutsch-Südliches Afrika-Journalistenprogramm gehört zu den jüngeren Initiativen der IJP und ermöglicht alljährlich bis zu fünf deutschen Journalisten, zwei Monate als Gastredakteure und Korrespondenten im südlichen Afrika zu recherchieren. Zu den Partnern, die bereits am Programm teilgenommen haben, gehören: Radio Nationale Congolaise (Dem. Republik Kongo), Public Eye Newspaper (Lesotho),Zodiak Broadcasting Station (ZBS) (Malawi), Radio Mocambique (Mosambik),The Post Newspaper, Zambia National Broadcasting Station (Sambia), SABC, e-tv, The Star, Business Day, Business Report, Bush Radio, Daily News, Mail&Guardian, Pretoria News, Sunday Times, Cape Argus, Cape Times, Democracy Radio Idasa (Südafrika), Zimonline News Agency (Zimbabwe).
Zielgruppe: deutsche Journalisten zwischen 25 und 35 Jahren. Die einmalige Zahlung von 3.000 € soll einen Teil der Reise- und sonstigen Kosten decken.
Bewerbungen bis Ende Januar mit folgenden Unterlagen:

- tabellarischer Lebenslauf mit ein Passbild
- einseitige Ausarbeitung mit Rechercheplänen (Beitrags-, Berichts- oder Reportage-Themen)
- zwei schriftliche Arbeitsproben
- Gutachten des Redaktionsleiters oder Chefredakteurs verlangt (für freie Journalisten gilt: Zeugnis des Hauptkunden)

Bundespräsident Johannes Rau-Journalistenstipendium

IJP,
AP Miodrag Soric, soric@ijp.org, www.ijp.org/johannes-rau-stipendium.html
Fünf junge deutsche Journalisten zwischen 23 und 35 haben mit diesem Programm die Möglichkeit, zwei Monate lang als Gastredakteur in einem türkischen Medium zu arbeiten. Bisherige Partnerredaktionen waren auf türkischer Seite: Ztg. Cumhuriyet, Referans, ZAMAN, Turkish Daily News, Radikal gazetesi, Dogan Nachrichten Agentur, NTVMSNBC/Online, Acik Radyo, NTV Radyo u.a.
Den Stipendiaten winkt eine einmalige Zahlung von 3.500 €.
Bewerbungen mit folgenden Unterlagen:

- Bewerbungsbogen (liegt als pdf zum Download bereit)
- tabellarischer Lebenslauf mit Passbild
- Motivationsschreiben
- journalistisches Gutachten des Ressortleiters oder Chefredakteurs
- drei schriftliche Arbeitsproben (Fernseh- und Rundfunkjournalisten: Liste herausragender Beiträge)
- Präferenzangabe für bestimmte Medien

Robert Bosch Journalistenprogramme

Austauschprogramm für deutsche und französische Nachwuchsjournalisten

Deutsch-Französisches Institut Ludwigsburg,
AP Professor Dr. Frank Baasner, T. 07141 93030, F. 07141 930350,
baasner@dfi.de, www.dfi.de
RBS,
AP Irene Weinz, T. 0711 46084 160, F. 0711 46084 10160,
irene.weinz@bosch-stiftung.de, www.bosch-stiftung.de/content/language1/html/5980.asp
Zehn deutsche und zehn französische Nachwuchsjournalisten nehmen an einem ein-wöchigen landeskundlichen Seminar im Nachbarland teil und absolvieren im Anschluss daran ein zwei- bis dreimonatiges Praktikum bei einem Medium im Nach-barland, Fernsehen, Print, Radio oder Online. Den Abschluss bildet ein dreitägiges Seminar in Straßburg, zu dem deutsche und französische Teilnehmer zusammenkom-men. Das Programm richtet sich an Journalisten, die noch in der Berufsausbildung ste-hen bzw. Berufsanfänger sind.
Das Deutsch-Französische Institut Ludwigsburg und die Ecole de Journalisme am Institut des Sciences Politiques Paris führen den Austausch gemeinsam durch. Geeig-nete Kandidaten werden von den beteiligten Journalistenschulen in Deutschland und Frankreich vorgeschlagen und von einer Jury ausgewählt.

Journalistenprogramm zur Vertiefung der deutsch-türkischen Beziehungen

KulturForum Türkei-Deutschland e.V.,
T. 0221 120 90 680, F. -13 92 903, journalistenprogramm@das-kulturforum.de,
www.das-kulturforum.de/projekte/journalistenprogramm/
Redakteure und Journalisten haben die Möglichkeit, in der Diskussion mit namhaften Experten aus Politik, Wirtschaft und Medien ihr Hintergrundwissen zu kontroversen Fragen rund um die deutsch-türkische Beziehung auszubauen. In einer einwöchigen Türkei-Reise sollen die Hintergründe der Integrationsproblematik im Herkunftsland beleuchtet werden.
Bewerbungen mit Arbeitsproben und einer Bescheinigung der Redaktion.

Japanprogramm für deutsche Journalisten

RBS,
AP Andrea Tischer, T. 0711 460 84 187, andrea.tischer@bosch-stiftung.de,
www.bosch-stiftung.de
Aufgrund des nachlassenden Interesses an Japan in der deutschen Öffentlichkeit hat die RBS ein sechstägiges Programm in Tokio und anderen japanischen Stätten für deutsche Journalisten eingerichtet. Zielgruppe: Journalisten aus deutschen Print-, TV-Radio und Internetmedien; keine Altersbeschränkung.

Medienbotschafter China

Hamburg Media School,
AP Lillian Zhang, T. 040 41 3468 72, F. 040 41 3468 10,
l.zhang@hamburgmediaschool.com, www.hamburgmediaschool.com
RBS,
AP Marc Bermann, T. 0711 46084 154, marc.bermann@bosch-stiftung.de,
www.bosch-stiftung.de
Vergibt in Zusammenarbeit mit RBS jährlich zehn Stipendien an junge deutsche und chinesische Journalisten, die drei Monate lang im jeweils anderen Land als Medienbotschafter fungieren. Die Stipendiaten erhalten in einem Seminar in Hamburg eine intensive Vorbereitung auf ihre Zeit in China, während derer sie in Redaktionen in Peking und Shanghai mitarbeiten.
Pro Monat erhalten die Stipendiaten 1000 €. Bewerbungsfrist für deutsche Journalisten Mitte Mai.

Journalistenstipendium Mittel- und Osteuropa

Berliner Journalisten-Schule,
AP Dr. Heiner Noske, Clemens Schöll, Jürgen Vietig,
info@medien-mittler.de, www.medien-mittler.de
Unter dem Motto „Medien - Mittler zwischen den Völkern" erhalten junge deutsche, schweizerische und österreichische Journalisten bis 35 Jahren die Möglichkeit, drei Monate lang in Print-, Hörfunk- oder TV-Redaktionen in Georgien, Polen, Ungarn und der Ukraine mitzuarbeiten. In einem Vorbereitungsseminar in Berlin werden den Stipendiaten vor der Reise Kenntnisse über die aktuelle politische, wirtschaftliche und kulturelle Situation und die Medienlandschaft des Gastlandes vermittelt. Monatlich erhalten die „Journalisten auf Zeit" 1100 € an Zuwendungen. Bewerbungsfrist stets der 1. November.

(Bildquelle: A. Reinkober, Pixelio)

SPRACHEN LERNEN

Sprachschulen und -reisen

Dass man eine Fremdsprache am besten im jeweiligen Ausland und nicht daheim auf dem Sofa lernt, dürfte mittlerweile kein Geheimnis mehr sein. Am schnellsten und effektivsten verinnerlicht man die fremde Zunge durch den Besuch einer Sprachschule. Viele können sich einen längeren Auslandsaufenthalt schon allein aus zeitlichen Gründen nicht leisten und greifen gezielt zu Sprachschulangeboten, um möglichst rasch und gründlich eine neue Sprache zu erlernen oder alte Sprachkenntnisse aufzubügeln.

Man wird sich wundern, welch große Fortschritte man auf einmal macht, wenn man in den von Muttersprachlern unterrichteten kleinen Gruppen sitzt und das Gelernte nicht nach der Stunde wieder vergisst, sondern im Alltag bewusst anwenden kann und muss. Durch das internationale Umfeld wird der Unterricht meist von den Anfängerstufen an in der Fremdsprache abgehalten. Grammatik ist zwar unabdingbar, spielt aber im Vergleich zur mündlichen Kommunikation eine untergeordnete Rolle, wodurch der Unterricht an Lebendigkeit gewinnt. Zudem bemerkt man die eigenen Fortschritte schnell im Alltag, beispielsweise in Gesprächen mit dem Zeitungsverkäufer oder der Kellnerin.

Viele Sprachschulen vermitteln Gastfamilien oder haben ein Kontingent an Appartements für ihre Sprachschüler in petto. In so einem Fall empfiehlt es sich, nach nicht-deutschsprachigen Mitbewohnern zu fragen – so lässt sich der innere Schweinehund ganz gewieft ausschalten und die Fremdsprache auch im außerschulischen Umfeld anwenden.

Sprachreisen werden für alle Altersstufen angeboten, so dass man mit den anderen Teilnehmern oft auf gleicher Wellenlänge liegt. Schnell wird so der Bekanntenkreis international erweitert und manchmal gar Freundschaften fürs Leben geknüpft.

Accademia Europea di Firenze (AEF)

via Roma 4, 50123 Florenz, Italien
Tel.: +39 055 211599; Fax: +39 055 2399994
info@accademiaeuropeafirenze.it,
www.accademiaeuropeafirenze.it/de/home/home.php
Bürozeiten: Mo–Fr: 9-13 Uhr, 14–18 Uhr
Gründungsjahr: 2005
Ansprechpartner: Tanja Meidinger, Isabel Berger

ACCADEMIA
EUROPEA
DI FIRENZE

ITALIENISCHE SPRACHKURSE IN FLORENZ – SCHULE FÜR SPRACHE, MUSIK, KUNST UND KULTUR

Schule und Lage: Das Institut versteht sich als Vermittlerin der italienischen Sprache und Kultur, und befindet sich im Zentrum von Florenz zwischen dem Dom und der Piazza della Repubblica.

Kulturvielfalt: Es wird großen Wert auf hochqualitativen Unterricht, lernmotivierendes und angenehmes Ambiente, sowie die Vermittlung eines breiten Einblicks in die italienische Kultur gelegt. Deshalb bietet die Schule außer dem Unterricht der italienischen Sprache auch eine Reihe von Kursen zu klassischer Musik, Kunst und Kultur. Studierende können daher die italienische Sprache in ihren Interessengebieten, Kunst, Musik, Kultur oder die italienische Küche und Italiens Weine, lernen und anzuwenden.

Freizeit: Vielseitiges Kultur- und Freizeitprogramm, bei dem die Studierenden in das kulturelle Leben von Florenz eingebunden werden.

Alter: An den Kursen können alle Interessierten ab 16 Jahren teilnehmen. Auf Anfrage sind auch individuelle Kurse jeder Art in den einzelnen Bereichen, oder Kombinationen möglich.

Kursbeginn: Normalerweise zu Monatsanfang. Kursdauer (Gruppen): normalerweise min. 2 Wochen, individuelle Kurse: keine Beschränkung.

Unterkunft in Florenz: Kann über die Schule in Appartements, Studentenwohnungen, oder Familien organisiert werden.

Internet: WLAN steht den Studierenden kostenlos zur Verfügung.

Besonderheiten: individuelle Kurse jeder Art in den einzelnen Bereichen, oder Bereichskombinationen (z.B. Italienisch + Musik)

AIFS

Zentrale Bonn
Baunscheidtstr. 11, 53113 Bonn
Tel.: +49 (0) 228-95730-0, Fax: + 49 (0) 228-95730-10
info@aifs.de, www.aifs.de
Gründungsjahr: 1964
Ansprechpartner: Sandra Urban, Program Manager

SPRACHEN LERNEN IN SOMMERCAMPS

Camps in den USA, England, Frankreich, Spanien und der Schweiz bieten das perfekte Umfeld für unvergessliche Sommerferien. Durch die Kommunikation mit anderen Teilnehmern sowie einen Sprachkurs wird die Fremdsprache spielend erlernt.

Dauer des Aufenthalts:
USA: ab 2 Wochen, Frankreich: 2 Wochen, Rest Europa: ab 1 Woche.

Kosten: USA: ab 1.530 EUR, Frankreich: ab 1.890 EUR, Spanien: ab 1.190 EUR, England: ab 890 EUR, Schweiz: ab 1.390 EUR.

Im Preis u.a. enthalten: Unterstützung bei den Vorbereitungen, Vermittlung in ein Camp, Unterbringung und Verpflegung im Camp, Transfer vom Flughafen ins Camp (und zurück), Betreuung vor Ort, Sprachkurs, Package mit T-Shirt und Handbüchern für Teilnehmer und Eltern.

Altersstufen: 12 bis 17 Jahre.

Anmeldefristen: 15. Mai bzw. auf Anfrage.

Abreisezeitpunkt: Juni bis August.

Besonderes: Schulkenntnisse in der jeweiligen Landessprache von Vorteil.

Kulturelle und touristische Angebote, Ausflüge: Jedes Camp präsentiert ein Programm und eine Vielzahl an Aktivitäten (z.B. Fußball, Tennis, Reiten, Klettern oder Kartfahren) sowie ein breitgefächertes Angebot im kreativen Bereich (wie Kunst, Theater, Musik und Medien).

Selbst zu tragende Zusatzkosten: Taschengeld vor Ort, optionale Aktivitäten und Ausflüge.

Unterkunft: In den Summer Camps, die meist über ein riesiges Gelände verfügen, oft auch direkt an einem See oder am Meer. Die Camper schlafen in der Regel mit anderen Teilnehmern sowie einem Betreuer in Holzbungalows oder Mehrbettzimmern.

Länder / Region: USA, Frankreich, Spanien, England, Schweiz.

Sonstiges: Alle Infos unter www.aifs.de sowie auf Facebook!

Kaplan - Sprachkurse und Praktika weltweit

ASPECT Internationale Sprachschule GmbH,
ein Tochterunternehmen der Kaplan Inc.
Zeil 65–69, 60313 Frankfurt am Main
Tel: +49 69 244 5005-10, Fax: +49 69 244 5005-09
Öffnungszeiten: Mo–Fr 9–18 h
Gründungsjahr: 1996

SPRACHREISEN MIT KAPLAN

Kaplan International Colleges ist ein anspruchsvoller Sprachreiseveranstalter mit 43 eigenen Sprachschulen im englischsprachigen Ausland und Partnerschulen weltweit. Kaplan ist ein führendes Bildungsinstitut in den USA und Tochterunternehmen der Washington Post. Angeboten werden Sprachkurse, Examensvorbereitungskurse (z.B. TOEFL; GMAT, IELTS), Praktika und Work & Study-Programme mit bezahltem Nebenjob im Ausland sowie Junior-Sprachreisen und High School Aufenthalte. Alle Schulen befinden sich in den interessantesten Städten und Ländern der Welt – z.B. im Empire State Building in New York (USA). Die Repräsentanz in Deutschland ermöglicht eine schnelle, professionelle und kompetente Beratung rund um Sprachaufenthalte und kombinierte Programme weltweit.
Altersstufen: Durchschnittsalter Anfang/Mitte 20 (Junior-Sprachkurse: 14–18 Jahre).
Voraussetzungen / Einschränkungen: Junior-Sprachkurse ab 14 Jahren, Erwachsenen-Sprachkurse ab 16 Jahren, Praktikumsprogramme und Work&Study Programme ab 18 J.
Anmeldefristen: je nach Saison und Visabestimmungen des Landes 2–12 Wochen.
Einstufungstest, Methode / Materialien, Niveaus, Kursdauer, Klassengröße:
Einführungstag mit Einstufungstest am ersten Schultag, interaktive Lehrmethodik, Lehrmaterialien inklusive (außer Australien, Neuseeland und Kanada), alle Sprachniveaustufen von A1 bis C2, Kursdauer 2–32 Wochen frei wählbar, Klassengröße druchschnittlich 12, maximal 15.
Ausstattung / Räumlichkeiten: Alle Schulen in attraktiver Zentrumslage, helle und freundliche Klassenzimmer, Studentenlounge, Snackangebote, kostenfreies WLAN im Schulgebäude, Multi-Mediazentrum, kleine Bibliothek.
Lehrerprofil (Ausbildung, Training), Zertifikate (auch offiziell anerkannt?):
Alle Lehrer sind Muttersprachler mit Berufserfahrung und entsprechender Lehrer-Qualifikation.
Kulturelle und touristische Angebote, Ausflüge: Ein optionales Freizeitprogramm wird an allen Schulen zum Selbstkostenpreis angeboten.
Kosten: Preisbeispiel: 2 Wochen New York mit Unterkunft: ab 850 €.
Zusatzkosten: Taschengeld für Freizeit und Ausflüge (ca. 80–120 € pro Woche je nach individuellen Bedürfnissen), Flug, Versicherung, öffentliche Verkehrsmittel.
Unterkunft: Privatunterkunft Doppel- oder Einzelzimmer (mit Halbpension), Residenzen oder Appartements, Doppel- oder Einzelzimmer (mit Selbstverpflegung).
Länder / Region: USA, Kanada, Großbritannien, Irland, Australien, Neuseeland, Malta, Frankreich, Italien, China, Spanien,Costa Rica, Kuba, Dominikanische Republik.
Verbandsmitgliedschaften, Zertifizierung: FDSV, DIN-Zertifizierung, British Council, ACCET, NEAS, MEI/RELSA, ACELS, Language Canada, NZQA.

ESL – Sprachreisen

Machabäerstr. 28, 50668 Köln, koeln@esl.de
Tel : 0221-5708 7939, Fax: 0221-5708 7935

Friedrichstr. 115, 10117 Berlin, berlin@esl.de
Tel : 030-275 82 733, Fax: 030-275 82 730

Serdlinger Str. 24, 80331 München, muenchen@esl.de
Tel : 030-275 82 733, Fax: 030-275 82 730

Mo und Fr: 9–18 Uhr, Di bis Do: 9–20 Uhr

Ansprechpartner:
Vera Pöhlmann, Christin Schreyl, Susanne Beck

www.esl.de

SPRACHREISEN FÜR ALLE ALTERSGRUPPEN, PRAKTIKA UND BEZAHLTE JOBS

Im Programm sind 20 Sprachen auf 5 Kontinenten, ferner bezahlte Jobs, Praktika und Volontariate. Die Palette reicht von Englisch in Indien, einem Praktikum in New York, Japanisch, Chinesisch, ja sogar hin bis zu Türkisch in Istanbul. Die große Auswahl an Destinationen ermöglicht es, das Umfeld eigenen Wünschen und Prioritäten gemäß auszuwählen.

Enthalten sind allgemeine Sprachkurse, Vorbereitungskurse für offizielle Prüfungen, Unternehmenspraktika und Volontariate, bezahlte Jobs und Berufsbildungskurse.

Altersstufen: Keine Einschränkung

Anmeldefristen: Nach Absprache

Kursdauer: Flexible Dauer, aber mindestens 2 Wochen.

Kursgrößen: Die Kursgröße ist ganz unterschiedlich. Es stehen Einzelunterricht, Unterricht in der Gruppe und Unterricht in der Minigruppe zur Auswahl.

Unterkunft: Gastfamilien, Wohngemeinschaften, Wohnheim, Hotels, Apartments

Länder: Weltweit

Sonstiges: Ein erfahrenes Beratungsteam erarbeitet individuell zugeschnittene Angebote. ESL kümmert sich von A bis Z um das gesamte Studienprojekt im Ausland.

Carl Duisberg Centren

Tel.: 0221 / 165-26-289, Fax: -225
sprachreisen@cdc.de
www.cdc.de/sprachreisen

SPRACHREISEN FÜR SCHÜLER, STUDENTEN, BERUFSTÄTIGE.

Sprachurlaub/50Plus. Praktikumsvermittlung im Ausland, College-Programme

Altersstufen: Schüler 11–18; Praktika und Sprachkurse ab 18 Jahre.

Voraussetzungen / Einschränkungen: Je nach Programm gelten unterschiedliche Voraussetzungen, die im Beratungsgespräch geklärt werden.

Einstufungstest, Methode / Materialien, Niveaus, Kursdauer, Klassengröße: Sprachkurse finden in international gemischten Kursgruppen statt. Ein Einstufungstest stellt sicher, dass die Teilnehmer in die richtige Kursgruppe kommen. In den Gruppen sind in der Regel 12 bis max. 15 Teilnehmer.

Kulturelle und touristische Angebote, Ausflüge: Die Schulen bieten ein Freizeitprogramm an, das je nach Kurstyp unterschiedlich intensiv ist. Bei Schülersprachreisen gibt es durchgängige Programmangebote für jeden Tag.

Unterkunft: Bei Gastfamilien oder in der Schulresidenz.

Dauer des Aufenthalts, Einsatzperiode: Sprachreisen dauern in der Regel 2–8 Wochen, Praktika ab 4 Wochen bis 12 Monate.

Anmeldefristen: Für Sprachkurse ca. 2 Wochen, für Praktika 2–3 Monate.

Entgelt während des Aufenthalts, Förderung: Es gibt Teilstipendien für Sprachkurse in England. Praktika sind unbezahlt, im Bereich Hotel und Gastronomie werden bezahlte Jobs vermittelt. Studenten können Teilstipendien über das Promos-Programm beim akademischen Auslandsamt ihrer Hochschule beantragen.

Die Angebote stehen grundsätzlich Angehörigen aller Nationalitäten offen. Es gelten die Einreisebestimmungen der Zielländer.

Länder / Gebiete des Aufenthaltes: Europa, USA/Kanda, Südafrika, Australien, Neuseeland, China, Mexiko, Ecuador.

South America Inside

Andrés de Fuenzalida 17, Oficina 51
Providencia, Santiago de Chile
Tel: +56-2-335 9072
Dt. Kundenhotline von 13–23 Uhr: 07735-425339
info@southamerica-inside.com
www.southamerica-inside.com/de
Gründungsjahr: 2003
Ansprechpartner: Marion Ruhland, Ulrike Dabsch

SPRACHREISEN IN LATEINAMERIKA – PRAKTIKA, FREIWILLIGEN-ARBEIT UND WILDLIFE & NATURE PROJEKTE

Die Auslandsprogramme richten sich an Leute – egal ob Schüler, Studenten, Berufstätige oder Pensionäre – die Lateinamerika nicht als gewöhnlicher Tourist sondern abseits der ausgetretenen Touristenpfade entdecken und erleben möchten!

Altersstufe: Ab 18 Jahren.

Dauer: Ab 2 Wochen möglich.

Anmeldefristen: Die Programme sind jederzeit und das ganze Jahr über buchbar. Sie können auch flexibel gestaltet und kombiniert werden.

Kosten: In Abhängigkeit vom Programm und dessen Dauer.

Besondere Leitungen: Manche Programme schließen freie Kost und Logis mit ein.

Angebot Sprachkurse: Erstklassige Sprachkurse mit qualifizierten Lehrern. Abwechslungsreiches Freizeitangebot. Gemütliche Unterkünfte in Gastfamilien oder Wohngemeinschaften.

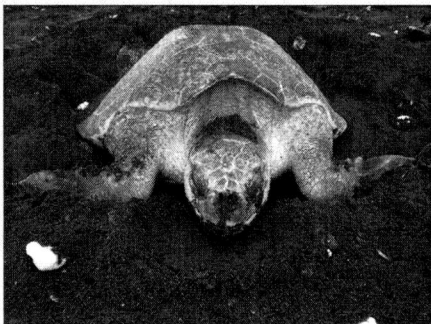

Länder: Argentinien, Bolivien, Brasilien, Chile, Costa Rica, Ecuador, Guatemala, Kuba, Mexiko, Panama, Paraguay, Peru, Uruguay

Weitere Programme: Praktika, Freiwilligenarbeit, Working Holidays, Farm Stays, Wildlife & Nature Projekte.

europartner reisen Walter Beyer GmbH

Auf dem Rügge 9, 33181 Bad Wünnenberg
Tel.: 02953/9805-0, Fax: 02953/9805-98
info@europartner.de, www.europartner.de
Bürozeiten: Montag bis Freitag 8.30 bis 16.30 Uhr
Gründungsjahr: 1976
Ansprechpartner: Birgit Goldmann

SPRACHREISEN FÜR JUGENDLICHE UND KIDS NACH ENGLAND, FRANKREICH, MALTA, SPANIEN UND DEUTSCHLAND

Altersstufen: 8–19 Jahre

Nach einem Einstufungstest am ersten Schultag werden die Schüler in Klassen nach entsprechendem Leistungsniveau eingeteilt (max. 15 Schüler pro Klasse). Jeder erhält ein Kursbuch und ein Schreibheft für den Unterricht. Zu Ende wird ein europartner-Zertifikat ausgestellt. Der Sprachunterricht erstreckt sich über 30 oder 40 Unterrichtsstunden und wird von qualifizierten Muttersprachlern durchgeführt.
Die Sprachschulen befinden sich im Zentrum der jeweiligen Kursorte.

Kulturelle und touristische Angebote, Ausflüge: Das Freizeitprogramm besteht aus Ganz- und Halbtagsausflügen in die Region und teilweise in die Landeshauptstädte. Vor Ort organisieren die Teamer Strandaktivitäten, Sportveranstaltungen, Karaokeabende, Quiz-Nights, u.ä. Außerdem wird eine Disco, ein Barbecue oder ein Picknick veranstaltet. Sehenswürdigkeiten stehen ebenfalls auf dem Programm.

Zusatzkosten: Empfohlen ist ein Taschengeld in Höhe von 80–100 € pro Woche. Eine Auslandskranken- u. Reiserücktrittskostenversicherung sollte abgeschlossen werden.

Unterkunft: Während des Aufenthalts wohnen die Teilnehmer bei einer freundlichen, ausgesuchten Gastfamilie oder in Residenzen, wo auch die Mahlzeiten eingenommen werden. Für unterwegs gibt es ein Lunchpaket.

Länder und Regionen: 7 Kursorte an der Südküste Englands, Saint-Malo in Frankreich, Barcelona und in Spanien, Malta, verschiedene Kidscamps in Deutschland. In England auch kombinierte Sprach-Sportreisen: Fußball, Reiten, Segeln, Surfen, Tanzen und Tennis.

Verbandsmitgliedschaften, Zertifizierung: Mitglied im Fachverband deutscher Sprachreise-Veranstalter (FDSV), zertifiziert nach DIN EN 14804, QMJ Qualitätsmanagement Kinder- und Jugendreisen

Sonstiges: Anreise per Reisebus. Zustiegsmöglichkeiten im gesamten Bundesgebiet. Teilweise können auch Flugreisen gebucht werden. Die Kidscamps in Deutschland erfolgen per Eigenanreise.

inlingua Santander

Avenida de Pontejos 5, E-39005 SANTANDER
Tel. +34 942 27 84 65, Fax +34 942 27 44 02
inlingua.santander@inlingua.com
www.inlinguasantander.com
Bürozeiten: Montags bis freitags
9:00 bis 13:00 und 16:00 bis 21:00
Gründungsjahr: 1970
Ansprechpartner: Ingrid Antons
Partnerorganisation: inlingua International AG
Schülerzahl (durchschnittl. pro Jahr): 600,
Spanischabteilung: 50
Durchschnittsalter: 25–30 Jahre

Spanischkurse in Santander

Minigruppenkurse: 20 Wochenstunden
Sommerkurse: 15 Wochenstunden
Intensiver Einzelunterricht: 20, 25, 30 oder 40
Wochenstunden

Kursdauer: Gruppenkurse: Minimum 2 Wochen
Intensiver Einzelunterricht: Minimum 1 Woche
Kursgröße: Maximal 6 Teilnehmer pro Gruppe
Voraussetzungen sind nicht nötig. Bei Vorkenntnissen erfolgt ein Einstufungstest

Methode / Materialien: inlingua-Methode (Direktmethode), 6 Niveaus
Gebühren: je nach Kurstyp und -dauer, Material inbegriffen
Ausstattung / Räumlichkeiten: Helle, freundliche Räume
Zertifikate: inlingua

Lehrerprofil: Bestqualifizierte, in der inlingua-Methode ausgebildete und in der Unterrichtung von Ausländern erfahrene spanische Hochschulabsolventen.

Unterkunft: Familienunterkunft (Einzelzimmer, Frühstück und Abendessen) oder Unterstützung bei Hotelbuchung.

Internet: Wifi (kostenlos).

Region / Stadt: Universitätsstadt, Sandstrände und Hochgebirge.

Sonstiges: In Kantabrien, Hauptstadt Santander, wird das akzentfreieste Spanisch des Landes gesprochen.

Intercultura

Spanish Language School & Cultural Center

Heredia und Sámara Beach, Costa Rica
P.O Box 1952-3000, Heredia Costa Rica, Central America
Tel.: +(506) 2260 8480 (Heredia) Fax: 2656 0127 (Sámara)
Kostenlose Rufnummer Europa: 44-20-7993-0822
spanish@interculturacostarica.com (Heredia Campus)
info@samaralanguageschool.com (Sámara Campus)
www.interculturacostarica.com
www.samaralanguageschool.com
Bürozeiten: Mo–Do 8–19 Uhr, Fr 8–17 Uhr, Gründungsjahr: 1993

Spanisch und Kultur in Costa Rica am Stadt- und / oder Strandcampus

Anprechpartner: Marcelo Arroyo in Heredia, Laura Ellington in Sámara
Standorte:
- City Campus – in der Universitätsstadt Heredia, Central Valley, bei San José.
- Beach Campus – Strandort Sámara, Nord-Pazifikküste, direkt am Strand.

Schülerzahl, Altersstufe: in Heredia: 700, in Sámara: 1000, Alter zw. 18 und 80 Jahre.
Registrierung, Kursbeginn, Kursangebot: mindestens 1 Woche vor Beginn über die Homepage, jeden Montag, ganzjährig. Gruppenintensivprogramm (20 Std./Woche, 4 Std. tägl.) und / oder Privatunterricht.
Zusätzliche Angebote: themen- oder gruppenspezifische Kurse sowie individuelle Programme; Spanish & Surf, Spanish & Yoga, Spanish & Salsa oder Survival Spanish; Freiwilligenarbeit; zahlreiche kulturelle und umweltverträgliche Aktivitäten, Wochenendausflüge sowie Gemeinschaftsgespräche, s. Homepage.
Klassengröße, Kursdauer: interaktive kleine Gruppen, maximal 6 Teilnehmer pro Gruppe. Mindestens 1 Woche von Montag bis Freitag.
Einstufungstest: mündlicher Einstufungstest immer montags, noch vor Kursbeginn.
Methode / Material: Kommunikations- und Direktmethode im Kontext vollkommener kultureller Immersion, Unterrichtssprache ausschließlich Spanisch.
Niveaustufen: 18 Level von Anfänger bis Fortgeschrittene.
Programmkosten: siehe Hompage, Lehrmaterialien inbegriffen.
Einrichtungen / Ausstattung: helle und vollständig ausgestattete Räume, Sprachlabor, Leihbibliothek, Küche, Gärten, Sitzecken, WiFi sowie schuleigene Computer mit Internet
Zertifikate: Abschlusszertifikat nach erfolgreicher Beendigung des Sprachkurses
Lehrerprofil: Muttersprachler mit höheren Universitätsabschlüssen, ausgebildet und zertifiziert Spanisch als Fremdsprache zu unterrichten.
Unterkunft: Gastfamilien (EZ, Frühstück, Abendessen und Wäscheservice); Hotels und Apartments (in Sámara direkt über die Schule buchbar, in Heredia stellt die Schule gerne Vorschläge und Informationen zur Verfügung).
Besonderheiten: Das Land aus zwei verschiedenen Perspektiven kennenlernen – zum einen das pulsierende Stadtleben und zum anderen das ländlich-chillige Strandleben – eine totale Immersionserfahrung in Sprache und Kultur: Sprachschüler haben die Wahl z.B. ein Level in Heredia und das folgende Level am Strand von Sámara zu absolvieren.

„Learn the language, live the culture".

OISE Sprachtraining (Deutschland) GmbH

Poststr. 48, 69115 Heidelberg
Tel.: 06221 / 4340480, Fax: 06221 / 4340489
sprachreisen@oise.com
www.oise.com/sprachreisen
Öffnungszeiten: 9–18 Uhr
Gegründet 1973 (Oxford)
Ansprechpartner: Annegret Furth, Steffen Schlosser

INTENSIV-SPRACHTRAINING WELTWEIT FÜR SCHÜLER UND ERWACHSENE

Altersstufen: Schüler: 7–17 Jahre; Erwachsene: ab 17 Jahre.

Voraussetzungen: Lernbereitschaft, Motivation, Offenheit.

Anmeldefristen: Anmeldungen sind kurzfristig möglich, bei Sommersprachkursen wird eine frühzeitige Anmeldung empfohlen.
Vor Unterrichtsbeginn erfolgen Einstufungstest am Montag sowie eine Bedarfs-analyse bei den Erwachsenen- und Abiturvorbereitungskursen. Max. 4 (Erwachsene) oder 8 (Jugend) Teilnehmer pro Klasse. 31 Stunden pro Woche (Erwachsene), 22,5 bzw. 30 Stunden pro Woche (Schüler).

Ausstattung / Räumlichkeiten: Moderne Räumlichkeiten mit Internetzugang.

Lehrerprofil: Ausgebildete Lehrer oder Quereinsteiger aus der Wirtschaft, ausschließlich Muttersprachler.

Kulturelle und touristische Angebote: Organisiertes Freizeitprogramm + Ganz-tagesausflug am Wochenende.

Selbst zu tragende Zusatzkosten: Die Kosten für den Flug sind im Peis nicht inbegriffen.

Unterkunft: In Gastfamilien oder Colleges.

Länder / Region: Kurse für Schüler: Englisch in Bristol, Dawlish, Newbury, Oxford, Swindon, Taunton, Telford, Llandovery, Folkestone, Nottingham, York, San Francisco sowie Spanisch in Madrid und Segovia.

Erwachsene: OISEeigene Schulen in Oxford, Cambridge, London, Bristol, Boston, San Francisco, Montreal, Sydney, Paris, Madrid.

Verbandsmitgliedschaften, Zertifizierung: Mitglied im FDSV.

TANDEM Spanien
bietet Spanischkurse in Spanien an:

Sprachkurse in San Sebastián, Valencia,
Madrid, Granada und Cádiz.

Die Schulen sind vom spanischen Instituto
Cervantes anerkannt und gehören zu TANDEM
International, einem weltweiten Verband von
Qualitätssprachschulen.

TANDEM Spanien
www.tandemspain.com

SPANISCH LERNEN MIT TANDEM SPANIEN

Altersstufen: Mind. 16 Jahre, keine Alterbegrenzung. Besondere Jugendkurse können auch von jüngeren Teilnehmern gebucht werden. Auch Programme für Schulklassen.

Voraussetzungen: Für Teilnehmer aller Alterstufen und Nationalitäten. Ganzjährig Sprachkurse auf 6 Lernniveaus (Anfänger bis Oberstufe) bei einer Kursdauer von 1 Woche bis zu 6 Monaten.

Anmeldefristen: Anmeldungen gehen direkt über die Webseite an die gewünschte Schule, die auch stets direkter Ansprechpartner ist. Anmeldefrist in der Regel eine Woche vor Kursbeginn.

Einstufungstest: Schriftlicher und mündlicher Einstufungstest.

Ausstattung / Räumlichkeiten: Alle Schulen sind mittelgroße Institute mit ca. 600 Kursteilnehmern pro Jahr.

Zertifikate: Alle Schulen sind vom spanischen Instituto Cervantes anerkannt und auch Prüfungszentren für die offiziellen DELE Examen.

Kulturelle und touristische Angebote, Ausflüge: Tägliches Kulturprogramm bzw. Wochenendausflüge. Neuen Kursteilnehmern steht vor Ort ein Ansprechpartner zur Verfügung.

Selbst zu tragende Zusatzkosten: 1 Woche Spanischkurs mit 4 Unterrichtsstunden á 45 Minuten täglich kosten ca. 200 €. Alle Zusatzkosten wie Flug oder Taschengeld tragen die Teilnehmer selbst.

Unterkunft: Ausgewählte Unterkünfte in Gastfamilien, Apartments, Hotels oder Pensionen.

Verbandsmitgliedschaften, Zertifizierung: TANDEM International, FEDELE

Sonstiges: Die Schulen in San Sebastián, Madrid und Valencia bieten auch Praktikumsprogramme an.

Association Inter-Sejours

Marie Hélène Pierrot
179 Rue de Courcelles
75017 Paris
France
Tel.: 00 33 1 47 63 06 81
aideinfo.intersejours@wanadoo.fr
www.inter-sejours.fr
Office hours: 9.30 am – 5.30 pm
Founding year: 1968

Asso Inter Sejours is a non-profit association. 50 annual placements in language schools in Australia, Austria, Canada, England, Germany, Italy, New Zealand, Spain and the USA.

Minimum age 13 years, no maximum age. Length of stay between one week and one year.

Minimum age 12 years.

Applications at any time, course start every Monday. Open to all nationalities in EC-countries.

Costs (vary depending on country): lessons and travel expenses, board in family or hotel or residence, placement fees, pocket money, insurance to be paid by each student.

Excursions, tourist and cultural offers in all countries.

Link for information on linguistic stay with lessons:
http://asso.intersejours.free.fr > Cours de langue

Stepin (Student Travel & Educational Programmes International)
Beethovenallee 21
53173 Bonn
Tel.: 0228-95695-0
Fax: 0228-95695-99
info@stepin.de
www.stepin.de

Bürozeiten:
Montag bis Freitag von 8.30 bis 20 Uhr, allgemeine Beratung

Ansprechpartnerin: Sara Thielsch

Altersbegrenzung: ab 18 Jahren

Anmelde- / Bewerbungsfrist:
Mindestens sechs Wochen vor geplanter Ausreise

Bewerbungsverlauf: Online oder per Post.

Betreuung: Vor und während des Programms.

Ausflüge, touristische und kulturelle Angebote:
Breites Kulturangebot vor Ort.

Dauer des Aufenthalts: Ab zwei Wochen

Abreisezeit: jederzeit

Programmgebühren: länderabhängig

Länder:
Australien, Neuseeland, Kanada,
USA, England, Irland, Frankreich,
Spanien, China, Japan

Sonstiges:
Stepin ist Mitglied im FDSV

Società Dante Alighieri – Siena

Via Tommaso Pendola n. 37 53100 Siena
Tel.: 0039 0577 270646, Fax: 0039 0577 270646
info@dantealighieri.com, www.dantealighieri.com
Bürozeiten: Mo–Do 8.30–18 Uhr, Fr 8.30–17 Uhr
Ansprechpartner: Serena Bonelli

IL MONDO IN ITALIANO
dantealighieri.com

Italienisch in Italien
In der Altstadt, nur 10 Gehminuten von der berühmten Piazza del Campo

Schülerzahl (durchschnittl. pro Jahr): 1200
Durchschnittsalter der Schüler: Etwa je zu einem Viertel zw. 17 und 25, 26 und 35 Jahren sowie über 60 Jahren. Das restliche Viertel der Kursteilnehmer nehmen die Altersgruppen von 36–45 sowie 46–60 Jahren ein.

Gründungsjahr: 1979

Anmeldefrist: Ohne Termine, Anmeldungen jederzeit.

Art des Angebots: Gruppenkurse, individuelle Kurse, besondere Kurse für Senioren.

Zusätzliche Angebote: Langzeitkurse, Italienische Kultur, Italienische Küche, Praktika, Seniorenkurse, anerkannter Bildungsurlaub, Grundvig, Comenius.

Kursdauer: Jede Unterrichtseinheit erstreckt sich über 60 Minuten. Die Kursdauer liegt zw. einer Woche bis zu 12 Monaten.

Kursgröße: Max. 12 Schüler pro Klasse.

Voraussetzungen: Alle Leistungsstufen in 6 Niveaus.

Einstufungstest am ersten Montag (schriftlich und mündlich).

Methode: Unser Lehrplan folgt dem European Language Framework.

Gebühren (auch zusätzl. für Materialien): 70 Euro

Ausstattung / Räumlichkeiten: 20 Klassen, Bibliothek, Studentenraum mit Klavier. Mit der Dante-Alighieri-Karte (10 Euro) erhält man einen Internetzugang.

Zertifikate: PLIDA

Unterkunft: Familien, Studentenwohngemeinschaften, Pensionen, Privathäusern, usw.

Sehenswürdigkeiten: Zahllose in Siena selbst. In der Umgebung: Monteriggioni, San Gimignano, Pienza, Montepulciano, Montalcino, Chianti Gebiet, Firenze, Pisa.

Karsten Ehlebracht REISEN

Reinickendorfer Str. 8, 33619 Bielefeld
Fax +49 521 137043 , info@ker.de, www.ker.de
Bürozeiten: nur online erreichbar via E-mail u. Fax
Gründung: 1994
Ansprechpartner: Karsten Ehlebracht

Anzahl der jährl. Vermittlungen: 150

Sprachreisen Russisch und Ukrainisch.
Gruppenunterricht (St.Petersburg ganzjährig, Odessa im Sommer) und Einzelunterricht (alle Orte jederzeit)

Partner: Staatliche Lomonosov Universität Moskau, Staatliche Universität St. Petersburg (beide Russische Föderation), Taurische Nationale Universität Simferopol, Polytechnische Universität, Odessa (beide Ukraine)

Altersbegrenzung: Mindestalter 18 Jahre, ab 16 Jahre mit Einverständniserklärung der Eltern in Simferopol und St. Petersburg, kein Höchstalter

Anmeldefrist: Ukraine 4 Wochen, Russische Föderation 8 Wochen (wg. Visumausstellung)

Besondere Voraussetzungen: Die Gastfamilien werden entsprechend individueller Angaben ausgesucht (z.b. Haustierallergien, Nichtraucher, fleischlose Ernährung, etc.)
Bewerbungsverlauf: Schriftliche Anmeldung (per E-Mail, Fax oder Briefpost)

Vor- u. Nachbereitung: Individuelle Beratung zum Unterrichtsinhalt im Vorfeld.
Betreuung: Ein Ansprechpartner an der Fakultät steht zur Verfügung. Er hilft gern bei Fragen zu den gebuchten Leistungen Transfer, Unterricht und Gastfamilie, aber auch zu Ausflügen und Freizeitmöglichkeiten über die Reiseleistungen hinaus.

Touristische und kulturelle Angebote: Jeweils saisonabhängig, vor Ort buchbar.
Dauer des Aufenthalts: 2–8 Wochen (längerer Aufenthalt ist auf Anfrage auch möglich)

Abreisezeit: jederzeit

Programmgebühren: Je nach Zielort, abhängig vom gebuchten Leistungsumfang. Preise auf der Website, gern wird ein individuelles Angebot erstellt.

Zusatzkosten: Je nach Zielort. Zusätzlich zum Reisepreis fällt immer die Anreise und für die Russische Föderation auch die Visakosten an.

Verpflegung in der Regel nur Frühstück, in St. Petersburg Frühstück und Abendessen.
Lehrmaterial im Preis enthalten, Bücher können vor Ort ausgeliehen und - wenn Mitnahme gewünscht – auch erworben werden.
Stipendien: möglich z.B. über den DAAD (Sommersprachkurse an ausl. Hochschulen)

Staatsangehörigkeit: Deutsche, Schweizer und Österreicher reisen zu annähernd gleichen Visabedingungen. Das russische Visum ist jedoch in der Regel im Herkunftsland (!) zu beantragen.

Länder: Russische Föderation und Ukraine

Karsten Ehlebracht REISEN ist Reiseveranstalter im Sinne des deutschen Reiserechts und bietet entsprechend Haftung und Kautionsabsicherung.

LAL Sprachreisen GmbH

Landsberger Str. 88, 80339 München
Tel.: 01805-384 230 (0,14 € / Min. aus dem dt. Festnetz,
max. 0,48 € / Min. aus dem Mobilfunk)
Fax: 089-2525 3535, info@lal.de, www.lal.de
Bürozeiten: 7 Tage die Woche von 8.00 - 24.00 Uhr
Gründungsjahr: 1981

love a language

Internationale Sprachreisen für Erwachsene und Schüler

Altersbegrenzung: je nach Destination und Sprachschule:
– Schüler: mindestens 9 Jahre bis maximal Abituralter
– Erwachsene: ab 16 Jahre
Dauer des Aufenthalts: ab 1 Woche
Beginn: Beginn der Sprachkurse immer montags
Kosten: z.B. 1 Woche Englisch-Hauptkurs auf Malta ab 99,- €
Länder / Gebiete:
Sprachreisen für Erwachsene:
– Malta & Gozo
– England & Schottland (London, Torbay, Cambridge, Liverpool, Edinburgh)
– Irland (Dublin, Galway)
– USA & Kanada (Fort Lauderdale, New York, Boston, San Francisco, Los Angeles, Vancouver, Toronto)
– Südafrika (Kapstadt)
– Australien & Neuseeland (Sydney, Cairns, Auckland, Christchurch)
– Frankreich (Paris, Antibes, Nizza)
– Italien (Tropea, Rom, Florenz, Viareggio, Mailand, Siena)
– Spanien (Málaga, Barcelona, Madrid, Sevilla, Gran Canaria, Valencia, Alicante)
– Costa Rica (Coronado & Jaco Beach)
– Dominikanische Republik (Santo Domingo & Puerto Plaza)
– Japan (Kanazawa)
– Portugal (Lissabon & Faro)
– Russland (St. Petersburg & Moskau)
Sprachreisen für Schüler (young@lal):
– Malta
– England (Torbay, London, Tavistock, Taunton, Winchester)
– USA (Florida / Boca Raton)
– Südafrika (Kapstadt)
– Frankreich (Antibes)
Sonstiges:
– Best-Preis-Garantie
– LAL eigene Sprachschulen in Malta, London, Torbay (England), Fort Lauderdale (USA), Kapstadt (Südafrika)
– Bildungsurlaub - staatliche Förderung für anerkannte intensive Sprachkurse

Xplore GmbH

Theodorstr. 48
22761 Hamburg (+ Büros in Berlin und Köln)
Tel.: 040.429 336 01, Fax: 040.429 336 11
info@xplore.de, www.xplore.de
Öffnungszeiten: Mo–Fr 9.00–17.00 Uhr
Ansprechpartner: Patricia Schneider; Patricia.Schneider@xplore.de

Sprachreisen weltweit

Sprachcamps inklusive eines abwechslungsreichen Rahmenprogramms mit vielen Freizeitaktivitäten, Spaß beim Lernen und interessanten Ausflügen, z.B. nach London oder Manchester.
Oder der ultimative Test mit dem Crossroads-Kurzprogramm für drei bis sechs Wochen in einer Gastfamilie in den USA. Hier erlebt man Amerika mit intensiven Englischkursen und viel Programm gemeinsam mit den Gastgeschwistern.

Anzahl der jährl. Teilnehmer: Ca. 500

Altersbegrenzung: 8–18 Jahre

Betreuung: Damit sich die Kinder vor Ort wohlfühlen und Eltern ihre Kinder in guten Händen wissen, werden alle Betreuer sorgfältig ausgewählt und in Schulungen auf die Zeit mit den Kindern vorbereitet.

Ausflüge, touristische und kulturelle Angebote: Je nach Standort: Tennis-, Golf-, Wakeboard- und Reitkurse, Ausflüge z.B. nach London, Colchester, Freizeitparks „Pleasurewood Hills" oder „Alton Towers", Norwich, Cambridge, Cardiff, Gloucester, York und Manchester.

In den USA werden je nach Destination unterschiedliche Freizeitprogramme angeboten, Besuch von Baseball-Spielen oder Freizeitparks etc.

Dauer des Aufenthalts: 1–6 Wochen

Programmgebühren: Ab € 1.545 für 2 Wochen inkl. Vollpension, 40–45 Std. Sprachkurs, Freizeitprogramm und Flug

Länder: England, Kroatien, Kanada, USA, Österreich, Frankreich

Valentia-Lingua

Valentia Lingua / El Jiniebro
Las Casiñas Altas
10515 Valencia de Alcántara
Tel./Fax: +34 924453671
info@valentia-spanishholidaycourses.es
www.valentia-spanishholidaycourses.es
Ansprechpartner: Meike Schwellenbach
Gründungsjahr: 2009

Durchschnittsalter der Schüler: Mindestalter 18 Jahre, außer Familien

Termine / Anmeldefrist: Alle Kurse beginnen montags

Art des Angebots (Übersicht der Kurse mit Wochenstundenzahl):

– Standard-Intensivkurs, Mo-Fr täglich 4 Unterrichtsstunden
– Kurs „One to One", 2 Stunden täglich
– Senioren Sprachkurs +55, Mo – Fr täglich 4 Unterrichtsstunden
– Leben und Lernen im Haus des Lehrers
– Familiensprachreise

Zusätzliche Angebote: diverse Führungen, Wanderungen, Ausflüge

Kursdauer: Je nach Wahl, mindestens 1 Woche

Kursgröße: Gruppen von 2 – 8 Personen

Voraussetzungen: Vorkenntnisse nicht nötig

Methode / Materialien: Kurssystem beruht auf dem Gemeinsamen europäischen Refererenzrahmen für Sprachen

Niveau: Entsprechend dem europäischen Referenzrahmen für Sprachen

Gebühren (auch zusätzl. für Materialien): 10,– €

Ausstattung / Räumlichkeiten: Schulräume und Unterkunft auf der gleiche Finca, Computer, DVD, Bibliothek ...

Unterkunft: In Landhäusern

Internet: WiFi

Region / Stadt (Sehenswürdigkeiten, Besonderheiten): Valencia de Alcántara
– Dolmenroute, Besuch der am besten erhaltensten megalitischen Fundorte mit zahlreichen Dolmen. Zum allgemeinen Kulturgut erklärt.
– gotisch-jüdisches Stadtviertel, Kirche von Rocamador, römische Brunnen, Mühlen und Synagoge etc.

StudyGlobal Sprachreisen GmbH

Zimmerstr. 55, 10117 Berlin
Tel: 030 20 60 90 70, Fax: 030 69 08 80 01
Kostenlose Kundenhotline: 0800 999 22 02
info@studyglobal.de, www.studyglobal.de
Bürozeiten: 9.00 Uhr bis 18.00 Uhr
Gründungsjahr: 2002
Ansprechpartner:
Frau Kristin Langhof, Frau Ramona Biehn

STUDYGLOBAL

Think Global-Study Global

Angebot: Sprachkurse, Kurse für Geschäftsleute, Praktika und Freiwilligendienste

Altersbegrenzung: Juniors/Teenager: 5–17 Jahre; Erwachsene: ab 18 Jahren (kein Höchstalter); Best Agers: Spezialprogramme für Teilnehmer im Alter von 50+ Jahren

Vermittlung von Praktika/Arbeit: Ab 18 Jahren

Voraussetzungen: in Abhängigkeit vom Programm, teilweise werden bestimmte Mindestlevel / Qualifikationen / Arbeitserfahrung vorausgesetzt

Dauer des Aufenthalts: 1–52 Wochen je nach Wunsch des Kunden

Abreisezeitpunkt: Ganzjährig, mit Kursterminen immer montags

Keine Bewerbungsfrist

Kosten: Individuelle Angebotserstellung auf Anfrage

Entgelt während des Aufenthalts, Förderung: Praktika sind generell unbezahlt, bei Freiwilligenprojekten kann in der Regel die Unterkunft gestellt werden

Anzahl der jährl. Vermittlungen: 300–400 StudyGlobal Deutschland, ca. 3000 StudyGlobal alle Märkte

Staatsangehörigkeit: Offen für alle Nationalitäten

Länder / Gebiete des Aufenthaltes: England, Irland, Malta, USA, Kanada, Australien, Neuseeland, Südafrika, Spanien, Argentinien, Chile, Costa Rica, Ecuador, Guatemala, Mexiko, Venezuela, Frankreich, Italien, Russland, China

Sonstiges: Eingetragener Reiseveranstalter, abgesichert nach §651k Abs. 3 BGB gegen Insolvenz

ECELA
(Español y Cultura en Latinoamérica)

Roman Diaz 297, Providencia, Santiago, RM, Chile
Tel.: 1-866-577-8693, Fax: 1-866-726-5705
info@ecela.com, www.ecela.com
Office Hours: 9am-6pm M-F, GMT -3
Person in charge: Kenneth Ingraham
Locations: Santiago, Chile; Buenos Aires, Argentina; Bariloche, Argentina; Lima, Peru; Cusco, Peru

School enrolment (average per year): 1,500

Average age: 20-30

Dates / time for applications:
— Start dates: every Monday, year round
— Rolling admissions

Intensive Group (20 hours per week); Intensive Private (10-20 hours per week); Super Intensive (group + private 25-30 hours per week).

Languages taught: Spanish

Additional offer (e.g. cultural): Spanish + Tango; Spanish + Ski; Internships (Santiago, Chile only); Volunteer; Medical Shadowing.

Length of course: -24 weeks

Class size: Seven students or less

Preconditions, command of language: None

Placement test: Yes, to place the student in the best possible level for their current abilities.

Method / material: Course workbooks are provided on-site and are free of charge.

Levels: Twelve levels of Spanish, beginner to advanced.

Costs: All prices listed per week in U.S. Dollars: Group classes: $148-$178, depending upon location; Private Courses: $190-$390, depending upon location and amount of lessons; Housing: $75-$260, depending upon location and type of housing.

Certificates: Instituto Cervantes - Official Center for DELE in Chile.
Bildungsurlaub - Berlin.
CSN - Sweden.

Accomodation: Shared student apartments and family homestays.

Internet access: Yes, in all school buildings.

Languages International

PO Box 5293, 27 Princes St, Auckland 1010, New Zealand
Tel.: +64 9 309 0615, Fax +64 9 377 2806
www.languages.ac.nz
Office hours: 8.30 - 4.30   Mo - Fr
Established 1978
Person in charge: Darren Conway

LANGUAGES INTERNATIONAL
AUCKLAND & CHRISTCHURCH NEW ZEALAND

Locations: Auckland and Christchurch
School enrolment (average per year):
Auckland: 270 students; Christchurch: 80 students
Average age: 24 years
Dates / time for applications: any time
Courses: Full-time courses consist of 23 hours per week, 20 hours classroom lessons + minimum 3 hours guided independent study in our Learning Centre; part-time courses consist of 13 hours per week, 10 hours classroom lessons + minimum 3 hours guided independent study in our Learning Centre.
Types of courses: General English, English for Business (EB), English for University (EU), Cambridge Exam Preparation, Courses for Teachers, Executive Course
Includes one-to-one tuition, Preparation for the TOEFL or TOEIC test,
Work placement scheme, English language preparation and paid or unpaid work placements available
Additional offer: activities programme after lessons and during weekends
Length of course: minimum 2 weeks, no maximum
Class size: maximum 12 students
Preconditions: any level, from beginner
Method / material: communicative language teaching, mix of published and teacher-created materials
Niveau: 8 levels offered, from beginner to post-advanced (Cambridge CPE)
Costs: NZ$405 per week (full-time), NZ$305 per week (part-time)
Facilities: Our Auckland school occupies four historic houses within beautiful Albert Park and another historic building in Freyberg Place. Our Christchurch school is located in an attractive historic building, close to Hagley Park. Both schools offer state-of-the-art Learning Centres, equipped with the latest technology and language learning software, well-stocked libraries as well as books and materials to help students achieve their goals.
Certificates: NZQA registered, Cambridge ESOL Teaching Awards centre, English New Zealand, ISO 9001, IALC
Teacher profile: all teachers have a university degree + English language teaching qualification (usually Cambridge CELTA); more than 50% have a post-graduate degree and / or advanced English language teaching qualification (usually Cambridge DELTA)
Accomodation: Homestay and self-catering (student residence) accommodation available; all accommodation arranged by Languages International's accommodation department
Internet access: free internet access via student computer network and wireless network

NSTS English Language Institute

12. Taliana Lane, Gzira, GZR 1581, Malta
Tel.: +356 2558 8000, Fax: +356 2558 8200
Opening hours: 08:45 - 18:15
Founding Year: 1963
nsts@nsts.org, www.nsst.org
Person in Charge: Louis Grech (Director of Studies)

List of Courses: General English, Intensive English, Business English, Absorption, Exam Preparation, Individual, Summer and Easter Vacation Camps, School Group programmes, Teacher Training. All students pass a placement test

Certificates (officially recognized): FELTOM, University of Cambridge CELTA training centre, Accredited Centre for University of Cambridge ESOL Exams

Accommodation: NSTS Hibernia Residence & Hostel - NSTS Hibernia Residence & Hostel is the „it-place" in Malta for young people who seek friendships, hospitality, intercultural relations, fun and night entertainment. It's warm welcoming and caring environment blends with the freshness, colour, and comfort of its rooms to provide a truly memorable stay. Centrally located in the heart of Sliema, it is within short walking distance of the promenade, seashore, public transport, night life of Paceville, St. Julians and various shopping centres.

NSTS Campus Residence - NSTS Campus Residence is located in Msida, adjacent to the University of Malta sports complex, within 15 minutes by public transport to the capital city of Valletta, 10 minutes to the shopping centre of Sliema and the nightlife hub of St Julians.

A warm welcome, friendly atmosphere for the under thirty-fives, freshness of the rooms and cleanliness are our top priorities. Campus consists of 40 apartments. Each apartment has 2 bedrooms with 3 beds each, 1 bathroom, a fully functional common kitchen, living and dining area, and large balconies that overlooks the extensive university sports grounds or the large rear outdoor swimming pool with terrace and sunbathing deck.

All linen, towels, heating and weekly cleaning are included free of charge. Breakfast comes at a minimal cost as does Wi-Fi in the rooms and public areas.

The closest bus stop is located within 5 minutes walking distance to take you to Valletta where you find the main bus station to anywhere around the island, while the weekend all night service from St. Julians drops you just here. The Sliema Strand lies on the opposite side with the bus stop to Sliema, the NSTS Campus private beach club, St Julian's and to St. George's Bay sandy beach, some 10 minutes away on foot.

Alternatively you can relax all day and enjoy a tan in the sizzling sun at our outdoor swimming pool terrace beside the bar area.

Internet Access Available

International House Cape Town, IH Cape Town

1st Floor, 5 Regent Street
Sea Point 8005, Kapstadt, Südafrika
Tel.: +27 21 433 0546, Fax: +27 (0)86 628 6068
info@ihcapetown.com, www.ihcapetown.com
Office hours: 8.00 - 17.00
Founded: January 2009
Person in charge: Lauren Altmann lauren@ihcapetown.com

IH Cape Town offers students the chance to learn English in a relaxed and professional environment. School facilities include dedicated computers with internet access for students use, free WiFi, a large common room with free coffee and tea, a games room as well as a Business Centre.

The school is located in a safe and vibrant area called Sea Point which is a 2 minute walk from the beach. IH Cape Town is also within walking distance to shops, banks, restaurants, bars, pubs and laundry facilities and all its accommodation.

Minimum age: 16

Excursions, touristic and cultural offers: Everyday there is a different tour or trip for the students. From Wine tasting, Botanical Garden visits and cheetah sanctuaries, to shark cage diving, shopping trips and moonlight mountain walks. Students can go on weekend trips and Safaris to experience the African nature, wildlife and beauty. This is organised by the school at the socials desk. Once or twice a month IH Cape Town organises an in-school event which may be anything from a masked „braai" (South African barbeque) to sundowners on the schools deck.

Length of stay: Min. stay: 2 weeks

Start: Every Monday

Cost: Accommodation costs vary depending on the type of accommodation and may cost between €125 for economy and €225 for superior, all of which include breakfast 7 days a week.

Placement fees are €30 for accommodation and €40 for course registration.

Pocket money needed would be about €150 - €200 per week. This is should the student wish to have lunches and dinners out, go for drinks and enjoy the city life. For day trips and excursions students should budget with another €70 - €100, this is if they decide to do something on a daily basis.

Countries: Brazil, Italy, Switzerland, Angola, Spain, Saudi Arabia, Germany, Korea.

Remarks: Classes are kept small to ensure maximum student attention and allow for an intimate and fun learning environment.

Cape Studies language school

17 Varney's Road, Green Point,
Cape Town, 8001, South Africa
Bürozeiten:
Tel.: +27(0)21 439 0999, Fax +27(0)21 439 3130
info@capestudies.com, www.capestudies.com
Bürozeiten: Mo - Fr 8.00 - 16.30 Uhr
Gründungsjahr: 1995

Ansprechpartner: Jens von Wichtingen

Anzahl der jährl. Vermittlungen: 700

Altersstufe: 16 Jahre

Bewerbungsfrist: mindestens 2 Wochen vor Kursstart

Bewerbungsverlauf: Online, telefonisch, persönliches Gespräch

Ausflüge, touristische und kulturelle Angebote: www.capestudies.com

Dauer des Aufenthalts: mindestens 1 Woche

Abreisezeit: Samstag/Sonntag

Programmgebühren: www.capestudies.com

Zusatzkosten: www.capestudies.com

Staatsangehörigkeit: Deutsche, Österreicher und Schweizer benötigen kein Visum,
solange sie nicht länger als drei Monate im Lande bleiben, Selbst bei einem längeren
Sprachaufenthalt ist es einfach, mit dem „Letter of Acceptance" der Schule ein
Studentenvisum zu beantragen.

Erfahrungsbericht – Sommersprachkurs Brünn (Brno)

Katrin entschied sich, neben ihrem Sprachunterricht an der Universität einen Sommer lang in Tschechien ihre Sprachkenntnisse aufzufrischen und das Land besser kennenzulernen.

„Wie lernt man eine Sprache am besten? Ganz klar: in dem jeweiligen Land, und Sommersprachkurse bieten da eine ideale Möglichkeit. Bereits vor ein paar Jahren hatte ich an einem Polnischkurs in Posen teilgenommen und dabei sehr gute Erfahrungen gesammelt. Da Sprachkurse für ein einfaches Studentenbudget ziemlich teuer sind, machte ich mich auf die Suche nach einem Stipendium. Angebote wie vom DAAD oder BAYHOST gibt es ziemlich viele, und so ermöglichte mir das Slavistik-Institut der Universität Regensburg einen vierwöchigen Tschechisch-Sprachkurs in Brünn."

Katrins Erfahrung nach lohnen sich eine oder besser mehrere Bewerbungen eigentlich immer, vor allem bei Studierenden, die sich für das „östliche" Europa interessieren.

„Mein Stipendium deckte Kursgebühren, Unterkunft, Verpflegung (Frühstück und Mittagessen), die Monatskarte für den öffentlichen Nahverkehr sowie das im Kurs angebotene Kulturprogramm. Freudig machte ich mich an einem Freitag Ende Juli auf ins mährische Brünn. Bei der Ankunft in der Unterkunft wartete ein „Guide", der mich mit allen notwendigen Informationen versorgte und während des gesamten Sommersprachkurses für uns Teilnehmer da war. Zunächst schrieb ich am Samstag einen ziemlich schwierigen Einstufungstest und besuchte die feierliche Eröffnung der Sommerschule. In der Aula der Masaryk-Universität fanden sich alle Sprachkurteilnehmer ein – ca. 120 Tschechischinteressierte aus aller Welt. Die internationale Stimmung empfand ich als höchst bereichernd, und ich schnell lernte viele nette Leute kennen. Neben Englisch konnte sich aber auch Tschechisch als Lingua Franca durchsetzen. Ich glaube, dass sich viele Tschechen gewundert haben als wir, ein Südkoreaner, ein Spanier und eine Deutsche, auf Tschechisch diskutierend durch den Zoo wanderten und uns so kennen lernten.

Der Unterricht begann am Montag, wobei wir entsprechend unserer Einstufungstests in verschiedene Kurse von Anfänger über Mittelstufe bis hin zu den Fortgeschrittenen aufgeteilt wurden. In jedem Kurs befanden sich ca. zehn Teilnehmer, und der Fokus lag vor allem auf Grammatikübungen. Neben den fünf Stunden Unterricht pro Tag gab es weitere Hausaufgaben, wie zum Beispiel Essays schreiben oder Präsentationen vorbereiten, so dass der Kurs intensiv und anstrengend war. Zudem bot das Programm an der Masaryk-Universität nachmittags zahlreiche Vorlesungen zur tschechischen Literatur und Kultur an, die sich in tschechischer Sprache vor allem an fortgeschrittene Teilnehmer richteten. Den Abschluss des Kurses bildete ein dreieinhalbstündiger Abschlusstest, der bei erfolgreichem Bestehen die Grundlage für ein Abschlusszeugnis entsprechend des europäischen Referenzrahmens bildete.

Aber keine Angst – die Sommerschule bedeutet nicht nur Lernen. An zwei Tagen in der Woche (Donnerstag und Sonntag) konnten wir uns auf Exkursionen in Mähren erholen und das Land besser kennen lernen. Das kulturelle Programm war insgesamt sehr gut abgestimmt und bot immer reichlich Abwechslung. Ergänzt wurden die Ausflüge durch (fast) tägliche Filmabende, die einen reichhaltigen Überblick über die tschechische Filmgeschichte boten. Natürlich galt das kulturelle Programm als fakultatives Zusatzangebot, so dass jeder Teilnehmer auch seinen eigenen Interessen nachgehen konnte. Neben dem „offiziellen" Teil fand sich natürlich genug Zeit, um die Brünner Kneipen und das tschechische Bier zu testen. Jedoch egal wie lang bzw. kurz die Nächte wurden, an jedem Morgen hieß es aufstehen und ab zum Unterricht, denn das Ziel (zumindest bei mir) war, Tschechisch zu lernen, und erlaubt waren nur zwei Fehltage.

Unterkunft und Verpflegung waren zwar nicht luxuriös, aber vollkommen ausreichend. Frühstück und Mittagessen gab es immer in der Mensa, die ca. 20 Minuten zu Fuß oder 5 Minuten mit der Straßenbahn vom Wohnheim entfernt war. Vor allem für Vegetarier war das Essen etwas einseitig, aber ansonsten ganz genießbar. Im frisch renovierten Studentenwohnheim teilte ich mir mit einer Französin ein Doppelzimmer, das mit Internet, einem Kühlschrank und Balkon ausgestattet war. Bad und Dusche teilten wir uns wiederum mit zwei weiteren Mädchen aus dem Doppelzimmer nebenan. Schade ist, dass es im Vorfeld keine Angaben gab, welche Dinge im Wohnheim vorhanden und welche selber mitzubringen waren. Beispielsweise existierten zwar Waschmaschinen, aber es gab kaum eine Möglichkeit, die Wäsche zu trocknen. Deswegen ist es sinnvoll, sich vor der Abfahrt zu informieren, wie die Unterkunft ausgestattet ist. Wesentlich schieden sich die Geister bei den Tauben, die gerne auf unseren Balkonen saßen. Während einige Teilnehmer die Vögel gern fütterten und sich freuten, erschraken sich andere aufgrund nächtlicher Taubenbesuche, und gelegentlich konnten wir so im Zimmer auch Taubennester mit frischgelegten Eiern finden.

Der gesamte Sprachkurs war meiner Meinung nach sehr gut organisiert und wir wurden umfassend betreut. So war ich auch gleich zu Beginn froh über unseren Guide, denn in der ersten Nacht bekam ich unglücklicherweise Zahnschmerzen. Deswegen mein Tipp: Vor einem längeren Auslandsaufenthalt zum Zahnarzt gehen und auf eine gute Auslandskrankenversicherung achten. Problematisch ist in Tschechien nicht die Qualität der Zahnärzte, sondern vielmehr die Quantität. Für meinen Guide stellte es eine ziemliche Herausforderung dar, kurzfristig einen Termin für mich zu bekommen, aber es klappte dann doch, und den Rest meines Aufenthaltes konnte ich ohne Zahnschmerzen genießen.

Mein Fazit: Ein Sommersprachkurs ist eine tolle Sache! Ich konnte mein Tschechisch wesentlich verbessern und habe die Zeit in Brünn sehr genossen! In den vier Wochen erlebte ich viel Neues und sammelte unvergessliche Erfahrungen sowie Eindrücke. Meine Zeit dort verlief fordernd, aber auch wunderschön. Ich würde jederzeit wieder aufbrechen!"

Gesamtprogramm – www.interconnections.de

JOBS, PRAKTIKA, STUDIUM

Als Animateur ins Ausland - Gästebetreuung Weltweit, Bewerbung, Ausbildung, Tipps und Adressen Hotels, Ferienanlagen, Clubs, Campingplätze, Kreuzfahrtschiffe, ISBN 978-3-86040-125-5

Arbeiten auf Kreuzfahrtschiffen, Abenteuer, Exotik, rauhe See, Service- und Knochenjobs, ISBN 978-3-86040-076-0

Arbeiten in der Entwicklungszusammenarbeit, Zwischen Bauern und Ministern - Erfahrungsberichte - Anforderungsprofile - Chancen, ISBN 978-3-86040-130-9

Das Auslandsbuch - Arbeit, Austausch, Studium, Lernen, Reisen, Job- & Bildungsprogramme, Auslandserfahrung, ISBN 978-3-86040-152-1

Deutsche Firmen in Australien, Unternehmensverzeichnis zu Jobmöglichkeiten & Geschäftsanbahnung, ISBN 978-3-86040-163-7

Farm Helpers in New Zealand - Farm Jobs in New Zealand, Farmjobs in Neuseeland - Travail Agricole en Nouvelle-Zélande, ISBN 978-3-86040-160-6

Ferienjobs und Praktika - Großbritannien, Mit Homestay, Sprachkursen, Colleges, Aupair, ISBN 978-3-86040-008-1

Ferienjobs, Praktika, Austausch - Europa und Übersee Abenteuer Ausland, Tausende von Job- und Bildungsmöglichkeiten, ISBN 978-3-86040-009-8

Ferienjobs, Praktika, Austausch - Frankreich, Leben, arbeiten, reisen, Französisch lernen, Aupair, Gastschuljahr, ISBN 978-3-86040-001-2

Highschool USA & Kanada mit alternativen Austauschprogrammen, Ratgeber für Eltern und Schüler zu einem gelungenen Schuljahr in Nordamerika, ISBN 978-3-86040-144-6

Jobben für Natur und Umwelt - Europa und Übersee, ISBN 978-3-86040-053-1

Jobben Weltweit - Arbeiten, Helfen, Lernen, Auslandserfahrung, Austausch, Begegnung, Sprachenlernen, ISBN 978-3-86040-002-9

Jobhopping Down Under - Jobs, Praktika, Working Holiday - Australien, Mit Sprachschulen, Highschool und Studium, ISBN 978-3-86040-126-2

Jobs und Praktika, Studium und Sprachschulen - Italien, Mit Rabatten bei Sprachschulen, ISBN 978-3-86040-069-2

Leben & Arbeiten in Spanien - Jobs, Praktika, Austausch, Spanisch lernen, Alltag und Menschen - Warum Spanier nerven, man sie aber trotzdem mag..., ISBN 978-3-86040-135-4

Praktika Australien, Bewerben, Unternehmen, Adressen, ISBN 978-3-86040-164-4

Praktika - EU-Einrichtungen und internationale Institutionen, Voraussetzungen, Bewerbung, Adressen, Chancen, ISBN 978-3-86040-155-2

Studieren ohne Geld - ein Wegweiser durch den Förderprogramm- und Stipendiendschungel, ISBN 978-3-86040-154-5

The Australian Wwoof Book - Willing Workers On Organic Farms, Wwoofing in Australia, WWOOF membership - Wwoofen in Australien - Wwoof Mitgliedschaft, ISBN 978-3-86040-159-0

The Australian Wwoof Book - Wwoof Mitgliedschaft, ISBN 978-3-86040-159-0

Traumland Australien - Auswandern leicht gemacht, Ratgeber zu Arbeit, Leben, Alltag und Menschen, ISBN 978-3-86040-133-0

Working Holiday Kanada - Jobs, Praktika, Austausch, Land, Menschen, Sprachen lernen, Homestay & Gastschuljahr, ISBN 978-3-86040-137-8

Working Holiday Neuseeland - Jobs, Praktika, Austausch, Lernen, Land & Menschen, ISBN 978-3-86040-161-3

FREIZEIT

Summer School und Camp

Wer keine Lust mehr auf Ferien mit den Eltern hat (schon wieder Wandern im Bayrischen Wald?), laut den werten Erzeugern aber noch zu jung ist, um alleine zu verreisen, profitiert von den vielen Summer School- und Summer Camp-Angeboten weltweit.

In den Camps und Schulen für Schüler zwischen 7 und 18 aus aller Welt wird neben (Sprach-)unterricht vor allem eins geboten: Spaß. Ob das beim Sporteln ist, beim Theaterspielen, bei Ausflügen in Nationalparks oder beim Relaxen am Strand – das bleibt jedem selbst überlassen. Es gibt Camps für angehende Ballerinas, Musikcamps, Theater-Sommerschulen, Fußball-Camps, Uni-Vorbereitungskurse an Sommerschulen, Camps für naturwissenschaftlich Interessierte, für Übergewichtige, für ADS-Kinder, für Pferdenarren oder für Kunstbegeisterte.

Nach den Sommerferien kehrt man braungebrannt, entspannt und mit einem Koffer voller Abenteuer und neuer Freunde aus aller Welt in die Heimat zurück.

Erfahrungsbericht – Sommerschule Polen

Nachdem sie während ihres Erasmusjahres in Spanien viele Freundschaften mit Polen geschlossen hatte, zog es Politikstudentin *Vivien* in den Osten. Dank einer Kooperation mit ihrer Heimatuniversität konnte sie an der von der Universität Warschau ausgerichteten Sommerschule teilnehmen. Diese steht Studenten aller Fachrichtungen offen, um so Polen kennen zu lernen und zwei Wochen lang Vorlesungen anerkannter Professoren zu Politik, Wirtschaft, Geschichte und Kultur zu besuchen.

„Nach einer unkomplizierten Bewerbung fand im Auslandsamt meiner Uni ein Infogespräch statt, bei dem ich auch schon mit einigen anderen Teilnehmern Bekanntschaft machte. So konnten wir bereits die Zimmeraufteilung regeln – wir waren alle in Vierer- und Sechser-WGs im Studentenwohnheim untergebracht und teilten uns jeweils zu zweit ein Zimmer. Das Wohnheim war gut ausgestattet und sauber und hygienisch; zwar kein Hotel, aber wirklich total in Ordnung. Da wir im Sommer in der vorlesungsfreien Zeit dort waren, trafen wir kaum polnische Studenten im Wohnheim. Über unser Programm kamen wir aber mit einigen lokalen Studenten in Kontakt, also war das kein Problem. Sie zeigten uns die Stadt, und wir gingen abends zusammen aus.

Bei der Besichtigung der Deutschen Botschaft in Warschau

Die Sommerschule bestand aus dem zweiwöchigen Rahmenprogramm mit Vorlesungen und Exkursionen. Die Tage waren sehr unterschiedlich, bestanden aber im Wesentlichen aus zwei bis drei Vorlesungen vormittags und manchmal auch nachmittags. Nachmittag und Abend standen zur freien Verfügung, und am Wochenende ging es nach Krakau. Die Vorlesungen fanden meist im Politischen Seminar der Universität statt, manche auf Deutsch, manche auf Englisch – Polnisch musste man nicht können. Leider waren kaum polnische Studenten mit in den Vorlesungen, die teils hochinteressant, teils langweilig waren. Die Bandbreite reichte von „History of Polish Democracy" über das Bild des Polen in Deutschland und die Wandlung des politischen Systems der Republik Polen, Medien in Polen bis zur EU-Mitgliedschaft Polens und Entwicklungstendenzen in den polnisch-deutschen Beziehungen. Die Referenten waren überwiegend Professoren der Uni Warschau bzw. Krakau, teilweise Wissenschaftler aus Institutionen und freie Organisatoren. Je nach Themeninteresse und Referent konnten danach noch Fragen gestellt und und es konnte diskutiert werden. Zu den Ausflügen gehörten ein Besuch im Deutsch-Historischen Institut in Warschau und ein Besuch im Verfassungstribunal. Beim Besuch im *Sejm*, dem polnischen Parlament konnten wir in der Besucherreihe einer aktuellen Debatte lauschen und uns selbst ein Bild vom Plenarsaal machen.

Die Exkursionen waren interessant und lehrreich. Besonders einprägsam war wohl der Besuch in der Stiftung „Polnisch-Deutsche Aussöhnung", wo wir mit einem Zeitzeugen über seine KZ Erfahrungen in Sachsenhausen aus dem Zweiten Weltkrieg reden konnten. Wir wurden dabei oft von polnischen Studenten begleitet, im Mittelpunkt stand jedoch der Besuch der Institutionen. In unserer Gruppe befanden sich allerdings viele Teilnehmer mit polnischem Hintergrund, die selbst von ihrer Familie berichten konnten."

Viviens Gruppe war begeistert von Polen, und viele begannen, Polnisch zu lernen oder ihre Sprachkenntnisse zu vertiefen; einige waren sogar Muttersprachler.

„Die Betreuung durch die polnischen Studenten war sehr nett, vor allem der Besuch im Museum des Warschauer Aufstandes und die spontane Stadtführung. Man merkte, dass sie selber vorher nicht viele Informationen erhalten hatten – umso dankbarer war ich, dass sie sich die Zeit nahmen, uns umherzuführen."

An ihrem Besuch in Polen gefiel Vivien vor allem die freundliche und offene Art der Menschen. „Außerdem wurde ich auf die enge deutsch-polnische Verbindung aufmerksam. Ich lernte, dass man sich in Polen wesentlich besser mit Deutschland auskennt als umgekehrt; auch können viele Polen ausgezeichnet Deutsch sprechen. Ich finde, Polen ist immer einen Besuch wert – es gibt so viele schöne Städte!"

Tschechisch-Deutsches Jugendsommerlager

EUREGIO EGRENSIS,
www.euregio-egrensis.de/jugend/jugendsommerlager.php
Veranstaltet alljährlich Jugendsommerlager für Jugendliche zwischen 12 und 15 Jahren, die aus Bayern, Sachsen, Thüringen und Böhmen stammen. Eine Woche lang stehen deutsch-tschechische Sprachanimation, aber auch Freizeitaktivitäten auf dem Programm.
Die Anmeldefrist liegt in der Regel im Frühsommer. Unterlagen und Details bei der EUREGIO EGRENSIS-Arbeitsgemeinschaft der jeweiligen Region. Für die Jugendlichen fällt ein Unkostenbeitrag von 80 € an. Es können sich auch interessierte Betreuer melden.

Workcamps

Workcamps sind Freiwilligendienste, besonders auf Jugendliche und junge Erwachsene zugeschnitten, die sich meist über wenige Wochen erstrecken. Mit dem Ziel der Völkerverständigung treffen sich junge Freiwillige aus aller Welt, um gemeinsam an gemeinnützigen sozialen bzw. lokalen Projekten mitzuarbeiten. Dies bedeutet überwiegend tatkräftige körperliche Mitarbeit, von der Anlage von Waldwegen über die Renovierung von Gebäuden bis hin zur Planung und zum Bau von Kinderspielplätzen. Die Befriedigung, an einem Projekt mitgearbeitet zu haben, das die Lebensbedingungen der Bevölkerung vereinfacht oder generell verbessert, ist nur einer der Anreize zur Teilnahme an einem Workcamp. Die Übernahme von Verantwortung, der Einblick in eine fremdartige Kultur und das Miteinander im internationalen Kreis bereichern den eigenen Erfahrungsschatz und wirken persönlichkeitsbildend.
Im Zentrum der Workcamps steht neben der gemeinnützigen Arbeit auch der interkulturelle Erfahrungsaustausch; die 18-bis 26-jährigen Teilnehmer leben in den zwei bis vier Wochen zusammen und gestalten auch Freizeit und Selbstversorgung gemeinsam. Inzwischen werden auch gesonderte Camps für Jugendliche ab 14 oder 16 Jahren geboten sowie Erwachsenencamps unterschiedlicher Altersgruppen.

Österreichischer Bauorden,
Eßlinger Hauptstr. 74, A-1220 Wien, T. +43 1774 95 12,
bauorden@oebo.at, www.bauorden.at
IBG – Internationale Begegnung in Gemeinschaftsdiensten e.V.,
Schlosserstr. 28, D-70180 Stuttgart, T. 0711 649 0263, F. 0711 640 9867,
info@ibg-workcamps.org, www.ibg-workcamps.org
NIG e.V.,
Carl-Hopp-Str. 27, D-18069 Rostock, T. 0381 4922914, F. 0381 4900930,
nig@campline.de, www.campline.de
Rempart,
1, rue des Guillemites, F-75004 Paris, T. +43 1 4271 96 55, F. +33 1 4271 7300,
contact@rempart.com, www.rempart.com

Association Dynamo,
Le Maquis - Bois Bas F-34210 Minerve, T. 033 04 67 23 94 77, info@cravirola.com,
www.cravirola.com
Mongolian Youth Development Center,
Suhbaatar District, 6th Khoroo, Baga Toiruu, 5th building, apartment 42,
PO BOX 198, Ulaan Baatar 210648, Mongolei, T. +976 1 314433, 318744,
F. +976 1 326631, media@mydc.org.mn, www.mydf.org.mn
Solidarités Jeunesses,
10 rue du 8 Mai 1945, F-75010 Paris, T. +33 155 268877, F. +33 153 2603 26,
secretariat@solidaritesjeunesses.org, www.solidaritesjeunesses.org
Reach Workcamps,
PO Box 789, Galeton, CO 80622, USA, T. +1 888 732 2492, F. +1 970 392 0821,
workcamps@reachwc.org, www.reachwc.org
Volunteers For Peace,
7 Kilburn St., Suite 316, Burlington VT 05401, USA, T. +1 802-540-3060,
info@vfp.org, www.vfp.org
Service Civil International, Schweizer Zweig,
Monbijoustrasse 32, Postfach 7855, CH-3001 Bern, T. +41 31 381 46 20,
info@scich.org, www.scich.org

ewoca[3]

IBB e.V., Internationales Bildungs- und Begegnungswerk,
Bornstr. 66, D-44145 Dortmund, T. 0231 952096 26, F. 0231 521 233,
ewoca@ibb-d.de, AP Markus Kroll, www.ewoca.org
Mit diesem von der Stiftung Mercator unterstützten Förderprogramm ist es 13 Jugendeinrichtungen aus Nordrhein-Westfalen möglich, gemeinsam mit zwei west- und osteuropäischen Partnereinrichtungen in drei aufeinander folgenden Jahren dreiwöchige
Workcamps für junge Menschen zwischen 16 und 23 Jahren auszurichten. Die rund
30 Camp-Teilnehmer befassen sich dabei hauptsächlich mit Umweltprojekten und
-themen. Zu den Partnerländern zählen auch Weißrussland, Russland, die Ukraine und
die Türkei.

Erlebnisreisen

Wer richtig Urlaub machen möchte und dabei auch keinen Unterricht (und wenn es
Sprachen sind) gebrauchen kann; einfach richtig schön Urlaub in fernen Ländern mit
Gleichaltrigen und –gesinnten, für den könnte eine Erlebnisreise ins Ausland das
Richtige sein.
Was es dazu braucht? Abenteuerlust, Mut, eine gewisse körperliche Verfassung, Team-
geist, Offenheit und Begeisterung für alles Neue. Dann steht dem Abenteuer im Aus-
land eigentlich kaum noch etwas im Weg. Mit dem Jeep durchs australische Outback?
Trekking zum Mount Everest, oder vielleicht lieber zum Kilimanjaro? Regenwaldex-
peditionen in Kamerun oder Eisbärentour in der Hudson Bay? Oder vielleicht doch

eher mit dem Wüstenschiff durch die Sahara schaukeln?
Wer bei diesen Vorschlägen glänzende Augen bekommt, der hat sich mit Reisefieber angesteckt. Aber Heilung ist in Sicht: einfach im Internet surfen, Kataloge bestellen und ab die Post auf Abenteuertour ins Ausland!

Homestay

Wo lernt man die Fremdsprache besser als im Ausland, unter Einheimischen, wo bekommt am schnellsten Einblick in Kultur und Sitten als in einer Familie?
Eine gute Möglichkeit, sich sowohl schnell der Sprache zu bemächtigen als auch aus nächster Nähe mitzubekommen, wie das Zusammenleben in dem fremden Land funktioniert, ist ein Homestay. Dieser zeichnen sich im Unterschied zu regulären Schüleraustauschen dadurch aus, dass er kostenpflichtig ist; auch dauert der Aufenthalt meist eher einige Wochen statt ein ganzes Semester oder Schuljahr. Eine gute Alternative für diejenigen also, die es sich (noch) nicht vorstellen können, zehn und mehr Monate von ihren Freunden und ihrer Familie getrennt zu werden.

Working Guest in Norwegen

Atlantis Utveksling,
Rådhusgata 4 (5. etasje), NO-0151 Oslo,
T. +47 22 47 71 70, F. +47 22 47 71 79, atlantis@atlantis.no, www.atlantis.no

YOIN - Österreichische Landjugend,
AP Sophia Hellmayr, sophia.hellmayr@lk-noe.at,
T. +43 2742 259 6305, F. +43 2742 259 6309, www.landjugend.at

Schorlemer Stiftung des Deutschen Bauernverbandes e.V.,
www.bauernverband.de

Agro Verde, Kindhauserstr. 3,
CH-8962 Bergdietikon, T. +41 1 742 13 25, agroverde@agroverde.ch,
www.agroverde.ch

18- bis 30-Jährige leben ein zwei bis sechs Monate bei einer norwegischen Familie und arbeiten gegen freie Kost und Logis und ein Taschengeld von derzeit mindestens 1000 NOK pro Woche auf deren Farm oder im Hotel mit. Man sollte Erfahrung in Landwirtschaft oder Hotelgewerbe aufweisen. Bewerbung über die Partner von NOK im Heimatland.

Xplore GmbH

Theodorstr. 48
22761 Hamburg (+ Büros in Berlin und Köln)
Tel.: 040.429 336 01, Fax: 040.429 336 11
info@xplore.de, www.xplore.de
Öffnungszeiten: Mo–Fr 9.00–17.00 Uhr
Ansprechpartner: Patricia Schneider, Patricia.Schneider@xplore.de

Sprachreise in die USA

Sommerferien-Kurzprogramm für Jugendliche zwischen 13 und 16 Jahren in einer Gastfamilie in den USA. Amerika mal aus ganz anderer Perspektive. Drei bis sechs Wochen leben die Schüler in einer ausgesuchten Gastfamilie und lernen Sprache, Kultur und Lebensart der Amerikaner kennen. Ein umfangreiches Freizeitprogramm, Englischunterricht und erfahrene, herzliche Betreuer erwarten die Teilnehmer.

Altersbegrenzung: 13–16 Jahre bei Abreise

Voraussetzungen: Darauf sollte man Lust haben: Bestandteil jedes dreiwöchigen „crossroads"-Trips sind intensive Englischkurse bei amerikanischen Lehrern, ein abwechslungsreiches Freizeitprogramm an fünf Tagen pro Woche, soziale Projekte sowie diverse Meetings und Get-Together mit allen Beteiligten! Die Gastgeschwister werden in alle Aktivitäten eingebunden.

Bewerbungsfrist: Ende Mai bzw. Mitte Juni

Dauer des Aufenthalts: Drei oder sechs Wochen

Beginn: Anfang bzw. Ende Juli

Kosten: € 2.990 (inkl. Flug, Transfers, 45 Std. Englischunterricht, betreutes Freizeitprogramm, Shopping Trips, alle Ausflüge)

Nicht im Preis enthaltene Zusatzkosten: Taschengeld

Länder / Gebiete:
USA: Asheville, NC
Inverness/Orlando, FL
Seattle, WA

Couchsurfing

CouchSurfing International,
PO Box 7775, ECM #86600, San Francisco, California 94120-7775,
www.couchsurfing.org

Couchsurfing ist das Prinzip, beim Reisen kostenlos bei anderen Mitgliedern des Netzwerks unterzukommen. Neben dem offensichtlichen Vorteil, Geld zu sparen, lernt man neue Leute aus aller Welt kennen, und in manchen Fällen entwickeln sich sogar richtige Freundschaften. Natürlich sollte das Prinzip auf Gegenseitigkeit basieren, d.h. wer die Gastfreundschaft anderer annimmt, sollte Vorbeireisenden ebenfalls eine Übernachtungsmöglichkeit bieten – im Gästezimmer, Zelt im Garten oder eben auf der Couch. Wer keinen Platz dafür hat, bietet den Reisenden auf anderen Art seine Dienste an – beispielsweise mit einer Stadtführung, Kneipentour oder eine Einladung zum Abendessen.

Während die Registrierung im Internet kostenlos ist, wird zur allgemeinen Sicherheit eine freiwillige Verifizierung angeboten, bei der etwas über 20 US$ zu zahlen sind. Ferner tragen ausführliche Nutzerprofile, ein System zur Identitätsprüfung per Kreditkarte und ein gegenseitiges Bürgschaftssystem zur Vertrauenswürdigkeit der Couchsurfer bei.

Das Prinzip wird gerade in deutschsprachigen Ländern gerne genutzt – Deutschland beispielsweise liegt auf Platz zwei der couchsurfenden Länder, Österreich auf Platz elf, die Schweiz auf Platz 14.

Reisestipendien

zis, Stiftung für Studienreisen,
AP Dagmar Baltes, c/o Schule Schloss Salem, D-88682 Salem.,
T. 07553 919 332, F. 07553 919 301, info@zis-reisen.de, www.zis-reisen.de

Jugendliche zwischen 16 und 20 Jahren, die noch kein Studium begonnen haben, erhalten zur Bearbeitung einer selbstgewählten Studienaufgabe ein Reisestipendium von derzeit 600 €. Dieser Betrag muss sämtliche die Reise betreffenden Aspekte (An- und Rückfahrt, Unterkunft, Verpflegung) abdecken und darf nicht aus eigener Kasse aufgestockt werden. Weitere Bedingungen sind:

- die Reise dauert mindestens vier Wochen
- man muss allein reisen
- keine Flugreisen
- keine Anreise im eigenen Auto
- Anfertigung eines Studienberichtes

Bewerbungsfrist jeweils der 15. Februar, über die Auswahl wird im März entschieden.
DFJW,
T. 030 288 757-31, F. 030 288 757-88, lynch@dfjw.org, www.dfjw.org/reisestipendien
16- bis 30-Jährige Deutsche können sich beim DFJW um Reisestipendien bewerben,

die es ihnen ermöglichen, allein oder in einer Gruppe bis zu vier Personen zwei bis vier Wochen lang durch Frankreich zu reisen und dabei ein Projekt zu verfolgen, das sich mit einem der folgenden Themen befasst: Geschichte und Politik, Wirtschaft und Beruf, Kultur/junge Künstler, Sport, Jugend, Sprachen in Europa oder Wissenschaft/Technik. Ausgeschlossen sind Projekte mit rein touristischem Charakter, Projekte, die lediglich eine Teilnahme an Veranstaltungen bzw. Seminaren vorsehen sowie Praktika und Job. Das Stipendium besteht aus einem Zuschuss zu den Aufenthaltskosten von 150 € bei zwei Wochen und 300 € bei drei oder vier Wochen, sowie einem pauschalen Fahrtkostenzuschuss.

Bewerbung mit Ausweiskopie, einer ausführlichen Projektbeschreibung und, bei Minderjährigen, der schriftlichen Erlaubnis der Eltern spätestens zwei Monate vor Projektbeginn.

Heinz-Schwarzkopf-Stiftung „Junges Europa",
Sophienstr. 28-29, D-10178 Berlin, T. 030 28095146, F. 030 28095150,
info@heinz-schwarzkopf-stiftung.de, www.heinz-schwarzkopf-stiftung.de

Neben Seminaren, Kolloquien und öffentlichen Veranstaltungen für und mit Jugendlichen zu europapolitischen Themen und Entwicklungen sowie Studienreisen zu den Europäischen Institutionen nach Straßburg, Luxemburg und Brüssel fördert die Stiftung auch junge Menschen bis zu 26 Jahren, die in ein europäisches Nachbarland reisen wollen. Alljährlich werden ca. 20 Reisestipendien von 550 € vergeben – Voraussetzung ist allerdings, dass der zukünftige Stipendiat die Reise im Rahmen eines aktuellen Themas von gesamteuropäischer Relevanz unternimmt und darüber anschließend einen Bericht schreibt.

Ein zweites Reisestipendium wird in Kooperation mit der Deutschen Bahn vergeben. Junge Menschen zwischen 17 und 25 Jahren erhalten einen InterRail-Golbal-Pass im Gegenwert von 399 €, um damit europäische Nachbarländer zu erkunden.

Pfadi-Bewegung Schweiz

Pfadibewegung Schweiz (PBS),
Speichergasse 31, Postfach 529, CH-3000 Bern 7, T. +41 313280545,
F. +41 313280549, info@pbs.ch, www5.scout.ch/de/pfadialltag/internationales

Die Pfadfindervereinigung der Schweiz setzt auf internationalen und interkulturellen Austausch; so z.B. bei gemeinsamen Projekten mit Burkina Faso, Rumänien oder Georgien, oder bei den Treffen aller Pfadfinderverbände weltweit (MOOT), bei denen neunzehn- bis sechsundzwanzigjährige Scouts zu Projekten und gemeinsamen Aktivitäten zusammenkommen. Details unter www5.scout.ch/de.

Mitreisen.Org
Die freundliche Mitreisebörse

Gesamtprogramm – www.interconnections.de

Aupair und Freiwilligendienste

Abenteuer Au-Pair - Europa, USA, Kanada, Australien, Neuseeland, Südafrika, Lateinamerika, Erlebnisberichte, Tipps, Adressen, ISBN 978-3-86040-025-8

Aupair USA, Kinder, Kultur, Abenteuer, ISBN 978-3-86040-123-1

Aupair-Ratgeber für Gastfamilien - Tipps, Erfahrungsberichte, ISBN 978-3-86040-115-6

Das Au-Pair Handbuch: Europa und Übersee - Aupairs, Gastfamilien, Agenturen, Adressen, Erfahrungsberichte und tausend Tipps, ISBN 978-3-86040-026-5

Freiwilligendienste in Deutschland, Freiwilliges Soziales und Freiwilles Ökologisches Jahr und andere Möglichkeiten, ISBN 978-3-86040-127-9

Freiwilligeneinsätze Weltweit - Leitfaden zu selbstorganisierten Freiwilligendiensten, Für Freiwillige & Träger - Vereine, Schulen, Partnerschaftsgruppen, Pfarrgemeinden, ISBN 978-3-86040-136-1

Internationale Freiwilligendienste - Lernen und Helfen im Ausland, Infos, Adressen, Tipps, Erfahrungsberichte - FSJ und FÖJ, Weltwärts, Kulturweit, Diakonisches Jahr, ADiA, EFD, MaZ, Friedensdienste, Workcamps & Wwoofen, ISBN 978-3-86040-092-0

Zivi Weltweit - ADiA, weltwärts, kulturweit, FSJ, FÖJ, Bewerbung, Tipps, Berichte, Träger, Adressen, ISBN 978-3-86040-079-1

Reise

Auswandern nach Peru - ein Kaffeehaus, alltägliches Chaos und viel Liebenswertes, Ein neues Leben zwischen Ignoranz, Stempelwahn, Generalstreiks und anderen Erdbeben, ISBN 978-3-86040-140-8

Briefe aus Südamerika, Indianerherzen, Wandelnde Bäume und rotlackierte Möpse, ISBN 978-3-86040-143-9

Lust auf Frankreich - Leben, Urlaub, Arbeit, Freizeit, Der große Frankreichratgeber, ISBN 978-3-86040-114-9

Nachrichten aus Griechenland, Bakschisch, böser Blick, berockte Mönche, Hotel Mama und ein feudelschwingender Taucher, ISBN 978-3-86040-141-5

Papua Neuguinea - Leben im Regenwald, Todeszauber, Busencheck, beheizte Klaviere und eine christliche Ohrfeige, ISBN 978-3-86040-138-5

Paris Preiswert - Ein Reise- und Erlebnisbuch, Übernachten, Shopping, Unterhaltung. Mit 5 bis 25 % Rabatt bei Übernachtungen für unsere Leser, ISBN 978-3-86040-027-2

Preiswert durch Europa - Der Interrailreiseführer, ISBN 978-3-86040-040-1

Spanien - Reisen mit Kindern, Ratgeber für Familien - Erholung, Spaß, Tipps und 1000 Adressen, ISBN 978-3-86040-142-2

Übernachten Preiswert - Großbritannien und Irland bis zu 20 % Rabatt auf Übernachtungen, Das Reisesparbuch für alle Traveller. England, Schottland, Wales, Irland, Nordirland - Hotels, Bed and Breakfast und andere preiswerte Unterkünfte, ISBN 978-3-86040-121-7

Vietnam, Mit Abstecher nach Laos und Kambodscha, ISBN 978-3-86040-139-2

ARBEITEN / JOBBEN

Mit Promobil nach Frankreich

DFJW, Referat „Beruf", T. 030 288 757 0, promobil@dfjw.org, www.dfjw.org/promobil
Deutsche zwischen 18 und 30 Jahren, die sich mit einem konkreten Berufsziel in
Frankreich bewerben möchten, finden mit dem neuen Stipendienprogramm „Promo-
bil" Unterstützung, sowohl bei der Stellensuche und bei administrativen Problemen,
als auch finanzieller Art. Stipendiaten kommen aus allen Berufssparten und erhalten
bis zu einem halben Jahr lang pro Monat 300 €; ferner eine einmalige Zahlung von
1.800 € für Reisekosten, Materialkosten, Kursgebühren etc. Ggf. kann ein Sprachkurs
finanziert werden.

Hotel- und Tourismusbranche

In kaum einer Branche profitiert man soviel von Auslandsaufenthalten- Dabei sind
diese unabdingbar beim beruflichen Erfolg, wie in der Hotel- und Tourismusbranche.
Neben Sprachkenntnissen und interkultureller Kompetenz nimmt man auch Fähigkeiten von einem Auslandseinsatz mit, die gerade in diesen Berufen stark geschätzt werden: Selbstständigkeit, Konfliktlösungspotenzial, Toleranz und Offenheit.
Zudem knüpft man internationale Kontakte und fügt dem Lebenslauf einen wichtigen
Punkt hinzu. Das Schöne an der Branche ist, dass Praktika und Traineeships gut ent-
golten werden – heutzutage leider keine Selbstverständlichkeit mehr. Wer also in einer
hippen Bar in Tokio exotische Cocktails mixen, in einem Skiresort in Kanada in der
Gästebetreuung arbeiten oder als Sommelière in einem Luxushotel in Australien arbeiten möchte, hat gute Chancen, sich diesen Traum zu erfüllen – und das auch noch gut
bezahlt. Mittlerweile haben viele Vermittler diesen Trend aufgegriffen und setzen auf
Praktikavermittlung in der florierenden Branche.

Gastro- und Tourismusjobs in Spanien

EasyWaySpain,
Calle Gran Via 80, planta 10 oficina 1017, E-28013 – Madrid, T. +34 91 542 88 54,
0034 91 548 86 79, F. +34 91 548 89 19, info@easywayspain.com,
www.easywayspain.com
Vermitteln bezahlte Jobs im Gastro- und Tourismusbereich in Madrid und Barcelona.,
allerdings nur in Verbindung mit Sprachkursprogrammen.

Animateur & Camp Counselor

Da leben und arbeiten, wo andere Urlaub machen – wer träumte nicht davon? Sicherlich herrscht auch dort (im wahrsten Sinne des Wortes!) nicht immer eitel Sonnenschein, und ein Animateur liegt nicht den ganzen Tag mit einem Cocktail am Hotelpool. Dennoch bieten Arbeitsaufenthalte als Animateur oder Camp Counselor eine Palette an Vorteilen, die, wer sie einmal gekostet hat, oft nicht mehr missen möchte. Sind erst mal Erfahrungen in dem Bereich vorhanden, so hat man häufig eine Anlaufstelle für künftige Ferienjobs.

Die Bezahlung ist meist ganz passabel, das Umfeld international und der Arbeitsalltag abwechslungsreich. Wer gerne mit Menschen zu tun hat und im günstigen Fall über besondere Kenntnisse und Fähigkeiten verfügt (etwa Erfahrung als Volleyballtrainer oder Kinderbetreuer) hat hier unter Umständen seinen Traumberuf gefunden.

Im Gegensatz zum Animateur, der in vielen verschiedenen Bereichen und Zielgruppen eingesetzt werden kann (Gästebetreuung Hotel, Fitness, Vergnügungsparks, Kreuzfahrtschiffe, Tanzvorführungen etc.), arbeitet ein Camp Counselor in (Sommer-)Camps für Kinder und Jugendliche, meist in den USA. Diese Camps sind nicht nur in den Vereinigten Staaten sondern auch in Kanada gang und gäbe. Während die Eltern arbeiten oder mal alleine verreisen möchten, verbringen Kinder und Jugendliche einen Teil ihrer Sommerferien in den Camps, die die sie von morgens bis abends auf Trab halten und gut beschäftigen: von Basteln und Ballspielen über Einstudieren von Tanzchoreografien und Singen bis hin zum Relaxen im See oder im Kino – es ist ein volles, abwechslungsreiches Programm, für das die Camp Counselors zuständig sind. Auch hier sind spezielle Fertigkeiten gefragt, beispielsweise in Bereichen wie Sport, Lifeguard, Kunst, Musik, Theater oder Religion. Erfahrungen in der Behindertenbetreuung sind von Vorteil.

Erfahrungsbericht – Animateur – Arbeiten in der Sonne

Mike erinnert sich an seinen Animateurjob als eine Zeit „zwischen Sonnencreme und Knochenjob": „Geblendet von manchen Urlauben und dem dabei vermittelten Spaß an der Arbeit eines Animateurs stürzte ich mich in meine erste Saison. Schwerpunkt war von Beginn an, auch durch mein Studium bedingt: Sport.

Der Animateuralltag war intensiv und durchgehend abwechslungsreich. Morgens, je nach vorgesehenem Tagesablauf zwischen 7 Uhr und 8 Uhr, hieß es aus dem Bett und ritualbedingt meinen immer noch scheintoten holländischen Kollegen Bo aus dem Bett quälen. In unserem kleinen, aber wohnlichen Appartement meist gut auf den Tag eingestimmt, ging es gegen 8 Uhr 30 zum morgendlichen Treffen mit Frühstück, dann zum vormittäglichen Angebot – Wasserball, Volleyball, Fußball, Schießen, Wassergymnastik, Fitness-Center, Baby-Club und Kids-Club. Das waren meine täglich wechselnden Stationen.

Gegen 13 Uhr waren die letzten Animationen des Vormittags beendet. Jetzt galt es, schnell etwas an Nahrung zu sich zu nehmen und sich anschließend gemeinsam im „Theatersaal" einzufinden. Dann standen diverse Aufgaben bis ca. 14 Uhr 30 an, wie beispielsweise Proben des Abendprogramms, Kostümrichten, Bühnenbildergestaltung, Einstudieren von Tänzen, Üben der Moderation, Abstimmen der Choreographien, Einprägen von Texten, Auswendiglernen von Liedern und Erledigen von Besorgungen. Dies war oftmals doch recht schweißtreibend. Außerdem war es schwer, sich nach zwei Stunden Kinderclub in Ruhe zu konzentrieren und abzuschalten, um dann wieder sofort aufnahmefähig zu sein.

Nachmittags ging es dann wieder zu den täglichen Angeboten. Hier fanden bei uns immer Volleyball, Wasserball und Fußball als täglicher Standard statt – der Rest wechselte. Über mangelnde Fitness konnte man sich in dieser Zeit beileibe nicht beklagen …

Gegen 18 Uhr waren dann die letzten Angebote zu Ende; nun galt es schnell zur Kostümanprobe zu eilen, wo eine Generalprobe auf dem Programm stand. Mit „König der Löwen" und „Sister Act" u.a. führten wir zu der Zeit insgesamt fünf Musicals auf.

Nach der Probe eine kurze Essenspause, gegebenenfalls Zeit, um noch etwas zu besorgen oder für den Abend vorzubereiten. Als weitere abendliche Angebote gab es eine Karaoke-Show mit Sketcheinlagen, Minidisco, DicoNight und auch mal eine Quizshow, um den Gästen so viel Abwechslung wie möglich zu bieten.

Je nach Show und Programm war man zwischen 23 und 1 Uhr dann fertig. Die Ein-Uhr-Schicht beispielsweise hatte dann morgens nach dem Meeting etwas Entlastung. So wurde auf einen ausgeglichenen, fairen Plan geachtet.

Alle zwei Wochen waren zwei Abende frei. Diesen Luxus, Freizeit, wusste man von Anfang an als kostbares Gut zu schätzen. Genau so gut konnte es jedoch sein, dass der freie Abend ins Wasser fiel, wenn beispielsweise ein anderer Animateur erkrankt war.

Alles in allem war es eine schöne Zeit mit vielen tollen Erfahrungen und neuen Kontakten. Sicherlich ist und bleibt es ein Knochenjob, der einem aber auch eine Menge Freude bereitet. Das Animateurdasein ist eine Lebenseinstellung und eine Charakterfrage. Liebe so etwas – oder lass es."

(Bildquellen: Buch „Als Animateur ins Ausland", interconnections)

Erfahrungsbericht – Sommer Camp USA

Irgendwann im Frühling fand *Annika* in einer Tageszeitung einen Artikel darüber, dass amerikanische Camps noch Betreuer aus aller Welt suchten. Sie machte sich im Internet schlau und beschloss, den darauffolgenden Sommer in einem amerikanischen Camp zu verbringen.

„Ich wählte eine Organisation, über die ich den Aufenthalt planen wollte, und füllte in ca. fünf Stunden die Bewerbungsunterlagen online aus (ich wollte alles direkt sehr ordentlich machen). Kurze Zeit später hatte ich auch schon meinen Interviewtermin in Mannheim. Vor allem die Tatsache, dass ein Teil davon auf Englisch sein würde, machte mir ziemlich Angst, da mein Englisch wirklich zu wünschen übrig ließ. Ich musste Situationen beschreiben, die ich in meiner vorherigen Arbeit mit Kindern erlebt hatte, erläutern, wie ich vorging, wenn die Kinder Heimweh bekämen, und wie ich generell mit verschiedenen Situationen umginge. Ich überstand das Interview gut und wurde ins Programm aufgenommen. Schätzungsweise eine Woche später war mein Profil, das sich die Campleiter anschauen konnten, dann online. Nun wartete ich also darauf, dass sich jemand von einem Camp per Mail bei mir meldete.

Von wegen Mail! Als mich dann nur vier Tage später, samstagabends um 19 Uhr, ein Campmitarbeiter ohne Vorwarnung anrief, war ich völlig überrascht und auch erst einmal überfordert. Mit Hilfe eines Onlinewörterbuchs kämpfte ich mich dann allerdings ganz gut durch. Gleich nach dem Auflegen hatte ich dann jedoch das nächste Problem: Der Mitarbeiter am Telefon hatte mir vorgeschlagen, mir die Homepage des Camps mal anzuschauen und dann zu entscheiden, ob ich meinen Sommer dort verbringen wollte. Blöderweise hatte ich aber auch nach zweimaligem Nachfragen den Namen des Camps nicht verstanden. Als ich ein paar Minuten später eine Mail vom Camp erhielt, war das Problem gelöst, und nach ca. zwei Tagen Bedenkzeit und Gesprächen mit meiner Familie, meinem Freund und Freunden entschied ich mich, den Job als *outdoor & adventures specialist* (Spezialist fürs Kletterwand und Hochseilgarten, aber auch für Bogenschießen, Kanufahren und Mountainbike) anzunehmen."

Zehn Wochen lang verbrachte Annika als Betreuerin eines 1923 gegründeten Sommercamps im Nordosten Pennsylvanias in den USA, genauso wie 225 Mädchen und 225 Jungen zwischen 6 und 17 Jahren sowie ca. 250 Mitarbeiter aus aller Welt.

„Drei Wochen, bevor die Kinder kamen, waren wir da – ich, das einzige Mädchen, deren Muttersprache nicht Englisch war, und die anderen Counselors aus aller Welt, die für diesen Sommer eine Art Familie für mich sein sollten. Anfangs war es sehr schwer, Anschluss zu finden, weil sich fast keiner die Mühe machte und groß mit mir sprach. Klar es ist natürlich einfacher mit Leuten zu reden, die dieselbe Muttersprache haben. Ein paar Tage bevor der Campsommer auch für die Kinder begann, fand ich dann zwei wirklich gute Freundinnen, mit denen ich in den nächsten sieben Wochen immer enger zusammenwuchs."

Zehn Wochen lang redete und hörte Annika nur Englisch. „Anfangs war es ziemlich anstrengend für mich, weil ich unbedingt alles verstehen wollte. Als ich mich dann jedoch damit abfand, nicht alles zu verstehen und einfach versuchte, möglichst viel mitzubekommen, wurde mein Englisch immer besser. Ich hatte bewusst ein Camp gewählt, in dem ich die einzige Deutsche war, damit ich gezwungen war, immer Englisch zu sprechen. Dementsprechend viel lernte ich auch. Klar gab es auch Situationen, in denen ich froh gewesen wäre, hätte ich meine Probleme einfach mal schnell jemandem auf Deutsch erklären können, aber für den Notfall gab es immer noch das (schlecht funktionierende) Telefon. Einmal war ich wirklich froh, ein paar Minuten mit meiner Schwester zu telefonieren, die mich schnell wieder beruhigte und mir so ein wenig den Tag rettete."

Der Tagesablauf verlief immer recht ähnlich, wie Annika erzählt: „Nachdem wir jeden Morgen anhand von Musik und einer Begrüßung durch eine Lautsprecheranlage geweckt wurden, dauerte es immer einige Zeit und Nerven, bis alle Kinder ihre Betten verlassen hatten und ordentlich angezogen waren. Bei den Mahlzeiten saßen meist sechs Kinder und zwei Counselors am Tisch. Die Essenszeiten waren mit das Stressigste am Tag, da man die Kinder ständig daran erinnern musste, sitzen zu bleiben, sich zu bedanken wenn man ihnen etwas reichte, oder nicht mit dem Essen zu werfen. Da ich all dies durch die Erziehung meiner Eltern kannte und als normal voraussetzte, schaltete ich beim Essen meist ein wenig ab, um mich nicht die ganze Zeit zu fragen, warum jegliche Erziehung an diesen Kindern vorbeigegangen war.

Zwischendurch lagen meine Hauptaufgaben darin, an Kletterturm, Hochseilgarten oder beim Mountainbiking zu arbeiten. Ich hatte schon in Deutschland einen Kletterkurs mit abschließender Prüfung absolviert; wir wurden aber auch in der ersten Woche im Camp durch Klettertrainer eingewiesen und absolvierten dort noch einmal eine zusätzliche Prüfung.

Nach dem Abendessen war ich dann wieder für „meine" Kinder aus meiner Hütte zuständig und begleitete diese z.B. zur „evening activity". Danach mussten wir dafür sorgen, dass die Kinder ins Bett gingen und auch möglichst schnell ruhig waren, um zu schlafen. In den ersten sechs Wochen hatten alle „Specialists" (z. B, Waterfront, Football, Soccer, Tennis, Arts& Crafts o. Ä.) donnerstags ihren freien Tag, weil die Kinder dann ihre Ausflüge in Vergnügungsparks, Schwimmbäder, Kirmes und zu anderen Plätzen machten. Wir hatten an diesen Tagen endlich mal die Möglichkeit, uns zu erholen und verbrachten unsere freie Zeit an Seen, in New York oder in anderen Städten.

Da es sich um ein „private camp" handelte, kamen die Kinder aus sehr wohlhabenden Familien, was den Umgang mit ihnen absolut nicht erleichterte. Es war schwer, sie für oder mit irgendetwas zu begeistern, da diese Kinder es gewöhnt waren, alles zu bekommen und ordentlich verwöhnt zu werden. So konnten wir uns Dinge wie „Meine Eltern bezahlen aber nicht 10.000 Dollar, damit ich hier um 10 Uhr zu Bett gehe!" anhören. Wir waren mehr Bedienstete als Betreuer für die Kinder, und sie machten uns das Leben oft schwer. Das vorher von mir erwartete Heimweh wollte sich nicht einstellen, dafür aber trat nicht selten die Verzweiflung wegen der Gören ein. Zum Glück hatte man dann die anderen Counselors, oft mit denselben Problemen, die auch oft nervlich am Ende waren. Man war nicht allein, nie – auch nicht dann, wenn man es gerne einmal gewesen wäre! Dadurch wurde man jedoch schnell wieder abgelenkt und hatte so manchen Ärger schon gleich wieder vergessen." Beim Abschied von den anderen Betreuern und auf ihrem Heimflug von New York nach Frankfurt vergoss Annika so manche Träne.

„Ich kann sagen, dass dies die wohl anstrengendste, aber wahrscheinlich auch die beste Erfahrung meines bisherigen Lebens war. Ich war oft verzweifelt, habe geweint, mich hintergangen und ausgenutzt gefühlt. Ich habe aber auch ein sehr gutes Englisch gelernt, etwas Neues kennen gelernt, bin über meine Grenzen gegangen und über mich hinausgewachsen und habe tolle Freunde gefunden. Freunde, mit denen ich in einem Sommer sehr eng zusammenwuchs, weil jeder alleine da war, Probleme hatte und mal traurig war, und vor allem weil wir etwas teilten, was ich zuhause mit niemandem hatte – das Leben im Camp und diese Erfahrung, die ich meiner Familie und meinen Freunden nur ein Stück weit erzählen konnte, die aber keiner jemals so kennen wird wie ich und meine Campfreunde. Ich bereute es keine Sekunde, mich für diesen Sommer in Amerika entschieden zu haben. Es war ein harter Sommer, aber wenn einem das bewusst ist, kann man das Beste daraus machen, sich weiterentwickeln und wertvolle Erfahrungen sammeln. *Summer of your life* eben ..."

Experiment e.V. – The Experiment in International Living

Experiment e.V.
THE EXPERIMENT IN INTERNATIONAL LIVING

Gluckstraße 1, 53115 Bonn
Tel.: 0228 95 72 20, Fax: 0228 35 82 82
info@experiment-ev.de, www.experiment-ev.de
Montag bis Freitag 9–17 Uhr
Gegründet: 1932 in den USA, 1952 Deutschland
Ansprechpartner:
Ana Klähn, Manja Fleischer, Martin Paulsen

INTERKULTURELLER AUSTAUSCH, FREIWILLIGENDIENSTE, AUSLANDSPRAKTIKA, GASTSCHULJAHR

Älteste, gemeinnützige Organisation für interkulturellen Austausch und das deutsche Büro der Federation EIL – The Experiment in International Living. Vermittlung von Gastfamilienaufenthalten als Mittel zur interkulturellen Verständigung seit 1932. Entsendeorganisation des Parlamentarischen Patenschafts-Programm (PPP).

Internationaler Freiwilligendienst und Auslandspraktikum
Freiwilligendienste vier Wochen bis 12 Monate werden geboten in Afrika, Lateinamerika und Asien in den Bereichen Mikrofinanzen, Umwelt, Bildung, Sozial- und Gesundheitswesen und Kultur. Meist wird der Freiwilligendienst als Auslandspraktikum anerkannt. Den meisten Freiwilligendiensten ist ein Sprachkurs vorgeschaltet, so dass nach kurzer Zeit eine Unterhaltung mit der Gastfamilie und den Kollegen möglich ist. Alle Teilnehmer erhalten eine Einführung bzw. Orientierung, um sich leichter im Land und der neuen Kultur zurechtzufinden.

Erreichbarkeit für Teilnehmer: Sowohl die Partnerorganisation vor Ort als auch Experiment e.V. in Deutschland sind für Teilnehmer rund um die Uhr erreichbar.

Altersstufe: 18 bis 99

Voraussetzungen / Einschränkungen: Hohe Motivation, hohes Maß an Eigeninitiative.

Dauer des Aufenthalts, Einsatzperiode: 4 Wochen bis 12 Monate.

Anmeldefristen: 12 Wochen vor Ausreisetermin.

Kosten / Leistungen: 1.200 bis 4.000 Euro je nach Zielland und Reisedauer. Bitte beachten Sie unsere Stipendien!

Entgelt während des Aufenthalts, Förderung: Der Aufenthalt ist ehrenamtlich **Träger** von Weltwärts, EFD.

Staatsangehörigkeit: Offen für alle.

Länder des Aufenthaltes: Argentinien, Brasilien, Chile, Ecuador, Ghana, Marokko, Mexiko, Nepal, Nigeria, Indien, Irland, Südafrika, Thailand, Togo, Türkei, Guatemala, Costa Rica, China, Neuseeland, USA, Benin, Russland, Spanien, Frankreich.

Verbandsmitgliedschaften, Zertifizierung: Zertifiziert von Quift – Qualität im Freiwilligendienst.

Sonstiges: Aktuelle Stipendienausschreibungen auf der Homepage.

Chile Inside

Andrés de Fuenzalida 17, Oficina 51
Providencia, Santiago de Chile
Tel: +56-2-335 9072
Dt. Kundenhotline von 13–23 Uhr: 07735-425339
info@chileinside.cl
www.chileinside.cl

Gründungsjahr: 2003
Ansprechpartner: Marion Ruhland, Ulrike Dabsch

HOTELARBEIT, WORKING HOLIDAY SOWIE FARM STAYS

Kostengünstig ins Ausland – alle Programme schließen freie Kost & Logis mit ein.

Die Programmstellen werden individuell gemäss den Bewerbungsunterlagen der Teilnehmer organisiert. Bei der Organisation können Wünsche und Vorstellungen der Bewerber in die Planung miteingehen. Die Stellen sind in ganz Chile – von der Atacama-Wüste über die Küstenstädte bis hin nach Patagonien – verfügbar. Viele Angebote auch in der Hauptstadt Santiago de Chile.

Dauer des Aufenthalts, Einsatzperiode: Ab 4 Wochen möglich.

Anmeldefristen: Die Programme sind jederzeit, das ganze Jahr über buchbar. Auch können die Programme flexibel gestaltet und kombiniert werden.

Kosten: Abhängig vom Programm und dessen Dauer, ab 385,– EUR.

Entgelt: Freie Kost und Logis.

Angebot Sprachkurse: Zusätzlich buchbar, um sich optimal auf den Arbeitseinsatz vorzubereiten: Erstklassige Sprachkurse mit qualifizierten Lehrern. Abwechslungsreiches Freizeitangebot. Gemütliche Unterkünfte in Gastfamilien oder Wohngemeinschaften.

Länder: Chile, Argentinien.

Verbandsmitgliedschaften, Zertifizierung: Mitglied der Deutsch-Chilenischen Industrie- und Handelskammer in Santiago de Chile.

Weitere Programme: Praktika, Freiwilligenarbeit, Farm Stays, Wildlife & Nature Projekte, Sprachkurse.

RAINBOW Tours

A.S. Reiseveranstaltungs GmbH
RAINBOW Tours – Reiseleiterabteilung
Georgswerder Bogen 4
21109 Hamburg
Tel.: 040 – 32093364
Fax: 040 – 30706570
reiseleitung@rainbowtours.de
www.rainbowtours.de

Ansprechpartner: Anna Middeldorf

Art des Angebots:
Gesucht werden europaweit ganzjährig Reiseleiter, die die Gäste im Alter von meistens 16 – 30 Jahren (keine Kinder- und Jugendbetreuung) in die verschiedenen Sommer-, Winter- und Städtedestinationen begleiten. Einsätze erfolgen z.B. in Spanien, Italien, Ungarn, Frankreich, England und Österreich. Einsatzorte, Zeiträume und Dauer sind flexibel abzusprechen, Kost und Logis sind natürlich frei, Vergütung je nach Dauer und Einsatzart zwischen € 200 und € 800 pro Woche.

Voraussetzungen:
– Alter zwischen 18 und 30 Jahren
– Fremdsprachenkenntnisse, mindestens Englisch
– Fähigkeit, verständlich und deutlich vor Gruppen zu sprechen
– Teamfähigkeit
– Verantwortungsbewußtsein
– Freude am Umgang mit Menschen
– Stressresistenz
– Großer Erste-Hilfe-Schein
– Arbeitserlaubnis für Deutschland, falls eine andere Nationalität vorliegen sollte
– Teilnahme an einem internen Seminar
– Bereitschaft, auch an Feiertagen und über Silvester zu arbeiten
– Bei Winterreisen: Ski- oder Snowboardkenntnisse

Sonstiges:
Bewerbungen bitte online!

CLUB CALIMERA & SUNSHINE KIDS Clubs

REWE Touristik Destination Service AG
Etzelstr. 11, CH – 8832 Wollerau
Tel: +41 1 787 88 44, Fax: +41 1 787 88 55
animateure@rewe-touristik.com
www.animateur-im-ausland.de
www.rewe-touristik.com
Ansprechpartner: Alexander Lukas

Altersbegrenzung: Jeder ist willkommen

Besondere Voraussetzungen: Ausbildung oder Erfahrung in den Bereichen Pädagogik, Sport, Animation oder Freizeitgestaltung.

Dauer des Aufenthalts, Einsatzperiode: Saisonkraft von März/April/Mai bis Ende Oktober
Saisonverstärkungen mindestens 6–8 Wochen

Abreisezeitpunkt: Saisonkraft von März/April/Mai, Saisonverstärkungen nach Vereinbarung

Bewerbungsfrist: Ideal ist von September bis Januar für die kommende Sommersaison

Kosten: Taschengeld für private Ausgaben

Entgelt während des Aufenthalts, Förderung: Schweizer Arbeitsvertrag bei der REWE Touristik Destination Service AG, Tochtergesellschaft der REWE Touristik GmbH in Köln
- 700,– Euro netto pro Monat (Einstiegsgehalt)
- Alle Versicherungen: Private Krankenversicherung, Rentenversicherung, Arbeitslosenversicherung, Gepäckversicherung (Diese Versicherungen gelten weltweit und sind kostenfrei!)
- Urlaubsanspruch
- Kostenfreie Hin- und Rückreise ins Einsatzgebiet ab Wohnort
- Freie Unterkunft und Verpflegung im Einsatzgebiet
- Getränkefreibetrag im Einsatz-Hotel
- Einen freien Tag pro Woche
- Kostenfreie Dienstkleidung (Shorts, T-Shirts etc.)
- Kostenfreie Schulungen/professionelle Vorbereitung auf den Einsatz
- Freiflüge

Staatsangehörigkeit: Jeder ist willkommen.

Länder / Gebiete des Aufenthaltes: „Der schönste Arbeitsplatz der Welt" befindet sich rund um das Mittelmeer, am Roten Meer, am Schwarzen Meer und auf den Kanarischen Inseln.

Aupair

Der halb- oder auch ganzjährige Aupairaufenthalt ist insbesondere unter jungen Frauen ein beliebter Weg, ins Ausland zu gehen und Leben und Kultur eines fremden Landes in einer Gastfamilie hautnah mitzuerleben. Erfreulicherweise machen sich auch immer mehr junge Männer zum Windelwechseln und Kids Bekochen ins Ausland auf.

»Aupair« heißt wörtlich übersetzt: »auf Gegenseitigkeit«. Gemeint ist damit – im Gegensatz zum Lohn-Arbeitsverhältnis – dass die Familie dem Aupair bestimmte Leistungen gewährt (Kost und Logis), es wie ein Familienmitglied behandelt und das Aupair dafür im Gegenzug bei der Betreuung der Kinder und im Haushalt mithilft. Besonders die Einbeziehung in das Familienleben ist dabei der ideelle Wert, der sich eben nicht in Zahlen, im gängigen Verhältnis Arbeit / Lohn, ausdrücken lässt.

Neben dem normalen gibt es auch zahlreiche Aupair-Unterprogramme. Ein Sommer-Aupair beispielsweise übt die Tätigkeit lediglich im Sommer, 6 Wochen bis 4 Monate aus. Wer sich also nicht ein ganzes Jahr nehmen kann oder möchte, das Aupairleben aber dennoch mal ausprobieren will, ist mit ein paar Sommermonaten gut beraten. Besonders bei unseren europäischen Nachbarn ist das sehr beliebt, z.B. während der Schulferien der Kinder oder speziell zum Schulbeginn. Man muss sich jedoch bewusst machen, dass man die Sprache bei einem kurzen Aufenthalt natürlich nicht so gut lernt – eventuell ist auch kein Sprachkurs möglich! – und man weniger Zeit hat, sich einzuleben.

Weitere Varianten: Ein Aupair Plus oder Professional arbeitet mehr Stunden als normal, erhält dafür aber auch mehr Lohn und weist im Regelfall mehr Erfahrung auf. Als EduCare oder Demi Pair arbeitet man dagegen weniger Stunden als normal und hat mehr Zeit, sich an Colleges oder in Sprachschulen weiterzubilden.

Grundsätzlich sollten die folgenden Voraussetzungen auf Aupair-Bewerber zutreffen:

- Mindestalter 18 Jahre (in Ausnahmefällen und in England 17 Jahre), Höchstalter 28-30 Jahre.
- Grundkenntnisse der Landessprache (bzw. in Englisch oder Französisch).
- Grundkenntnisse, Erfahrungen und etwas Geschick in hauswirtschaftlichen Tätigkeiten und in der Kinderbetreuung.
- die Bereitschaft, sich auf die Mentalität der Gastfamilie einzustellen.

Dies gilt innerhalb Europas; für Länder wie Australien, Neuseeland, die USA oder Kanada existieren allerdings andere Voraussetzungen bzw. das Aupairprogramm läuft unter anderem Aspekt ab, weswegen im Folgenden ein kurzer Abriss gegeben wird:

USA Voraussetzungen:

- 18-26 Jahre
- mind. 12 Schuljahre (Fachhochschulreife oder Abitur) oder abgeschlossene Berufsausbildung
- grundlegende bzw. gute Englischkenntnisse
- guter Gesundheitszustand

- einwandfreies polizeiliches Führungszeugnis
- Führerschein
- Erfahrung in der Betreuung von Kindern (es müssen zwei Tätigkeiten bei nicht verwandten Personen der Institutionen nachgewiesen werden)

Kanada Voraussetzungen „Live-in Caregiver":

- ab 19 Jahren
- mind. 12 Schuljahre (Fachhochschulreife oder Abitur)
- guter Gesundheitszustand
- pflegerische oder pädagogische Ausbildung oder mindestens 6 Monate Vollzeitbetreuung von Kindern
- grundlegende bzw. gute Sprachkenntnisse (Englisch bzw. Französisch)

In Neuseeland und Australien existiert kein reguläres Aupair-Programm. Es besteht allerdings die Möglichkeit, eine Aupairtätigkeit mit dem Working Holiday-Visum auszuüben. Einzelheiten bei der jeweiligen Botschaft oder bei den Vermittlern. Weiterführenden Lektüre: www.interconnections.de, > Shop, > Aupair. Ferner: www.au-pair-box.com, eine Onlinestellenbörse, wo man seine Daten in ein Formuar eingibt.

Erfahrungsbericht – Aupair in Schweden

Maike hatte bereits durch ein Schüleraustauschjahr in den USA den Duft der großen weiten Welt erschnuppert, und war seither vom Fernweh gepackt. Schon direkt nach dem Schüleraustausch stand für sie fest, dass sie noch einmal für eine längere Zeit in ein anderes Land wollte.

„Da ich schon immer gerne mit Kindern gearbeitet hatte und auch bereits durch diverse Babysitterjobs Erfahrung in diesem Bereich hatte, hielt ich einen Aupair-Aufenthalt für eine gute Alternative, um ein neues Land mitsamt seiner Kultur und Sprache kennen zu lernen.

Für Schweden entschied ich mich eher spontan und aus dem Bauch heraus – ich fand es spannend, in ein Land zu gehen, dessen Sprache ich noch nicht konnte, um diese dann vor Ort zu lernen. Natürlich wäre es anfangs einfacher gewesen, wenn ich die Sprache schon beherrschte, insbesondere da die beiden Kinder meiner Gastfamilie im Kindergartenalter waren und nur ihre Muttersprache Schwedisch konnten. Umso schöner war es jedoch zu erleben, dass ich mich trotzdem – mit Hilfe von Händen und Füßen – gut mit ihnen verständigen konnte und meine Sprachkenntnisse so schnell immer besser wurden."

Als Aupair in Schweden arbeitet man in der Regel 25 Stunden in der Woche bei einem Gehalt von 3500 schwedischen Kronen, von dem jedoch noch Steuern abgezogen werden. Die Aufgaben eines Aupairs beschränken sich nicht nur auf die Kinderbetreuung, auch die Erledigung von Arbeiten im Haushalt wird verlangt.

„Für mich bedeutete das u.a. den Abwasch zu machen, mich um die Wäsche zu kümmern, kleinere Einkäufe zu tätigen sowie einmal in der Woche zu putzen. Diese Dinge erledigte ich, während die beiden Kinder vormittags im Kindergarten waren. Nachmittags holte ich sie dann von dort ab und kümmerte mich um sie, bis die Eltern von der Arbeit nach Hause kamen. Beide Kinder waren sehr aktiv und spielten unheimlich gerne draußen im Garten oder auf Spielplätzen, so dass wir viel Zeit draußen verbrachten. Darüber hinaus wurden viel gepuzzelt und gebastelt. Hier war es von Vorteil, mich daran zu erinnern, was ich selber in dem Alter gern gespielt und gebastelt hatte, denn so konnte ich den Kindern neue Dinge zeigen, an denen sie Gefallen fanden. Sehr gern mochten die Kinder es auch, wenn ich ihnen Geschichten vorlas. Zu Beginn habe ich sicherlich viele Aussprachefehler gemacht, und das wird vermutlich den meisten Aupairs so gehen, aber man sollte sich auf keinen Fall entmutigen lassen, denn durch das Vorlesen übt man gleichzeitig und trainiert somit die eigenen Sprachkenntnisse."

Obwohl ihr die Arbeit Spaß machte und sie sich gut mit ihrer Gastfamilie verstand, gab es auch für Maike Durststrecken.

„So „einfach" es auch klingen mag, in einer Woche insgesamt 25 Stunden auf Kinder aufzupassen und Aufgaben im Haushalt zu übernehmen, darf man sich dennoch nichts vormachen: Das Leben als Aupair unterscheidet sich grundlegend von dem Leben, das man zuvor geführt hat. Ich kam zum Beispiel gerade aus der Schule und war erst mal froh, nicht mehr permanent Hausaufgaben machen und lernen zu müssen. Doch es dauerte nicht lange, bis ich mich zwischen Windeln wechseln und Haushalt darauf freute, dass der Sprachkurs endlich anfing, um auch in dem Bereich wieder gefordert zu werden. Zudem bot sich durch den Sprachkurs die Gelegenheit, erste Kontakte außerhalb der Welt der Gastfamilie und des Kindergartens zu knüpfen, was ein wichtiger Ausgleich zur Aupair-Tätigkeit ist. Allerdings finden sich in so einem Sprachkurs natürlich nur Leute, die, wie man selber, aus einem anderen Land kommen und die Sprache lernen möchten. Die Kultur des Gastlandes lernt man jedoch viel besser kennen, wenn man in Kontakt mit Einheimischen ist, und damit meine ich nicht nur die Gastfamilie. Ich empfehle daher jedem angehenden Aupair, sich eine Freizeitbeschäftigung im Gastland zu suchen, bei der man in Kontakt mit gleichaltrigen Leuten kommt, zum Beispiel durch einen Sportverein oder Studentenclub einer Universität vor Ort." Für Maike war der Aupair-Aufenthalt ein tolles Erlebnis, das sie nicht missen möchte.

„Ich habe viele gute Freunde gefunden, die ich nach wie vor regelmäßig besuche. Auch mit meiner Gastfamilie habe ich nach wie vor sehr guten Kontakt. Um einmal ein anderes Land mit seinen Traditionen, seiner Sprache und Kultur und seinen Einwohnern richtig kennen zu lernen, halte ich einen Aupair-Aufenthalt für eine tolle Möglichkeit. Es erfordert sicherlich einen gewissen Mut, die eigene Familie und Freunde für ca. ein Jahr in der Heimat zurück zu lassen, doch die neuen Eindrücke, die man gewinnt, sind unbezahlbar und können einem nie mehr genommen werden."

AIFS

Zentrale Bonn
Baunscheidtstr. 11, 53113 Bonn
Tel.: +49 (0) 228-95730-0
Fax: + 49 (0) 228-95730-10
info@aifs.de, www.aifs.de
Gründungsjahr: 1964
Ansprechpartner: Daria Bitniok, Program Manager

JOIN THE WORLD!

AU PAIR AUFENTHALTE IN DEN USA, AUSTRALIEN UND NEUSEELAND

In den USA kann zwischen drei Programmen gewählt werden:
* Au Pair in America (das klassische Au Pair Programm)
* Au Pair Professional (bei Ausbildung im pädagogischen Bereich)
* EduCare (mit Einblicken in das amerikanische Studentenleben)

Bei einem **Au Pair Aufenthalt in Australien** kann im Anschluss an die Tätigkeit für weitere sechs Monate durchs Land gereist werden.

Auch in Neuseeland gibt es drei Programme:
* Au Pair 123 (Betreuung von Kindern bis zu 5 Jahren)
* Au Pair Mate (Betreuung von Kindern ab 5 Jahren)
* Au Pair Whiz (mit pädagogischen Vorkenntnissen)

Altersstufe, m/w Aupairs:
USA: 18–26 Jahre, Australien und Neuseeland: 18–30 Jahre.

Anmeldefristen, Aufenthaltsdauer:
Au Pair in America: 12 Monate Aufenthalt, Verlängerung möglich, keine Bewerbungsfrist, Programmstart monatlich (Ausnahme EduCare).
Au Pair in Australia: 6 Monate Au Pair, Aufenthalt bis zu 12 Monate, Programmstart monatlich.
Au Pair in New Zealand: 6, 9 oder 12 Monate Aufenthalt, Programmstart monatlich.

Vermittlungsgebühren / Kosten:
Au Pair in America: ab 595 €, Au Pair Professional: ab 395 €, EduCare: ab 845 €
Au Pair in Australia: ab 2.690 €
Au Pair in New Zealand: ab 2.590 €

Verbandsmitgliedschaften:
Gründungsmitglied von IAPA (International Au Pair Association). IAPA schützt die Rechte der Au Pairs und verpflichtet sich zur Umsetzung internationaler Standards bei Au Pair Aufenthalten.

Sonstiges: Alle Infos unter www.aifs.de sowie auf Facebook!

Association Inter-Sejours

179 Rue de Courcelles
75017 Paris
France
Tel.: 00 33 1 47 63 06 81
aideinfo.intersejours@wanadoo.fr
www.inter-sejours.fr
Office hours: 9.30 am – 5.30 pm
Founding year: 1968

INTER SEJOURS

In charge of girls and boys from 0 to 6, 18 to 30 years old

Details: preferably for girls, male au pairs are welcome only in Canada, smokers should stop as families do not like smokers, driver´s license welcome but not obligatory

Qualifications: Childcare experience helpful but not necessary. A-levels appreciated

Length of stay: minimum 2 months to one year

Application procedure: See http://asso.intersejours.free.fr/aupair.htm. No deadline. 3 ID-photos, medical certificate, 2 references (character, school) and an introductory letter are needed.

The waiting period is usually one month, though sometimes families can be found within a fortnight.

Work conditions: 15 to 30 hours of work, depending on country, babysitting + house work. Full board in the family + pocket money

Countries of placements: Australia, Austria, Canada, Denmark, England, France, Germany, Italy, Ireland , Netherlands, New Zealand, Spain, Sweden, USA

Assistance: Coordinators in all countries

Cultural programmes: everywhere on demand

Number of annual placement: around 550 in 2009

Placement fees: 255 €

Further costs: travel to the family

Further programmes e.g. Work & Travel, High School, Work placement, internship, voluntary work, linguistic stay

Member of (youth organisations): Selia

Remarks: all information with photos and testimony of our placement page http://asso.intersejours.free.fr/aupair.htm

Cultural Care Au Pair

Zimmerstr. 68, 10117 Berlin
Tel.: 030 20347400, Fax: 030 20347401
aupair.de@culturalcare.com
www.culturalcare.de
Bürozeiten: Mo–Fr: 9–19 Uhr, Sa 10–17 Uhr
Ansprechpartner: Marc Jaschinski

Au Pair in den USA

Altersstufe, m/w Aupairs: 18–26 Jahre, es
werden sowohl weibliche, als auch männliche
Au Pairs vermittelt.

Anmeldefristen: Ausreise ganzjährig
wöchentlich möglich.

Voraussetzungen: Mindestens 200 Std.
Kinderbetreuungserfahrung, gute Englischkenntnisse, Führerschein, Nichtraucher,
Abitur, Realschulabschluss oder Hauptschulabschluss plus Ausbildung,
einwandfreies polizeiliches Führungszeugnis.

Vermittlungsgebühren / Kosten: Programmgebühr: 769,– € (Stand: Mai 2011)

Verbandsmitgliedschaften, Zertifizierung: Mitglied der Au Pair Society,
des American German Business Club Berlin e.V., zweimaliger Gewinner des
„Internationalen Au Pair Association (IAPA)" Awards.

Sonstiges: Cultural Care Au Pair ist ein Austauschprogramm und bietet die
Möglichkeit, Arbeit, Studium und Reisen in den USA zu verbinden.
Als Teil einer sorgfältig ausgewählten Gastfamilie betreut man deren Kinder und
verbessert so im Alltag die Englischkenntnisse. Der aktuelle Lohn pro Woche
beträgt 195,75 US$ (Stand Mai 2011).

Das Programm ist eine einmalige Möglichkeit, internationale Arbeitserfahrung
zu sammeln und Kultur und Lebensalltag in den USA aus erster Hand kennen zu
lernen.

Erfahrungsbericht –Sommeraupair

Randi ist eine der wenigen, die ihre Aupairerfahrung noch während der Schulzeit machten. Als Achtzehnjährige beschloss sie ein Jahr vor dem Abitur, diese letzten Schul-Sommerferien sinnvoll zu nutzen, also möglichst zu reisen und viel zu sehen, aber mit geringem Kostenaufwand und Spaß an der Arbeit.

„Aufgrund dieser Kriterien kam ich ziemlich schnell zu dem Entschluss, doch einige Wochen als Aupair zu arbeiten, falls das denn für solche kurzen Zeiträume möglich wäre. Im Internet stellte ich schnell fest, dass ein Aupair-Aufenthalt über eine Agentur für einen Sommer erst ab 3 Monaten möglich war. So beschloss ich, die Familiensuche selbst in die Hand zu nehmen und mir über das Internet eine Familie zu suchen. Ich erstellte also ein halbes Jahr vor dem geplanten Aufenthalt ein Profil, versandte Bewerbungen und sprach mich mit Familien ab. Schließlich schrieb mich eine Deutsche an, die für ihre Aupairfamilie in Paris noch für vier Wochen einen Ersatz suchte, da sie früher als geplant abreiste. Ich wechselte dann mit ihr und der Familie viele Mails und telefonierte, und bald stand fest: das ist die richtige Familie für mich! Durch das deutsche Aupair hatte ich die Sicherheit, tatsächlich eine seriöse und nette Familie ausgewählt zu haben, und buchte kurzerhand meinen Flug nach Frankreich."

Am Flughafen wurde Randi von ihrem Gastvater, dem deutschen Aupair und dem Kleinsten der Familie abgeholt.

„Die ersten Tage waren natürlich sehr ungewohnt; alles war neu, und das Französische war auch ein ganz anderes als das in der Schule gelernte. Aber durch das deutsche Aupair, die noch drei Tage blieb, um mich einzuführen, wurde ich schnell selbstbewusster im Umgang mit den Kindern, mit dem chaotischen Pariser Verkehr und der Sprache.

Mein Tag sah wie folgt aus: morgens gegen 8 aufstehen, mit den Kindern (11 und 2 Jahre) frühstücken und den Kleinen dann fertigmachen, um ihn zu seiner Tagesmutter zu fahren. Dann hatte ich erst mal frei bis um sechs. In dieser Zeit erledigte ich ca. eine Stunde lang kleine Hausarbeiten, wie Spülmaschine ein- und ausräumen, Kinderzimmer und Spielsachen aufräumen, Staubsaugen, Fegen usw. Um 18 Uhr musste dann der Kleine wieder von der Tagesmutter geholt und bis 20 oder auch 21 Uhr beaufsichtigt werden. Wir gingen zum Beispiel noch in den Park oder ich spielte mit ihm, duschte ihn, usw. In meinem Vertrag, den ich mit der Familie zu Anfang abschloss, war festgehalten, dass ich auch zweimal die Woche abends babysitten sollte, sowie Samstag komplett auf den Kleinen aufpasste, aber dann auch sonntags frei hatte. Ich hatte ein eigenes Zimmer mit Bad, bekam 75 € die Woche und hatte viel frei, konnte mich also wirklich nicht beklagen! Mein Alltag war nicht wirklich stressig, so dass ich viel Zeit hatte, die tollste Stadt der Welt zu erkunden!"

Schwierigkeiten mit der Familie hatte Randi kaum: die Eltern mussten den ganzen Tag arbeiten, so dass man sich nur einige Stunden pro Tag sah.

„Die zwei Kinder waren wirklich lieb. Als neues Aupair sollte man sich aber trotzdem immer bewusst sein, dass es für Kinder, insbesondere Kleinkinder, ziemlich schwierig ist, ihre Bezugspersonen zu wechseln: das heißt, man sollte nicht gleich gekränkt sein, wenn ein Zweijähriger in den ersten Tagen mit dem neuen Aupair oft nach der Vorgängerin fragt und nicht verstehen kann, warum sie nicht mehr da ist. Zudem sind die Eltern in Familien, die Aupairs engagieren, oft vollzeitberufstätig, was für ein kleines Kind schwer nachzuvollziehen ist. Außerdem sollte man in der Arbeit mit Kindern auch immer berücksichtigen, dass auch die nettesten und süßesten Kinder mal quengeln und die Arbeit mit ihnen sehr anstrengend sein kann: so hatte mein Kleiner zum Beispiel nie Lust zu duschen und bekam regelmäßig einen Wutanfall dabei. Aber mit Geduld und Humor kann man auch die natürlich auftretenden kleinen Krisen problemlos meistern."

Mit der Problematik einer neuen Sprache sollte man sich VOR dem Aupair-Aufenthalt auseinandersetzen, so Randi, die jedem empfiehlt, nur in ein Land zu reisen, dessen Sprache man schon ein bisschen kann, beziehungsweise dort einen Sprachkurs zu belegen.

„Hat man schon Grundkenntnisse, ist es im Grunde kein Problem. Man sollte nur nicht gleich den Mut verlieren, wenn man den schnellen Gesprächen mit Dialekt oder dem Gebrabbel eines Kleinkindes nicht sofort folgen kann. Aber keine Angst! Es wird immer besser, und spätestens nach den ersten paar Wochen kann man sich problemlos, wenn auch nicht perfekt unterhalten."

Als Fazit zum Schluss erklärt Randi:

„Ich kann jedem, der gerne mit Kindern arbeitet, Geduld mitbringt und Grundkenntnisse der Sprache besitzt, einen Aupair-Aufenthalt nur empfehlen! Geht mit genügend Selbstbewusstsein und Spaß an die Sache, dann kann es eigentlich nur eine unvergessliche Zeit werden, in der man viele tolle Menschen, eine neue Sprache und ein anderes Land richtig kennen lernen kann."

Weitere Aupair-Berichte bei www.au-pair-box.com.

Work and Travel

Wer eine Weltreise plant, setzt oft einen längeren Fabrikaufenthalt voran, um das Geld für die Reise zu verdienen. Warum nicht Arbeit und Vergnügen kombinieren?
Eine gute Lösung sind die Working Holidays, gemeinhin auch oft als Work & Travel bezeichnet. Dabei werden Urlaub und Arbeit in einem Auslandsaufenthalt verbunden, so dass auch denjenigen mit schmäleren Geldbeuteln die Welt offen steht. D.h. man finanziert das Reisen durch Gelegenheitsjobs direkt vor Ort.
Mittlerweile gibt es viele Anbieter, die sich diesem Kombipaket angenommen haben; allerdings lässt sich das Work & Travel auch selbst organisieren. Voraussetzungen sind genaues Recherchieren über die Aufenthalts- und Arbeitsgenehmigungen (diese sind besonders in den USA und Australien strengstens geregelt) und eine gewisse Selbstständigkeit. Ob Bananen ernten in Australien oder Gäste betreuen im Schickimicki-Hotel in Florida – die Jobs sind so vielfältig wie das Land, das man bereist, und bieten so gerade Schulabgängern eine erste berufliche Orientierung.

Zu zwei der beliebtesten Länder, nämlich Australien und Kanada, gibt es jeweils einen Working Holiday Ratgeber zur Selbstorganisation des Aufenthalts:
www.interconnections.de, > Shop, > Jobs und Prakika, Studium.

Erfahrungsbericht – Work & Travel Australien

Sven traf die Entscheidung, für ein Jahr nach Australien zu gehen, relativ kurzfristig.

„Ich hatte meine Ausbildung erfolgreich beendet und dachte darüber nach, einen Teil meiner Jugend im Ausland zu verbringen. Irgendwas in der Richtung hatte ich schon immer im Hinterkopf, und so informierte ich mich über Work & Travel in weiter Ferne. Die Erfahrungsberichte im Internet überzeugten mich, und ich meldete mich bei einer Organisation an, die für mich die ersten zwei Nächte in Sydney buchten, mir ein Bankkonto eröffneten, die Steuernummer beantragten und mir eine australische Handynummer und den ersten Job besorgten.

Zwei Monate später ging es los. Schon am Flughafen in Frankfurt traf ich ein paar weitere Work & Traveller von der Organisation. Wir flogen ca. 12 Stunden nach Singapur und dann noch einmal 8 Stunden bis Sydney. In der ersten Woche mussten einige Formalitäten erledigt werden, und so erkundete ich erstmal die Stadt – eine belebte Weltstadt, wie ich noch nie eine gesehen hatte! Nachdem das Visum im Pass klebte, ein Job sicher war und ich meine erste Backpacker-Tour (zum „Blue Mountains Nationalpark" bei Katoomba) hinter mir hatte, ging es auf eine stundenlange Reise mit Zug und Bus bis nach Condobolin. Mein erster Job in Australien, auf einer Granatapfelplantage! Es ist schon mal was anderes, zehn Stunden in praller Sonne auf dem Feld zu arbeiten. Meine Aufgabe war es, den noch kleinen Bäumen durch das Hochbinden weit abragender Äste beim Wachstum zu helfen.

Das Leben als Backpacker gestaltete sich unkompliziert, da man überall andere Backpacker traf und ständig Party gemacht wurde. Mit den Übernachtungsmöglichkeiten gab es auch keine Probleme, da Hostels für Rucksackreisende fast in jedem Ort zu finden waren, ob in Großstädten oder weiter abgelegen. Super fand ich, dass man in Australien wöchentlich seinen Lohn bekam. Als Reisender muss man kurzfristig planen und einkaufen; eben spontan sein, und da war das sehr hilfreich. Zwar wusste man teilweise heute noch nicht, wo man morgen die Nacht verbringen würde, aber das war alles kein Problem. Durch die sehr nette, aufgeschlossene Art der „Aussies" fühlte man sich nie allein gelassen. Ob im Supermarkt, im Bus oder auf der Straße, überall wurde man mit einem freundlichen „ How are you?" begrüßt.

Eines der schönsten Erlebnisse war das Jackaroo-Training auf einer Ranch in Tamworth. Wir lernten dort, nach der Art eines australischen Cowboys zu leben. Und so war es auch! Jeden Tag wurde eine Tour durchs angrenzende Gelände auf dem Rücken der Pferde unternommen, am Feuer Essen zubereitet, wurden Schafe geschoren oder Bäume gefällt. Ich habe in den fünf Tagen viel gelernt, und es war echt abenteuerlich, zwei Stunden von der nächsten Stadt entfernt mitten im Nirgendwo zu leben, ohne Strom und mit den einfachsten Mitteln.

Ich machte auch „Wwoofing" bei einer fünfköpfigen Familie an der Sunshine

Sven bei Ayers Rock

Coast. Es war interessant, mal das Leben in einer australischen Familie mitzuerleben. Mir gefiel es sehr gut in den drei Wochen dort, und ich halte noch heute Kontakt zu ihnen.

Meine nächste Arbeit war in einer Gärtnerei in Victoria. Auch beim Reisen ergab sich immer wieder ein kleiner Job für mich, z.B. auf Phillip Island, wo ich mir das Motorradrennen anschauen wollte. Durch einen Deal mit einem dort ansässigen Australier konnte ich mir eine Unterkunft nicht weit entfernt von der Rennstrecke sichern. Gegen freie Unterkunft sollte ich ihm mehrere Räume in seinem selbst gebauten Haus streichen.

Das Rumreisen mit Mietauto war sehr unkompliziert – wir legten Stopps ein, wo es uns gefiel; fuhren einfach mit dem Auto links ran und bauten das Zelt auf. Die Umgebung spielte dabei keine große Rolle. Während dieser Zeit schliefen wir in Nationalparks im Wald, auf Campingplätzen, vor Tankstellen und auf Feldern, wo weit und breit außer des endlosen Highways und Gestrüpp nichts zu sehen war. Die eine oder andere Begegnung machten wir mit Schlangen, Spinnen und anderem Krabbelgetier, aber es passierte nichts weiter als ein Reifenplatzer im Outback.

Mit jedem Tag unserer Reise leerte sich aber auch der Geldbeutel, so dass wir in Darwin Arbeit suchten. Diesmal jedoch keine Feldjobs, sondern als Kellner, Portier und Verkoster an der Fleischtheke. Ziemlich stressig war es schon, drei Jobs zugleich unter einen Hut zu bekommen, und es wurde auch oft eine Nachtschicht im Hotel eingelegt.

Nachdem ich zwei Monaten ununterbrochen gearbeitet und dabei nicht schlecht verdiente hatte, konnte ich die verbleibenden drei Monate mit Reisen verplanen. Ich bereiste nach Darwin die obere Ostküste, war am Great Barrier Reef mit Haien und Schildkröten tauchen, umsegelte die Whitsunday Islands und sah die Hochhausketten am Strand von Surfers Paradise. Dank günstiger Inlandsflüge ging es auch nach Perth und auf eine sehr sehenswerte 8-Tages-Tour bis hoch nach Exmouth.

Als Fazit kann ich so ein Jahr im Ausland, besonders in Australien, nur jedem weiterempfehlen; es ist unglaublich, was man da alles so mitmacht und wie viele Leute einem begegnen. Ich werde diesen Schritt nie bereuen. Eins ist sicher: früher oder später werde ich auf alle Fälle noch einmal nach Australien reisen."

Siehe zu einem selbstorganisierten Aufenthalt auch:
www.interconnections.de > Shop > Jobs und Prakika, Studium.

PractiGo GmbH – Sprachen erleben

Nedenburger Str. 9, D-28207 Bremen
Tel.: 0421-4377280, Fax: 0421-4377362
Info@PractiGo.com, www.PractiGo.com
www.holidaywork.de
Bürozeiten: 8.30–18 h
Gründungsjahr: 2001
Ansprechpartner: Das gesamte Team hilft gerne weiter

PractiGo
Sprachen erleben

REISEN UND DABEI GELD VERDIENEN

Im Ausland leben und arbeiten? PractiGo bietet Work-and-Travel-Aufenthalte von bis zu einem Jahr in Australien, Kanada, England (London) und Neuseeland an. Ganz egal, ob man gerade die Schule beendet oder eine Auszeit von Ausbildung, Studium oder Job nehmen will.

Altersstufe: Work and Travel richtet sich an alle Weltentdecker zwischen 18 und 30 bzw. 35 Jahren.

Länder: Australien, England (London), Kanada, Neuseeland.

Voraussetzungen: Abhängig vom jeweiligen „Work and Holiday"-Visum. Man sollte Englisch in Wort und Schrift gut beherrschen. In einem Vorbereitungssprachkurs kann man die Sprache erlernen oder bisherige Kenntnisse auffrischen und damit auch die Chance auf gute Jobs erhöhen.

Dauer des Aufenthalts, Einsatzperiode: 12–52 Wochen (je nach Land)

Anmeldefristen:
– England (London) mindestens 4 Wochen vor Abreise,
– Australien, Neuseeland und Kanada ab 3 Monate vor Abreise (in dringenden Fällen gleich Kontakt aufnehmen, um gleich einen geeigneten Flug finden zu können).

Starttermine: Das ganze Jahr über.

Kosten: Organisationskostenbeitrag: ab 100 EUR (abhängig vom Land).

Entgelt: Die meisten Jobs werden in den Bereichen Tourismus, Hotel, Gastronomie oder anderen saisonabhängigen Bereichen angeboten. Der Verdienst richtet sich in der Regel nach dem Mindestlohn des Gastlandes. So kann man sich Unterkunft und Verpflegung finanzieren und hat meist sogar noch Geld fürs Reisen übrig.

Staatsangehörigkeit:
Für England (London): EU-Bürger und Schweizer, für Australien, Neuseeland, Kanada: Deutsche Staatsbürger.

Verbandsmitgliedschaften, Zertifizierung: WYSE Confederation, WYSE Work Abroad.

TravelWorks

(eine Marke der Travelplus Group GmbH)
Münsterstr. 111, 48155 Münster
Tel.: 02506-8303-0, Fax: 02506-8303-231
E-Mail: info@travelworks.de, www.travelworks.de
Bürozeiten: montags bis freitags, 9.00 – 18.00 Uhr
Gründungsjahr: 2001
Ansprechpartner: Marissa Jansen, Anke Fiegenbaum, Jennifer Tick, Uta Jürgens

Altersstufe: Work&Travel Australien und Neuseeland, Hotelarbeit & Arbeiten in der Gastronomie / im Einzelhandel Großbritannien, Farmarbeit Irland und Farmarbeit Norwegen: 18–30 Jahre. Work&Travel Kanada, Hotelarbeit Spanien: 18–35 Jahre. Summer Camp USA: 19–28 Jahre.

Voraussetzungen / Einschränkungen: Deutsche Staatsangehörigkeit für Work& Travel in Australien, Neuseeland und Kanada, sonst EU-Staatsangehörigkeit je nach Programm. Englischkenntnisse, Flexibilität, Selbstständigkeit, Eigeninitiative und Anpassungsvermögen sind wichtig. Praktische Erfahrungen sind von Vorteil, aber nur bei einigen Programmen Voraussetzung.

Dauer des Aufenthalts, Einsatzperiode: Work&Travel Australien, Neuseeland und Kanada: max. 1 Jahr (Australien um weitere 12 Monate verlängerbar). Hotelarbeit & Arbeiten in der Gastronomie / im Einzelhandel Großbritannien: max. 12 Monate. Farmarbeit Irland und Norwegen: max. 6 Monate. Hotelarbeit Spanien: max. 7 Monate. Summer Camp USA: 9 Wochen.

Anmeldefristen: Anmeldung je nach Programm ca. 3 Monate vor Abreise, gerne deutlich früher (Ausreisen i.d.R. ganzjährig). Summer Camp USA: 31. Januar (Ausreise ca. Anfang bis Mitte Juni).

Kosten / Leistungen: Work&Travel Australien ab 1.750 € (inkl. Flug), Work&Travel Neuseeland ab 1.760 € (inkl. Flug), Work&Travel Kanada ab 1.350 € (inkl. Flug), Summer Camp USA ab 650 € (inkl. Flug), Hotelarbeit in Großbritannien ab 650 €, Farmarbeit in Irland ab 720 €, Farmarbeit in Norwegen ab 590 €, Hotelarbeit in Spanien ab 790 €.

Entgelt während des Aufenthalts, Förderung: Verdienst je nach Programm unterschiedlich.

Länder / Gebiete des Aufenthaltes:
Work&Travel: Australien, Neuseeland und Kanada.
Summer Camp: USA.
Farmarbeit: Kanada, Irland und Norwegen.
Hotel- und Gastronomiearbeit: Großbritannien und Spanien.
Arbeiten im Einzelhandel: Großbritannien.

Mitgliedschaften: WYSETC (World Youth Student & Travel Confederation), WYSE Work Abroad.

Sonstiges: Wir bieten neben Work&Travel auch Freiwilligenarbeit, Au Pair, Auslandspraktika und Sprachreisen an.

Real Gap Experience

1 Meadow Road, Tunbridge Wells
TN1 2YG
UK
Tel.: +49 (0) 69 22 22 26 475
auslandsbuch@realgap.de, www.realgap.de
Bürozeiten: Mo–Fr von 9–18.30 h
Gründungsjahr: 2003
Ansprechpartner: Jan Schiffer, Martin Gruhn, Corinna Dank

WORK & TRAVEL, FREIWILLIGEN-DIENSTE UND MEHR ...

Geboten werden Work&Travel Aufenthalte, TEFL
(Teaching English as a Foreign Language) in
China, Freiwilligenarbeit im Natur- und Tierschutz
oder in sozialen Projekten, Abenteuer-, Kultur-
und Weltreisen in über 25 Länder rund um den
Globus- von 2 Wochen bis zu 2 Jahren.

Freiwilligenprojekte im sozialen Bereich:

- Unterrichten (z.B. Englisch in Südafrika,
  Thailand)
- HIV/AIDS Aufklärung (z.B. Kenia)
- Kindertagesstätten (z.B. Ecuador)
- Bauprojekte
- Erwachsenenbildung (z.B. Computerkurse in Tansania)
- Freizeitangebote für Kinder (Surfen unterrichten in Südafrika)

Freiwilligenprojekte im Natur- u. Tierschutz:

- Maritime Forschungsprojekte (z.B. Walhaie in Mosambik)
- Löwenaufzucht (z.B. in Simbabwe)
- Mensch - Tier Konflikt (Elefantenschutz in Namibia)
- Schildkrötenschutz (Costa Rica, Sri Lanka)
- Naturschutz (z.B. Neuseeland, Australien)

Altersstufen: Bei Work&Travel Programmen 18–30 Jahre (bis 35 Jahre für Kanada),
bei Freiwilligenprojekten mindestens 18 Jahre, keine Höchstaltersgrenze.

Voraussetzungen: Englischkenntnisse werden generell vorausgesetzt.

Teilnehmer sollten großes Interesse an Kultur, Land und Leuten und eine offene
Einstellung mitbringen, sich mit Engagement in die Projektarbeit stürzen und bereit
sein, in einem buntgemischten internationalen Team zu arbeiten und zu reisen.

magoo international GmbH

Harburger Schloßstr. 6-12, 21079 Hamburg
Tel.: 040-766292830, Fax: 040-766292831
info@magoo-international.com
www.magoo-international.com
Gründungsjahr: 2005
Ansprechpartner: Jana Hilkenbach, Sarah Kühl

Work and Travel in Australien und Neuseeland

Altersstufe: 18-30

Dauer des Aufenthalts, Einsatzperiode: Bis zu einem Jahr.

Abreisezeitpunkt: Die Ausreise ist jederzeit möglich.

Bewerbungsfrist:
Eine Anmeldung ist kurzfristig möglich, sollte jedoch spätestens eine Woche
vor der geplanten Ausreise erfolgen.

Kosten:
Teilnehmer am Work and Travel Programm sollten die folgenden Kosten
einplanen: Flugkosten (ca. 1000-2000 Euro für einen Hin-und Rückflug),
Unterkunft und Verpflegung während des Aufenthalts sowie Reisekosten vor
Ort, Auslandskrankenversicherung (ab ca. 35 Euro pro Monat), Kosten für
das Visum, Taschengeld, Programmgebühr (je nach Programm zwischen
279 Euro und 549 Euro).

Entgelt:
Abhängig von der Arbeit, die man während des Work and Travel Aufenthalts
annimmt sowie von der Dauer der Arbeitstätigkeit.

Staatsangehörigkeit:
Kann nur für Teilnehmer vermittelt werden, deren Heimatländer ein Working
Holiday Abkommen mit Australien bzw. Neuseeland haben. Daher können
zurzeit leider weder Österreicher noch Schweizer am Programm teilnehmen.

AIFS

Zentrale Bonn
Baunscheidtstr. 11, 53113 Bonn
Tel.: +49 (0) 228-95730-0, Fax: + 49 (0) 228-95730-10
info@aifs.de, www.aifs.de
Gründungsjahr: 1964
Ansprechpartner: Kristina Bagic, Program Manager

WORK AND TRAVEL, VOLUNTEER AND TRAVEL, INTERNSHIP AND TRAVEL, CAMP AMERICA

Altersstufe:
Work and Travel in Australien und Neuseeland und Internship and Travel: 18–30 Jahre.
Work and Travel in Kanada und Camp America: 18–35 Jahre.
Volunteer and Travel: ab 18 Jahren.

Dauer des Aufenthalts:
Work and Travel: bis zu 12 Monate.
Volunteer and Travel: 1 bis 12 Wochen.
Internship and Travel: 8 bis 24 Wochen.
Camp America: 9 bis 12 Wochen.

Anmeldefristen:
Work and Travel: spätestens 2 Monate vor Ausreise.
Volunteer and Travel: spätestens 3 Monate vor Ausreise.
Internship and Travel: spätestens 5 Monate vor Ausreise.

Kosten / Leistungen: ab 330 €

Staatsangehörigkeit:
Work and Travel und Internship and Travel für Staatsbürger aus Deutschland (andere Länder auf Anfrage). Volunteer and Travel und Camp America für Staatsbürger aus Deutschland, Österreich und der Schweiz.

Länder:
Work and Travel: Australien, Neuseeland, Kanada.
Volunteer and Travel: Australien, Neuseeland, Costa Rica, Ecuador, Indien, Thailand, China, Südafrika, Botswana.
Internship and Travel: Australien.
Camp America: USA.

Sonstiges: Alle Infos unter www.aifs.de sowie auf Facebook!

Stepin (Student Travel & Educational Programmes International)
Beethovenallee 21
53173 Bonn
Tel.: 0228-95695-0
Fax: 0228-95695-99
info@stepin.de
www.stepin.de

Bürozeiten: Montag bis Freitag von 8.30 bis 20 Uhr, allgemeine Beratung

Ansprechpartnerin: Ulla Nauditt

Altersbegrenzung: 18 bis 30 Jahre (bei Kanada bis 35 Jahre)

Besondere Voraussetzungen: Mindestens 18 Jahre, abgeschlossene Schulausbildung

Dauer des Aufenthalts: max. 12 Monate

Abreisezeitpunkt: jederzeit

Anmeldefrist: Mindestens drei Monate vor geplanter Ausreise

Kosten: länderabhängig

Entgelt während des Aufenthalts, Förderung: programmabhängig

Staatsangehörigkeit: Deutsche Staatsangehörigkeit erforderlich

Länder / Gebiete des Aufenthaltes: Australien, Neuseeland, Kanada, USA, China, England, Irland

Travellers Contact Point Australia Pty LTD.
(Abk.: TCP Australia)
Die Experten für Backpacker
7th Floor, Dymocks Building
428 George Street, Sydney NSW 2000, Australia
Tel.: + 61 02 9221 8744, Fax: + 61 02 9221 3746
info@travellers.com.au, www.travellers.com.au
Öffnungszeiten:
Montag bis Freitag 9.00 – 17.45 Uhr, Samstag: 10.00 – 16.00 Uhr
Gründungsjahr: 1990
Ansprechpartner: Dan Lucas

Angebot: WORK DOWNUNDER STARTERPAKET für Working Holiday Maker

Altersbegrenzung: 18 – 30 Jahre

Voraussetzungen: Alle Teilnehmer müssen im Besitz eines Working Holiday VISUMS sein

Bewerbungsfrist: Keine

Dauer des Aufenthalts, Einsatzperiode: 12 Monate

Beginn: Jederzeit

Kosten: 499 AUD (327 EURO)
Nicht im Preis enthaltene Zusatzkosten: Flugkosten, Visabeantragung, Verpflegung und Unterkunft während der restlichen 12 Monate Aufenthalt (die ersten 7 Nächte Unterkunft im Preis inbegriffen)

Sonstiges:
Im Preis inbegriffen sind Flughafentransfer und 7 Nächte freie Unterkunft in einem der besten Hostels in Sydney, inklusive persönliches Einführungsgespräch zur näheren Orientierung im Travellers Contact Büro im Herzen der Stadt. Zwölf Monate freie Mitgliedschaft bei TCP führender Arbeitsvermittlung für Working Holiday Makers, mit einer Menge Jobangeboten in ganz Down Under, also bald auch Neuseeland! Eingeschlossen ist auch die Beantragung der Steuernummer und die Einrichtung eines Bankkontos.

Als Extra bekommt jeder Kunde eine australische Prepaid Karte mit 10 Dollar Startguthaben und günstigen Tarifen für Auslandsgespräche. Persönliche Betreuung bei jeglichen Fragen oder Problemen während des gesamten Aufenthalts durch das TCP Team ist garantiert sowie eine feste Postanschrift in Australien mit kostenloser Nachsendung der Briefe durch ganz Australien.

Erfahrungsbericht – Work & Travel Kanada

Nadja rekapituliert ihr kanadisches Work & Traveljahr in Seattle:
„Irgendwann im August gegen 10 abends. Ich sitze in der Küche des neu eröffneten Hostels in Downtown Seattle, umgeben von einer Vielzahl von muffigen Gerüchen, gesprayten Hühnern an den Wänden und überdimensionalen pinkfarbenen Tüten ungekochten chinesischen Reises, bei einer Außentemperatur von schwachen 14 Grad. Aber Seattle hat mir bisher temperaturtechnisch noch nicht imponiert, da bringt es dann auch nix, zu versuchen, sich an Stelle von Celsius-Graden mit Fahrenheitangaben zu täuschen (immerhin 57,2°F). Dennoch ist das Wetter so ziemlich das Einzige, worüber ich mich während meines Auslandsaufenthaltes ausführlich erbosen kann – ansonsten bringt mich keine Erfahrung davon ab, anderen einen Aufenthalt dieser Art zu empfehlen. Mit gutem Gewissen kann ich sagen, dass das letzte Jahr so ziemlich das Beste war, was ich bisher erleben durfte, auch wenn mir meine Familie und Freunde schon sehr gefehlt haben.

Es begann im September letzten Jahres an, als ich mit eindeutig zu viel Sack und Pack den Flieger nach Vancouver bestieg, um dort mit ramponiertem Sack und Pack durch Vancouvers Innenstadt zu irren, und das –für mich typisch – permanent in der falschen Richtung, bis ich schließlich das für fünf Tage im Voraus gebuchte Hostel auf der Granville erreichte. Meine *Circadiane Dysrhythmie*, also Störung des Schlaf-Wach-Rhythmus – auch allgemein als Jetlag bekannt – ignorierte ich schon in meiner ersten Nacht gekonnt, so dass ich mich am ersten Tag um alles Logistische wie Job, Wohnung und den deutschen Stammtisch kümmern konnte.

Innerhalb der ersten Woche und sogar am selben Tag fand ich über craigslist.org ein bezahlbares Zimmer in genialster Lage und über Schaufensterhilferuf einen Job in gehbarer Entfernung in fast genialster Lage. Meine Penunzen sollte ich von nun an als völlig unerfahrene Barista verdienen. Als Nichtgelernte, des Englischen nur schwach Bemächtigte, verdiente ich in dem Mindestlohn-Job im Service-Bereich um die 8 $, d. h. 5 € 10 Cent. Reich wurde ich also während meiner Zeit hier nicht, auch nicht als ich stolz wie Bolle einen Job auf dem Bau mit 14$ Stundenlohn ergattern konnte. Könnte aber wiederum auch daran liegen, dass mich einige meiner Arbeitgeber bis jetzt nicht vollständig ausgezahlt haben. Da das hier gang und gäbe zu sein scheint – besonders unter Reisenden – sollte darauf geachtet werden, dass man sein Gehalt bekommt, bevor man den Staat oder besser sogar den Arbeitgeber verlässt.

Mit zart sprießendem Selbstbewusstsein und gebrochenem Englisch – war aber egal, da ich ja das neu gewonnene zart sprießende Selbstbewusstsein auf meiner Seite hatte – machte ich mich daran, meine zwei Mitbewohnerinnen, eine Kanadierin und eine Französin, zum Strickkurs zu animieren. Was in meiner Heimatstadt als Altweiberveranstaltung verpönt gewesen wäre, war in Vancouver hingegen ein gemütliches Sit-In mit Gleichaltrigen, die häkelten und strickten wie die Weltmeister – nur keine Null-Acht-Fünfzehn Pullover oder Socken.

Ich konnte bei der Veranstaltung leider nicht aktiv teilnehmen, da ich mir auf der Arbeit mit kochend heißer Schokolade den Daumen und zwei Finger verbrüht hatte. Der Besuch beim Arzt verlief reibungslos. Ich möchte aber anraten, im gegebenen Fall eine Walk-In Klinik oder einen Hausarzt aufzusuchen (Kosten pro Besuch ca. 25-50 Dollar) und nicht in ein öffentliches reguläres Krankenhaus zu gehen (Kosten, nur um den Arzt zu sehen, ca. 500 Dollar).

Auch wenn Vancouver zu Nordamerikas teuersten Städten gehört, kam ich finanziell ziemlich gut über die Runden; nicht zuletzt, weil ich jede Klamotte im *Thrift Store* der *Salvation Army* kaufte. Auch an kostengünstigen Veranstaltungen mangelte es nicht, ermächtigten die regionalen erdoberflächlichen Gegebenheiten einem doch das Schwimmen am Morgen im Ozean, das Rollerbladen im Stanley Park am Mittag und das Skifahren im Grouse Mountain am Abend (solange Schnee lag) – alles nicht weiter als 40 Minuten voneinander entfernt und stets in Sichtweite. Die kostenlosen über die Stadt verteilten Tennisplätze waren mein persönliches kleines Highlight und meiner französischen Mitbewohnerin Grund genug, mich täglich zu piesacken und herauszufordern. Ich versagte stilvoll auf ganzer Linie.

Verliebt in diese Stadt zog ich dennoch Mitte Dezember nach Lethbridge, Albert, um mit Freunden und deren Haustieren die Feiertage zu verbringen. Getrieben von der vorherrschenden gähnenden Öde, die der Ort auf mich ausstrahlte, arbeitete ich als Kassiererin im lokalen Diner, was mir gutes Geld, aber auch ein paar rassistische Sprüche einbrachte. So sattelte ich nun jeden Tag mein Rad, um gegen 17 Uhr 30 zur Arbeit und gegen ein Uhr bzw. am Wochenende 4 Uhr 30 nach Hause zu gelangen... – so geschehen bei -32 Grad! Ja, ich war schon ein bisschen stolz auf mich.

Anfang März konnte ich mich dann erfolgreich von Lethbridge – doch nicht ohne Wehmut von Freunden und Haustieren – trennen, um zurück nach Vancouver zu gelangen. Dieses Mal schlug ich mein vorübergehendes Nachtlager auf einer XXL-Luftmatratze im Wohnzimmer eines Appartements direkt am Strand auf. Mann, war dit schön. Auch konnte ich wieder Arbeit als Kaffeetante finden, sogar in einem noch gemütlicheren und näher gelegenem Café als beim ersten Mal. Die heimelige Atmosphäre, der leckere Kaffeegeruch und die weltbeste, weil netteste und duldsamste Kundschaft ließen den Wunsch in mir aufkeimen, eines Tages selbst eine Café zu eröffnen. Eines Tages ...

Um dem Travel-Aspekt meines Work & Travel-Visums gerecht zu werden und meinem ursprünglichen Plan nachzukommen, mein Schulfranzösisch aufzumotzen, richtete ich meine Reisepläne gen Osten. Geplant, getan fuhr ich in zwei Tagen und 11 Stunden mit dem Bus durch etliche Staaten der USA in eben diesen. Vom Stress, aber auch lustigen und denkwürdigen Anekdoten gezeichnet, zählen meine Erfahrungen und Eindrücke, die ich im Greyhound machen durfte, zu den einprägsamsten meiner gesamten Reise. So taten sich interessante Bilder und Szenen auf – wie zum Beispiel der seltene Anblick der Unterhaltung zwischen einem HipHop-begeisterten Afroamerikaner und einem Amish – erkannt an seiner Kluft, dem Strohhut und seinen mindestens drei Frauen. Ein Schmunzeln entlockte mir nicht zuletzt ein zugesteckter Zettel mit Kontaktadresse und Heiratsversprechen, der mich aus meinem Elend befreien und offiziell zur Amerikanerin machen würde. Ich war begeistert! Und auch wenn ich es vermied, mit den Leuten im Bus zu sprechen – es waren schon ein paar finstere Gestalten und gar garstige Damen darunter – wurde ich ab der Hälfte der Strecke stets von ihnen mit einem gebrüllten „Autobaaaahn!" begrüßt bzw. geoutet.

Meine kurze Zeit in Osten verlief bis auf den mehr spanischen als französischen Sprachkurs relativ unspannend, so dass ich mich ein weiteres Mal dazu entschied, wieder in den Westen zu ziehen. Wieder mit dem Windhund (ich habe ja Zeit, aber kein Geld), diesmal von Montréal nach Vancouver. Reisedauer exakt drei Tage und drei Stunden, als Entschädigung jedoch durch wunderschöne kanadische Gefilde, die mir aufzeigten, was ich bis jetzt alles verpasst und unbedingt später nachholen muss und auch werde! Indianerehrenwort. Gelobt und beneidet wurde ich im Bus ob meines Schlafequipments, bestehend aus Kopfkissen und Bettlaken. Aus Erfahrung wusste ich, dass Busse mit Klimaanlagen und kanadisches Kälteempfinden schon sehr von meinem Normempfinden abweichen.

Von Vancouver aus ging's weiter nach Seattle – es konnte ja nicht schon wieder nur Vancouver sein. Dort kam ich dann im Austausch mit Arbeit umsonst in dem Hostel unter, das ich im Jahr zuvor besuchte und in das ich mich seitdem verliebt hatte. Mit Wehmut half ich der Herberge vor einigen Wochen von ihrer gemütlichen, relaxten Küstenlage ins moderne, vornehme Stadtzentrum zu ziehen. So kam es ... Seattle, irgendwann im August gegen 10 p.m., post-meridiem – also abends..."

Siehe zu einem selbstorganisierten Aufenthalt auch www.interconnections.de, > Shop, > Jobs und Prakika, Studium, „Working Holiday Kanada, Jobs, Praktika, Austausch".

Young Workers Kanada

DKG,
Deutsch-Kanadische Gesellschaft, wsp@dkg-online.de, www.dkg-online.de
Unterstützung junger Berufstätiger deutscher Staatsangehörigkeit bis 35 Jahren bei der Beschaffung der Arbeitsgenehmigung, sofern bereits ein Stellenangebot vorliegt.

Lektorenprogramm an Hochschulen in Osteuropa und China

Universität Hohenheim,
Osteuropazentrum (770), Lektorenprogramm, D-70593 Stuttgart, T. 0711 45923977, F. 0711 45922771, AP Christian Wochele, oez@boschlektoren.de, www.bosch-stiftung.de
Junge deutschsprachige Hochschulabsolventen der Geistes-, Sozial-, Rechts- oder Wirtschaftswissenschaften, die an Hochschulen in Osteuropa und China unterrichten und Projekte durchführen, werden mit einem Stipendium der RBS unterstützt. Bewerber sollten ein Interesse für Osteuropa bzw. China mitbringen und sich durch soziales Engagement auszeichnen.

Die Stipendiaten unterrichten bis zu sechs Semesterwochenstunden Deutsch als Fremdsprache oder geben Fachunterricht auf Deutsch. Sie sind in den Lehrstuhl ihrer Gasthochschule integriert und beraten Studierende sowie Lehrende zu deutschlandspezifischen Fragen. Zusätzlich werden sie in Kooperation mit der Universität Hildesheim in einem von drei Fortbildungsprofilen weitergebildet: Bildungsmanagement, Erwachsenenbildung und Organisationsmanagement.

Die Stipendien werden zunächst für ein Jahr vergeben, können aber auf Antrag und mit Einverständnis der Gasthochschule um ein weiteres Jahr verlängert werden. Beginn ist in der Regel Anfang August; das Jahr endet am 31. Juli des Folgejahres. Die Kosten für eine Versicherung werden von der Stiftung getragen, ggf. werden auch Mittel für Sprachkurse und Lehrmaterialien zur Verfügung gestellt. Die Gasthochschule zahlt dem Lektor den ortsüblichen Tarif der geleisteten Unterrichtsstunden und stellt ihm eine kostenfreie Wohnmöglichkeit zur Verfügung. Bewerbungsende immer am 28. Februar, es zählt der Poststempel. Die Ausschreibung jährlich ab Herbst.

Lektoratsprogramm

Österreich Kooperation,
Hörlgasse 12/14, A-1090 Wien, T. +43 1 317 69 93, F. +43 1 317 49 35 18,
office@oek.at, AP Dr. Arnulf Knafl, T. 01317 6993-12, arnulf.knafl@oek.at,
www.oek.at
Das Mobilitätsprogramm richtet sich an österreichische Graduierte mit Magister-/Masterabschluss geistes- und kulturwissenschaftlicher Studienrichtungen, die zur Förderung der deutschen Sprache an ausländischen Universitäten als Lektoren eingesetzt werden. Neben 12-14 Wochenstunden Unterricht in den allgemeinen Fächern Sprachvermittlung, Landeskunde, Literatur- und Kulturgeschichte ist die Durchführung von eigenen Forschungsarbeiten bzw. anderer Formen einer ausbildungsgemäßen Weiterbildung sowie die Stipendienberatung am Gastinstitut vorgesehen. Außerdem

wird die Mithilfe bei Planung, Organisation und Durchführung kultureller und wissenschaftlicher Veranstaltungen am Gastort erwartet. Neben dem Gehalt des ausländischen Dienstgebers (in lokaler Währung) erhalten Lektoren zusätzlich entweder ein Jahresstipendium (derzeit zwischen 7.850 und 18.170 € oder ein monatliches Gehalt zwischen 1.000 und 2.000 €, abhängig vom Gastland. Die Vertragsdauer bei Lektoratstätigkeiten in Mittel-, Ost- und Südosteuropa beträgt max. 5 Jahre, in EU-Staaten und außereuropäischen Ländern max. 4 Jahre. Bewerber sind höchstens 38 Jahre alt, haben ein Universitätsstudium in Österreich abgeschlossen und ihren Lebensmittelpunkt nachweislich in Österreich. Wer Unterrichtserfahrung in Deutsch als Fremdsprache aufweist, ist im Vorteil. Bewerbungsende Januar.

JET – Japan Exchange and Teaching Programme

Botschaft von Japan, Abteilung Öffentlichkeitsarbeit und Kultur/JET-desk,
Hiroshimastr. 6, D-10785 Berlin, T. 030 210940, F. 030 21094228, info@botschaft-
japan.de, www.botschaft-japan.de, www.de.emb-japan.go.jp/austausch/jet_cir.html
Zur Förderung internationaler Beziehungen werden alljährlich eine unterschiedliche Zahl deutscher Hochschulabsolventen mit guten japanischen und sehr guten englischen Sprachkenntnissen nach Japan geschickt, um in regionalen Regierungsbehörden oder Schulen zu arbeiten. Das Vertragsverhältnis wird zunächst auf ein Jahr festgesetzt, ist aber bis zu vier Mal verlängerbar. Vertragsbeginn ist i.d.R. August.
Als Coordinator for International Relations (CIR), zu Deutsch Koordinator für internationale Beziehungen, arbeitet der JET-Teilnehmer hauptsächlich in Präfekturverwaltungen oder in Rathäusern von Städten oder Gemeinden. Die Aufgaben reichen vom Übersetzen über das Erstellen von Broschüren, der Planung und Durchführung von Veranstaltungen und der Betreuung ausländischer Gäste bis hin zur Mitarbeit bei lokalen Gruppen und Organisationen.
Zielgruppe: Hochschulabsolventen und Berufstätige bis 40 Jahre mit deutscher Staatsbürgerschaft, die sich für Japan interessieren und die deutsche Sprache in Wort und Schrift ausgezeichnet beherrschen. Ferner werden sehr gute Englisch- und gute Japanischkenntnisse erwartet (ca. JLPT 2). Bewerbungsende normalerweise Anfang Januar.
Neben einer Stelle als CIR sind auch solche als ALT, also Assistant Language Teacher zu haben. Die Assistenzlehrer unterstützen Deutschlehrer an japanischen Mittel- und Oberschulen. U.U. und bei ausgezeichneten Sprachkenntnissen ist auch eine Assistenz im Englischunterricht möglich.

Arbeiten bei internationalen Organisationen

Deutschland ist in ca. 200 internationalen Organisationen vertreten, beispielsweise den Vereinten Nationen, den Einrichtungen der Europäischen Union u.a.
Qualifizierten Fachkräften mit ersten Berufserfahrungen nach dem Hochschulabschluss bieten sich interessante Karrierechancen. Das Büro Führungskräfte zu Internationalen Organisationen (BFIO) bei der Zentrale für Auslands- und Fachvermittlung (ZAV) unterstützt Interessenten mit dem Programm Beigeordnete Sachverständige,

mit dem pro Jahr ca. 40 deutsche Nachwuchskräfte in den derzeit mit dem Programm verbundenen Organisationen eingesetzt werden. Tätigkeitsfelder umfassen Armutsbekämpfung, Demokratie und Menschenrechte, Flüchtlingshilfe und Krisenprävention, Umweltschutz, Gesundheitsversorgung, Arbeitsschutz, Beschäftigungs- und Wirtschaftsförderung, Bildung sowie ländliche Entwicklung und Ernährungssicherung.

Bewerber müssen unter 32 sein und hervorragende universitäre Leistungen aufweisen. Vorteilhaft sind Auseinandersetzungen mit internationalen oder entwicklungspolitischen Fragestellungen, beispielsweise in der Diplom- oder Magisterarbeit, sowie im Ausland erworbene berufliche Erfahrungen und Praktika in der Entwicklungsarbeit. Es werden fließende Kenntnisse in Englisch und einer weiteren UN-Amtssprache vorausgesetzt, außerdem interkulturelle Kompetenz, Teamfähigkeit, Planungs- und Organisationskompetenz, Kreativität und Lernbereitschaft.

Besonders gefragt sind Volkswirte, Juristen, Sozial- und Politikwissenschaftler, Agrarökonomen, Geographen, Betriebswirtschaftler, Verwaltungswissenschaftler, Umweltingenieure.

Die Stellen werden ab Januar auf www.ba-auslandsvermittlung.de/DE/Home/Arbeitnehmer/BFIO/bfio.html ausgeschrieben.

Ärzte ohne Grenzen

ärzte ohne grenzen e.V.,
Am Köllnischen Park 1, D-10179 Berlin, T. 030 22 33 77 00, F. 030 22 33 77 88,
personal@berlin.msf.org, www.aerzte-ohne-grenzen.de
ärzte ohne grenzen e.V.,
Taborstr. 10, A-1020 Wien, T. +43 1 409 72 76, F. +43 1 409 72 76 40,
office@aerzte-ohne-grenzen.at, www.aerzte-ohne-grenzen.at
Médecins Sans Frontières,
78, rue de Lausanne, Postfach 116, CH-1211 Genève 21, T. +41 22 849 84 84,
F. +41 22 849 84 88, office-gva@geneva.msf.org, www.msf.ch

Die medizinische Nothilfeorganisation entsendet alljährlich ca. 3.800 internationale Mitarbeiter in Projekte in etwa 70 Ländern weltweit. Gesucht werden immer wieder: Ärzte, Chirurgen, Anästhesisten, Gesundheits- und Krankenpfleger, Hebammen, medizinische Laboranten, Psychologen, Ernährungswissenschaftler, Logistiker, Techniker und Finanzfachkräfte. Bewerber müssen sich auf anstrengende Arbeitstage, wenig Urlaub und geringe Bezahlung einstellen und sollten über die folgenden Voraussetzungen verfügen:

- Berufserfahrung
- gute Englischkenntnisse
- Kenntnis von Entwicklungsländern
- Teamfähigkeit

Während eines Freiwilligenauslandaufenthalts in Südafrika.
(Bildquelle: IB, Internationaler Bund e.V.)

Indischer Elefantenhüter

FREIWILLIGENARBEIT

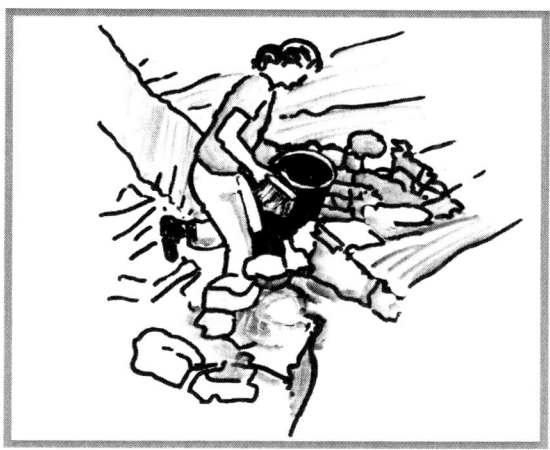

Wer zwischen Schule und Studium oder Ausbildung die Welt bereisen, gleichzeitig aber auch etwas Nützliches tun möchte, ist mit dem Dienst als Freiwilliger gut beraten. Insbesondere wen es in soziale und pädagogische Berufe zieht, findet hier ausreichend Betätigungsmöglichkeiten. Inzwischen werden aber auch ökologische und kulturelle Projekte immer häufiger durch Freiwilligenarbeit getragen.

Immer mehr Jugendliche und junge Erwachsene entscheiden sich dafür – zu Recht, bietet die Freiwilligenarbeit doch vielfältige Betätigungsmöglichkeiten im nationalen und internationalen Umfeld. Wer ohne viel Geld und Arbeitserfahrung ins Ausland gehen möchte, ist nicht mehr auf seine Kinderliebe angewiesen – es gibt Möglichkeiten jenseits des Aupair-Daseins!

Ob Englisch lehren in Gambia, HIV-Aufklärung in Tansania oder Arbeit mit Straßenkindern in Bolivien – es ist eigentlich jeder Interessensbereich vertreten.

FID Service- und Beratungsstelle,
für internationale Freiwilligendienste in der Arbeitsgemeinschaft für Entwicklungs-
hilfe e.V. (AGEH),
Ripuarenstr. 8, D-50679 Köln, T. 0221 8896-126, F. 0221 8896100,
fid@ageh.org, http://fid.ageh.org
Grenzenlos,
AP Daniela Fellinger, daniela.fellinger@grenzenlos.or.at,
info@grenzenlos.or.at, www.grenzenlos.or.at
Die FID-Service- und Beratungsstelle berät und kooperiert mit Entsende- und ausländischer Aufnahmeorganisationen, die Freiwillige Internationale Dienste weltweit, i.d.R. zwischen 6 und 24 Monaten, anbieten.

Freiwilligenprojekte in Madagaskar

Azafady,
Studio 7, 1a Beethoven Street, London W10 4LG, UK, T. +44 20 8960 6629,
F. +44 20 8962 0126, info@azafady.org, www.azafady.org
Verschiedene Programme einer kleinen NGO für Freiwillige zwischen 18 und 75.
Auch Kurzzeiteinsätze, bspw. als Englischlehrer, beim Bau oder bei Umweltschutz-
maßnahmen.

Europäischer Freiwilligendienst

JUGEND für Europa,
efd@jfemail.de, www.go4europe.de
Service Civil International-Österreich,
Schottengasse 3a/1/4/59, A-1010 Wien, T. +43 1 53 59 108, F. +43 1 53 2 74 16, offi-
ce@sci.or.at, www.sci.or.at
Jugend in Aktion, Ch Go,
T. +41 32 346 1818, info@ch-go.ch, www.ch-go.ch
Seit 1996 gibt es diesen Freiwilligendienst, der 18- bis 25-Jährigen die Möglichkeit
bietet, in sozialen, ökologischen und kulturellen Projekten mitzuarbeiten. Meist wird
für Kost und Logis der jungen Freiwilligen gesorgt; auch ein Taschengeld ist in vielen
Fällen drin. Doch Vorsicht: der Dienst ist nicht als Ersatz für Zivil- oder Wehrdienst
zu sehen. Auch bietet der Freiwilligendienst nicht die gleichen Vorteile wie gesetzlich
geregelte Dienste wie FÖJ oder FSJ, die beispielsweise Wartesemester für das Studium anrechnen. Ebenso wenig dient der Freiwilligendienst als Praktikum im Rahmen
von Studium oder Ausbildung. Häufig ist eine Bedingung zur Teilnahme auch der
Aufbau eines Förderkreises, d.h. der Freiwillige wirbt Familienmitglieder, Freunde
oder Bekannte, die dem Projekt, in dem er arbeitet, für die Dauer des Dienstes einen
frei wählbaren monatlichen Betrag spenden. Obwohl es sich um ein EU-finanziertes
Programm handelt, steht die Teilnahme auch Schweizern offen.

Internationaler Jugendfreiwilligendienst

BMFSFJ,
T. 0180 190 7050, www.bmfsfj.de
Der neue Auslandsfreiwilligendienst des Bundesministeriums für Familie, Senioren,
Frauen und Jugend ermöglicht es jungen Menschen bis 26, in sechs- bis achtzehnmo-
natigen Einsätzen an sozialen und ökologischen Stellen soziale und interkulturelle
Kompetenzen zu erwerben. Während des Jahres sind mindestens 25 Seminartage vorgesehen. Die Freiwilligen erhalten Unterkunft, Verpflegung, Arbeitskleidung, Reisekosten und ein Taschengeld.
Näheres es bei den anerkannten Trägern, die auch für den Bewerbungsprozess
zuständig sind und stets aktuell auf den Seiten des BMFSFJ gelistet sind. Derzeit sind
die folgenden Träger in den Internationalen Jugendfreiwilligendienst eingebunden:

TravelWorks

(eine Marke der Travelplus Group GmbH)

Münsterstr. 111, 48155 Münster
Tel.: 02506-8303-0, Fax: 02506-8303-231
E-Mail: info@travelworks.de, www.travelworks.de
Bürozeiten: montags bis freitags, 9.00 – 18.00 Uhr
Gründungsjahr: 2001
Ansprechpartner: Stefanie Hargart, Natascha Demant, Janina Rahenbrock

FREIWILLIGENARBEIT

Altersstufe: Generell ab 18 Jahren.
Ab 17 Jahren: Costa Rica, Tansania, Sambia,
Indien. USA: bis 40 Jahre.

Voraussetzungen: Englischkenntnisse (ggf. auch
Spanischkenntnisse), Flexibilität, Selbstständigkeit, Geduld, Eigeninitiative und Anpassungsvermögen sind wichtig. Reiseerfahrung von Vorteil.
Praktische Erfahrungen sind von Vorteil, aber nur
für einige Projekte Voraussetzung.

Dauer des Aufenthalts, Einsatzperiode: Lateinamerika: ab 3 Wochen (mit Spanisch-
kenntnissen), ab 8 Wochen (ohne Spanischkenntnisse).
Afrika: ab 2 Wochen. Asien: ab 2 Wochen. Nordamerika: ab 8 Wochen. Europa: ab
2 Wochen. Dauer je nach Programm, max. 12 Monate.

Anmeldefristen: je nach Programm ca. 2–3 Monate vor Abreise, gerne früher.
Ausreisen i.d.R. ganzjährig, je nach Programm.

Kosten: Freiwilligenarbeit Lateinamerika ab 760 € (Guatemala), Freiwilligenarbeit
Afrika ab 750 € (Kenia), Freiwilligenarbeit Asien ab 490 € (Thailand), Freiwilligenarbeit
Nordamerika ab 640 € (USA), Freiwilligenarbeit Europa ab 1.015 € (Griechenland)

Staatsangehörigkeit: I.d.R. möglich mit EU- bzw. Schweizer Staatsbürgerschaft.

Länder: Lateinamerika: Mexiko, Guatemala, Costa Rica, Venezuela, Ecuador, Peru,
Argentinien, Chile, Brasilien, Surinam.
Afrika: Burkina Faso, Ghana, Kenia, Tansania (Sansibar), Mosambik, Sambia,
Seychellen, Südafrika, Swasiland, Namibia.
Asien: Indien, Nepal, Thailand, Laos, Kambodscha, Vietnam, China, Indonesien
(Bali), Malaysia (Borneo).
Nordamerika: USA, Kanada.
Europa: Griechenland.
Ozeanien: Australien, Fidschi.

Mitgliedschaften: WYSETC (World Youth Student & Travel Confederation),
WYSE Work Abroad.

Sonstiges: Auch Work&Travel, Au Pair, Auslandspraktika und Sprachreisen.

Evangelische Freiwilligendienste für junge Menschen – Freiwilliges Soziales Jahr (FSJ) und Diakonisches Jahr im Ausland (DJiA) gGmbH

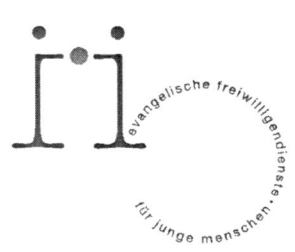

Otto-Brenner-Str. 9, 30159 Hannover
Tel: 05 11/4 50 00 83 40, Fax: 05 11/4 50 00 83 31
djia@ev-freiwilligendienste.de, www.djia.de
Bürozeiten: Mo–Fr 9.00–17.00 Uhr
Ansprechpartnerin: Christine Meyer

DIAKONISCHES JAHR IM AUSLAND (DJiA)

Altersstufe: I.d.R. 18–28/30 Jahre. Am Programm Voluntarius, www.voluntarius.de, können Freiwillige bis ins Seniorenalter teilnehmen.

Dauer des Aufenthalts: 9–12 Monate, Einsatzbeginn im August/September – beides abhängig von Gastland und Projekt.

Anmeldefristen: Bewerbungsschluss: Mitte Dezember eines jeden Jahres.

Foto: Tobias Meißner

Kosten / Leistungen: Pauschale Kosten in Form eines einmaligen Programmbeitrages. Förderung z.B. über den Europäischen Freiwilligendienst oder weltwärts möglich.

Träger für das DJiA, den Europäischen Freiwilligendienst, weltwärts, den Internationalen Jugendfreiwilligendienst (IJFD) und den Anderen Dienst im Ausland (ADiA).

Länder: Argentinien, Belgien, Costa Rica, Dänemark, Frankreich, Großbritannien, Griechenland, Indien, Italien, Kamerun, Niederlande, Polen, Portugal, Rumänien, Schweden, Slowakei, Spanien, Tschechien, Ukraine, Ungarn, USA.

Zertifizierung: Zertifiziert nach dem quifd- Qualitätssiegel „Qualität in Freiwilligendiensten".

Sonstiges: Pädagogische Begleitung u.a. durch Vorbereitungs- und Rückkehrseminar in Deutschland, i.d.R. 3 Zwischenseminare im Gastland.

Einsatzbereiche: Arbeit mit alten Menschen, Kindern und Jugendlichen, Menschen mit Behinderung, Arbeit in Roma-Projekten, in Kirchgemeinden, in Projekten für Menschen in besonderen Lebenssituationen sowie Arbeit in Projekten der Entwicklungszusammenarbeit.

Internationale Freiwilligendienste auf allen Kontinenten
DRK-Landesverband Mecklenburg-Vorpommern e.V.

Wismarsche Str. 298, 19055 Schwerin
Tel. 0385/59147-59, Fax: 0385/59147-22
s.beutel@drk-mv.de, www.drk-mv.de
Ansprechpartner: Stefan Beutel

Deutsches Rotes Kreuz

INTERNATIONALE FREIWILLIGENDIENSTE AUF ALLEN KONTINENTEN

Altersstufe: 18–27 Jahre

Voraussetzungen:
- Abitur oder Berufsausbildung muss abgeschlossen sein
- Grundkenntnisse in der Sprache des Einsatzlandes
- Interesse an Kultur des Einsatzlandes
- weltoffen und tolerant
- teamfähig

Dauer des Aufenthalts, Einsatzperiode: 12 Monate,
Entsendung im September

Anmeldefristen: Bis Ende Februar des Entsendejahres.

Kosten / Leistungen: Übernahme von Reisekosten, Unterbringung, Verpflegung, Versicherungen, Seminarkosten und Zahlung eines Taschengeldes (ca. 100 €)

Eigenbeitrag liegt bei ca. 150 € pro Einsatzmonat.

Entgelt: Ca. 100 € Taschengeld.

Träger von FSJ im Ausland, weltwärs, IJFD.

Staatsangehörigkeit: Für Deutsche oder Aufenthaltsgenehmigung in Deutschland.

Länder:
Ghana, Elfenbeinküste
Israel
Ukraine, Polen
Vietnam
Peru

Verbandsmitgliedschaften,
Zertifizierung: Deutsches Rotes Kreuz

Initiative Christen für Europa e.V. / ICE
Internationale Freiwilligendienste
„Brücken der Menschlichkeit"

Wachwitzer Höhenweg 10, D-01328 Dresden
Tel.: 0351-215 00 20, Fax: 0351-215 00 28
ice.dresden@freiwilligendienst.de, www.freiwilligendienst.de
Bürozeiten: Mo.–Fr.: 9.00–17.00 Uhr
Gründungsjahr: 1988; Ansprechpartner: Janine Schirmer

ICE
Initiative
Christen für
Europa e.V.

INTERNATIONALE FREIWILLIGENDIENSTE „BRÜCKEN DER MENSCHLICHKEIT"

Jährlich ca. 120 Freiwillige, davon eine Hälfte aus Deutschland, die sich in 20 Ländern Europas und Afrikas für benachteiligte Menschen und für die Völkerverständigung einsetzen (Kinder- und Jugendarbeit, Behindertenbetreuung, Altenpflege und -betreuung). Die zweite Hälfte sind Freiwillige aus anderen Ländern, die einen internationalen Freiwilligendienst im sozialen und Jugendbegegnungsbereich in Deutschland ableisten.

Altersstufe: 18 bis ca. 27 Jahre.
Voraussetzungen: Soziales und gesellschaftliches Engagement, Beitragen zu europ. und globalem Dialog und zu mehr sozialer Gerechtigkeit auf der Grundlage von Menschenwürde und Menschenrechten. Grundlage der Projekte sind die Prinzipien einer christlichen Sozialethik, wie Personalität, Solidarität und Subsidiarität.
Dauer des Aufenthalts: 12 Monate (Sept.–Aug.) + ca. 4 Wochen Vorbereitung (Juli/August).
Anmeldefristen: Jederzeit, spätestens Ende März des Jahres, in dem der Freiwilligendienst begonnen wird.
Kosten / Leistungen: An- und Rückreise der Vorbereitung in Dresden.
Entgelt: Taschengeld ca. 100,– Euro / monatl. Verpflegung und Unterkunft, pädagogische Begleitung mit Seminaren sowie Versicherungen und Reisekosten sind frei. Da die öffentlichen und privaten Förderungen nur einen Teil der Kosten decken, werden die Freiwilligen gebeten, Spendenkreise aufzubauen, die die Freiwilligendienste mit ca. 150,– mtl. mittragen.
Träger von FSJ, IJFD, EFD, weltwärts.
Staatsangehörigkeit: Ohne Einschränkung.
Länder: Albanien, Belgien, Deutschland, Estland, Frankreich, Großbritannien, Italien, Kosovo, Lettland, Niederlande, Österreich, Mazedonien, Polen, Portugal, Rumänien, Russland, Slowakei, Togo, Tschechien, Ukraine, Ungarn.
Verbandsmitgliedschaften: Katholische Bundesarbeitsgemeinschaft für Freiwilligendienste, Arbeitsgemeinschaft katholisch-sozialer Bildungswerke/aksb. Mitglied im Qualitätsentwicklungsprozess fid-Netzwerke international QM – zur Einhaltung von Qualitätskriterien.

South America Inside

Andrés de Fuenzalida 17, Oficina 51
Providencia, Santiago de Chile
Tel: +56-2-335 9072
Dt. Kundenhotline von 13–23 Uhr: 07735-425339
info@southamerica-inside.com
www.southamerica-inside.com/de
Gründungsjahr: 2003
Ansprechpartner: Marion Ruhland, Ulrike Dabsch

FREIWILLIGENARBEIT IN GANZ LATEINAMERIKA

Auslandserfahrung und Fremdsprachenkenntnisse öffnen nicht nur Türen, sondern erweitern auch den persönlichen Horizont. Was ist aufregender, als in fremde Kulturen und Sitten einzutauchen und diese aus erster Hand zu erleben?

Durch einen Freiwilligeneinsatz lässt sich Lateinamerika entdecken, ungeschminkt, so wie es wirklich ist, abseits aller ausgetretenen Touristenpfade.

Altersstufe: Ab 18 Jahren.

Dauer des Aufenthalts, Einsatzperiode: Ab 2 Wochen möglich.

Anmeldefristen: Buchungen jederzeit, das ganze Jahr über. Einzelne Programme können flexibel gestaltet und kombiniert werden.

Kosten: Je nach Programm und Dauer unterschiedlich. Manche Programme schließen freie Kost und Logis mit ein.

Angebot Sprachkurse: Erstklassige Sprachkurse mit qualifizierten Lehrern. Abwechslungsreiches Freizeitangebot. Gemütliche Unterkünfte in Gastfamilien oder Wohngemeinschaften.

Länder: Argentinien, Bolivien, Brasilien, Chile, Costa Rica, Ecuador, Guatemala, Kuba, Mexiko, Panama, Paraguay, Peru, Uruguay

Weitere Programme: Praktika, Freiwilligenarbeit, Working Holidays, Farm Stays, Wildlife & Nature Projekte.

SoFiA e.V., Soziale Friedensdienste im Ausland e.V.
Dietrichstraße 30 a, 54290 Trier
Fax: 0651/993796-444
info@sofia-trier.de, www.sofia-trier.de
Bürozeite: 8.00 – 16.00 Uhr
Ansprechpartner:
Peter Nilles, Ursula Eraßmy, Marcel Schneider

Freiwilligendienste im In- und Ausland

Einsätze erfolgen in Bolivien, Brasilien, Guatemala, Kolumbien, USA, Kanada, Frankreich, Italien, Slowakei, Kroatien, Rumänien, Ukraine, Polen, Syrien, Palästina, Indien, Pakistan, Nigeria, Burkina Faso, Ruanda, Malawi, Deutschland.

Anzahl der jährl. Vermittlungen: 30 ins Ausland, 10 ins Inland

Altersbegrenzung (Mindest- od. Höchstalter): Mindestens 18 Jahre, nach oben offen

Anmelde- / Bewerbungsfrist: 31. August für das Folgejahr

Besondere Voraussetzungen: Inhaltliche Übereinstimmung mit dem Rahmenkonzept von SoFiA

Bewerbungsverlauf: Informations- und Kennenlernwochenende im September und Oktober, Auswahlgespräche einzeln im November

Vor- und Nachbereitung: Zehntägiges Vorbereitungsseminar, 3-Tagestreffen, Länder- und Kulturseminar, Projektbesuch (in Europa), Zwischenseminar, Rückkehrerseminar, Auswertungsgespräch einzeln

Betreuung: Über die unter 12 genannten Punkte hinaus telefonische Erreichbarkeit (incl. Krisenintervention), Mentor im Projekt, externer Ansprechpartner im Gastland

Dauer des Aufenthalts: Mindestens 13 Monate bis 2 Jahre, bei älteren Freiwilligen auch kürzer

Abreisezeit: 1. August

Programmgebühren: Keine

Ungefähre Zusatzkosten: Visakosten, gegebenenfalls Impfkosten

Staatsangehörigkeit: Keine Einschränkung

Verein GRENZENLOS - Interkultureller Austausch

Heiligenstädter Straße 2,
A-1090 Wien, Österreich
Tel.: 01/315 76 36, Fax: 01/315 76 37
office@grenzenlos.or.at. www.grenzenlos.or.at
Bürozeiten: Mo-Fr 10-17 Uhr
Gegründet 1949 (eigener Verein seit 1970)
Ansprechpartner: Christoph Mertl

Angebot:
Die Grenzenlos-Programme verstehen sich als interkulturelle Bildungsprogramme: das Leben in einem fremden kulturellen Kontext ermöglicht die persönliche Erfahrung kultureller Integration. Verbunden damit ist die Praxis bei einer gemeinnützigen Einrichtung im Zielland. Im Herkunftsland werden Vor- und Nachbereitung angeboten.
Grenzenlos bemüht sich im Rahmen der geförderten Programme besonders um die Einbindung von Menschen mit Behinderungen sowie Jugendlicher mit eingeschränkten Karrierechancen. Weiters stellen auch SeniorInnen einen neuen Arbeitsschwerpunkt dar.

Altersbegrenzung: Mindest- oder Höchstalter 18-99 Jahre

Besondere Voraussetzungen: Offenheit, Flexibilität, Lernbereitschaft, Wille zur Selbständigkeit werden vorausgesetzt; mittlere Englischkenntnisse.

Dauer des Aufenthalts: 2 Wochen bis 1 Jahr

Abreisezeitpunkt: flexibel

Bewerbungsfrist: Bitte 3 Monate vor geplanter Ausreise, beim EFD 5 Monate vorher

Kosten: unterschiedlich, zwischen 0,- (geförderte Programme) und ca. 6500,- (eigenfinanzierte Jahresprogramme). Kosten der selbstfinanzierten Programme je nach Land, Dauer und Leistungen für die Freiwilligen.

Entgelt während des Aufenthalts, Förderung: verschieden

Träger des EFD (Europäischer Freiwilligendienst in Wien/"Melange"-Programm)

Anzahl der jährl. Vermittlungen: ca. 300

Staatsangehörigkeit: Es wird auf Partnerorganisationen im jeweiligen Herkunftsland verwiesen, sofern sie dieselben Programmoptionen anbieten.

Länder des Aufenthaltes: alle europäischen Länder; Anglo- und Lateinamerika, Afrika, Süd- und Ostasien, Neuseeland, ab 2011 Australien.

Evangelisches Forum entwicklungspolitischer Freiwilligendienst (eFeF)

Ulrich-von-Hassell-Str. 76
53123 Bonn
Tel.: 0228-8101-2386
eMail: info@efef-weltwaerts.de
web: www.efef-weltwaerts.de

Das evangelische Forum entwicklungspolitischer Freiwilligendienst (eFeF) ist ein Zusammenschluss von kirchlichen und entwicklungspolitischen Organisationen, Verbünden und Werken, die im Rahmen des staatlichen Förderprogramms weltwärts Freiwillige an Partnerorganisationen entsenden. Es bietet durch seine verschiedenen Mitgliedsorganisationen vielfältige Gestaltungsmöglichkeiten für einen Freiwilligendienst an. Interessierte junge Erwachsene zwischen 18 und 28 Jahren haben die Möglichkeit 6 bis 24 Monate bei einem Partnerprojekt in Afrika, Asien, Lateinamerika oder Südosteuropa mitzuarbeiten.

Es gelten die allgemeinen Voraussetzungen des BMZ-Förderprogramms weltwärts. Darüber hinaus wird erwartet, dass Bewerbende sich vor und nach dem Einsatz gesellschaftlich und/oder kirchlich engagieren.

Taschengeld, Kost und Logis vor Ort sowie Flugkosten und eine Auslandskrankenversicherung werden übernommen. Freiwillige werden in der Regel aufgefordert, einen Spenderkreis aufzubauen und so mit max. 150,- € pro Auslandsmonat zu den Gesamtkosten des Einsatzes beizutragen.

Interessierte und BewerberInnen setzen sich direkt mit der Entsendeorganisation in Verbindung.

Weitere Informationen sowie die Kontaktdaten der Entsendeorganisationen finden sich auf der Homepage.

Evangelischer Entwicklungsdienst e.V. (EED)

Ulrich-von-Hassell-Str. 76
53123 Bonn
Tel.: 0228-8101-0
Fax: 0228-8101-160
bewerbung.ef@eed.de
www.eed.de/ef

Zwölfmonatiger entwicklungspolitischer Freiwilligendienst im Kontext kirchlicher Entwicklungsarbeit für junge Erwachsene zwischen 18 und 28 Jahren. Lateinamerika (Costa Rica, Chile), Afrika (Kamerun, Ghana), Asien (Kambodscha, Philippinen, China) und Südosteuropa/Kaukasus (Armenien).

Voraussetzungen:
– Interesse an ökumenischen und entwicklungspolitischen Fragen
– gesellschaftliches oder kirchliches Engagement
– den Wunsch sich auf andere Kulturen einzulassen und sich tatkräftig zu engagieren
– Bereitschaft, sich nach dem Freiwilligendienst entwicklungspolitisch zu engagieren
– gute Grundkenntnisse einer im Gastland gesprochenen Sprache
– Hauptschul-/Realschulabschluss mit abgeschlossener Berufsausbildung oder FH- bzw. allgemeine Hochschulreife
– deutsche Staatsbürgerschaft oder dauerhafter Aufenthaltstitel in Deutschland

Bei Ausreise im Sommer endet die Bewerbungsfrist im Herbst des Vorjahres. Die Bewerbung erfolgt schriftlich (Internetformular, Einreichen relevanter Dokumente). Nach erfolgreicher schriftlicher Bewerbung findet ein Orientierungs- und Auswahlwochenende mit persönlichen Gesprächen statt.

Vor der Ausreise findet ein 12-tägiger Ausreisekurs statt, zur Hälfte der Einsatzzeit wird ein fünftägiges Zwischenseminar und nach Rückkehr ein fünftägiges Rückkehrseminar zur Reflektion des Einsatzes durchgeführt.

Im Gastland erfolgt die Betreuung des Einsatzes durch Mentorinnen und Mentoren.

Die Freiwilligen werden aufgefordert, einen Unterstützendenkreis aufzubauen und so mit maximal 150,- € pro Auslandsmonat zu den Gesamtkosten des Einsatzes beizutragen. Der EED übernimmt Flugkosten, Taschengeld, Unterkunft und Verpflegung und ein Versicherungspaket gemäß den Richtlinien des BMZ-Förderprogramms weltwärts.

ICJA Freiwilligenaustausch weltweit

Stralauer Allee 20e, 10245 Berlin
Tel.: ++49(0)30 21238252
Fax ++49(0)30 21238253
icja@icja.de, www.icja.de
Bürozeiten: Mo – Fr   9.00 – 17.00 Uhr
Gründungsjahr: 1949

ICJA Freiwilligenaustausch weltweit leistet durch internationale Begegnungen und interkulturelle Bildung praktische Friedensarbeit und fördert gesellschaftspolitisches Engagement

Anzahl der jährl. Vermittlungen: über 300

Partnerorganisation: 34 Partnerorganisationen weltweit, über 45 Entsendeländer auf 5 Kontinenten

Altersbegrenzung (Mindest- od. Höchstalter): 18-30 in einem Programm auch älter

Anmelde- / Bewerbungsfrist: Frühjahr für die Winterausreise, Herbst für die Sommerausreise

Voraussetzungen: keine außer der Bereitschaft Freiwilligenarbeit zu leisten, Aufgeschlossenheit, eigenverantwortliches Handeln

Bewerbungsverlauf: Bewerbung Online auf der Homepage, indiv. Telefonauswahl

Vor- u. Nachbereitung (Seminare, Einführungsveranstaltung i. Land): Vor- und Nachbereitung in Deutschland, Einführung und Zwischenauswertung im Ausland

Betreuung: Durch das Büro des ICJA und die Partnerorganisation vor Ort.

Ausflüge, touristische und kulturelle Angebote: Ein Reisemonat wird eingeräumt

Dauer des Aufenthalts: 12 Monate

Abreisezeit: Januar oder August

Programmgebühren: In den meisten Fällen ist ein Kostenzuschuss oder eine vollständige Übernahme möglich. Der individuelle Betrag richtet sich nach Programm,

Höhe des eigenen Einkommens oder dem der Eltern und der Länderwahl. Versicherungen, Seminare, Betreuung, Unterkunft, Verpflegung und Taschengeld werden davon gedeckt.

Staatsangehörigkeit: TeilnehmerInnen können alle Personen mit Wohnsitz in Deutschland werden.

Länder: Über 45 Länder auf 5 Kontinenten. Aktuelle Liste auf www.icja.de

**IN VIA Katholischer Verband für Mädchen-
und Frauensozialarbeit Köln e.V.**

Entwicklungspolitischer Freiwilligendienst – Weltwärts

Teresa-von-Avila-Haus
Spielmannsgasse 4-10
50678 Köln
Tel.: 0221-931810-18, Fax: 0221-931810-20
weltwaerts@invia-koeln.de
www.invia-koeln.de
Ansprechpartnerin: Pia Schievink

Weltwärts-Programm

Anzahl der jährl. Vermittlungen: 15

Altersbegrenzung: 18-28 Jahre

Anmelde- / Bewerbungsfrist: Ende November

Besondere Voraussetzungen: Grundkenntnisse in der Sprache des Aufenthalts-
landes, praktische Erfahrung im Einsatzbereich des Projektes, z.B. in der Kinder-
und Jugendbetreuung oder im medizinischen Bereich.

Bewerbungsverlauf: Individuelles Gespräch

Vor- u. Nachbereitung: 4 Vorbereitungsseminare von je 5 Tagen, 6 Tage
Zwischenseminar vor Ort, 2 Rückkehrerseminare von je 3 Tagen.

Betreuung: Ansprechpartnerin in Deutschland, Ansprechpartner vor Ort.

Dauer des Aufenthalts: Mindestens 12 Monate, maximal 24 Monate (auch bei
beginnenden 12 Monaten auf 24 Monate verlängerbar).

Abreisezeit: August, September, Oktober

Programmgebühren: Keine

Ungefähre Zusatzkosten: Visakosten von ca. 150-250 € je nach Gastland

Staatsangehörigkeit: Deutsche Staatsbürger oder junge Menschen mit unbe-
grenztem Aufenthaltsstatus.

Länder: Uganda, Tansania, Argentinien

Sonstiges: Übernommen werden die Kosten für Hin- und Rückflug, Versicherung
(Kranken, Haftpflicht, Unfall), Seminare, Taschengeld (100 € monatlich) sowie
Impf- und Reisekosten. Erwartet wird die Bereitschaft, einen Unterstützerkreis
aus mindestens 10 Personen aufzubauen, der insgesamt eine Summe von 1.800 €
zusammenträgt als Beitrag zur Gesamtfinanzierung. Hinweis: 1.800 € sind ca.
25% der Gesamtkosten.

KURVE *Wustrow*

Bildungs- und Begegnungsstätte für gewaltfreie Aktion e.V

KURVE Wustrow

Bildungs- und Begegnungsstätte für gewaltfreie Aktion
Kirchstraße 14, 29462 Wustrow
Tel. 05843 - 9871-0, Fax 05843 - 9871-11
info@kurvewustrow.org, www.kurvewustrow.org
Gründungsjahr: 1980
Ansprechpartner: Vera Kahlenberg

„Gewaltfreiheit verbreiten" - das heißt Frieden unterstützen, Konflikte konstruktiv bearbeiten und sich aktiv für soziale Gerechtigkeit und Umweltschutz einsetzen. Das sind die Ziele von KURVE Wustrow sowie der Aufnahmeorganisationen in den Gastländern, wo Freiwillige mitarbeiten, sich einbringen und lernen können. Damit die Auslandserfahrung keine Einbahnstraße bleibt, ist ein Gegenbesuch von jungen Menschen aus den Gastländern ein Bestandteil des Freiwilligenprogramms.

Länder: Indien, Nepal, Mazedonien

Anzahl der jährl. Vermittlungen: 15-20

Altersbegrenzung: 18-28 Jahre

Besondere Voraussetzungen:
– Interesse & Offenheit in einer neuen Umgebung, Eigeninitiative & Engagement, Bereitschaft zu einfacher Lebensgestaltung.
– Abgeschlossene Berufsausbildung, Fachhochschulreife, Abitur oder Vergleichbares.
– Gute Englischkenntnisse.

Bewerbungsverlauf: Schriftliche Bewerbung (englisch/deutsch), anschließend Wochenendseminar zum gegenseitigen Kennenlernen

Vor- u. Nachbereitung (Seminare, Einführungsveranstaltung i. Land):
Pädagogische Begleitseminare (Orientierung und Vorbereitung, Reflexionsseminar während des Dienstes, Nachbereitung sowie thematisches Vertiefungsseminar) von insgesamt 25 Tagen.
Intensivsprachkurs zu Beginn des Dienstes im Gastland.

Betreuung: Betreuung durch KURVE Wustrow sowie durch Mentoren in der Aufnahmeorganisation.

Dauer des Aufenthalts: 12 Monate

Abreisezeit: August

Programmgebühren: Keine. Dafür ist das Sammeln von Spenden für den Freiwilligendienst sowie einen Gegenbesuch erwünscht.

Stipendien: Förderung durch das weltwärts-Programm

Staatsangehörigkeit: Deutsche Staatsbürgerschaft oder ein entsprechendes Aufenthaltsrecht

Pais:Deutschland

Lornsenstraße 13a, 24534 Neumünster
Tel.: 0160 – 93832846
Fax 04321 – 2513512
bewerbung@paisdeutschland.de
www.paisdeutschland.de
Gründungsjahr: 2003
Ansprechpartner: André Springhut

Christliche Schuljugendarbeit in 8 Ländern

Altersstufe: 18 – 27 Jahre

Voraussetzungen: Verbindliche Teilnahme und Mitarbeit an Veranstaltungen einer Kirchengemeinde, bevorzugt in der Jugendarbeit, gute Englischkenntnisse.

Dauer des Aufenthalts: Mindestens 1 Jahr, mehrjähriger Aufenthalt möglich.

Bewerbungsfrist: Bewerbung jederzeit mit zeitnaher Entscheidung nach vollständigem Eingang, Bewerbung spätestens bis April.

Kosten: Taschengeld, Flüge, Visa und Auslandskrankenkasse sind selbst zu tragen.
Kost und Logis in der Gastfamilie sind frei.

Träger von FSJ und FSJ (statt Zivildienst).

Aufgaben, Tätigkeiten: Christliche Jugendarbeit an Schulen, Durchführung von regelmäßigen, wöchentlichen Angeboten wie Pausentreffs, AG, Hausaufgabenbetreuung etc.
Konflikttrainingsseminare.

Anzahl der jährl. Vermittlungen: Ca. 50 (weltweit ca. 200 Plätze).
Angebot ist offen für Teilnehmer aus deutschsprachigen Ländern und Teilnehmer aus Ländern, in die wir entsenden.

Länder: Deutschland, GB, USA, Nordirland, Irland, Kanada, Ghana, Polen.

Sonstiges: Ausführliche Informationen und Onlinebewerbung auf unserer Website.

Bitte nur online bewerben.

Sozialer Friedensdienst Kassel e.V., sfd

Annastraße 11, 34119 Kassel
Telefon: 0561 / 71268-0, Fax: 0561 / 71268-44
info@sfd-kassel.de, www.sfd-kassel.de
Bürozeiten: Mo – Do 8.00 – 16.30 Uhr
Freitag 8.00 – 13.00 Uhr
Gegründet 1984
Ansprechpartner: Willem Heins

Anzahl der jährl. Vermittlungen: 70 – 80 Freiwillige

Altersbegrenzung (Mindest- od. Höchstalter): 18 – 29 Jahre

Anmelde- / Bewerbungsfrist: Immer Ende Februar eines Jahres

Besondere Voraussetzungen / Einschränkungen: Je nach Einsatzstelle im Ausland
sind die Voraussetzungen unterschiedlich.

Bewerbungsverlauf: Nach Eingang der schriftlichen Bewerbung wird Vorauswahl
zur Teilnahme am Infotag getroffen. Dort findet auch ein individuelles Bewerbungsgespräch statt.

Vor- u. Nachbereitung:
Für Europa 10 Tage Vorbereitungsseminar, 10 Tage Zwischenseminar und 5 Tage
Abschlussseminar. Alle Seminartage finden in Kassel statt.
Für Übersee 2 x 6 – 7 Tage Vorbereitungsseminare in Kassel, 7 – 8 Tage Zwischen-
seminare in der Region des Gastlandes, Abschlussseminar von 6 – 7 Tagen in Kassel

Betreuung: Für die gesamte Dauer der Zusammenarbeit durch Koordinatoren des
sfd und vor Ort durch Koordinatoren und/oder Mentoren.

Dauer des Aufenthalts: 12 Monate

Abreisezeit: August bis September

Ungefähre Zusatzkosten: 1.800 – 6.500 EUR je nach Gastland, Einsatzstelle und
Freiwilligenprogramme durch Aufbau eines Spendenkreises.

Staatsangehörigkeit: Ausschließlich deutsche Staatsangehörigkeit

Länder:
Europa: Dänemark, Norwegen, Finnland, Ukraine, Großbritannien, Frankreich,
Italien, Spanien, Portugal
Übersee: Ghana, Togo, Südafrika, Singapore, China, Südkorea, Japan, Nicaragua,
Costa Rica, Chile, Bolivien, Peru

Sonstiges: Entsendung von Freiwilligen im Rahmen der Programme Anderer Dienst
im Ausland (ADiA), Europäischer Freiwilligendienst (EFD), Freiwilliges Soziales
Jahr (FSJ), weltwärts

Internationaler Bund e.V.
Königsplatz 57, 34117 Kassel
Tel.: +49-561-5746370
Fax: +49-561-57463710
VAP-Kassel@Internationaler-Bund.de
www.ib-freiwilligendienste.de
Ansprechpartner: IB VAP Team:
Andrea Schubert, Bernhard Marien, Michael Priebs

IB VAP Volunteers´ Abroad Programs

IB Volunteers´ Abroad Programs – IB VAP
Die Freiwilligendauslandsprogramme des IB

Altersstufe: 18 Jahre bis unbegrenzt.

Voraussetzungen: Nach Projektanforderung unterschiedlich.

Dauer des Aufenthalts, Einsatzperiode: 6–12 Monate

Anmelde- / Bewerbungsfrist: Jährlich vom 1.9. bis zum 30.11.

Kosten: Nach Programmart unterschiedlich; aber die Bildung eines Förderkreises wird erwartet.

Ein Entgelt bzw. Förderungen sind möglich aber projektabhängig.

Träger von ADiA, EFD, FSJA, weltwärts, IB Volunteers sowie des neuen „Internationalen Jugendfreiwilligendienstes", der eine staatliche Förderung für den ADiA ermöglicht.

Einsätze bei ganz unterschiedlichen Projekten, meist aber solche mit sozialen Schwerpunkten.

Anzahl der jährl. Vermittlungen: Ca. 150, je nach Angebot auch für nichtdeutsche Staatsbürger.

Länder / Gebiete des Aufenthaltes: Weltweite Einsätze auf allen Kontinenten.

Bund der Deutschen Katholischen Jugend (BDKJ)
Diözese Rottenburg Stuttgart

Antoniusstr. 3, 73249 Wernau

Tel.: 07153 3001 184/176, Fax: 07153 3001 607

info@bdkj-freiwilligendienste.de

www.bdkj-freiwilligendienste.de

Ansprechpartnerin: Jessica Ortmeyer

Bund der
Deutschen
Katholischen
Jugend

BDKJ

Freiwilligendienste

Anzahl der jährl. Vermittlungen: ca. 20

Altersstufe: 18 bis 28 Jahre

Anmelde-/Bewerbungsfrist: 20. November jeden Jahres. Jährlicher Infotag im Oktober – Termine siehe Homepage.

Voraussetzungen: Nur für Bewerber aus der Diözese Rottenburg-Stuttgart Sich einlassen auf die Armutssituation vor Ort, Lust auf Mitarbeit in einem sozialen Projekt zusammen mit katholischen Partnern in Kirchengemeinden bzw. Diözesen. Einsatzstellen Kirchengemeinden und/oder Sozialarbeit.

In folgenden Bereichen gibt es Einsatzstellen:

- ✔ Bildungsarbeit und/oder Schulen
- ✔ Ökologie und Landwirtschaft
- ✔ Projekte mit Kindern und Jugendlichen
- ✔ Projekte mit Behinderten

Bewerbungsverlauf: Onlinebewerbung bis zum 20. November (siehe Homepage), persönliche Auswahlgespräche Anfang Dezember, Entscheidung bis Mitte Dezember.

Vor- u. Nachbereitung: Drei Vorbereitungsseminare zu den Themen Bio-graphie, Interkulturelles Lernen, Entwicklungspolitik, Glaube und Spiritualität, Kommunika-tion und Konfliktbewältigung (insgesamt 12 Tage),

ein länderspezifisches Vorbereitungswochenende (3 Tage),

ein Zwischenseminar vor Ort (5 Tage),

ein Rückkehrerseminar – Auswertung des Freiwilligendienstes (3 Tage),

ein Rückkehrerseminar – Entwicklungspolitik und Rückkehrerengagement (3 Tage)

Betreuung: durch je eine Begleitperson in Deutschland sowie eine/n Mentor/in im Einsatzland

Dauer des Aufenthalts: 12 oder 13 Monate

Abreisezeit: jeweils zwischen Juli und September

Programmgebühren: Finanzierung über das Weltwärts-Programm und der Diözese Kosten für die Flüge, begleitenden Seminare und zugehörige Fahrtkosten, Versiche-rungen, Unterkunft und Verpflegung sowie ein monatliches Taschengeld von 100,– € werden übernommen.

Ungefähre Zusatzkosten: Die Freiwilligen kommen für folgende Kosten auf: Kosten für Sprachkurse, Visakosten

Staatsangehörigkeit: Deutsche Staatsangehörigkeit oder ein entsprechendes Aufent-haltsrecht sind erforderlich.

Länder: Argentinien, Mexiko, Brasilien, Uganda, Südafrika, Indien, Thailand

Sonstiges: Unterschiedliche Angebote des Rückkehrerengagements. Auskünfte dazu unter www.bdkj.info, Fachstelle Globales Lernen.

Projekt Mosaik e.V.

Am Sonnigen Hang 12a, 68259 Mannheim
info@promosaico.org, www.promosaico.org
Treffen nach Vereinbarung
Gründungsjahr 2003

Guatemala · Nicaragua · El Salvador

Angebot: Freiwilligeneinsätze in Guatemala und Nicaragua

Ansprechpartner: Für Guatemala: Anouk Reitz, für Nicaragua: Sabrina Heinrich

Anzahl der jährl. Vermittlungen: ca. 100

Partnerorganisation: Über 100 Partnerorganisationen in Guatemala und Nicaragua

Altersbegrenzung (Mindest- od. Höchstalter): Mindestens 18 Jahre

Bewerbungsfrist: Keine

Bewerbungsverlauf: Nach Fragebogen auf Internetseite

Vor- u. Nachbereitung: Einführungsgespräche in Guatemala/Nicaragua, evtl. freiwillige Seminarteilnahme in Deutschland

Betreuung: Deutschsprachige Ansprechpartner in Mittelamerika, Betreuung vor und während des gesamten Aufenthaltes

Ausflüge, touristische und kulturelle Angebote: Freiwillige Teilnahme an Aktivitäten von Projekt Mosaik

Dauer des Aufenthalts: Individuell (ab 1 Woche), Abreisezeit: individuell

Programmgebühren: Einmalig zwischen 40,– und 200,– €, abhängig von gewähltem Servicepaket

Ungefähre Zusatzkosten: Zw. ca. 300,– und 600,– € (je nach Lebensstil und Einsatzort.)

Staatsangehörigkeit: Offen für alle Nationalitäten

Länder: Guatemala und Nicaragua

AFS Interkulturelle Begegnungen e.V., Aktion Sühnezeichen, Aktionsgemeinschaft Dienst für den Frieden e.V., Arbeitsgemeinschaft Evangelikaler Missionen e.V., Arbeitsstelle Frieden und Umwelt der Ev. Kirche der Pfalz, Arbeitsstelle für Kriegsdienstverweigerung (Ev. Kirche im Rheinland), CVJM Gesamtverband in Deutschland e.V., Deutsch Israelischer Verein, Deutsches Rotes Kreuz, DRK (KV Aalen, Badisches Rotes Kreuz, LV Saarland, Nordrhein), Eirene Internationale Christl. Friedensdienst e.V., Ev. Freiwilligendienst f. junge Menschen FSJ und DjiA gGmbH, Ev. Landeskirche in Baden, Fachstelle Freiwilligendienste Friedensdienste, Freiwillige Soziale Dienste im Bistum Aachen e.V., Freiwillige Soziale Dienste – FSJ im Erzbistum Köln, Freunde der Erziehungskunst Rudolf Steiners e.V., Internationaler Bund, IB - Internationaler Bund FSJ, IB - Internationaler Bund Nürnberg, ICJA - Internationaler Christlicher Jugendaustausch e.V., Ijgd (LV Brandenburg/Berlin, Bonn, Hildesheim), Initiative Christen für Europa e.V./ICE, Jesuit European Volunteers (Nürnberg, München), Jesus-Initiative e.V., Katholische Bundesarbeitsgemeinschaft für Freiwilligendienste, Ring Missionarischer Jugendbewegungen e.V., Schüler helfen Leben e.V., SOFIA e.V., Sozialer Friedensdienst Kassel e.V., VIA e.V. und Volunta gGmbH.

Youthreporter

Youthreporter,
AP Britta Berdin, T. 0228 207 27 29, redaktion@youthreporter.eu,
www.youthreporter.eu
Europäischer Freiwilliger mit guter Schreibe? JUGEND für Europa sucht auf seiner Internetpräsenz noch junge Reporter, die regelmäßig aus ihrem jeweiligen Gastland berichten, von Neuigkeiten vom Einsatzort über landesbezogene Ereignisse und europäisches Geschehen bis hin zu weltweiten Events. Erwartet werden ein- bis zweimal pro Monat Artikel von ca. 2500 Zeichen, gerne mit Fotos. Pro veröffentlichtem Artikel gibt es 25 €; ausgezahlt wird allerdings erst nach Beendigung des Freiwilligendienstes. Dann dürfen sich besonders fleißige Schreiberlinge allerdings über satte Beträge von bis zu 500 € freuen. Interessenten bewerben sich mit einer kurzen Leseprobe per Mail.

EuroPeers – von Jugendlichen für Jugendliche

JUGEND für Europa,
AP Andreas Klünter, T. 0228 9506-232, Heike Zimmermann, T. 0228 9506-270,
europeers@jfemail.de, www.europeers.de
Wer nicht stundenlang im Internet surfen oder sich aus zweiter Hand beraten lassen möchte, informiert sich am besten auf einer EuroPeers-Veranstaltung, bei der ehemalige Freiwillige über ihre Zeit beim Europäischen Freiwilligendienst (*European Voluntary Service*) berichten. Je nach persönlicher Erfahrung berichtet der oder die EuroPeer über den Freiwilligendienst, aber auch über Jugendbegegnungen, Auslandspraktika, Workcamps, Jugendinitiativen usw. Die Veranstaltungen können ganz unterschiedlicher Natur sein – beispielsweise ein Workshop an einer Schule, oder eine multikulturelle Party. Aktuelle EuroPeers mit ihren Veranstaltungen finden sich auf. www.europeers.de/landkarte.

Wer dagegen selbst EuroPeer werden möchte, wird in einem fünftägigen Training geschult. Voraussetzung ist allerdings, dass man einen Europäischen Freiwilligendienst geleistet oder bei einer von JUGEND IN AKTION geförderten Jugendbegegnung oder -initiative mitgemacht hat.

Erfahrungsbericht – Die Handtasche auf dem Boden…

Für *Mira* stand fest, dass nach dem Abitur erstmal ein Jahr Auslandsaufenthalt fällig war.

„Durch Urlaube, die Medien oder den Geschichtsunterricht erscheint uns manches fremdes Land recht bekannt. „Klassische" Länder wie Spanien, Frankreich oder die USA haben mich daher nicht so gereizt. Aber … - *Du willst nach Rumänien??"*

Miras Entscheidung traf zunächst nicht auf Verständnis, geschweige denn auf Begeisterung.

„Was wissen wir Westbürger denn auch schon über Rumänien? Dracula? Ein Diktator namens Ceausescu? Verwahrloste Kinder und Straßenhunde? Schnüffelnde Jugendliche? – Viel mehr verband ich vor meiner Ausreise auch nicht mit dem Land Rumänien."

Nachdem ihr Auslandsjahr beendet ist, blickt Mira mit gemischten Gefühlen zurück, weil ihr Start nicht so toll gelang, wie sie es sich vorgestellt hatte:

„Als junge, motivierte und offene Freiwillige kam ich nach Rumänien und musste meinen jugendlichen Enthusiasmus erst mal bremsen und lernen, dass die Mühlen in Rumänien eben langsamer mahlen. Ich sollte an eine Einsatzstelle in der Nähe von Bukarest vermittelt werden – doch bei meiner Ankunft war noch nichts geplant, und so hatte ich erstmal gut vier Wochen lang nichts zu tun.

Was mir in dieser Zeit sehr zu schaffen machte, war die Sprachbarriere. Als ich schließlich mit der Arbeit in einem Durchgangsheim für Straßenkinder und Kinder aus Problemfamilien begann, gestaltete sich das auch mehr als schwierig. Befürchtete ich vor Beginn vielleicht noch, dass die Kinder problematisch sein könnten, waren es doch meine Mitarbeiterinnen und meine Chefin, die mir zu schaffen machten!

Die Kinder wurden tagsüber in einem Raum aufbewahrt. Sie sollten möglichst leise sein – am besten fernsehen oder malen, während die Mitarbeiterinnen in der Küche saßen, Kaffee tranken und plauderten. Nur wenn die Kinder zu laut spielten, kamen sie zu ihnen und sorgten lauthals für Ruhe. Am meisten machte mir eine Situation zu schaffen, in der eine Mitarbeiterin einen Jungen so lange am Ohr hochzog, bis er weinte.

Meine Mitarbeiterinnen verstanden nicht, warum ich mich zu den Kindern auf den Boden setzte und mit ihnen spielte, statt bei ihnen in der Küche zu sitzen. So wanderte ich monatelang auf einem schmalen Grat – einerseits wollte ich den Kindern den Aufenthalt verschönern, mich aber andererseits nicht ganz von den Mitarbeiterinnen abkapseln. Es galt, ihnen zu zeigen, wie ich mit den Kindern umging – aber ohne erhobenen Zeigefinger."

Gegen ihre Resignation und Gewohnheit kam Mira in der kurzen Zeit jedoch nicht an.

„Inzwischen weiß ich, dass die Arbeit im sozialen Bereich in Rumänien schlecht bezahlt und auch keine angesehene Arbeit ist. Der Landrat des Kreises erzählte mir zum besseren Verständnis der Motivation der Sozialarbeiter einen Vergleich: „Diamanten kannst du schleifen. Doch Steine kannst du so oft schleifen, wie du willst – sie werden immer Steine bleiben. Ich arbeite nur mit Steinen. Und doch ist das, was du jetzt siehst, im Vergleich zu vor 15 Jahren das reinste Zuckerschlecken! Behinderte wurden angekettet und Kinder mussten in ihren eigenen Exkrementen schlafen."

Auch außerhalb meiner Einsatzstelle erlebte ich einen Kulturschock. Nach den ersten Monaten war ich hin- und hergerissen zwischen Begeisterung, Verstimmung und Ablehnung. Faszinierte oder ärgerte mich die lockere Art der Rumänen? Dass ich bei Verabredungen gut und gerne mal eine Stunde wartete und sie nichts durchplanten. Faszinierten oder nervten mich zum Beispiel die Fahrten in den alten Dacias, mit denen man gerne mal rasend über die Schlaglöcher in der Straße hinwegfegt – natürlich unangeschnallt. Oder ihr Aberglaube: Als ich meine Handtasche auf den Boden abstellte, erntete ich nur Kopfschütteln und hysterische Erklärungen. Es soll Unglück und Geldverlust bringen.

Die Rumänen waren jedoch stets gastfreundlich und neugierig. Es war für sie etwas Besonderes, dass eine Deutsche freiwillig ein Jahr in ihr Land kam und ihre Sprache lernte. Doch auch die Rumänen selbst konnten meine Wahl nicht nachvollziehen. „Was willst du denn in Rumänien? Du hast in Deutschland doch alles!"

Und auch ich selbst war mit nach einigen Monaten nicht mehr so sicher. In meiner Einsatzstelle lief ich gegen Wände, und meine Organisation war mir keine Hilfe. „Das gehört dazu. Da musst du eben durch."

Nach einem Einsatzstellenwechsel und mehreren Auseinandersetzungen mit meiner Organisation war mir dann klar, dass ich nur meine Energie verschwendete. Aber aufgeben? Auf keinen Fall wollte ich unzufrieden nach Hause gehen, ohne einen Versuch, doch noch etwas Gutes aus dem Jahr zu rauszuholen. Deshalb kündigte ich nach acht Monaten und langer Überlegung mein FSJ bei meiner Organisation, und begab mich auf die Reise durchs Land – auf der Suche nach einer Einsatzstelle. Und so wurden die letzten drei Monate zu den schönsten meines Jahres und machten all die Monate der Enttäuschung wieder wett.

Ich fand ein privat geführtes Waisenhaus in der Nähe von Kronstadt, das vor 13 Jahren von einem deutschen Ehepaar gegründet wurde, nachdem sie das Elend der Straßenkinder in Rumänien gesehen hatten. In einem alten sächsischen Bauernhaus lebten 21 Kinder und Jugendliche, die dort familienähnlich in zwei Gruppen betreut wurden. Kinder, die in ihrem Leben schon mehr durchmachen mussten, als manch ein Erwachsener es sich vorstellen kann. Geschlagene, ausgesetzte und missbrauchte Kinder sollten hier zu einem normalen Leben finden.

Ich half im Haushalt, bei den Hausaufgaben und der Freizeitgestaltung. Dadurch, dass ich selbst mit im Haus wohnte und inzwischen die Sprache beherrschte, hatte ich einen schnelleren Zugang zu den Kindern und war besser in ihr Leben integriert. Ich begleitete die zwei Gruppen sogar jeweils zwei Wochen auf einem Urlaub nach Deutschland. Alles war so spannend und aufregend für die Kinder; von allem waren sie begeistert, und ich fühlte mich an meine eigene Anfangszeit in Rumänien erinnert.

Mein Fazit? Das Auslandsjahr hat sich trotz allen Schwierigkeiten gelohnt und ich bin froh, dass ich nach den acht Monaten nicht nach Hause geflogen bin. Es wird einem bewusst, dass man als Freiwilliger nicht die halbe Welt verändert. Vorher konnte ich über Sätze wie „Ein Lächeln sollte reichen" nur den Kopf schütteln. Jetzt weiß ich, dass ich einigen Kindern allein dadurch helfen konnte, dass ich ihnen das Gefühl gab, etwas Besonderes zu sein.

Ich verbinde mit Rumänien nun viel mehr, habe Bilder und Geschichten über Menschen, das Essen, die Kultur, die Karpaten und das Donaudelta im Kopf. Und ich hab ein ungutes Gefühl, wenn ich meine Handtasche auf den Boden stelle."

Rumänische Maislieferung

Friedensdienst (FFD)

Wer sich ganz dem Weltfrieden verschrieben hat und mehr tun möchte, als Peace-Zeichen auf Federmäppchen zu malen, hat die Möglichkeit, sich aktiv dafür einzusetzen: in 3- bis 24-monatigen Freiwilligendiensten, die weltweit stattfinden. Diese werden vorrangig jungen Menschen zwischen 18 und 27 Jahren geboten, damit sie erste Erfahrungen im internationalen Umfeld sammeln und sich aktiv in gemeinnützigen Projekten einbringen können.

Es ist ein Konzept, das für beide Seiten aufgeht: der Freiwillige unterstützt das Projekt (und damit indirekt Demokratie und Menschenrechte) durch seinen tatkräftigen Beitrag, durch kreative Problemlösungen, durch Neugier und den Willen zur interkulturellen Verständigung. Gleichzeitig erweitert der Freiwillige seinen Horizont, sammelt Lebenserfahrung und wird in jeder Hinsicht selbstständiger und souveräner.

Arbeitsstelle für Kriegsdienstverweigerung, Zivildienst und Freiwillige Friedensdienste,
Venusbergweg 4, D-53115 Bonn, T. 0228 18 41 60, F. 0228 18 41 620,
zivil-und-friedensdienst@ekir.de, www.aktiv-zivil.de
3.3.2011 Mail gesandt, Anfrage, ob was geändert – Besprechung, sobald Kollege aus Urlaub zurück
ÖFD, Österreichische Friedensdienste,
Grinzinger Allee 34/7, A-1190 Wien, office@oefd.at, www.oefd.at

Erfahrungsbericht – Friedensdienst in Rumänien

Der Wunsch, eine Zeit lang im Ausland zu arbeiten, erwachte bei *Lukas* in der der 11. Klasse, als einige seiner Freunde von einem Auslandsjahr zurückkamen. „Ich dachte mir nur: Warum hast du das nicht gemacht? – Mit meinen Zivildienst sollte das anders werden, und so nahm ich schon in der 12. Klasse an einem Informationswochenende teil, wo ich mit vielen ehemaligen Freiwilligen reden konnte. Beworben habe ich mich dann ein Jahr später bei der EKiR (Evangelische Kirche im Rheinland). Drei Wochen nach einem Auswahltag bekam ich den Bescheid, dass es mit meinem Zivildienst in einem rumänischen Kinderheim klappen sollte. Das Heim wird von der Organisation Asociatia Samariteanul Milos geleitet; die Gelder dafür kommen von der Scheytt Stiftung aus Deutschland. Der Dienst, den ich absolviert habe, heißt FFD (Freiwilliger Friedensdienst). Frieden ist sicherlich hoch gegriffen, aber der Frieden war für mich immer auch ein Richtungsweiser bei meiner Arbeit. Ich hoffe, dass die Kinder bessere Chancen haben und diese nutzen werden.

Kurz vor dem Abi gab es ein Vorbereitungswochenende, wo alles Organisatorische besprochen wurde. Im Anschluss habe ich Sponsoren gesucht, in einem deutschen Kinderheim fünf Tage hospitiert und meine Fahrkarte gebucht. Ende August war der zweiwöchige Ausreisekurs in der Eifel, und drei Tage später ging's für mich endlich los.

In Düsseldorf stieg ich in den Bus, der mich bis nach Bra?ov in Rumänien brachte. Der Bus war voller Rumänen und ich konnte mich mit niemandem unterhalten, da ich zu dem Zeitpunkt noch kein Rumänisch sprach. Nach 33 Stunden Busfahrt kam ich spätabends endlich an und wurde von einem Mitarbeiter des Kinderheims abgeholt. Kaum war ich ausgestiegen, hatte ich schon zehn Kinder an mir hängen. Ich war aber todmüde von der Reise und wollte nur noch ins Bett.

Morgens weckten mich die Glocken der Kirchenburg, die sich genau gegenüber befindet. Im Heim leben ca. 20 Kinder im Alter von 8-20 Jahren. Es gibt zwei Gruppen mit jeweils drei Erzieherinnen, die immer eine 24-Stunden-Schicht haben. Die meisten Kinder haben eine traumatische Vergangenheit mit Betteln, Misshandlung und Vernachlässigung hinter sich. Trotzdem fühlen sich alle im Heim wohl, und einige blühen dank der Möglichkeiten, die das Heim bietet, auch richtig auf.

Das Heim ist ein alter Bauernhof mit großem Garten, und meine Arbeit bestand

Das rumänische Kinderheim, in dem Lukas seinen Zivildienst leistete

darin, morgens in der Werkstatt zu arbeiten. Es gab immer etwas zu streichen, bohren, sägen oder reparieren. Nachmittags half ich den Kindern bei ihren Hausaufgaben. Ich hatte ein Zimmer mit Tafel und Bänken ausgestattet und machte mit zwei bis drei Kindern hauptsächlich Mathe, Englisch und Deutsch. Am Anfang war es echt schwer, vor allem da ich die Sprache noch gar nicht konnte. Aber die Kinder hatten mit mir bestimmt genau so viel Geduld wie ich mit ihnen. Ich musste sie aber immer wieder motivieren und anschieben, damit sie die Hausaufgaben auch machten. Oftmals gab es Diskussionen, und ich war anfangs echt enttäuscht, wie langsam einige lernen. Leider gibt es in Rumänien keine spezielle Förderung wie in Deutschland. Es gibt nur die Volksschule im Dorf.

Zudem war der Stoff für einige viel zu schwer: In Deutschland kommen Potenzen und Potenzregeln erst in der 9. und 10. Klasse dran, ich aber musste versuchen, unsern Fünfern das beizubringen. In der Schule ist vieles Schein und wenig Sein in Rumänien. Aber auch das ist typisch fürs ganze Land.

Trotz allem hatten wir manchmal echt Spaß. Als ich zum Beispiel sagte: „Tace lingur?!" („Schweig Löffel!") lachten alle Kinder, denn ich wollte natürlich sagen:

„Tace din gur?!" („Halt den Mund"). Die Arbeit mit den Kindern war auf jeden Fall bereichernd, und die Ausflüge und Wanderungen, die wir machten, waren immer ein Erlebnis.

Wenn man in ein solches Projekt kommt, lernt man dort als erstes Freunde kennen. Der Hausmeister, mit dem ich morgens gearbeitet habe, war super nett, und wir freundeten uns schnell an. Am Anfang hatte ich einmal die Woche einen Sprachkurs, und ich ging in den Bachchor der Schwarzen Kirche. Es leben in Rumänien, genauer gesagt in Transsilvanien, wo ich war, immer noch Deutsche, und die Schwarze Kirche ist eine lutherisch-deutsche Kirche. Dort lernte ich am Anfang natürlich nur Deutsche kennen, aber mit der Zeit auch Rumänen. Außerdem ging ich in eine charismatische Gemeinde und lernte dort auch Rumänen kennen, z.B. im Tanzkurs.

Am Wochenende war ich oftmals wandern in den Karpaten. Die Berge sind wunderschön und die Natur unberührt. Zweimal habe ich beim Wandern sogar einen Bären gehört, der sich durchs Unterholz entfernte. Aber auch in der Stadt selber gibt es Orte, an denen Bären abends die Müllcontainer nach Essen durchstöbern, während man auf der anderen Straßenseite zuschaut. Ich hatte sogar das Glück, einen Bären mit drei Babybären zu sehen.

„Rumänien macht süchtig, oder man kann das Land nicht leiden" sagen viele Rumänien-Kenner. Ich bin jedenfalls süchtig und freue mich schon drauf, die Kinder mal zu besuchen und zu sehen, wie sie gewachsen sind."

Aktion Sühnezeichen Friedensdienste

Aktion Sühnezeichen Friedensdienste,
Infobüro, Auguststr. 80, D-10117 Berlin, T. 030 28395 184,
asf@asf-ev.de, www.asf-ev.de
Die christliche Organisation ASF setzt sich für eine Verständigung zwischen den
Generationen, Kulturen, Religionen und Völkern ein. Es sind mehrere Arten des Frei-
willigendienstes möglich: beim Internationalen Programm werden Freiwillige aus
Deutschland für 12 Monate in 13 Länder entsandt. Die Trilateralen Programme finden
in Großbritannien und Polen mit Freiwilligen aus Deutschland, der Ukraine und Polen
statt, und beim Folkehogskole-Programm verbringen Freiwillige aus Deutschland 15
Monate in Norwegen. Zusätzlich gibt es einen kürzeren, drei- bis sechsmonatigen
Freiwilligendienst in Israel.

Einsendefristen: Mitte September beim Folkehogskolen-Programm in Norwegen
bei 15 Monaten mit Dienstbeginn im März, sowie Anfang November beim Internationalen Programm bei 12 Monaten mit Dienstbeginn im September. Es zählt das Datum
des Poststempels.

Die Bewerbungsunterlagen werden gelocht und in einer Klarsichthülle gesteckt (keine
Mappen!) und bestehen aus:

- ausgefülltem Bewerbungsblatt
- ausführlicher (nicht tabellarischer) Lebenslauf (Beschreibung der derzeitigen
  Lebenssituation und Darstellung von prägenden Verhältnissen, Ereignissen und
  Erfahrungen)
- Antwort auf die sechs Bewerbungsfragen
- drei Referenzen (Freunde, Kollegen, Lehrer, Pfarrer ...)
- vier Passfotos (mit Namen auf der Rückseite)
- Quittung der Bewerbungsgebühr von 15 € (Bank für Sozialwirtschaft;
  BLZ: 10020500, Konto: 31 13 701)
- Kopie der KDV-Anerkennung (nur für Kriegsdienstverweigerer)

Alle notwendigen Formulare stehen als Download auf der Homepage bereit,
www.asf-ev.de.
Bewerber sollten mindestens 18 Jahre sein und benötigen i.d.R. kein Fachwissen, auch
wenn manche Fähigkeiten in bestimmten Projekten notwendig sind. Sprachkenntnisse
sollten, wenn nicht vorhanden, vor dem Dienst angeeignet werden. Freiwillige sind
hauptsächlich mit älteren Menschen oder Menschen mit Behinderungen oder sozialen
Benachteiligungen sowie in der historischen und politischen Bildung tätig. Einsatzorte
sind die folgenden Länder: Weißrussland, Deutschland, Frankreich, die Niederlande,
Belgien, Großbritannien, Norwegen, Israel, die Tschechische Republik, Russland,
Polen, die USA und die Ukraine.
Beim Mittelfristigen Dienst in Israel sind Freiwillige zwischen drei und sechs Monaten schwerpunktmäßig mit der begleitenden und pflegerischen Arbeit mit älteren Men-
schen beschäftigt. Die Ausreise ist jeweils am 1. März, und der Dienst beginnt mit

einem Einführungsseminar in Jerusalem. Die Kosten für Unterkunft, Kranken- und Unfallversicherung, Seminare vor Ort, Visa und Kommunikation mit den Projekten werden von ASF getragen. Vom Freiwilligen selber müssen die Flug- und die Lebenshaltungskosten vor Ort übernommen werden, zudem muss jeder einen Teilnahmebeitrag in Höhe von 150 € entrichten.

Meike Schneider-Stipendium

Stiftung Mercator,
AP Oliver Haack, T. 0201 24522-65,
www.stiftung-mercator.de/kompetenzzentren/internationale-verstaendigung/
meike-schneider-stipendien.html
Das Programm für den Freiwilligendienst in Osteuropa fördert drei junge Freiwillige zwischen 18 und 27 Jahren, die zwölf Monate in Weißrussland, Russland und der Ukraine ehrenamtlich arbeiten möchten. Die Projekte werden im sozialen, kulturellen oder medizinischen Bereich durchgeführt. Organisation und Betreuung der Stipendiaten liegt bei der Aktion Sühnezeichen Friedensdienste.

CAREA

CAREA e.V.,
Greifswalder Str. 4, D-10405 Berlin, T/F. 030 4280 5666,
info@carea-menschenrechte.de, www.carea-menschenrechte.de
Entsender seit 1993 von Freiwilligen zur solidarischen Begleitung guatemaltekischer Flüchtlinge aus Mexiko in die alte Heimat Guatemala. Seit 1998 reisen Freiwillige auch als internationale Menschrechtsbeobachter in den mexikanischen Bundesstaat Chiapas, wo sie in „zivilen Friedenscamps" unter den Mitgliedern der Zapatistas und Abejas in indigenen Gemeinden leben. CAREA e.V. bereitet in zwei halbjährlich stattfindenden Seminaren von jeweils drei Tagen auf diese Arbeit vor.
Bewerben kann sich, wer die folgenden Voraussetzungen erfüllt:

- ausreichende Spanischkenntnisse
- Teamfähigkeit und soziale Kompetenz
- psychische und physische Belastbarkeit
- politisch-soziales Engagement
- Mindestalter von 21 Jahren
- Teilnahme an beiden Vorbereitungsseminaren
- zeitlicher Spielraum von mindestens 6 Wochen
- eigene Finanzierung der anfallenden Kosten

Ein zweites Projekt findet in Zusammenarbeit mit der guatemaltekischen Menschenrechtsorganisation CALDH (Centro para la Acción Legal en Derechos Humanos) in Guatemala statt. Seit 2000 laufen die Vorbereitungen für Strafprozesse wegen Völkermordes, Verbrechen gegen die Menschlichkeit und Kriegsverbrechen gegen die ehe-

EIRENE – Internationaler christlicher Friedensdienst e.V.

Postanschrift: Postfach 1322, 56503 Neuwied
Tel.: 02631/8379-0, Fax: 02631/8379-90
eirene-int@eirene.org, www.eirene.org
Bürozeiten: Mo–Do.: 8.30–16.30, Fr.: 8.30–15.30 h
Gründungsjahr: 1957
Ansprechpartner: Sekretariat: 02631/8379-0

FREIWILLIGENDIENSTE

Altersstufe: Ab 18 Jahre; das Höchstalter ist abhängig von den Einsatzplätzen.

Voraussetzungen: Allgemeine Englischkenntnisse, Bereitschaft zum Erlernen der Sprache des Gastlandes, Engagement in verschiedenen Bereichen politischer Lobbyarbeit und sozialem Engagement sowie zu einem Leben unter einfachen Verhältnissen.

Dauer: Je nach Programm, aber in der Regel mindestens 13 Monate.

Anmeldefristen: frühzeitige Kontaktaufnahme ist angeraten, am besten etwa ein Jahr vor dem gewünschten Ausreisetermin. Eine Bewerbung ist erst nach der Teilnahme an einem Info-Seminar möglich.

Kosten / Leistungen: Eigenbeteiligung von jeweils 40 EUR für das gesamte Info-Seminar, Unterbringung und Verpflegung. Bei Aufenthalten in Europa entstehen Kosten für für Projektbesuche in der Vorbereitungsphase. Visumskosten sind selbt zu tragen. EIRENE animiert die Freiwilligen einen Unterstützerkreis aufzubauen, der den Dienst finanziell unterstützt. Die Beiträge aus dem Unterstützerkreis sollten je nach Programm ca. 250 EUR pro Monat betragen. Die Einsätze werden in der Regel durch den Internationalen Jugendfreiwilligendienst (IJFD) oder über das Programm „weltwärts" co-finanziert.

Entgelt: Freie Verpflegung, Reisekosten für Hin- und Rückreise, eine einfache Unterkunft und ein monatliches Taschengeld zwischen 55 EUR und 100 EUR.

Träger von FSJ im Ausland, IJFD, weltwärts.

Staatsangehörigkeit: Für alle mit Aufenthaltsgenehmigung in Deutschland.

Länder: Freiwilligeneinsätze meist in Nordamerika (USA, Kanada) und in Europa (Belgien, Niederlande, Frankreich, Irland, Nordirland, Rumänien, Bosnien, Serbien). Lateinamerika (Bolivien, Costa Rica, Nicaragua) und Afrika (Marokko, Uganda).

Verbandsmitgliedschaften, Zertifizierung: eFeF (evangelisches Forum entwicklungspolitische Freiwilligendienste), AGDF (Aktionsgemeinschaft Dienst für den Frieden), KeF (Konferenz evangelischer Freiwilligendienste), Quifd, DZI.

maligen Diktatoren Romeo Lucas García und Efrain Rios Montt. Ein internationales Zeugenschutzprogramm begleitet die Überlebenden der Bürgerkriegsmassaker, die als Zeugen aussagen. Für dieses Projekt sind gefordert:

- gute Spanischkenntnisse
- Mindestalter von 21 Jahren
- Vorerfahrung in Guatemala oder Lateinamerika
- Mindestaufenthalt 3 Monate
- physische und psychische Belastbarkeit
- Teamfähigkeit und soziale Kompetenz
- Teilnahme am Vorbereitungsseminar
- Eigenfinanzierung
- Krankenversicherung und Impfschutz

Peace Watch Switzerland (PWS)

Peacewatch Switzerland,
Quellenstr. 31, CH-8005 Zürich, T. +41 44 2722788, info@peacewatch.ch,
AP Marianne Widmer, www.peacewatch.ch
Bildet freiwillige Menschenrechtsbeobachter aus und koordiniert und begleitet ihre zwei- bis sechsmonatigen Einsätze nach Guatemala, Chiapas in Südmexiko, Palästina/Israel und Kolumbien. Die Kosten der organisatorischen Infrastruktur und der Kursleiter und Referenten während der Ausbildung wird von PWS übernommen. Die Teilnehmenden übernehmen die eigenen Kosten für Übernachtung und Verpflegung, ebenso Reise- und Aufenthaltskosten des Freiwilligendienstes.

Voraussetzungen für einen Einsatz in Guatemala, Chiapas und Kolumbien:

- Verfügbarkeit von zwei bis drei Monaten
- empfohlenes Mindestalter 23 Jahre
- physische und psychische Gesundheit und Belastbarkeit
- gute Spanischkenntnisse
- Teamfähigkeit
- Eigenfinanzierung der Reise und des Aufenthaltes, Kranken- und Reiseversicherung sowie Impfschutz
- Teilnahme an einem Vorbereitungstraining
- Einsatzauswertung und Öffentlichkeitsarbeit in der Nachbereitung
- Eigenverantwortung
- Erfahrungen in Zentral- bzw. Lateinamerika von Vorteil.

Voraussetzungen bei einem Einsatz in Palästina/Israel:

- Verfügbarkeit von drei Monaten
- empfohlenes Mindestalter von 23 Jahren
- gute Englischkenntnisse (mündlich und schriftlich)

- physische und psychische Belastbarkeit
- Teamfähigkeit und gute Kommunikationsfähigkeit
- engagiert in Friedensdingen
- Hintergrundwissen über die Region und Interesse daran
- Bereitschaft zur Nacharbeit in die Schweiz

PBI Deutschland

peace brigades international - Deutscher Zweig e.V.,
Harkortstr. 121, D-22765 Hamburg, T. 040 3890 4370, F. 040 3890 43729,
info@pbi-deutschland.de, AP Cathrin Schmock, T. 040 389 04 37-11,
cathrin.schmock@pbi-deutschland.de, www.pbideutschland.de
Die deutsche Gruppe der *Peace Brigades International* engagiert sich wie die Mutterorganisation in Krisengebieten weltweit. Internationale Freiwilligenteams sorgen durch ihre schützende Präsenz für den nötigen Freiraum und die Unversehrtheit von Menschenrechtlern.

Prinzipiell sind zwei Arten des Freiwilligendienstes möglich:

- Einjährig: dieser Dienst wird überwiegend aus pbi-eigenen Mitteln finanziert, das Mindestalter beträgt in diesem Fall 25 Jahre. Freiwillige bis 28 Jahren können mit dem "weltwärts"-Programm des BMZ gefördert werden
- zweijährig: dieser Dienst wird durch das Programm „Ziviler Friedensdienst" (ZFD) des BMZ finanziert. ZFD-Freiwillige müssen mindestens 30 sein und ein aufwändiger gestaltetes Qualifizierungs- und Auswahlverfahren durchlaufen.

Allgemein sollten Bewerber sehr gute Sprach- und Landeskenntnisse des jeweiligen Projektlandes aufweisen und die Fähigkeit zur politischen Analyse sowie Erfahrungen im Zusammenleben mit einer internationalen Gruppe bzw. in der Arbeit mit internationalen Organisationen haben. Ferner sind Flexibilität und Anpassungsbereitschaft gefordert. Außerdem müssen die Bewerber mit Stresssituationen psychisch und physisch fertig werden und bereit sein, auch unter einfachsten Bedingungen zu leben.

Zu beachten ist, dass ein Einsatz bei pbi weder als Zivildienstersatz, noch als freiwilliges soziales Jahr gewertet wird.

Es wird keine Vergütung gezahlt, aber für den gesamten Zeitraum die Kranken-, Haftpflicht- und Unfallversicherung übernommen, ferner die Reisekosten, und, vom EED, die Sozialversicherung. Neben der Übernahme von Kost und Logis im Projektland erhalten die Freiwilligen noch ein monatliches Taschengeld.

Nach den Bestimmungen des Entwicklungshelfergesetz bekommen die Freiwilligen zudem ein Unterhaltsgeld, von dem die Freiwilligen i.d.R. einen erheblichen Teil an den so genannten Rückkehrerfonds von pbi spenden, mit dessen Hilfe Projektreferentenstellen ehemaliger pbi-Freiwilliger gefördert werden.

Zivi / ADiA

BAZ, Bundesamt für den Zivildienst,
Sibille-Hartmann-Str. 2-8, 50969 Köln, T. 0221 3673-4967,
pressestelle@baz.bund.de, www.zivildienst.de

Österreichischer Auslandsdienst,
Hutterweg 6, A-6020 Innsbruck, www.auslandsdienst.at, AP Dr. Andreas Maislinger,
T. +43 512 29 10 87, F. +43 512 29 10 87, maislinger@hrb.at
Schweizerische Eidgenossenschaft, Vollzugsstelle für den Zivildienst ZIVI, Zentrale,
Uttigenstr. 19, CH-3600 Thun, T. +41 33 228 19 99, F. +41 33 228 19 98
info@zivi.admin.ch

Mit der Abschaffung des Wehrdienstes in Deutschland entfielen auch der Zivildienst und damit der Andere Dienst im Ausland (ADiA). Viele der ADiA-Stellen, die bisher so genannte Auslandszivis einsetzten, sind in weltwärts- oder kulturweit-Stellen umgewandelt worden. In der Schweiz und Österreich hat sich nichts geändert: Österreicher leisten den zwölfmonatigen österreichischen Auslandsdienst in den Bereichen Gedenkdienst, Sozialdienst und Friedensdienst; nach dem Jahr wird der „Auslandsdiener", wie er dort heißt, von der Zivildienstpflicht befreit. Schweizer, die ihren Zivildienst im Ausland leisten möchten, benötigen eine abgeschlossene Berufsausbildung, mindestens zwei Jahre Studium oder mehrjährige qualifizierte Erfahrung. Der Prozess gestaltet sich recht unbürokratisch. Man bewirbt sich direkt bei den Vereinen oder Projekten bzw. bei deren Sitz in der Heimat. Dieser bescheinigt dann gegenüber dem zuständigen Amt, den Dienstleister unter Vertrag genommen zu haben. Schweizer müssen sich an einer Institution bewerben, die als Einsatzbetrieb anerkannt ist und ein entsprechendes Ausland-Pflichtenheft aufweist.

Erfahrungsbericht – Arbeit im Kibbuz

Dies bestätigt auch Stefan, der elf Monate in einem Kibbuz in Israel zubrachte: „Die Arbeit, die manchmal auch hart war, das Leben in der Gruppe, das ständige Lernen über und Reisen in Israel machten die vergangenen Monate für mich zu einer großartigen Erfahrung, die mich positiv veränderte und ein großes Stück weiterbrachte."

Die Idee zu diesem Auslandsaufenthalt kam Stefan im Frühling, als sich seine Ausbildung dem Ende entgegen neigte und seine Kriegsdienstverweigerung anerkannt worden war. „Damals wusste ich bereits, dass ich meinen Zivildienst an die Ausbildung anschließen wollte, hatte auch schon von der Möglichkeit eines Freiwilligendienstes im Ausland gehört, diese aber eher als Randnotiz abgetan. Deshalb war es eher ein Zufall, dass ich eines Tages nach „Zivildienst im Ausland" googelte. Ich war überrascht über die Vielzahl der Angebote, von denen etliche jedoch nicht in Frage kamen, da oftmals Fremdsprachenkenntnisse oder Ausbildungsabschlüsse gefordert wurden, die ich nicht vorweisen konnte. Auch die Tatsache, dass viele Projekte Spenden forderten, schreckte mich ab.

Schließlich stieß ich auf eine Anzeige von „Nes Ammim" in Israel, bei der lediglich „Toleranz zum Leben in einer ökumenischen Gemeinschaft" gefordert wurde. Zudem wurde der Freiwilligendienst dort als Ersatz für den Deutschen Zivildienst anerkannt.

Mein Interesse war geweckt und ich recherchierte ein wenig zu der Idee und den Zielen Nes Ammims. Was ich fand, überzeugte mich: *Nes Ammim* (im Hebräischen: „Zeichen für die Völker") ist eine christliche Siedlung, die 1963 mit dem Gedanken der Völkerverständigung und der Erneuerung der jüdisch-christlichen Beziehungen nach dem Holocaust gegründet wurde. Mittlerweile wurde dieses Ziel um die Hilfe beim jüdisch-arabischen Dialog ergänzt. Seit der Gründerzeit verbrachten mehrere Tausend Freiwillige aus den Niederlanden, Deutschland, der Schweiz und anderen Ländern einige Wochen, Monate oder Jahre in dem kibbuzähnlich organisierten Dorf, um ihren Beitrag zur Verständigung der Völker zu leisten.

Die Haupteinnahmequelle von *Nes Ammim* (und vielen anderen Kibbuzim im Land) ist der Tourismus; konkreter gesagt, das 3-Sterne-Gästehaus, das gleichzeitig internationale Touristen und Friedens- und Dialoggruppen beherbergt und für die Dauer meines Aufenthalts mein Arbeitsplatz war. Abseits des Gästehauses sorgten weitere Volontäre im Dorf dafür, dass der Speisesaal sauber war und die Wäsche gewaschen wurde, arbeiteten im dorfeigenen botanischen Garten, in der Buchhaltung oder am Studienprogramm der Freiwilligen. Und falls im Dorf oder Gästehaus einmal etwas zu Bruch ging, war der Technische Service zur Stelle, der ebenfalls größtenteils aus Freiwilligen bestand. Auch die Pastorin und der Koordinator des Dialog-Programms waren als Volontäre in Nes Ammim.

Das Leben und Arbeiten an diesem besonderen Ort findet in der Gruppe statt. Wie in den traditionellen Kibbuzim wurden die Mahlzeiten gemeinsam im Speisesaal eingenommen, die Wäsche in der eigenen Wäscherei gewaschen und auch die Freizeit größtenteils zusammen verbracht. Das Leben in dieser Gruppe war für alle eine große Bereicherung, da die Bewohner von Nes Ammim, ca. 30 Freiwillige, alle aus unterschiedlichen Beweggründen, mit unterschiedlichen Erfahrungen und unterschiedlichen Sichtweisen ins Dorf kamen. So gab es zum Beispiel Volontäre, die schon mehrere Jahre in Nes Ammim lebten, rüstige Frührentner, die einige Zeit im Dorf verbrachten, Berufstätige, die eine kleine Auszeit von ihrem Beruf suchten oder junge Leute wie ich, die ein FSJ oder den Ersatz ihres Zivildienstes in Nes Ammim leisteten.

Als ein großes Privileg empfand ich auch das Studienprogramm für Volontäre, durch das wir an einem Hebräisch-Kurs teilnahmen, in Themenabenden die Hintergründe der jüdischen Feiertage erfuhren und im „Hebrew Culture Course" etwas über die israelische Armee, das Kibbuz-Leben im Wandel der Jahrzehnte und viele andere israelische Kulturgüter lernten.

Natürlich hatte ich im Laufe meines Aufenthalts auch die Gelegenheit zum Reisen. So war ich u.a. mehrere Male in Haifa, Jerusalem und Tel Aviv, nahm an einem dreitägigen, vom Studienprogramm organisierten Ausflug in die judäische Wüste mit Abstecher zum Toten Meer teil und fuhr manchmal mit anderen Volontären zum nahe gelegenen Strand in Shave Zion oder in die Nachbarstädte Akko und Naharyia."

Wüste im Wadikelt, Israel. (Foto: zerenyi, Pixelio)

Missionierung

MAZ, Missionar auf Zeit (MaZ),
maza⁵@gmx.net, info@missionarin-auf-zeit.de, AP Anja Dirkes,
T. 05258-2109 693, http://missionarin-auf-zeit.de

Katholische Missionsorden bieten das Programm „MissionarIn auf Zeit" (MaZ) an, mit dem christliche Freiwillige ab 18 Jahren für ein bis drei Jahre nach Afrika, Latein-amerika und Osteuropa und in einzelne andere Länder entsendet werden. Derzeit sind die Missionare auf Zeit beispielsweise in den folgenden Ländern eingesetzt:

Äthiopien, Argentinien, Bangladesch, Bolivien, Brasilien, Chile, DR Kongo, Deutschland, Dominikanische Republik, Ecuador, Ghana, Honduras, Indien, Indone-sien, Kamerun, Kasachstan, Kenia, Madagaskar, Malawi, Mexiko, Namibia, Papua-Neuguinea, Paraguay, Peru, Philippinen, Ruanda, Sambia, Senegal, Südafrika, Taiwan, Tansania, Uganda und Vereinigte Staaten.

MaZ-Teilnehmer verstehen sich als Vermittler zwischen Kirchen in verschiedenen Gesellschaften und Kulturen. Betreut werden die Freiwilligen von Einrichtungen der missionarischen Orden, kirchlichen Gemeinschaften, der Ortskirche oder kirchennaher Initiativen vor Ort. Diese kommen auch für Unterkunft und Verpflegung der Missio-nare auf Zeit auf. Reise- und Versicherungskosten sind vom Freiwilligen selbst zu tragen.

Bewerber sollten sich in der Gemeinde, bei der Jugendarbeit oder Ähnlichem engagieren, körperlich und geistig gesund und belastbar sein und die Bereitschaft zu einer einfachen Lebensweise aufweisen. Ferner sind Teamarbeit gefragt sowie Flexibi-lität und Anpassungsfähigkeit beim Leben in der Gemeinschaft. Wer bereit ist, sein eigenes Handeln zu reflektieren und wer Motivation, Offenheit und Glauben mit-bringt, ist hier richtig. Wer sich für ganze drei Jahre verpflichten möchte, muss minde-stens 23 Jahre alt sein.

Die Vorbereitungszeit besteht aus Seminaren Praktika und Kloster- bzw. Gemein-schaftsaufenthalten, in denen Themen wie Heutiges Missionsverständnis, Eine-Welt-Problematik, Spiritualität und Leben der Gemeinschaft, Lebensbedingungen im Ein-satzland und Interkulturelles Lernen behandelt werden. Nach Abschluss des Dienstes sind Rückkehrerseminare und Einzelauswertung dran.

Das MaZ-Programm wird derzeit von den folgenden Orden und Gemeinschaften angeboten: Arme Schulschwestern U. L. Frau, Comboni-Missionare, Don Bosco Schwestern / VIDES, Franziskaner, Franziskanerinnen von Bonlanden, Franziskane-rinnen von Reute, Franziskanerinnen von Salzkotten, Franziskanerinnen von Wald-breitbach, Herz Jesu Priester, Missions-Benediktinerinnen von Tutzing, Missionsdo-minikanerinnen von Schlehdorf, Missionsschwestern von der unbefl. Empfängnis, Missionsschwestern vom Hlst. Herzen Jesu von Hiltrup, Pallottiner, Pallottinerinnen, Schwestern der hl. Maria Magdalena Postel, Schwestern Unserer Lieben Frau, Spirita-ner, Spiritanerinnen und Mariannhiller Missionsschwestern vom Kostbaren Blut, Stey-ler Missionare, Steyler Missionsschwestern.

Näheres auch in „Internationale Freiwilligendienste" bei www.interconnections.de, > Shop.

Erfahrungsbericht – MaZ in Tansania

„Mein Name ist Maria – zumindest nennt man mich so in Deutschland. Die Massaifrauen aus Tansania haben mir den Namen „Timanoi" gegeben, was so viel heißt wie „das Mädchen, das geliebt wird". Ich komme aus einem Vorort von München und studiere seit zwei Jahren an der Uni Ulm Medizin."

Da *Maria* nach dem Abitur nicht sofort mit dem Studium be-ginnen, sondern ein Jahr im Dienst an den Menschen Erfahrungen sammeln wollte, sah sie sich nach Organisationen um, die solche Auslandseinsätze anbieten.

Mit den Massai in der Steppe. (Foto: Maria Dillmann und Florian Schneider)

„Die Suche gestaltete sich jedoch schwieriger als erwartet, da ich recht spät dran war und weder eine abgeschlossene Berufsausbildung vorzuweisen hatte, noch – als Kind einer großen Familie – viel Geld für einen Freiwilligeneinsatz zahlen konnte. Als ich schon aufgeben wollte, stieß ich auf die Missionsbenediktinerinnen von Tutzing, die mir eine Stelle als MaZlerin anboten. Ich war bereit, in jedes beliebige Land zu gehen und dort mit anzupacken, wo ich gebraucht wurde. So bat man mich, in einem kleinen Dorf in Tansania im Montessorikindergarten mitzuhelfen.

Insgesamt waren wir fünf Mädels, die sich in Tutzing auf ihren Freiwilligeneinsatz in Brasilien und Tansania vorbereiteten. Da wir an unserer Einsatzstelle sehr nah mit den Schwestern vor Ort zusammenlebten, gehörte eine Woche „Kloster auf Zeit" zum Beispiel auch mit zur Vorbereitung. Außerdem besuchten wir die Organisation Missio, nahmen am „Afrikawochenende" teil, konnten bei Treffen in Tutzing ehemalige MaZler zu ihren Erfahrungen befragen und in Kontakt mit tansanischen Schwestern kommen. Daneben versuchten wir auch, die Sprache unseres Einsatzlandes zu lernen. Für mich bedeutete dies, dass ich mir die Grundlagen von „Suaheli" anzueignen versuchte. Zwar war ich um jede Vokabel froh, die ich bereits in Deutschland gelernt hatte, doch muss ich zugeben, dass ich die Sprache erst wirklich in Tansania gelernt habe."

Im August hieß es Abschied nehmen und rein ins Ungewisse. Die ersten drei Wochen verbrachte Maria zusammen mit MaZ-Kollegen im großen Priorat von Peramiho im Süden Tansanias. „Für mich war es wunderbar, das Land gemeinsam zu erkunden und mich mit ihnen über all das Neue und Unbekannte auszutauschen. Außerdem führte uns der Englischlehrer des Mädchengymnasiums, ein heute sehr guter tansanischer Freund von mir, jeden Nachmittag durch die angrenzenden Dörfer, beantwortete all unsere Fragen, half uns beim Suaheli-Lernen, stellte uns seiner Familie und seinen Freunden vor und lehrte uns, Mimik und Gestik der Einheimischen zu verstehen und ein Gespür für die Kultur seines Stammes zu entwickeln."

Ende August verließ Maria das große, doch recht europäische Priorat und machte sich alleine zu ihrer Einsatzstelle in Uliwa auf, einem kleinen Dorf in den Bergen nahe der Stadt Njombe. „Dort wohnte ich in dem kleinen Konvent „Mary, queen of peace" zusammen mit drei tansanischen Schwestern und einer Novizin. Meine Hauptaufgabe bestand darin, Sr. Emmanuela bei ihrer Arbeit im Kindergarten zu unterstützen. Zusammen mit zwei weiteren Erzieherinnen unterrichteten wir dort circa 120 Kinder an fünf Tage in der Woche. Eine Gruppe wurde vormittags, die andere nachmittags betreut.

Um 7 Uhr morgens besuchte ich mit den Schwestern die Messe. Anschließend frühstückten wir, und dann ging jeder seiner Arbeit nach. Sr. Emmanuela und ich machten uns auf den Weg zum Kindergarten, in dem die Kleinen zwischen 8 und 9 Uhr eintrudelten. Zunächst wurde gesungen und getanzt, was mir immer besonders gut gefiel. Um 9 Uhr wuschen sich alle Kinder die Füße (sie laufen immer barfuß herum) und gingen in die Klassenräume, wo zunächst eine Stunde lang Frontalunterricht gehalten wurde. Hier lernten die Kinder das ABC, die Zahlen, ein paar englische Vokabeln, die verschiedenen Farben, oder die Bezirke Tansanias. Zusammen mit meinen Schülern lernte auch ich dort Suaheli, da die Kleinen oft nur die Stammessprache Kibena sprechen, wenn sie in den Kindergarten kommen. Nach dieser Lerneinheit wurde eine Gruppe weiterhin an der Tafel unterrichtet, während die restlichen Kinder sich selbst mit den Materialien von Maria Montessori beschäftigten. Oftmals hielt ich den Frontalunterricht selbst, was anfangs nicht einfach war, da ich noch große Schwierigkeiten mit der Sprache hatte; zum Ende hin bereitete es mir aber keine Probleme mehr, meine Gruppe in Schach zu halten. Auch einzelnen Kindern half ich, indem ich das gerade Gelernte noch einmal mit ihnen wiederholte, ihnen „Memory" beibrachte oder zeigte, wie man aus drei Bändern einen Zopf flicht, etc.

Oft erforderte das sehr viel Geduld, da meine kleinen Schüler müde oder schlichtweg überfordert waren. Wenn sie zu uns in den Kindergarten kamen, waren sie es von zuhause oft nicht gewohnt, individuell gefordert und gefördert zu werden. Es brauchte seine Zeit, bis sie ihre Scheu und Trägheit verloren und zu aufgeweckten Kindern wurden, die wissbegierig alles aufsaugten und die Frage nach dem „warum" zu stellen wagten. Um 11 Uhr bereitete ich dann den von den Kleinen heiß begehrten Uji vor, einen flüssigen Maisbrei mit viel Zucker, den die Kinder täglich im Kindergarten bekommen. Nachdem sich alle an dem pappigen

Getränk gestärkt hatten, spielten wir im Freien, bis sich meine kleinen Schüler um 12 Uhr auf den Heimweg machten. Ich kehrte mit Sr. Emmanuela zum Mittagessen in den Konvent zurück, um nach einer 15-minütigen Pause wieder in den Kindergarten zu gehen, wo sich das ganze Prozedere mit der Nachmittagsgruppe noch einmal wiederholte.

Nachdem wir den Kindergarten geputzt und aufgeräumt hatten, kehrte ich um 17 Uhr nach Hause zurück, wo ich immer etwas zu tun hatte: Ich beantwortete Briefe, wusch meine Wäsche mit der Hand, half in der Küche, im Haushalt und bei der Gartenarbeit mit oder sang und tanzte mit Begeisterung im Kirchenchor. Die Chorsänger störte es nicht, dass mein Suaheli zu Beginn alles andere als perfekt war, und so fragte man mich gleich in der zweiten Woche in Uliwa, ob ich nicht bei der bevorstehenden Hochzeit ein Solo übernehmen wollte. Man verriet mir zunächst nicht, dass ich den suahelischen Text rappen und dazu tanzen sollte, doch als ich es erfuhr, war es bereits zu spät, und meine Freunde veranstalteten für mich einen Tanzkurs. Ich staunte nicht schlecht, als ich bemerkte, dass der erwünschte Tanzstil eine Kombination aus Hip-Hop und traditionellem Stammestanz war. Mir schlug das Herz bis zum Hals, als

Essenfassen im Kindergarten – heiß begehrter Maisbrei Uji.
(Foto: Maria Dillmann und Florian Schneider)

ich vor versammelter Hochzeitsgesellschaft meinen Vers rappte und die einstudierten Bewegungen ausführte. Die Gäste bogen sich vor Lachen und waren so begeistert, dass ich mein Solo gleich mehrmals aufführen sollte."

Die Chorsänger wurden Maria zu guten Freunden, mit denen sie oft am Wochenende durch das Dorf zog. „Über sie konnte ich viele Kontakte zu den Einheimischen knüpfen. Häufig wurde ich von Dorfbewohnern zum Essen eingeladen, die sich sehr freuten, dass ich ganz nach afrikanischer Sitte den Ugali (Maisbrei) mit der „afrikanischen Gabel", also mit der rechten Hand ohne Besteck aß. Die Schwestern staunten nicht schlecht, als eines Tages ein alter Mann bei ihnen vor dem Tor stand, um einen großen Sack voll Maismehl abzugeben. Er meinte: „Das ist für das Mädchen, das Ugali liebt und ihn nach unserer Art isst."

Natürlich gab es auch schwierige Momente in Uliwa, in denen ich mich von den Einheimischen, meinen neuen Freunden und den Schwestern unverstanden fühlte. Doch als mir bewusst wurde, dass sie ein anderes Verständnis von Pünktlichkeit, Sorgfalt und Feinfühligkeit haben, wurde es bedeutend leichter für mich, und ich wusste ihr Verhalten einzuordnen. Was mich an Tansania am meisten beeindruckte, waren die Herzlichkeit und Gastfreundschaft, die mir von Anfang an entgegengebracht wurden. Ich war dort nicht die reiche Weiße, sondern die „Dada Maria" (Schwester), die in traditioneller Kleidung herumlief, den Dorfbewohnern beim Vorbereiten von großen Festen half und ihnen bei der Ernte auf den Feldern zur Hand ging.

Während der Weihnachtsferien durfte ich zwei Wochen im AIDS-Waisenhaus des Nachbarorts mitarbeiten. Dort half ich beim Füttern, Wickeln, Ins-Bett-Bringen, Waschen und Umziehen. Ich spielte mit den Kleinkindern, ging mit ihnen spazieren und sang ihnen Lieder. Die Zeit dort war wunderschön und schon nach kürzester Zeit waren mir alle sehr ans Herz gewachsen.

Im Anschluss an meine sechsmonatige Tätigkeit als MaZ konnte ich für weitere fünf Monate im Norden des Landes beim Stamm der Massai im „Endulen Hospital" als Volunteer mitarbeiten. Abgeschieden

Viel Arbeit, aber auch viel Vergnügen in Tansania. (Foto: Maria Dillmann und Florian Schneider)

von der Zivilisation und dem technischen Fortschritt half ich vor allem in der Pharmazie und bei den mobilen Kliniken im Busch mit Flugzeug und Landrover mit."

Zusammen mit Florian, einem anderen Freiwilligenhelfer des „Endulen Hospital", gründete Maria den Verein „Endulen e.V. – Trage es im Herzen mit!", der beim Amtsgericht in Regensburg als allgemeinnützig eingetragen ist und hauptsächlich das Buschkrankenhaus unterstützt. „Wir haben bereits einige Projekte zusammen mit den Menschen vor Ort durch Spenden verwirklichen können und sind seither in regelmäßigen Abständen in Tansania, um weitere Aktionen ins Leben zu rufen. So haben wir beispielsweise die Renovierung des Operationssaals und Labors übernommen, vier große Wassertanks errichtet und die lebensrettende Operation eines achtjährigen Massaimädchens finanziert. Näheres, auch Fotos bei www.endulen.de."

Abschließend sagt Maria: „Ich möchte jeden ermutigen, sich als Freiwilligenhelfer im Entwicklungsdienst auf den Weg zu machen, denn ich sehe meine Zeit in Tansania als ein großes Geschenk an und bin dem Himmel dankbar für all die Erfahrungen, die ich dort machen durfte."

Freiwillige Südafrika

Nangu Thina e.V.,
Edith Stein-Anlage 7, D-53123 Bonn, AP Markus Koppe, m.koppe@nangu-thina.de,
http://cp129.xsadmin.de/index.php?id=47
Vermitteln Freiwilligendienste und ggf. Praktika in Südafrika. Anforderungen:

* Mindestalter 20 Jahre
* englische Sprachkenntnisse in Wort und Schrift
* Erfahrungen in der verbandlichen Jugendarbeit

Von Vorteil sind Computerkenntnisse und besondere Fähigkeiten (z.B. handwerkliche Ausbildung). Bewerbungen zweimal jährlich, am 1. August und 1. Februar.

Arbeitseinsatz Guatemala

Esperanza e.V.,
Postfach 1153, D-59901 Bestwig, T. 0251 1367738, kontakt@esperanza.de, AP Max Arentzen, M.Arentzen@gmx.de, www.esperanza.de
Volljährige Freiwillige helfen im Sommer bei Schulbauprojekten in Guatemala. Teilnahmevoraussetzungen:

* spanische Grundkenntnisse (können auch in Guatemala erworben werden)
* Mindestaufenthaltsdauer vier Wochen (davon mind. drei im Projekt)
* Teilnahme zweier Vorbereitungstreffen und einem Nachtreffen
* Anfertigen eines persönlichen Erfahrungsberichts
* sensibler, wertschätzender Umgang mit der einheimischen Bevölkerung

Eine kostenlose Unterkunft vor Ort wird gestellt; Kosten von Reise und Verpflegung sind vom Freiwilligen selbst zu tragen. Der Verein bemüht sich jedoch alljährlich um Zuschüsse von InWEnt.

Christen in Mosambik

Iris Ministries,
Hospitality teams, hospitality@irismin.org, H. 00258 8260801577, AP Steve Lazar, T. +258 82 4742720, zimpeto@irismin.org (Standort Maputo/Zimpeto), pembahospitality@irismin.org (Standort Pemba), irisdondohospitality@hotmail.com (Beira/Dondo), www.irismin.com
Über die amerikanische Non-Profit-Organisation können christliche Freiwillige ab 18 für die Dauer von ein paar Wochen, ggf. auch länger, an fünf Standorten im Land in sozialen Projekten und Einrichtungen mitarbeiten. Mögliche Tätigkeiten sind Kinderbetreuung, Fahrdienste, Ausgabe von Medikamenten etc. Freie Kost und Logis. Anforderungen sind:

- ausgezeichnete englische Sprachkenntnisse
- Portugiesischkenntnisse von Vorteil
- Christliche Gesinnung

Ein Empfehlungsschreiben eines Pastors ist nötig.

Camphill

Camphill Communities Co-worker Development Office,
55 Cainscross Road, Stroud, Gloucestershire GL5 4EX, T. +44 01453 753142,
coworker@camphill.org.uk, rosiephillpot@googlemail.com, www.camphill.org.uk
Christliche Organisation. Sucht Freiwillige mit guten Englischkenntnissen zum Einsatz in Wohn- und Arbeitsgemeinschaften von behinderten und nichtbehinderten Menschen für Zeiträume ab sechs Monaten. Kost und Logis sind frei, außerdem gibt es ein wöchentliches Taschengeld von 35 Pfund. Die meisten *communities* befinden sich in Großbritannien und den USA; es sind aber auch Einsätze in Norwegen, Indien, Russland etc. möglich.

AK Weltkirche

Arbeitskreis Weltkirche, Gerechtigkeit und Frieden,
Vikariat Unter dem Wienerwald, Neuklostergasse 1, A-2700 Wiener Neustadt, vikari-
at.sued@edw.or.at, hubert.haschka@aon.at, www.viksued-weltkirche.at
Bei Solidaritätsreisen weltweit wird vier Wochen lang unter einfachen Lebensbedingungen in einer Pfarre gelebt und mitgearbeitet. Die Gruppen fassen zwischen vier und zehn Personen, die beispielsweise Hilfsdienste am Bau leisten, als Fachleute mithelfen oder sich durch Mitarbeit in der Pastoral- und Sozialarbeit nützlich machen. Die Freiwilligen kommen für alle Kosten des Einsatzes selbst auf (ca. 1.400 €).

Jugend eine Welt

Jugend Eine Welt - Don Bosco Aktion Österreich,
St. Veit-Gasse 21, A-1130 Wien. T. +43 1 879 07 07-27, H. 0043 664 824 3797, F. +43
1 879 07 07-15, info@jugendeinewelt.at, www.jugendeinewelt.at
Freiwillige zwischen 19 und 35 Jahren setzen sich ein Jahr lang in christlichen Gemeinschaften für unprivilegierte Kinder und Jugendliche ein. Einsatzmöglichkeiten sind bei der Straßenarbeit, beim Unterricht in Schulen u.a. Bewerben kann sich, wer Erfahrungen in der Arbeit mit Kinder- und Jugendgruppen hat, zum Mitleben in einer Ordensgemeinschaft bereit ist und wer eine Fremdsprache beherrscht bzw. willens ist, sich die Sprachkenntnisse im Vorfeld anzueignen. Es ist möglich, sich den Freiwilligendienst als Zivilersatzdienst anrechnen zu lassen.

Soziale Arbeit

Allen Berufsfeldern geht es schlecht, nur ein kleiner Sektor leistet tapfer Widerstand gegen die drohende Arbeitslosenschwemme. Welcher das ist? Die Arbeit im sozialen Bereich natürlich!

Wer seine berufliche Zukunft in diesem anstrengenden, menschlich aber ungeheuer lohnenden Bereich sieht oder auch einfach nur mit dem Gedanken spielt, kann erste Berufserfahrungen auch im Ausland sammeln.

Ob beim Spielen mit bolivianischen Waisenkindern oder beim Basteln in Behinderteneinrichtungen in den USA oder Mexiko – die Einsatzmöglichkeiten sind unglaublich vielfältig.

Erfahrungsbericht – Animateur in einem französischen Altenheim

Tobias arbeitete mithilfe seines Trägers, der Evangelischen Freiwilligendienste für junge Menschen, ein Jahr in einem Altenheim in Valence:

„Ich wohnte, im Gegensatz zu einigen anderen Freiwilligen, allein in einem Zweizimmerapartment mit Küchenzeile unweit vom Stadtzentrum der 65.000-Einwohner-Stadt Valence entfernt. Dieses befand sich in einem so genannten „Foyer des Jeunes", wo auch viele andere Heranwachsende in meinem Alter oder älter wohnten, die man schnell kennen lernte und die aus aller Welt stammten. Allerdings fand ich unter den Jugendlichen hier kaum wirkliche Freunde, da sie oft andere Probleme hatten als ich, seien sie finanzieller oder familiärer Natur. Wirklich anspruchsvolle lange Konversationen führte ich hier daher eher selten! Trotz allem kam ich gut mit ihnen klar und es machte Spaß, bei landestypischen Abendessen einmal im Monat madagassische, brasilianische oder tschechische Spezialitäten zu probieren. So lernte man auch ein wenig die unterschiedlichen Sitten, Attitüden und Bräuche kennen. Brasilianer beispielsweise sind wirklich die absoluten Partymacher, wenn sie in der Gruppe auftreten – und dazu brauchen sie nicht wie viele Deutsche den Alkohol.

Neben diesen Abenden gibt es auch andere Veranstaltungen. Mit dem Foyer fuhren wir ans Meer oder für ein Wochenende zum Skifahren in die Berge. Einmal nahmen wir an einem Sportevent teil, wo unser Team den Hallenfußball-Pokal gewann. Auch unter der Woche wurde es selten langweilig: Sport-Abende, die Gemeinschaftsküche oder der Aufenthaltsraum mit Kicker, Tischtennisplatte und Billardtisch sorgten für den Austausch unter den jungen Erwachsenen. In Gesprächen mit anderen Freiwilligen musste ich leider feststellen, dass diese Art der Unterkunft für Freiwillige wohl eher die Ausnahme bildet.

Meine Arbeitsstelle EHPAD (*Établissement d'Hébergement des Personnes Âgées Dépendantes*), das nebenan gelegene Altenheim mit etwa 70 Pensionären, wo ich werktags von 10-18 Uhr beschäftigt war, gefiel mir ausgesprochen gut. Das

Personal war sehr freundlich, und die „personnes âgées" mochten mich sehr. Jeden Tag fand Animation statt: Gedächtnisspiele, Zeichnen, Basteln oder Malen. Einmal wöchentlich wurde Gymnastik betrieben und einer Lektüre gelauscht, oder es kamen Leute von außerhalb, zum Beispiel Schulkinder, die Gedichte vortrugen. Sehr ergreifend wurde es, wenn die betagten Menschen mit den Kindern in ein Lied von Edith Piaf einstimmten. Sobald Musik lief, wurde ich oftmals von einer 98-jährigen Dame zum Tanzen aufgefordert, was ich nie abschlagen konnte.

Auch gemeinsames Musizieren gehört zur Seniorenanimation

Ab und zu gestaltete ich allein die Animation, zum Beispiel eine Präsentation über meine Heimat, die den Résidents einen Eindruck über Region und Bräuche vermittelte. Nach einiger Zeit wurde ich sogar bei der Gymnastik der eigentlichen Animatrice vorgezogen – es sei mit mir lustiger.

Daneben brachte ich die Post auf die Zimmer und half bei der Essensgabe, so unter anderem einer 102-Jährigen, die gerne beim Essen einschlief und einen sanft anlächelte, sobald man sie berührte. Ihr gegenüber saß eine sehr anhängliche Dame, die mir jedes Mal, wenn sie mich sah, ein „Bisous" geben wollte und mir mehrfach beteuerte, wie sehr sie mich liebte.

Insgesamt schöpfte ich aus der Arbeit mit meinen Senioren enorm viel Energie und Motivation: Auch wenn sich mein Arbeitsablauf jeden Tag einigermaßen gleich gestaltete, gab es sehr oft Momente, in denen ich schlichtweg beeindruckt war von den Geschichten, aber auch von den Problemen, kurzum dem Leben, das diese Personen geführt haben und führen."

Mit dem Personal kam Tobias gut aus.

„Nach dem Mittagessen gab es Kaffee & Tee für die Verwaltungsangestellten der Diakonie. Hier fiel es mir manchmal schwer, mich in die Diskussionen einzubringen, da die Gesprächsthemen mir oft etwas fern waren – was auch daran liegen kann, dass ein Großteil des Personals weiblich war. Einmal unterhielt ich mich mit einem Pfleger, der mir ein wenig von der Umgebung hier erzählte und im weiteren Gespräch erklärte, dass der „Vercors" wohl eine der stärksten Regionen der damaligen Résistance gegen die Nationalsozialisten war. Ich fand es ausgesprochen interessant, was er erzählte, bemerkte aber gleichzeitig, dass er die Tatsache, dass viele Franzosen sich opportunistisch gezeigt hatten und eben nicht zur Résistance gehörten, einfach unter den Tisch fallen ließ. Das habe ich auch schon von anderen Freiwilligen gehört ...

Bei der Arbeit wurde mir immer mehr bewusst, dass die Art und Weise, in einem Altenheim zu arbeiten, eine ganz andere als die in einem Krankenhaus war.

Leute kommen in ein Krankenhaus, um gesund zu werden; sie werden nicht länger als nötig bleiben. Das Personal hat daher oftmals eine sehr präzise definierte Aufgabe, mit dem Ziel, den Gesundheitszustand der Person zu verbessern. In einem Altenheim hingegen sollte man die Senioren nicht als Kranke betrachten, sondern als Individuen, die ihr eigenes Zuhause verließen, um ihren Lebensabend in einer anderen Einrichtung zu verbringen. Die personnes âgées haben noch immer eine Rolle in der Gesellschaft und möchten diese auch wahrnehmen. Das zeigte sich beispielsweise darin, dass sie sich sehr für den neuen US-amerikanischen Präsidenten interessierten; so hatten wir am Tag der Ansprache Barack Obamas einige Mühe, die Leute vom Fernseher weg und in den Speisesaal zu bekommen. Im Prinzip arbeiteten wir bei ihnen daheim, also musste man sie auch dementsprechend respektieren, indem man zum Beispiel immer an die Tür klopfte, bevor man in ein Zimmer eintrat, indem man mit ihnen sprach und Personen im Rollstuhl fragte, ob man sie nicht woanders hinbringen könne, wo sie die Eingangstüren und damit die Leute, die ein- und ausgingen, vielleicht besser im Auge hatten. Denn genau das machten alte Leute früher – sie nahmen sich einen Stuhl und setzten sich damit vor die Haustür, um zu beobachten, was sich auf der Straße abspielte."

Mit dem Französischen hatte Tobias zu Anfang noch Probleme.

„Aufgrund meiner Vorkenntnisse aus dem Französisch-Leistungskurs und einem zweiwöchigen Auslandspraktikum in der Nähe von Paris war hatte ich erwartet, dass die Sprache für mich keinerlei Probleme darstellen würde. Einen Sprachkurs sah ich nicht als notwendig an. Ich verstand auch das meiste; allerdings stellte sich das Sprechen als schwieriger heraus, als ich gedacht hatte: Gerade das flüssige Sprechen bereitete mir Sorgen, zumal mir meine Fehler oftmals selbst beim Sprechen auffielen und ich ja eigentlich über das nötige Vokabular verfügte. Im Nachhinein denke ich, dass ein Sprachkurs mir vielleicht doch geholfen hätte; einfach schon, weil es eine bestimmte Zeit in der Woche gewesen wäre, die ich allein der Sprache gewidmet hätte. Außerdem kann man auch über den Sprachkurs neue Leute in seinem Alter kennen lernen."

In seiner Freizeit unternahm Tobias viel mit anderen Freiwilligen.

„Ein guter Freund war fast jede Woche in Valence, auch weil er sich in seiner Unterkunft nicht so gut mit den dortigen Volontären verstand. Was das Kontaktknüpfen mit Franzosen angeht, so hängt das sicherlich von jedem selbst ab. Ich persönlich bin recht schüchtern, doch auch ich lernte außerhalb meines Foyers einige Franzosen kennen, mit denen ich abends mal ein Bierchen trank, einen Kinofilm schaute oder etwas essen ging.

Daneben traf ich mich mit Freiwilligen mal zum Crêpes-Abend, zum Tabu-Spielen (natürlich auf Französisch) oder natürlich um abends gemeinsam zu feiern, was sich aber besser in Lyon verwirklichen ließ, da das Angebot an Discotheken hier in Valence eher beschränkt war. Insgesamt war ich erstaunt über das Solidaritäts- und Zusammengehörigkeitsgefühl, das sich an den verschiedenen Seminaren erst in Deutschland, dann aber auch in Strasbourg und Cannes unter den Freiwilligen aus den verschiedenen Ländern bildete.

Alles in allem verging die Zeit doch recht schnell; es gab sehr schöne Momente, aber auch einige Hürden, die es zu bewältigen galt. Insgesamt bereue ich meine Entscheidung für dieses Jahr in Frankreich keinesfalls. Ich denke sogar über ein so genanntes Doppeldiplom-Studium nach, bei dem man einen Teil seines Studiums in Deutschland, den anderen Teil in Frankreich absolviert und am Ende stolzer Besitzer zweier Diplome ist. Vive la France!"

Archäologie

Kleine Kinder wühlen für ihr Leben gern im Matsch. Was manche Erwachsenen die Hände über dem Kopf zusammenschlagen lässt, ist bei den nachfolgenden Freiwilligendiensten nicht nur geduldet, sondern sogar gefragt: nach Herzenslust in der Erde herumwühlen und nach Schätzen buddeln. Einmal Indiana Jones spielen und selbst auf den Spuren altertümlicher Völker und Kulturen Erde durchsieben. Nicht nur Archäologie- und Geografiestudenten sind bei den archäologischen Ausgrabungen angesprochen, die an zahlreichen spannenden Ecken und Enden der Welt stattfinden.

Wen die Wunder Trojas seit jeher faszinierten, wer der Geschichte und Kultur längst vergangener Zeiten nachspüren und gemeinsam mit anderen Jugendlichen aus aller Welt hautnah dabei sein will, wenn archäologische Fundstücke geborgen und analysiert werden, für den ist die Archäologie wie geschaffen. Auch wenn die Arbeit körperlich anstrengend ist (so muss man beispielsweise viel graben, Erde und Steine schleppen und Scherben reinigen) hat der Reiz, Spuren aus der Vergangenheit auszubuddeln, schon viele Freiwillige zu archäologischen Arbeitsstätten getrieben. Hier werden sie auch gerne gesehen: die meisten leisten, vorangetrieben durch Elan und Wissbegier, einen wertvollen Beitrag zur archäologischen Feldarbeit. Oft werden von den Expeditionsmitgliedern auch Vorlesungen über Geschichte und Archäologie der Ausgrabungsstätten gehalten, oder es werden Diskussionsrunden angeregt.

Vorkenntnisse sind in der Regel gerne gesehen, aber nicht zwingend erforderlich. Wer ein der Archäologie verwandtes Fach studiert (etwa Anthropologie, Architektur oder Geografie), sollte dies in seiner Bewerbung unbedingt erwähnen.

Wer sich für Ausgrabungen in Israel interessiert, sieht sich auf der Website der Israel Antiquities Authority um (www.antiquities.org.il), wird Mitglied der *IAA Mosaic Society – Guardians of Antiquities* und wendet sich an Ansprechpartnerin Mrs. Meyrav Shay, T. +972 26204672, 00972 524284408, meyrav@israntique.org.il. Auf der Homepage des israelischen Außenministeriums, www.mfa.gov.il, sind Details zu finden. Die Homepage des archäologischen Instituts in Amerika, www.archaeological.org, ermöglicht die weltweite Suche nach aktuellen Ausgrabungsstätten, die auch Freiwillige ohne Vorkenntnisse benötigen. Informationen zu Ausgrabungen in Großbritannien finden sich auf der Homepage des Council für British Archaelogy (CBA), www.britarch.ac.uk/briefing/field.asp. Von Interesse ist auch die Website des Deutschen Archäologischen Instituts, www.dainst.org mit einer Fülle von Informationen und Listen nützlicher Adressen und Ausgrabungen im Ausland.

Erfahrungsbericht – Studium und Grabung in der Türkei

Archäologiestudentin *Julia* entschied sich für ein Studiensemester mit anschließendem Praktikum in der Türkei:
„Ein Land, in dem längst vergangene, äußerst verschiedene Kulturen durch imposante Ruinen weiterleben ... – Viele meiner Freunde und Verwandten reagierten zunächst skeptisch auf mein Vorhaben, in einem islamischen Land zu studieren, aber ich ließ mich nicht davon abbringen."
Die erste Zeit beschreibt Julia als „riesigen Kulturschock.". Aber: „Die Offenheit und Gastfreundlichkeit der Türken zeigten mir schnell, dass ich in dieser bunten Welt voller fremder Eindrücke keineswegs verloren war. Nach ungefähr einem Monat hatte ich mich vollkommen eingelebt, ein wenig Türkisch gelernt und mein Studium an der Akdeniz Universität Antalya begonnen. Da ich nicht das Glück hatte, einer der großen Fakultäten anzugehören, wie meine Erasmus-Kommilitonen aus dem Tourismus- oder Politikbereich, waren meine Kurse nicht auf Englisch, sondern auf Türkisch. Zu Anfang fiel es mir recht schwer, überhaupt etwas zu verstehen, aber mit der Zeit entwickelte sich durch häufiges Training mit hilfsbereiten Kommilitonen oder auf dem Pazar ein gutes Sprachgefühl, so dass ich am Ende des Semesters sogar die Prüfungen auf Türkisch verstehen konnte. Schreiben musste ich größtenteils doch auf Deutsch oder Englisch – sieben Monate reichen eben leider nicht aus, um eine Sprache vollkommen zu beherrschen."

Einen Monat nach Semesterende begann Julia dann ein vierwöchiges Grabungspraktikum, das unter der Leitung der Akdeniz Universität stand.

„Nach sechs Monaten Aufenthalt in der Türkei und vielen Reiseerfahrungen während des freien Monats zwischen Semester und Praktikum war ich gut darauf vorbereitet, nun ausschließlich Türkisch zu sprechen.

Drei Wochen des insgesamt vierwöchigen Praktikums arbeitete ich in Tlos, einer antiken Stadt in Lykien im südwestlich gelegenen Xanthos-Tal. In der letzten Woche arbeitete ich in Patara, das nur circa 40 Km von Tlos entfernt an einem kilometerlangen Sandstrand liegt."

In Tlos wurde Julia gleich mit der typisch türkischen Gastfreundlichkeit begrüßt. „Alle nahmen mich herzlich auf, und ich fand mich am Abend in gemütlicher Runde auf dem kleinen Vorplatz einer ehemaligen Grundschule wieder, die uns als Unterkunft diente. Wir tranken gemeinsam Çay, den typischen türkischen Schwarztee, und besprachen meinen Tagesablauf, dem ich die nächsten vier Wochen lang folgen würde. Bevor ich zu Bett, ging saß ich noch einige Zeit da und betrachtete das Gebirge um mich herum. Hier war wirklich nichts außer einigen ansiedelnden Bauern, der Natur und jeder Menge wunderschöner Ruinen. Der nächste Laden war 6 km entfernt, die nächste Stadt mit dem Auto in einer Stunde zu erreichen – ein seltsames Gefühl!"

Julias Arbeitstag begann um fünf Uhr früh mit einem türkischen Frühstück –

Brot, Oliven, Käse, Tomaten, Gurken, Ei und natürlich Çay. „Grundsätzlich kann ich sagen, dass es mir während meines Praktikums wie auch während meines gesamten Aufenthalts in der Türkei nie am leiblichen Wohl mangelte. Gäste gut zu versorgen gehört einfach zur Kultur dieses Landes.

Nach dem Frühstück begannen wir gegen sechs Uhr mit der Arbeit. Meine Arbeitskollegen waren Studierende und Architekten aus allen Teilen der Türkei und einige europäische Archäologen. Gegraben wurde mit der Unterstützung einiger Arbeiter aus den umliegenden Dörfern, die den anstrengendsten Part der körperlichen Arbeiten übernahmen. Ich war zu Anfang hauptsächlich dafür zuständig, die abtransportierte Erde nach Kleinfunden zu durchsuchen – und davon gab es reichlich: Keramikscherben, Glas und Metall waren in großer Fülle vorhanden. Sobald wir auf etwas Großes stießen, wie z.B. Architekturteile, Mauerreste oder Skulpturen, gruben wir Archäologen mit Werkzeugen wie Pinsel, Kehrblech und Spitzhacken alles fein säuberlich und in stundenlanger intensiver Kleinstarbeit aus – das Wichtigste war ja, die Befunde so unbeschädigt wie möglich aus der Erde zu bergen. So grub ich schon nach einigen Tagen in der ersten Woche monumentale, reich verzierte Architekturteile eines römischen Theaters, antike Wasserleitungen sowie einen lykischen Sarkophag aus.

Gegen halb elf gab es jeden Tag eine große Pause, aber auch ansonsten konnte man, so oft man wollte, kurze Auszeiten im Schatten nehmen und ein kühles Glas Wasser trinken. Das war auch nötig, denn nach acht Uhr stiegen die Temperaturen mit jeder Stunde weiter an, bis sie mittags die 40° C überschritten. Gegraben wurde nur bis zum frühen Nachmittag; danach stand das Waschen, Zeichnen und Katalogisieren der Funde an. So waren wir meist bis in die Abendstunden beschäftigt. Am Wochenende gab es natürlich auch verschiedene Aktivitäten, die wir als Gruppe unternahmen, z.B. Exkursionen zu anderen nahe gelegenen Ausgrabungsstätten und Austausch mit verschiedenen Grabungsteams, Strandausflüge, Städtebesichtigungen und allabendliches Beisammensein mit viel Musik und Tanz.

Als ich nach drei Wochen nach Patara, einen kleinen idyllischen Ort an der Westküste der Türkei, kam, fand ich mich auf einer viel größeren Ausgrabungsstätte wieder. Auch hier war die Atmosphäre einmalig. Da der Strand nur zehn Minuten zu Fuß entfernt war, verbrachten wir nach der Arbeit die meiste Zeit dort."

Einen typischen Tag beschreibt Julia so: „Die Sonne scheint bei 45°C im Schatten, und in der Ferne hinter den Bergen kann ich das Meer sehen. An Entspannung ist aber gar nicht zu denken. Mit meinem Werkzeug hacke ich Zentimeter um Zentimeter der trockenen Erde auf. Gerade sehe ich etwas Kleines und Rundes im Sand aufblitzen – eine römische Münze, ein großartiger Fund! Seit sechs Uhr in der Frühe arbeite ich schon, ausgestattet mit guten Handschuhen, einer Spitzhacke und einem Hut zum Schutz gegen die unerbittlich brennende Sonne."

Dank dieser machte Julia am vorletzten Tag ihres Praktikums dann noch eine ganz eigene Erfahrung durch, die das Archäologenleben in heißen Ländern eben so mit sich bringen kann: „Ein Skorpion stach mich in den rechten Oberarm. Aber die Grabungsleiter reagierten schnell, und nur zehn Minuten später fand ich mich in einer Arztpraxis wieder und bekam sofort ein Gegengift. Der Arzt fragte mich, ob ich gegen Skorpione allergisch sei – da dies aber nicht unbedingt in das Allergie-Testrepertoire eines deutschen Arztes gehört, konnte ich darauf keine Antwort geben. Wie sich herausstellte, war ich nicht allergisch, und nur zwei Stunden später war mein Arm wieder vollkommen hergestellt, so dass ich den letzten Tag meines Praktikums noch vollends erleben konnte ...

Die Zeit in Tlos und Patara verging sehr schnell, und der Abschied von den vielen neu gewonnenen Freunden fiel nicht leicht. Auch heute pflegen beide Seiten den Kontakt, und ich habe fest vor, im nächsten Jahr wieder dort zu graben."

Zwar bekam Julia das Praktikum nicht bezahlt, machte dafür aber zahlreiche außergewöhnliche und abenteuerliche Erfahrungen, die sie nicht missen möchte.

„Mein Fazit: Ein Semester im Ausland zu verbringen und dort ein Praktikum zu leisten ist eine unbezahlbare und außergewöhnliche Erfahrung, die man unbedingt wahrnehmen sollte. Man bekommt ein anderes Weltgefühl und sammelt Eindrücke, die man im Heimatland einfach niemals auf diese Art und Weise erleben könnte. Man lernt, entwickelt sich beruflich und vor allem auch persönlich weiter. Einfach ein Abenteuer. Ich würde es jederzeit wieder machen!"

Restaurierung

IJGD, Internationale Jugendgemeinschaftdienste, Kasernenstr. 48, D-53111 Bonn, T. 0228 228000, F. 0228 2280029, ijgd.bonn@bonn.ijgd.de, www.ijgd.de
Eine ähnliche Arbeit verrichten die Restauratoren – abschleifen, pinseln, verputzen ... wer handwerklich begabt ist und schon immer im heimischen Keller oder Garten herumschraubte und -werkelte, hat die Möglichkeit, als Freiwilliger in den Arbeitsalltag der Denkmalpfleger und Restauratoren hineinzuschnuppern. An nationalen wie internationalen Arbeitsstellen lassen sich erste Erfahrungen sammeln, die Höhen und Tiefen des Arbeitsalltags aus erster Hand miterleben und generell das Handwerkszeug antrainieren.
Ähnlich dem FÖJ und FSJ gibt es mittlerweile auch ein FJD, ein Freiwilliges Jahr in der Denkmalpflege oder der Gartendenkmalpflege. Der Bereich ist weit gefasst: man kann beispielsweise bei Steinmetzen oder Stuckateuren arbeiten, in Museen und in Architekturbüros, aber auch in Tischlereien oder bei Glasgestaltern. Die Tätigkeit reicht von Dokumentationen und Konservierungen bis hin zu Ausgrabungen und Restaurierungen. So steht neben dem Einblick in den theoretischen Bereich immer auch die Praxis im Vordergrund. An insgesamt 35 Seminartagen haben FJDler die Möglichkeit, sich praktisches Wissen in alten Handwerkstechniken wie Schmieden, Stuckarbeiten oder Lehmbau und beim Bauen mit Naturmaterialien oder Fachvorträge in Baustilkunde und ergänzende Exkursionen zu besuchen. Auslandsplätze sind vor allem bei der Gartendenkmalpflege in Polen (Niederschlesien) zu haben.
Zwar ist das FJD nicht mit einer Ausbildung gleichzusetzen, wird aber oft als Praktikum anerkannt. Es wird durch das Bundesministerium für Familie, Senioren, Frauen

und Jugend und den Europäischen Sozialfond (ESF) gefördert.

Voraussetzungen FJD:

- 16-26 Jahre
- Bereitschaft, 12 Monate in der Denkmalpflege tätig zu sein
- Vollzeitschulpflicht muss erfüllt sein
- Leistungen FJD:
- Entlohnung zwischen 125 und 200 €
- Verpflegung oder finanzieller Ausgleich
- Unterkunftszuschuss (nicht in allen Fällen)
- Übernahme der Sozialversicherung (Kranken-, Unfall-, Renten-, Pflege- und Arbeitslosenversicherung)
- 26 Urlaubstage
- Bildungsseminare

Erfahrungsbericht – FJD im polnischen Allenstein (Olsztyn)

Eigentlich wollte Anja etwas Soziales machen, und ursprünglich hatte sie dabei auch nur Deutschland im Kopf. Nach verschiedenen Bewerbungen kam sie jedoch an eine international vermittelnde Organisation und landete prompt in der Denkmalpflege.

„Nachdem es aber hieß, dass ich nach Polen gehen sollte, wuchsen meine Zweifel. Polen – wo ist das eigentlich und was soll ich da? Denkmalpflege, mein Gott, wie langweilig, und auch noch in einem Staatsarchiv? Andere Freiwillige hatten Stellen mit Kindern oder Pflegebedürftigen.

Schnell fand sich jedoch eine ganze Gruppe zusammen, die allesamt in den polnischen Gebieten Ermland und Masuren in der Denkmalpflege aktiv wurden. Vorher schnell zwei Kapitel eines Polnischlehrbuches gelernt und einen zweiwöchigen Sprachkurs der Organisation besucht – der jedoch eher abschreckte als half –, und auf ging's in das Land des Unbekannten. Noch nie vorher da gewesen und mit den üblichen Vorurteilen unterwegs (*die klauen da alles, was nicht niet- und nagelfest ist!*), stellte ich sofort fest, dass auf Polen vor allem eins zutrifft: Sie sind unglaublich herzliche Menschen.

Mein Polnisch war am Anfang wirklich schlecht, aber mit der erfolgreichen Überwindung eines „Dzien dobry" (*Guten Tag*) fand ich offene Türen vor. Man wird fast als Muttersprachler bezeichnet, wenn man nur einige gebrochene Worte sprechen kann. Wenige Menschen lernen Polnisch, was als schwierigste europäische Sprache gilt. Trotzdem versuchte ich selten, auf das Englische zurückzugreifen – schließlich war ich ja nicht gekommen, um Englisch zu lernen!

Die Arbeit im Staatsarchiv erwies sich als recht spannend: Am Anfang konservierte ich Bücher und erhielt dabei nicht nur einen kompletten Grundkurs zur

Säure-Basenlehre in Büchern, sondern vor allem auch die Aufgabe, ein GANZES Buch alleine zu konservieren, das stolze 600 Seiten hatte. Nach einem Vierteljahr täglichen Seiten Trocknens, Pressens und Zusammennähens hielt ich stolz mein Werk in den Händen und wollte es gar nicht mehr hergeben.

Als nächstes stand „normale" Archivarbeit auf dem Plan: Bestände erfassen, d. h. im riesigen Archivmagazin 253 Akten heraussuchen, die zu einer Gruppe gehörten, und sie danach neu katalogisieren.

Von der Organisation vor Ort bekamen wir die Möglichkeit, ein Projekt zu realisieren. Ausgehend von der neu katalogisierten Gruppe hatte ich die Idee, eine Ausstellung mit dem Thema „Juden in Ostpreußen" zu organisieren. In den folgenden Tagen, Wochen und Monaten bereute ich die Idee, denn es steckte unglaublich viel Arbeit dahinter! Geeignete Akten heraussuchen, Fotos machen, Fotos entwickeln lassen, Konzept hinter der Präsentation, Aufsteller bauen, Rahmen kaufen ... ich war teilweise völlig überfordert! Umso stolzer konnte ich nach drei Monaten die fertige Ausstellung präsentieren. Es waren ganze 14 Bilder geworden.

Ansonsten beschäftigte ich mich mit anfallenden Aufgaben wie: Dolmetschen, Flyer für das Archiv basteln, Homepage übersetzen u. Ä.

Neben der Arbeit wollte ich unbedingt in andere Bereiche hineinschnuppern. So hatten wir am Anfang des Jahres unter professioneller Aufsicht ein Grab aus dem Zweiten Weltkrieg restauriert. Später nahm ich das Angebot wahr, bei der Konservierung der dazugehörigen Friedhofskirche zu helfen. Außerdem suchte ich mir zusätzliche Arbeit bei der Caritas – in einem Mutter-Kind-Heim, wo ich auf die Kinder aufpasste. Dort lernte ich ganz neue Vokabeln und konnte – vor allem in der Weihnachtszeit – mit den Kindern Lieder singen. Des Weiteren säuberte ich mit einer Schulklasse und einer anderen Freiwilligen den jüdischen Friedhof in Olsztyn und half der Organisation vor Ort bei Projekten.

Natürlich war nicht immer alles Friede, Freude, Eierkuchen! Gerade am Anfang gab es in unserer Wohnung gewaltige Probleme. Ich wohnte mit einer Polin und zwei Russinnen zusammen, und anfangs klappte fast gar keine Kommunikation, weil ich kein Polnisch, die anderen kein Englisch sprachen. So mussten wir alle zusammen Polnisch lernen, was teilweise witzig war und manchmal in gegenseitigem Abfragen endete. Mit Händen und

Lebendes Denkmal in der Seminargruppe

Füßen wurde gesprochen, und wenn das nicht reichte, half nur noch aufmalen. Es war schön, mit diesen Menschen ein Jahr lang den Weg zu gehen und sich am Ende in der nunmehr gut beherrschbaren polnischen Sprache zu unterhalten.

Ich würde so ein Jahr immer wieder machen und dachte auch noch Monate danach häufig und gerne an die tolle Zeit dort zurück. Die Unabhängigkeit, mir jedes Wochenende ein Ziel in der näheren Umgebung zu suchen und einfach hinzufahren – mit der polnischen Bahn ist das alles sehr erschwinglich –, vermittelte mir ein Gefühl von Freiheit; zudem konnte ich das Land so sehr gut kennen lernen. Mittlerweile kenne ich Polen besser als Deutschland.

Das Schönste ist aber nach wie vor das immer Wiederkehren. Ich weiß, dass in Polen immer Menschen auf mich warten, die mich kennen, mit denen ich reden kann und die sich gemeinsam mit mir an die gemeinsame Zeit erinnern. Auch wenn es mittlerweile andere Freiwillige dort gibt, wird mir immer das Gefühl vermittelt, dass ich nicht nur eine Nummer im Ablauf von Freiwilligen war – sondern dass ich „Arja die Große" bin, was irgendwann in Polen zu meinem Spitznamen wurde."

ICCROM,
Via di San Michele 13, I-00153 Rome, T. +39 06 585 531, F. +39 06 585 53349,
iccrom@iccrom.org, AP M. Anna Stewart, internships@iccrom.org,
fellows@iccrom.org, www.iccrom.org
„Internationales Studienzentrum für die Erhaltung und Restaurierung von Kulturgut", erforscht Schutz- und Restaurierungsmaßnahmen an Kulturgütern weltweit. Informations- und Vermittlungsstelle. Bietet zwei- bis sechsmonatige unbezahlte Praktika, Fortbildungskurse und ein- bis fünfmonatige Forschungsstipendien. Bewerber für letztere benötigen sehr gute Kenntnisse einer der Amtssprachen, Englisch oder Französisch und mindestens einen Masterabschluss in Archäologie, Architektur, Kunstgeschichte, Restauration, Ingenieurwesen, Bibliothekswissenschaft, Museumskunde, öffentliche Verwaltung und städtebauliche Planung.

Weltwärts

weltwärts-Sekretariat,
Postfach 12 06 19, D-53048 Bonn, T. 0228 2434444, F. 0228 2434443,
sekretariat@weltwaerts.de, www.weltwaerts.de
Wohin zieht es dich? Weltwärts? Dann ist die Initiative des Bundesministeriums für wirtschaftliche Zusammenarbeit und Entwicklung womöglich genau das Richtige für dich. Wer sich für Entwicklungsarbeit interessiert, wird häufig davon abgeschreckt, dass Fachkräfte gesucht werden. Mit weltwärts erhalten Freiwillige zwischen 18 und 28 Jahren die Möglichkeit, erste Erfahrungen in der Entwicklungshilfe zu sammeln.

Dem Projekt steht ein Jahresetat von 70 Millionen Euro zur Verfügung, der zur Förderung der Freiwilligen genutzt wird. Dies kann eine monatliche Unterstützung von bis zu 580 € bedeuten, aber auch die kostenfreie Unterbringung und Verpflegung sowie die Pflicht-Seminare.

Bewerben muss man sich direkt bei den Entsendern (Liste auf der Homepage), die sich im Anschluss an weltwärts wenden. Der Aufenthalt im Entwicklungsland kann zwischen sechs und 24 Monaten dauern und in den verschiedensten Bereichen stattfinden, so etwa Bildung, Landwirtschaft, Umweltschutz, Menschenrechte, Demokratieförderung, Jugendbeschäftigung, Ernährungssicherung, u. v. m. *Caroline* beispielsweise arbeitete an einer Schule in Thailand, wie im Kapitel „Fremdsprachenassistenten" nachzulesen ist.

Andere weltwärts-Freiwillige arbeiten dagegen in Afrika mit Flüchtlingen, bekommen die noch immer währenden Auswirkungen der Apartheid zu spüren und erleben aber auch, wie erfüllend es sein kann, direkt vor Ort mit anzupacken.
– Erfahrungen, die schnell erwachsen werden lassen. Gereift kehrt man nach Hause zurück, im Gepäck unschätzbare Fertigkeiten aus dem Bereich der interkulturellen Völkerverständigung.

Erfahrungsbericht – UNESCO-Erbe bewahren in Vietnam

Das Fernweh packte *Manuel* schon während der Schulzeit, und er begann nach Möglichkeiten zu suchen, wie er nach dem Schulabschluss für längere Zeit ein Stück von der großen weiten Welt sehen könnte.

„Während ich noch darüber nachdachte, wie ich „Work and Travel" mit meiner Zivildienstzeit zusammenbringen oder ein FSJ als Zivildienstersatz finanzieren könnte, kam meine Mutter eines Tages mit einem Zeitungsartikel in unsere Küche. Darin hieß es, dass die Bundesregierung ein neues Entsendeprogramm namens „weltwärts" für junge Erwachsene von 18 bis 28 Jahren ins Leben gerufen hatte, um diesen bereits kurz nach dem Erwerb des Abiturs oder nach abgeschlossener Ausbildung Auslandserfahrungen zu ermöglichen. Ich durchforstete gleich das Internet und hatte schnell die offizielle Internetseite gefunden, wo ich mir die Liste der Organisationen besah, die *weltwärts*-Plätze anboten. Meine erste von sieben Bewerbungen ging bereits im November an den Deutschen Entwicklungsdienst (DED). Im Mai bekam ich die Einladung zum Auswahlseminar. Voller Spannung und Freude machte ich mich auf den Weg von Aachen nach Halle an der Saale. Als es am Ende hieß: „Du bist dabei!", war ich überglücklich und füllte schon am nächsten Tag meine Bewerbung auf die konkreten Projektplätze aus. Für mich stand fest: es geht nach Asien!

Da ich mich schon immer für Kultur und Geschichte interessiert hatte, bewarb ich mich um eine Stelle zur „Bewahrung des kulturellen Erbes in Hoi An" in Vietnam, die ich auch erhielt. Ende August veranstaltete der DED für alle ausreisenden *weltwärts*-Freiwilligen ein Vorbereitungsseminar. Es war wirklich toll, so viele junge Leute um sich zu haben, die alle in einen anderen Teil der Welt gehen würden und voller Vorfreude waren. Inhaltlich war dieses Seminar auch von großem Wert für mich, da es mir neue Blickwinkel und Ansichten über Themen wie fremde

Kulturen, soziale Kontakte, Selbstreflektion und Heimatverständnis eröffnete.

Im September schließlich landete ich mit acht anderen Freiwilligen in der Hauptstadt Hanoi, wo wir von unseren Mentoren des DED-Landesbüros eine einwöchige Einführung in die Geschichte, die Kultur und das Leben Vietnams erhielten, und im Anschluss daran einen dreiwöchigen Vietnamesisch-Crashkurs. Dieser hatte es in sich, denn die Sprache lernt man nicht so schnell wie den Umgang mit Essstäbchen! Während des Jahres wurde vom DED aus noch ein Zwischen- und ein Endseminar veranstaltet, um genügend Rückmeldungen von den Freiwilligen und deren Entwicklung zu erhalten.

Nach dem Einführungsmonat ging es endlich an meinen Projektplatz. Hoi An mit seiner Altstadt ist seit 1999 UNESCO-Weltkulturerbe und eines der Touristenziele in Vietnam, abseits der Touristenströme jedoch ein beschauliches Städtchen.

Mit Dorfkindern auf einer Inselgruppe vor Hoi An

Ich bewohnte zusammen mit drei anderen Freiwilligen eine WG am Stadtrand. Von dort aus waren es nur fünf Minuten in die Innenstadt und zu meiner Arbeitsstelle. Diese befand sich im „Hoi An Center for Monuments, Management and Preservation" in der Museumsabteilung.

Die Aufgaben des Centers bestehen darin, die Auflagen der UNESCO in Hoi An umzusetzen, Festivals zu organisieren und die Einwohner über die Auflagen zu informieren. Die Museumsabteilung ist dabei für den Betrieb von vier Museen in der Altstadt verantwortlich. Meine Rolle war anfangs etwas unklar, da das Center noch nie mit so jungen Freiwilligen zu tun hatte. Die bisherigen Freiwilligen hatten ihr Studium alle bereits abgeschlossen. So brauchte es seine Zeit, bis sich alles so gut eingespielt hatte, dass mir meine Kollegen wichtige Aufgaben zuwiesen. Dann aber war mein Arbeitstag gut ausgelastet. Meist wurde ich mit Übersetzungskorrekturen betraut, half meinen Kollegen, ihr Englisch zu verbessern, wurde beim Design von Broschüren und Plakaten hinzugezogen und half gelegentlich bei Reparaturen oder Umräumarbeiten in den Museen.

Dieses ganze Jahr war für mich ein riesiger Schritt nach vorne! Damit meine ich nicht nur die praktische Seite: dass mir dieses Jahr als „Anderer Dienst im Ausland" angerechnet wurde und somit meine Zivildienstpflicht erfüllt ist. Nein, ich habe für mich selber unglaublich viel an Erfahrungen dazugewonnen und jede Menge interessanter Leute und neuer Freunde getroffen. Außerdem hat es meinen

Entschluss hinsichtlich Studium und späterem Beruf weiter gefestigt: ich möchte in den kulturellen Bereich!

Ich kann jedem frischgebackenen Abiturienten und allen jungen Menschen mit Ausbildung nur empfehlen, sich für ein *weltwärts*-Jahr zu bewerben. Da ein Großteil der Kosten vom „weltwärts"-Programm getragen wird, ist es auch für finanziell eher schlechter Gestellte eine gute Möglichkeit, Auslandserfahrungen zu sammeln.

In diesem Jahr konnte ich feststellen, was es heißt, ohne seine Familie zu wohnen. Ich fühle mich selbstständiger und offener gegenüber anderen Menschen. Mir ist – auch auf Deutschland bezogen – klarer geworden, wie schwer es doch für Menschen sein kann, sich in einer fremden Kultur einzuleben. Und dass viele Vorurteile und Klischees nicht stimmen und Menschen aus verschiedenen Teilen der Welt sich ähnlicher sind, als eigentlich vermutet wird. Ich habe gesehen, wie Menschen, die nur einen Bruchteil der materiellen Güter besitzen, die wir gewöhnt sind, trotzdem glücklich leben. Aber vor allem ist mir klar geworden, dass man auf der ganzen Welt ein Stück Heimat finden kann.

Ich wäre gerne noch ein Jahr länger in Vietnam geblieben, aber in ein paar Wochen ruft das Studium. Zudem gehört das Wiederkehren in die alte Heimat ebenso zu diesem Auslandsjahr wie das Weggehen. Alles hier in Deutschland scheint mir vertraut, aber ich habe doch einen anderen Blick auf die Dinge bekommen. Und so werde ich in ein paar Wochen mit den Erinnerungen an Vietnam und die Menschen dort in das neue Abenteuer „Studium" starten. Aber das Fernweh wird mich sicherlich bald wieder packen."

Erfahrungsbericht – Soziale Arbeit Mexiko

Charlottes weltwärts-Dienst sah ganz anders aus. Seit der achten Klasse hatte sie zum Thema Zukunft getönt, nach dem Abi gehe es erstmal ins Ausland. Die Idee hielt sich über die darauf folgenden Jahre auch hartnäckig: „Aber auf einmal musste ich mir dann auch Gedanken um die Umsetzung machen! Dabei fiel mir schnell auf, dass die Möglichkeiten, eine Zeit im Ausland zu verbringen, gar nicht enden wollten, die Preisgrenze nach oben allerdings auch nicht." Zu Charlottes Glück war aber kurz zuvor der weltwärts-Freiwilligendienst eingerichtet worden, und sie bewarb sich bei mehreren Entsendern. Da die Wahl der Länder mit der Wahl der Projekte einherging, konnte man sich nicht auf ein einzelnes Land festlegen, und so kam es für Charlotte relativ überraschend, als sie nach Mexiko entsandt wurde.

„Ich war verpflichtet, vor der Ausreise an zwei je fünftägigen Vorbereitungsseminaren teilzunehmen, wo man schon mal seine Mitreisenden kennen lernte und auf den Aufenthalt in einer anderen Kultur vorbereitet wurde. Wir besprachen beispielsweise die Konfliktstile verschiedener Länder, das Einleben in eine Gastfamilie oder das Verhalten in Grenzsituationen."

Trotzdem gibt Charlotte zu: „So oft man etwas theoretisch analysieren mag – in der Praxis sieht es doch oft anders aus. In viele der Fettnäpfchen, über die wir im Vorhinein gesprochen hatten, trat ich trotz allem. In Mexiko wird zum Beispiel sehr viel eher gesiezt als bei uns in Deutschland. Ich war mir dessen nicht bewusst und begrüßte immer alle meine Gastonkel und Gasttanten mit einem herzlichen Du, um dann später mitzubekommen, das dies als äußerst unhöflich galt. Man siezt dort alle seine älteren Verwandten – meine Gastmutter siezte sogar ihre eigene Mutter."

Ihre Tätigkeiten waren mit denen eines FSJlers zu vergleichen, wie Charlotte erzählt. „Ich arbeitete in einem Gemeindeentwicklungszentrum, das in erster Linie aus einem Kindergarten bestand. Es gab aber auch ein Freizeitprogramm für Kinder im Grundschulalter und für Jugendliche ab zwölf. Für die Eltern der betreuten Kinder gab es verpflichtende Veranstaltungen, zumeist Kurse über Prävention, Formen und Schutz vor Gewalt oder Sexualität und Aufklärung. Ich selbst arbeitete mit den Jugendlichen. Neben den zwei festangestellten Sozialarbeitern war ich dafür verantwortlich, sie bei ihren Aufgaben zu betreuen und zu unterstützen, und vor allem immer ein offenes Ohr für ihre Probleme und Sorgen zu haben. Wir boten Computerkurse an, veranstalteten mit den Jugendlichen kleine künstlerische Workshops und organisierten kurze Ausflüge.

So bauten sich im Laufe eines ganzen Jahres enge Beziehungen auf, was mir besonders stark bewusst wurde, als es an die Abreise ging. So richtig wollte ich nicht zurück, aber da ich nun einmal keine Wahl hatte, machte ich mir den Abschied leichter mit den Gedanken an ein schnelles Wiedersehen mit dem Land und seinen Leuten, die ich in dieser kurzen Zeit lieb gewonnen hatte.

Wirklich Heimweh oder Sehnsucht nach Deutschland hatte ich übrigens zu kaum einem Zeitpunkt. Nur in der Vorweihnachtszeit wurde mir ein wenig mulmig zumute, als ich merkte, wie sehr ich doch Schnee, Glühwein und Lebkuchen vermisste. Da es aber nicht nur mir, sondern auch meinen zwei Mitfreiwilligen so ging, entschlossen wir uns kurzerhand, den Mexikanern den wohl wichtigsten deutschen Weihnachtsbrauch nahe zu bringen, und backten in einer Nachtaktion über tausend Plätzchen für unsere Familien und Arbeitskollegen. Geschmeckt haben sie aber glaube ich uns selbst am besten …"

Beim Basteln mit den Jugendlichen

Kulturweit

Erfahrungsbericht – Flexibilität führt nach Polen

Mareike stieß in einer Zeitung auf das „kulturweit"-Freiwilligenprogramm und informierte sich dann auf der Internetseite weiter.

„Dort beeindruckten mich zunächst die Träger: *Der neue Freiwilligendienst des Auswärtigen Amts in Kooperation mit der Deutschen UNESCO-Kommission e.V.* – das klang nach einem großen Projekt! Ich beschloss ganz spontan, mich zu bewerben. Besonders spannend war für mich die Tatsache, dass ich bei der Onlinebewerbung nur Präferenzen zu Zeitraum, Einsatzort und Einsatzorganisation angeben konnte und eigentlich nicht wusste, wohin es mich zuletzt verschlagen würde – bliebe ich in Europa und arbeitete in einem Goethe-Institut, oder wartete beispielsweise eine Schule irgendwo in Asien auf mich? Es gab so viele Möglichkeiten. Natürlich musste ich auch erst einmal in die engere Auswahl kommen und dann ein Vorstellungsgespräch gut überstehen."

Schon eine Woche nach dem Gespräch beim PAD hatte Mareike eine Zusage: zwölf Monate an einer Schule in Ägypten. „Die Kontaktdaten meiner Mentorin waren bei der Zusage auch direkt dabei, so dass ich sie anrufen konnte und innerhalb weniger Tage Antwort auf viele meiner Fragen erhielt. Der Traum vom Auslandsaufenthalt wurde nun endlich greifbar!"

Einige Wochen später riet jedoch das Auswärtige Amt von einer Ausreise nach Ägypten ab, da die Sicherheit für Ausländer aufgrund eines erhöhten Anschlagsrisikos nicht mehr gewährleistet werden konnte.

„*kulturweit* setzte sich sofort mit mir in Verbindung, und innerhalb eines Tages bekam ich ein neues Angebot: ein Jahr an einer polnischen Schule."

Aufgrund dieser Erfahrung weiß Mareike: „Eine Eigenschaft ist bei einem „kulturweit"-Freiwilligen ganz wichtig – Flexibilität! Zum einen muss man sich darauf einstellen, dass die eigenen Vorstellungen ganz anders erfüllt werden als erwartet. Andererseits ist es auch möglich, dass die Zusage für einen Aufenthalt auch kurzfristig widerrufen werden kann, beispielsweise – wie in meinem Fall – aus Sicherheitsgründen oder aufgrund von Problemen mit dem Visum."

Insgesamt fühlt sich Mareike als „kulturweit"-Freiwillige sehr gut betreut. „Während des Vorbereitungsseminars hatte ich die Gelegenheit, neben den anderen Freiwilligen auch das Organisationsteam persönlich kennen zu lernen, und ich habe es als eine motivierte und durchweg freundliche Gruppe erlebt. Das Seminar war außerdem für mich selbst eine Gelegenheit, mir über das Kommende klar zu werden: *Was könnten meine Aufgaben am Einsatzort sein? Wie werde ich als Deutsche wahrgenommen? Welche Probleme könnten auftauchen und wie kann ich sie bewältigen?* Durch Workshops, Gruppen- und Projektarbeit bekamen wir außerdem zahlreiche einsatzspezifische Anregungen mit auf den Weg, beispielsweise

Kennenlernspiele, die man mit Schülern spielen kann. Abends gab es oft Filmvorstellungen oder von Freiwilligen organisierte Veranstaltungen.

Natürlich sind wir als erste Ausreisende die Pioniere – die „Versuchskaninchen" sozusagen –, die auch mit Anlaufschwierigkeiten rechnen müssen. Das ist jedoch meiner Meinung nach nichts Schlechtes, ganz im Gegenteil: Es ist eher eine Chance, den Freiwilligendienst mit den eigenen Verbesserungsideen mitzugestalten."

Von der ersten Zeit in Polen berichtet Mareike positiv:

„Nun befinde ich mich seit einigen Wochen hier und fühle mich sehr wohl. Ich habe einen wirklich netten Mentor, der mir eine Wohnung gesucht hat und auch bei sonstigen Problemen, beispielsweise den Sprachkurs, die Schule oder die Umgebung betreffend, zur Seite steht.

Wir sind zwei „kulturweit"-Freiwillige an der Schule und unsere Aufgabe ist es, die Schüler – vor allem die „Abiturienten" – beim Deutsch Lernen zu unterstützen. So haben wir feste Unterrichtsstunden, in denen wir den Schülern helfen, die Angst vorm Sprechen zu überwinden. Außerdem betreuen wir diejenigen, die in diesem Schuljahr das Deutsche Sprachdiplom erwerben wollen. Das Aufgabenfeld wird sich im Laufe der nächsten Wochen und Monate bestimmt noch erweitern, denn ich habe noch viele Ideen, wie ich den Schülern Deutschland und seine Sprache näher bringen kann.

Auch mein Polnisch reift und reift! Seit zwei Wochen besuche ich einen (sehr lustigen) Polnischkurs an der Universität. Mit Erfolg! Im Unterricht kann ich schon kleine Gemeinheiten zwischen den Schülern verstehen ...

Der Kontakt zum „kulturweit"-Büro hält auch weiter an. Bei Fragen und Problemen kann ich auf eine schnelle Antwort per E-Mail zählen."

Ü-30

Trotz der Altersbegrenzung endet der freiwillige Friedensdienst nicht mit dem 28. Lebensjahr: im Folgenden Möglichkeiten für alle über 28 Jahren. Da sich immer mehr Menschen auch in fortgeschrittenem Alter für Freiwilligendienste interessieren, haben einige Organisationen ihre Programme ausgeweitet und bieten verstärkt Einsatzmöglichkeiten für Teilnehmer an, die die Altersgrenze für Jugendfreiwilligendienste überschritten haben. Damit wird an das 2008 abgeschlossene Bundesmodellprojekt „Internationale Freiwilligendienste für unterschiedliche Lebensphasen" (IFL) angeknüpft. Freiwillige beschäftigen sich in ihren Gastländern mit ökonomischen, sozialen, kulturellen oder ökologischen Problemen und suchen mit ihren Partnerorganisationen gemeinsam nach Lösungen.

Die Länder und Einsatzmöglichkeiten sind vielfältig; die Freiwilligen wirken bei der Freizeitgestaltung für Waisenkinder in Kenia mit, bei der Entwicklung eines Konzeptes für sanften Tourismus in Indien oder beim Einsatz gegen Menschenrechtsverletzungen in Kolumbien.

Eine Liste der Anbieter sowie eine Fülle allgemeiner Informationen liefert die Website www.djia.de. Ein Stellenmarkt ist auf www.entwicklungsdienst.de zu finden.

Voluntarius und DJiA

Ev. Freiwilligendienste für junge Menschen FSJ und DJiA gGmbH,
Otto-Brenner-Str. 9, D-30159 Hannover, T. 0511 450008344,
voluntarius@ev-freiwilligendienste.de, djia@ev-freiwilligendienste.de, www.djia.de
Über das Weltwärts-Alter von 28 Jahren hinausgeschossen? Trotzdem noch den Weltwärts-Drang? Wer christlich oder der christlichen Religion gegenüber offen ist, hat mit Voluntarius die Möglichkeit, auch als Ü-30-er einen mehrmonatigen Freiwilligendienst im Ausland zu leisten.

Beginn des Einsatzes ist i.d.R. Ende August/Anfang September, die Länge beträgt mindestens sechs und höchstens zwölf Monate. Teilnehmen kann im Prinzip jeder; spezielle Qualifikation oder Vorkenntnissen sind nicht nötig. Vorteile hat aber, wer ehrenamtliches oder soziales Engagement und grundlegende Sprachkenntnisse des Ziellandes vorweisen kann. Paare können sich gemeinsam bewerben, ganze Familien nur in Ausnahmefällen.

Die Bewerbung geht über das Diakonische Jahr im Ausland. Je nach Länder- und Tätigkeitswünschen suchen die ausländischen Partnerorganisationen dann nach einer geeigneten Einsatzstelle.

Die Einsatzstellen sind i.d.R. gemeinnützige Einrichtungen, die selbst nur ein geringes Budget zur Verfügung haben, weshalb die Freiwilligen sich an einem Teil der Kosten beteiligen müssen: Fahrtkosten, Versicherungen, Unterkunft, Verpflegung, Taschengeld, Kosten für die Vermittlung, die Seminare und die laufende individuelle Begleitung sind nicht günstig. Die Organisation berät die Freiwilligen bei dem Aufbau eines Unterstützerkreises, über den sie ihren Programmbeitrag aufbringen oder ihr Projekt weitergehend finanziell unterstützen können.

Die Referentin von DJiA / Voluntarius, Christine Meyer, stellt das Programm näher vor:

Voluntarius bietet als generationsübergreifendes Programm Menschen über 30 Jahren bis ins Seniorenalter die Gelegenheit, sich für 6 bis 12 Monate in kirchlichen oder sozialen Einrichtungen im Ausland zu engagieren. Freiwillige können ihre Lebenserfahrung und ihre persönlichen und beruflichen Kompetenzen einbringen und somit diakonische Projekte in anderen Ländern Europas unterstützen und mitgestalten. Gleichzeitig gewinnen sie tiefe Einblicke in eine andere Kultur, das kirchliche Leben und die sozialen Strukturen im Gastland, die kein Urlaub bieten könnte.

Das Diakonische Jahr im Ausland (DJiA) bietet Menschen unabhängig von Vorkenntnissen und Vorbildung die Möglichkeit, für eine begrenzte Zeit in einer sozialen Einrichtung im Ausland mitzuarbeiten und so das Leben vor Ort sehr nah mitzuerleben. Dabei drücken sie mit ihrem Engagement Interesse am Anderen,

Solidarität und Verbundenheit über Grenzen hinweg aus. Im Mittelpunkt des Dienstes steht nicht die Arbeitsleistung oder eine Bezahlung, sondern das gemeinsame Leben, Arbeiten und Lernen.

Das Programm Voluntarius betont den interkulturellen sowie den intergenerativen Dialog: Menschen unterschiedlicher Herkunft und unterschiedlichen Alters begegnen sich im Freiwilligendienst und lernen einander kennen und verstehen im gemeinsamen Engagement.

Einsatzfelder:

- Freiwillige können in einem ihnen schon bekannten Bereich mitarbeiten, aber auch ein ganz neues soziales Feld kennen lernen. Einsatzfelder liegen im gesamten Bereich sozialer Arbeit, d.h. in der Arbeit
- mit alten und /oder pflegebedürftigen Menschen
- in Sozialprojekten, z.B. mit Obdachlosen oder Migrant/innen
- mit Menschen mit Behinderungen
- mit Kindern und Jugendlichen
- mit Roma
- in einer Kirchengemeinde
- in einem Tagungs- oder Gästehaus

Einsatzländer:

Das DJiA im Rahmen von Voluntarius kann derzeit in folgenden Ländern geleistet werden:

- USA
- Spanien/Italien
- Niederlande
- Großbritannien
- Rumänien
- Tschechien
- Ungarn/Ukraine
- Polen
- Frankreich

Sprachkenntnisse:

Grundsätzlich ist Sprache das wichtigste Kommunikationsmittel, gerade im sozialen Bereich – insofern erleichtern Sprachkenntnisse natürlich das Einleben im Gastland und den Zugang zu den Menschen vor Ort. In Großbritannien, den USA und Frankreich werden Grundkenntnisse in Englisch bzw. Französisch erwartet; für alle anderen Länder werden keine Sprachkenntnisse vorausgesetzt. Zu Beginn des Freiwilligendienstes gibt es hier einen einführenden Sprachkurs. Trotzdem wird allen Freiwilligen empfohlen, bis zum Einsatzbeginn Grundkenntnisse in der jeweiligen Landessprache zu erwerben.

Begleitung im Freiwilligendienst:
Begleitende Seminare sind fester Bestandteil eines Diakonischen Jahres im Ausland. Die Freiwilligen werden darin auf ihren Dienst und ihr jeweiliges Gastland vorbereitet, erhalten Unterstützung und Rat bei Fragen und Problemen und werten ihre gewonnen Erfahrungen gemeinsam aus.
Während des Dienstes haben alle Freiwilligen feste AnsprechpartnerInnen sowohl in der Einsatzstelle als auch bei der ausländischen Partnerorganisation und bei den Ev. Freiwilligendiensten.

Voraussetzungen:
An Voluntarius können alle interessierten Frauen und Männer teilnehmen, unabhängig von Herkunft, Religion, Bildungsabschluss und Beruf. Unerlässlich sind aber:

- Flexibilität – denn der Freiwilligendienst bringt immer wieder neue Herausforderungen und unerwartete Situationen mit sich, mit denen sich die Freiwilligen arrangieren müssen
- die Bereitschaft, sich auf fremde Menschen und die Lebensbedingungen im Gastland einzulassen – denn nur, wenn man sich wirklich auf das Leben vor Ort einlässt, kann man ein tieferes Verständnis für die fremde Kultur entwickeln
- Offenheit der christlichen Religion und der Auseinandersetzung mit Glaubensfragen gegenüber – denn die Einsatzstellen haben alle einen christlichen Bezug
- Lust auf ein generationsübergreifendes Programm und die Gemeinschaft mit jüngeren Freiwilligen

Und was sagen ehemalige Voluntarius-Freiwillige dazu?
„Ein wenig Mut gehört wohl auch dazu, für ein Jahr bzw. für einen Freiwilligendienst vertraute Bahnen, Beruf, Freunde, Familie zu verlassen ... und für eine bestimmte Zeit einen Schritt ins ‚Ungewisse' zu wagen! Es ist und bleibt spannend, lässt einen über Manches nachdenken, erzeugt viele (neue) Gefühle, setzt innere Prozesse in Gang, ist eine neue Erfahrung... IST ETWAS FÜRS LEBEN!!!" (Christiane, 41 Jahre, DJiA in einer Kirchengemeinde in Italien)
„Es war für uns eine abwechslungsreiche, ausgefüllte Zeit, die wir nicht missen möchten. [...] Wir finden unsere Entscheidung, einen solchen Schritt in unserem Alter noch zu tun, richtig und wunderbar." (Heide & Jürgen, 69 + 70 Jahre, DJiA in einem Sozialprojekt in den Niederlanden)

Friedensdienst der „Älteren"/IFL

Eirene,
AP Helge Werther, T. 0441 933009-3, F. 0441 933009-4, fhwerther@t-online.de,
www.eirene.org/info-seite/friedensdienst-der-älteren
Bietet auch interessierten Freiwilligen zwischen 29 und 90 Jahren die Möglichkeit,
sich im Dienst des Friedens weltweit zu engagieren. Arbeitseinsätze zwischen sechs
und 18 Monaten erfolgen beispielsweise:

- in der Versöhnungsarbeit in Nordirland und in der Republik Irland
- in der Betreuung von Obdachlosen in den USA
- im Zusammenleben mit Behinderten in Frankreich
- bei der Büroarbeit zur Unterstützung von Friedens- und Umweltgruppen in Belgien
- in einem Projekt zur beruflichen Qualifizierung von Jugendlichen in Bolivien
- in einem Kinderheim in Nicaragua

Bewerber müssen die folgenden Eigenschaften mitbringen:

- Fremdsprachenkenntnisse
- Bereitschaft zu einfacher Lebensgestaltung
- Mitleben in Dienst- und eventuell Lebensgemeinschaften
- Mithilfe bei der Finanzierung des Dienstes (monatlich € 200)

Der Antritt des Dienstes ist halbjährlich zum Januar bzw. August/September möglich.

Johann Gottfried Herder-Stiftung

DAAD,
AP Marina Rädisch, T. 0228 882-636, F. 0228 882-9636, raedisch@daad.de,
www.daad.de
Emeritierte oder pensionierte deutsche Professoren und Dozenten aller Fachrichtungen,
in Ausnahmefällen auch Führungskräfte im Ruhestand aus Wirtschaft und Verwaltung,
können über die Stiftung einen längerfristigen Lehraufenthalt an einer Gasthochschule
in Zentralasien und China wahrnehmen. Der Aufenthalt sollte mindestens ein Semester
dauern. Die Bewerbungsfrist ist i.d. Regel Mitte Oktober; ein Blick auf die Website der
Bosch Stiftung oder des DAAD verrät das genaue Datum. Anfragen und Bewerbungen
laufen über den Deutschen Akademischen Austauschdienst, Referat 322.

Ü-50

Grundtvig Freiwilligenprojekte für Ältere

Nationale Agentur beim BIBB,
Robert-Schuman-Platz 3, D-53175 Bonn, AP Constanza Correa Sarmiento, T. 0228
107 1775, correa@bibb.de, zentrale@bibb.de, www.bibb.de
Im Rahmen des Programms für lebenslanges Lernen sollen bei den europäischen Frei-willigenprojekten ehrenamtlich bzw. nicht-gewinnorientiert tätige Menschen über 50 ihr Erfahrungswissen weitergeben, gleichzeitig aber auch neue Impulse erhalten.

Natur und Umwelt

Nicht erst seit Filmen wie Al Gores *Eine unbequeme Wahrheit* ist das Bewusstsein um den menschlichen Umgang mit bzw. Missbrauch der Natur und dessen Konsequenzen für die Umwelt erwacht. Wurden Umweltschutzgruppen Ende des letzten Jahrhunderts teilweise noch als Topflappenhäkler und Körner(fr)esser belächelt, so ist es spätestens seit dem neuen Millennium modern und sogar „cool" geworden, sich für die Umwelt einzusetzen: den Müll zu trennen, Fahrgemeinschaften zu bilden und Pfandflaschen statt Getränkedosen zu kaufen. CO_2-Kompensation und ökologischer Fußabdruck sind dem modernen Weltbürger ein Begriff.
So weit, so gut. Wer mehr tun möchte, setzt sich in den zahlreichen Projekten und Kampagnen ein, die um den Erhalt der natürlichen Umwelt kämpfen.
Vielfältige Möglichkeiten des Arbeitseinsatzes gibt es im Rahmen eines Farm-stays, bei dem man auf Plantagen, Weingütern, Pferderanches oder sonstigen landwirt-schaftlichen Betrieben kräftig mithilft.
Bei Freiwilligeneinsätzen im Natur- und Tierschutz werden Naturburschen und -mädel in den unterschiedlichsten Bereichen beschäftigt – meist in Projekten, die das Herz eines Tierliebhabers höher schlagen lassen: in Mexiko Meeresschildkröten beim Brüten überwachen, Korallenriffs auf Fidschi oder Pinguine in Südafrika schützen, verwaiste Wildtiere in Namibia mit der Flasche aufziehen … – das Angebot ist vielfäl-tig und jede zupackende Hand wird auch tatsächlich gebraucht.
Man sollte allerdings genügend finanziellen Rückhalt besitzen: die Projekte verfügen über geringe finanzielle Mittel, und mehr als Kost und Logis (und in manchen Fällen nicht mal das!) steht den Freiwilligen selten zur Verfügung.

Wwoofen

Auch WWOOFing kommt immer mehr in Mode. Dieses Konzept, bei dem „Willing Workers On Organic Farms" arbeiten, funktioniert nach dem Prinzip Arbeit gegen Kost und Logis. Freiwillige arbeiten auf Bauernhöfen, Farmen, Hofgemeinschaften, Gärtnereien etc., wo sie Tiere versorgen, Obst ernten, Zäune reparieren, Käse herstel-len, Reben pflanzen und vieles mehr. Wem die Arbeit, der Ort oder die Leute nach zwei Tagen nicht zusagen, der zieht einfach weiter.

WOOFing funktioniert weltweit.
Die Mitgliedschaft, also damit auch das „Wwoofbuch" zu Australien, erhält man über
www.interconnections.de, > Shop. Wer einen Abstecher nach Neuseeland macht, liegt
richtig mit „Farmjobs in Neuseeland", auch im Shop bei interconnections und genauso
funktionierend wie Wwoof.
Übersicht bei www.interconnections.de/content/wwoof-organisationen.

Erfahrungsbericht – Wwoofing in England und Kanada

Auf die Frage, wie sie auf das Prinzip Wwoofing kam, überlegt *Julia* kurz:
„Ich glaube, es war durch eine Freundin, die das auch schon mal in Neuseeland
und Australien gemacht hatte. Da meine zwei Mitreisenden und ich gerne nach
Kanada wollten und der Flug ohnehin schon recht teuer war, dachten wir, das sei
eine kostengünstige Variante, Land und Leute kennenzulernen. Gesagt, getan! Wir
ließen uns über die Homepage das Wwoof-Heft Canada zuschicken. Wir teilten uns
das Lesen der Farmbeschreibungen auf und verglichen dann unsere jeweiligen
Favoriten. Letztlich verschickten wir E-Mails an ungefähr 10 Farmen und nahmen
diejenigen, die am nettesten antworteten, in die nähere Auswahl. Zwei Farmen
waren in der Nähe von Toronto und eine in Ottawa, Ontario. Wir machten mit den
Leuten vor Ort Termine aus, wo und wie sie uns abholen kämen. Es ist schließlich
bei so einem weiten Flug schon sinnvoll, nicht alles dem Zufall zu überlassen. Die
erste Woche verbrachten wir in einem Hostel in Toronto und dann trennten sich
unsere Wege, weil ich nach Ottawa wollte, die anderen beiden nicht. Ein kleiner
Kulturschock war das schon, als ich, frisch aus der Metropole Toronto, aufs Land
kam und meine Sachen nach dem Farmrundgang völlig im Eimer waren. Ich sage
nur: Gummistiefel und robuste Kleidung einpacken – und damit meine ich Kleidung, die danach in den Müll kann, wenn man sie nicht als Andenken behalten
will."
An die Arbeit an sich erinnert sich Julia gerne:
„Ich hatte Glück, da die Arbeit sehr abwechslungsreich war: mal die Tiere füttern,
mal Gemüse ernten oder die Pferde von der Koppel wieder in den Stall bringen,
Traktor fahren, auf dem Markt Gemüse verkaufen, etc. Gut, wir mussten auch mal
den Schweinestall ausmisten, aber das macht man doch gerne. Ich habe Geschichten von Leuten gehört, die den ganzen Tag Eier einsammeln und etikettieren mussten – das wäre dann weniger abwechslungsreich!"
    Mit den anderen Leuten, die sie auf der Farm kennen gelernt hatte, verstand
Julia sich gut. „Das war zum einen eine Japanerin aus Osaka, die uns in die Kunst
des Sushi einführte, zum anderen eine Kanadierin, die sich beim Wwoofen landwirtschaftliche Fähigkeiten aneignen wollte, um später eine eigene Farm zu gründen. Mit Jenny, der Kanadierin, habe ich heute noch Kontakt. Wwoofing ist also
bestens geeignet, um neue Bekanntschaften zu knüpfen – natürlich ebenso gut, um
Englisch oder eben die Sprache des Ziellandes zu lernen.

Wir aßen jeden Abend gut – so gut, dass ich während meiner Zeit in Kanada fünf Kilo zunahm, und das in nur sieben Wochen! Also Vorsicht mit den transatlantischen Köstlichkeiten.

Ein skurriles Erlebnis war es allerdings, mitten in der Nacht Kojoten heulen zu hören, zumal ich leider nur im Zelt schlief, was mir eigentlich nichts ausgemacht hätte – in diesem Fall wäre ein gemauertes Haus mit Tür aber doch meine erste Wahl gewesen. Also entweder den (aufgeladenen!) MP3-Player mitnehmen, oder eben doch vorher klar stellen, dass man lieber nicht im Zelt schlafen möchte.

Dies war dann auch auf der zweiten Farm der Fall. Hier hatte ich nach der Wiedervereinigung mit meinen beiden Mitstreitern endlich wieder ein Bett und eine Dusche, in der das Wasser nicht nach Schwefel roch wie auf der ersten Farm. Solche Sachen klingen vielleicht oberflächlich, aber es ist schon schön, wenn man wenigstens alle paar Tage mal duschen kann.

In England, wo ich auch schon gewwooft habe, war nämlich schon die einwöchige Dusche ein Luxus, auch wenn das Wasser kalt war. Auf dieser Farm gab es noch kein Haus, die Scheune haben wir dort auch erst mit aufgebaut, und auch die Toilette bestand nur aus einem leeren Ölfass mit Rindenmulch. Man kann also als Wwoofer durchaus auch zu Arbeiten herangezogen werden, die nichts mit ökologischem Landbau zu tun haben. Das Lustigste bis jetzt war es, einen Basketballplatz für den Sohnemann der *Herb Farm* in Kanada zu pflastern. Streichen, abwaschen, Kinder beaufsichtigen, Steine schleppen ... – alles im

Farm in Ottawa

Bereich des Möglichen! Die Tagesabläufe können durchaus variieren. So musste ich in Kanada auf der ersten Farm manchmal um sechs aufstehen, brauchte dafür aber teilweise nur 3 Stunden zu arbeiten, während ich in England in einer Kommune einen richtig durchorganisierten Plan hatte, so dass ich, mit Pausen, von morgens halb neun bis zum späteren Nachmittag beschäftigt war. Die Wwoofer wurden dabei immer demjenigen Kommunenmitglied an die Hand gegeben, das uns gerade brauchte – einmal setzten wir eine Schweinehütte um, ein andermal ernteten wir Erdbeeren und wieder einmal kochten wir gemeinsam ein Geburtstagsessen.

Der Zusammenhalt unter den Wwoofern war immer sehr gut, und viele Freundschaften sind dabei für mich entstanden. Es bleibt in der Regel, egal wie

viel man arbeiten muss, jeden Tag noch Zeit, sich bei einem Gläschen Wein zusammenzusetzen und den Tag Revue passieren zu lassen – natürlich nur, wenn der nächste Laden nicht ewig weit entfernt ist. In Kanada bekommt man sogar nur in *Liquor Stores* ein Bier, und wenn die zu sind, war's das dann.
Wwoofing lohnt sich, vor allem, wenn man seine Großstadtvorstellungen mal etwas relativieren möchte und Ängste vor gewissen kleinen Tierchen mit acht Beinen abbauen möchte. Manchmal, so mittendrin im Wwoofen, habe ich gedacht: Das machst du nie wieder! – Aber wenn ich jetzt so schreibe: ich würde es immer wieder tun ...“

Bergbauernhöfe Südtirol

Verein Freiwillige Arbeitseinsätze,
Kanonikus-Michael-Gamper-Str. 5, I-39100 Bozen, T. +39 0471 999 309, F. +39 0471
999 491, info@bergbauernhilfe.it, www.bergbauernhilfe.it/de/willkommen.html
Vermittelt mindestens einwöchige Arbeitseinsätze auf Bergbauernhöfen in Südtirol an freiwillige Helfer zwischen 18 und 88, die Engagement, Liebe zur Natur, gutes Schuhwerk (Berg- oder Trekkingschuhe), angemessene Arbeitskleidung und Sonnenschutz (Kopfbedeckung und Sonnenschutzcreme) im Gepäck haben. Unterkunft im eigenen Zimmer und Verpflegung werden gestellt, die Versicherung übernimmt VFA. Tätigkeiten sind z.B. Heuernte, Stallarbeit, Hausarbeit, etc . Die Haupteinsatzzeit ist Juni bis September.

WWF Volunteer-Programm

WWF International,
Av. du Mont-Blanc, CH-1196 Gland, T. +41 223649111, F. +41 223644892,
yvp@wwfint.org, www.panda.org/how_you_can_help/volunteer/volunteer
Junge Freiwillige zwischen 20 und 27 haben die Möglichkeit, in Einsätzen von drei bis sechs Monaten bei Feldprojekten in Madagaskar, Indien, Paraguay, im Südlichen Pazifik und in Bhutan ihr Engagement für Natur und Umwelt zu zeigen. Das nötige Kleingeld benötigt man aber auch: 2.500 € sollte man für Flug, Visa, Impfungen und Lebenshaltungskosten schon bereithalten. Bewerbung online oder per Fax.

Volontärprogramm im Bystrinskii Naturpark auf Kamtschatka (Russland)

Manfred-Hermsen-Stiftung,
T. 0421 34 66 227, jk@m-h-s.org, www.bystrinsky-park.com, http://m-h-s.org/stiftung
Kamtschatka ist eine Halbinsel im äußersten Fernen Osten Russlands und rund anderthalb mal so groß wie Deutschland. Die Manfred-Hermsen-Stiftung engagiert sich neben weiteren Organisationen wie WWF, IUCN, UNDP und Pro Sibiria e.V. besonders im Bereich Management des Bystrinskii Naturparks in Zentralkamtschatka.

So entsendet die Stiftung junge Volontäre zu längeren Praktika in den Park. Es ist auch möglich, im Rahmen des „Europäischen Freiwilligen Dienstes", d. h. mit finanzieller Unterstützung des EU-Programms „Jugend in Aktion" als Volontär in Kamtschatka tätig zu sein.

Volontär Natur und Umwelt Armenien

Foundation for the Preservation of Wildlife and Cultural Assets in the Republic of Armenia,
Aygestan 5th str, Fiskulturnikneri 48, Yerevan, Armenia, 0070, T/F. +37410 552181,
www.fpwc.org
Die *SunChild Eco-clubs* wurden armenienweit von der „Foundation for the Preservation of Wildlife and Cultural Assets in the Republic of Armenia" (FPWC) gegründet, um Kinder und Jugendliche auf unterhaltsame Weise im Bereich Umweltschutz zu unterweisen. Zahlreiche Programme rund ums Jahr wie Festivals oder Summer Schools wurden seither ins Leben gerufen.
Die FPWC sucht ständig Freiwillige, die sich bei den Festivals, in der Sommerschule oder im Eco-club engagieren möchten. So werden laufend Volontäre gesucht, die bei Events wie dem SunChild International Environmental Festival, dem Save the Nature Painting Contest, Nature Cleanup oder beim Tree Planting bei der Organisation helfen, Kinder und Gäste betreuen, übersetzen, bei der Verwaltung oder im PR-Team aushelfen oder sich künstlerisch betätigen. Wer sich in der Summer School einbringen möchte, sollte die Kinder in regionaler Landeskunde, Geographie, Religion und Traditionen, Umweltschutz, Topografie, Wirtschaft oder Politik unterweisen können. In den Eco-clubs wird den Kindern Unterricht in Umweltgesetzen, Ökologie (Botanik, Umwelttechnik etc.), Englisch und Computerkunde, Öko-Journalismus und Foto und Film erteilt.

Nationalpark Gorongosa in Mosambik

Parque Nacional da Gorongosa Moçambique,
T. +258 23-535010, contact@gorongosa.net, AP Rainer Trump,
www.gorongosa.net/en/page/restoration/restoration-project
Neben Stellen für Verwaltungsangestellte, Wissenschaftler u.a. werden auch immer wieder Freiwilligenstellen und Praktika angeboten. Volunteers helfen beispielsweise bei der Wiederansiedlung von Großtieren wie Löwen und Giraffen. Am besten über die Homepage den Newsletter bestellen.

Schildkrötenprojekt Griechenland

Archelon, the Sea Turtle Protection Society of Greece,
57 Solomou Street, GR-104 32 Athens, T. +30 210 5231342, F. +30 210 5231342,
volunteers@archelon.gr, www.archelon.gr/index_german.php
Die Organisation sucht Freiwillige ab 18 Jahren, die von Mai bis Oktober mindestens vier Wochen Zeit haben, um zum Schutz der Karettschildkröte bei Einsätzen am

Agriviva Geschäftsstelle

Postfach 1538, CH-8401 Winterthur
Tel.: 0041 52 264 00 30, Fax: 0041 52 264 00 39
info@agriviva.ch, www.agriviva.ch
Mo-Fr von 8–12 Uhr und von 13.30–17 Uhr
Ansprechpartner: Jolanda Dietiker

AGRIVIVA – JOBS ON FARMS

Altersstufe: Schweizer Jugendliche zwischen 14 und 25 Jahren; Ausländische Jugendliche zwischen 16 und 25 Jahren.

Voraussetzungen: Unterstützung und Entlastung der Bauernfamilie in ihrer alltäglichen Arbeit. Neugier und Offenheit für ein anderes Umfeld; Freude am Anpacken in der Natur. Vorkenntnisse oder Erfahrungen in Bezug auf die Landwirtschaft sind nicht erforderlich.

Dauer des Aufenthalts: 2 bis 8 Wochen.

Anmeldefristen: Ein Einsatz kann online gebucht werden. Eine Reservation muss spätestens bis zwei Wochen vor Einsatzbeginn erfolgt sein.

Kosten: Anmeldegebühren pro Agriviva-Einsatz: CHF 40 / EUR 30 Reisekosten zu Lasten des Teilnehmers. Die Krankenversicherung ist Sache des Teilnehmers; für Unfälle ist der Teilnehmer über die Bauernfamilie versichert. Bei Fragen und Problemen vor oder während bzw. nach dem Einsatz steht die Agriviva-Vermittlungsstelle zur Verfügung. Nach dem Einsatz stellt die Vermittlungsstelle dem Teilnehmendem auf Wunsch ein Einsatzdiplom aus.

Leistungen: Freie Unterkunft und Verpflegung bei der Bauernfamilie sowie ein nach Alter abgestuftes Taschengeld (zw. 12 und 20 CHF pro Arbeitstag).

Staatsangehörigkeit: Teilnehmen können Jugendliche aus den EU/EFTA Mitgliedsstaaten (Schweiz, Deutschland, Österreich, usw.).

Gebiete des Aufenthaltes: Ganze Schweiz (Deutschschweiz, französischsprachige Schweiz, italienischsprachige Schweiz).

Sonstiges: Alle offenen Einsatzplätze sind auf www.agriviva.ch unter „Jugendliche – Bauernhof suchen" ersichtlich. Anmeldung bzw. Reservation eines Platzes bei einer Bauernfamilie online oder via Agriviva-Geschäftsstelle.

Strand und bei der Öffentlichkeitsarbeit in Hotels mithelfen. Die Projekte laufen auf Kreta, Zakynthos und Peloponnes. Im Büro in Athen ist ganzjährig Mitarbeit in der Zentrale möglich.

Umweltbezogener Deutsch-Russischer Jugendaustausch

Deutsch-Russischer Jugendaustausch,
Arbeitskreis Umweltbildung der Lokalen Agenda 21, AP Dr. Gerhard Becker,
T. 0541 40386, gbecker@uos.de, Andrea Hein, T. 0541 5600331,
hein@osnabrueck.de, www.baikal-osnabrueck.net
GRAN, Baikal Information Center,
670000, Ulan-Ude, Borsoeva Str., 9., T/F. +7 30 12 21 70 73 ecoinfo@ulan-ude.ru,
AP Prof.Dr. Nina Dagbaeva, www.gran.baikal.net
In einer Bildungskooperation zwischen Akteuren der Region Osnabrück in Nordwestdeutschland und der 7000 km entfernten russischen Baikalregion (Republik Burjatien) im südöstlichen Teil Russlands findet sein einigen Jahren regelmäßiger Jugendaustausch statt, z.B. in Form von interkulturellen Öko-Sommerschulen. Gemeinsame Projekte zur interkulturellen Umweltbildung sollen u.a. einen Beitrag zur UN-Dekade Bildung für eine nachhaltige Entwicklung leisten. Das Projekt wird in Kooperation zwischen dem Verein für Ökologie und Umweltbildung Osnabrück e.V., dem AK Umweltbildung der Lokalen Agenda 21 Osnabrück sowie dem Baikal Informationszentrum GRAN durchgeführt.

Jugendaustausch mit China und Russland

BOXENSTOP Jugendzentrum,
Friesenweg 169, D-08529 Plauen, T. 03741 44 74 55, F. 03741 47 12 19,
haboxenstop@yahoo.com,
AP Detlef Köhler, Christin Zenker, Illus Müller, www.boxenstop.org
Seit 1999 besteht zwischen dem Jugendzentrum Boxenstop Plauen und dem russischen Partner „Posolstwo Isusa" eine enge Beziehung. Regelmäßig werden Jugendcamps für junge Deutsche und Russen zwischen 16 und 26 Jahren in Plauen und Nishnij Novgorod durchgeführt. Seit neuestem besteht auch eine Zusammenarbeit mit China.

KUNST & KULTUR

Kulturmanager in der arabischen Welt

RBS,
AP Stella Voutta (Projektleiterin des Bereichs Völkerverständigung Westeuropa,
Amerika, Türkei, Japan, Indien), T. 0711 46084-858, F. 0711 46084-10858,
stella.voutta@bosch-stiftung.de, www.bosch-stiftung.de
Goethe-Institut Kairo,
5, Sharia El-Bustan, P.O.B. 7 Mohamed Farid, 11518 Kairo, Ägypten, T. +20 2
25759877, F. +20 2 25771140, AP Ute Reimer-Böhner T. +20 225759877, F. +20
225772240, reimer@cairo.goethe.org, www.goethe.de/ins/eg/kai/deindex.htm

Entsendet in Kooperation mit dem Goethe-Institut Kulturmanager an dreizehn Dialogpunkte in der arabischen Welt. Einsatzorte in Assiut/Ägypten, Marrakesch/Marokko, Aden/Jemen, im Emirat Sharjah Djidda, in Saudi Arabien und Aleppo/Syrien. Die Stipendiaten sollen die Informationsangebote um Kulturveranstaltungen und begegnungsfördernde Initiativen erweitern. Dabei sollen Begegnungsstätten entstehen, in denen Ost und West mit ihren jeweiligen Standpunkten und Werten vorurteilsfrei aufeinander treffen können.

Die Aufgaben der Kulturmanager sind höchst unterschiedlich und reichen von der Organisation von Ausstellungen, Musikveranstaltungen, Workshops, Vorträgen und Theaterprojekten über Fundraising und Drittmittelakquise bis hin zu Presse- und Öffentlichkeitsarbeit. Im Grunde ist es die Aufgabe des Stipendiaten, mit innovativen Projekten ein aktuelles Deutschlandbild im Gastland zu vermitteln und die Menschen für die deutsche Kultur zu begeistern. Zusätzlich werden die Kulturmanager über

Seminare und Praktika regelmäßig fortgebildet, so beginnt der Aufenthalt beispielsweise mit einem Praktikum am Regionalinstitut Nordafrika/Nahost in Kairo bzw. dem nächstgelegenen lokalen Goethe-Institut.

Kulturmanager erhalten neben einem monatlichen Stipendium eine Umzugspauschale, eine Aufwandspauschale (u.a. für Versicherungen, Visakosten, Arbeits- und Aufenthaltserlaubnisse, Heimreisen etc.), Kindergeldzuschlag und ggf. einen Zuschuss zu Sprachkurskosten.

Aussichtsreiche Bewerber weisen einen Hochschulabschluss in Sprach-, Kultur-, Geistes- oder Wirtschaftswissenschaften mit Bezug zur Arabischen Welt auf (Bachelor mit mehrjähriger Berufserfahrung oder Master/Diplom), haben Erfahrungen in der Kultur- und Projektarbeit und sind deutsche Muttersprachler oder haben Deutschkenntnisse auf muttersprachlichem Niveau. Erwünscht sind ferner Kenntnisse des Gastlandes, seiner Kultur und Sprache, durch Auslandserfahrung oder internationale Projekterfahrung belegte interkulturelle Kompetenz und überdurchschnittliches Engagement, Selbstständigkeit, Kreativität, Flexibilität und Verantwortungsbewusstsein. Auslandserfahrung in der Arabischen Welt wird vorausgesetzt. Die Ausschreibungen erfolgen über die Homepage der RBS.

Kulturmanager in Mittel- und Osteuropa

Robert Bosch Kulturmanager in Mittel- und Osteuropa,
AP Johanna Holst, T. 0711 459-23007, F. 0711 459-23868,
johanna.holst@kulturmanager.net, http://kulturmanager.bosch-stiftung.de
Nach dem gleichen Prinzip entsendet die RBS auch Kulturmanager an Kultureinrichtungen in Mittel-, Ost- und Südosteuropa, die sich in der Regel jenseits der Hauptstädte befinden. Durch ein mehrstufiges Qualifizierungsprogramm entwickeln sich die Kulturmanager zu ausgewiesenen Nachwuchsführungskräften für den internationalen Kulturaustausch. Aktuelle Einrichtungen sind: Junges Theater Mostar in Mostar und Protok – Zentrum für visuelle Kommunikation in Banja Luka (Bosnien-Herzegowina), Internationale Elias Canetti Gesellschaft in Ruse sowie Art Today Association in Plovdiv und Qendra Multimedia in Pristina (Bulgarien), Städtische Galerien in Osijek (Kroatien), NGO Kontrapunkt/Kulturzentrum Tocka in Skopje (Mazedonien), Stiftung Borussia in Allenstein/Olsztyn (Polen), Deutsches Kulturzentrum Temeswar /Timi?oara, Deutsches Kulturzentrum Klausenburg/Cluj-Napoca, Deutsches Kulturzentrum Hermannstadt/Sibiu (Rumänien), Bukowina Zentrum in Czernowitz/Tscherniwzi (Ukraine), Lenau Haus in Fünfkirchen/Pécs (Ungarn).

Beginn des Programms ist jeweils zum 1. August; in der Regel umfasst das Stipendium zwei Jahre. Die Ausschreibung erfolgt jeweils im Januar auf www.kulturmanager.net, der offiziellen Seite des Programms, die mit ausführlichen Informationen aufwartet.

Die Bewerber sollten einen Hochschulabschluss der Sprach-, Kultur-, Geistesoder Wirtschaftswissenschaften und Erfahrungen in der Kultur- und Projektarbeit aufweisen, ferner gute Kenntnis der deutschen Kunst- und Kulturszene. Zudem sollten sie Deutschkenntnisse auf muttersprachlichem Niveau haben, und Gastland, Kultur und

Sprache kennen. Ihre interkulturelle Kompetenz sollten sie durch Auslandserfahrung oder internationale Projekterfahrung beweisen. Bewerbungsunterlagen mit Motivationsschreiben, Lebenslauf und relevanten Zeugnissen, d.h. Schul- und Hochschulabschlusszeugnis sowie weitere Zeugnisse, aus denen Projekterfahrung und die Beziehung zu Mittel-, Ost- oder Südosteuropa ersichtlich wird.
Die Stiftung übernimmt neben dem monatlichen Stipendium die Reisekosten sowie die Kranken-, Unfall-, Haftpflicht- und Reisegepäckversicherung.

Kulturmanager in der Russischen Föderation

Goethe-Institut Moskau,
Leninskij Prospekt 95a, 119313 Moskau, T. +7 495 9362457-60, F. +7 495 9362232,
info@moskau.goethe.org T. +7 49593624-57 bis 60, AP Janina Baikina,
baikina@moskau.goethe.org, Anja Harms, T. 0711 46084-143,
anja.harms@bosch-stiftung.de
Nach o.g. Vorbildern entsendet die RBS in Kooperation mit dem Goethe-Institut Moskau 2009 erstmals auch drei Kulturmanager für ein bis zwei Jahre an Kulturverwaltungen ausgewählter Regionen der Russische Föderation.
Neben o.g. Anforderungen sollten Bewerber auch Grundkenntnisse der europäischen Kulturpolitik und von EU-Förderprogrammen, einen mindestens einjährigen Auslandsaufenthalt nach Schulabschluss, einen mindestens dreimonatigen Aufenthalt in Russland und sehr gute Russischkenntnisse aufweisen.
Die Kulturmanager erarbeiten sich praktische Erfahrung in den Bereichen Konzeption und Organisation von Kulturveranstaltungen und Bildungsangeboten, Fundraising und Drittmittelakquise, Presse- und Öffentlichkeitsarbeit sowie Strategie- und Organisationsentwicklung. Außerdem erwerben sie bei drei bis vier mehrtägigen Seminaren in Deutschland oder Russland theoretische Kenntnisse im Projekt-/Kulturmanagement, erweitern ihre Kulturkompetenz und ihre persönlichen Managementfähigkeiten.

Musicalprogramm

Up with People – Europe,
Avenue de Tervueren 300, B-1150 Brüssel, T. +32 27402240, F. +32 27431550,
europe@upwithpeople.org, www.upwithpeople.org
Internationales Bildungsprogramm, mit dem junge tanz-, musik- und kulturbegeisterte Leute aus aller Welt für fünf Monate mit einem Musical-Showprogramm durch drei Kontinente touren. Dabei wird in den verschiedenartigsten Ländern und vor unterschiedlichstem Publikum aufgetreten, ob in einer kleinen Sporthalle in Wisconsin, einer riesigen Konzerthalle in London, in einem Stadion voller Kinder in Thailand oder bei großen Sportveranstaltungen wie Super Bowl. In der Vergangenheit wurde Up with People im Fernsehen gezeigt und am Roten Platz in Moskau oder bei der Chinesischen Mauer aufgeführt. Prominente Persönlichkeiten aus Adel und Politik, wie z.B. die Königin von Jordanien, Papst Johannes Paul II, der spanische König Juan Carlos und mehrere US-Präsidenten waren unter den Zuschauern – es gibt also Einiges zu erleben.

Eine Gruppe besteht aus ca. 100 Teilnehmern aus 20 Ländern . Die Unterbringung erfolgt in wechselnden Gastfamilien und erlaubt auf diese Art einen Einblick in die Kultur der bereisten Länder.

Die Show ist aber nicht das Einzige, was zählt – Cast und Crewmitglieder nehmen an Seminaren und Diskussionsrunden teil und engagieren sich in den Städten, die sie besuchen. In der Vergangenheit schleppten sie z.B. Sandsäcke bei Flutkatastrophen in den Niederlanden, besuchten norwegische Grundschulen und berichteten aus ihrer Heimat, sangen in Altenheimen in Québec oder verteilten Suppe in Armenküchen. Zudem werden wichtige Vereinigungen und politische Gruppen besucht, die in den jeweiligen Städten angesiedelt sind, z.B. UNO, EU oder NATO.

Es besteht auch immer die Möglichkeit, zusätzlich zum Showprogramm noch als Praktikant für Up with People zu arbeiten und Crewmitglieder aus einem Bereich nach Wahl zu unterstützen. Praktikanten im Bereich Education sind beispielsweise für die Planung, Koordinierung und Umsetzung von ehrenamtlichen Projekten der besuchten Gemeinden zuständig. Technik-Praktikanten helfen im Bereich der Bühnenbeleuchtung, Tontechnik, Aufbau und allem, was mit der Bühne zu tun hat. Wer sich für PR und Marketing interessiert, reist dagegen schon als Vorhut in die Städte, um bei der Planung des Aufenthalts zu assistieren, z.B. bei Unterkunft und Verpflegung, Marketing und Öffentlichkeitsarbeit.

Die – unbezahlten – Praktika sind in den folgenden Bereichen möglich: Marketing und Öffentlichkeitsarbeit, Verkauf, Einlass, Logistik, Bildung, Tontechnik, Beleuchtung, Video, Tanz, Band und Gesang, Finanzen, Betriebswirtschaft und weiteren.

Voraussetzungen:
- zwischen 17 und 29
- Abitur
- körperlich und psychisch gesund
- die Bereitschaft, an allen Teilen des Programms teilzunehmen

Leute mit Erfahrung im Bereich der darstellenden Künste mitbringt, sind besonders gerne gesehen; es ist allerdings keine Voraussetzung für die Teilnahme.

Verständigungssprache ist Englisch, weswegen gute Grundkenntnisse vorausgesetzt werden. Das Sprachniveau wird nicht durch Tests überprüft – wer sich allerdings nicht sicher fühlt, sollte im Vorfeld Nachhilfe in Anspruch nehmen bzw. die Sprachkenntnisse aufbessern. Der Bewerbungsprozess umfasst eine schriftliche Bewerbung und ein mündliches Vorstellungsgespräch. Dabei wird besonders auf die folgenden Charakterzüge und Eigenschaften geachtet:

- Kommunikationsfähigkeit: da die Teilnehmer ständig neuen Situationen und fremden Menschen ausgesetzt sind, ist ein herzliches und offenes Wesen notwendig
- Charakter und Werte: charakterliche Integrität, Ehrlichkeit, Mitgefühl und der Wille, zu geben.
- Internationale Reisebereitschaft: die Begeisterung, fremde Länder und Kulturen zu entdecken, tröstet über gelegentliche Schwierigkeiten beim Reisen bzw. in ungewohnten Situationen hinweg.

- Anpassungsfähigkeit: die Bewerber sollten jede Begegnung mit fremden Leuten, Kulturen und etwaigen widrigen Umständen mit der nötigen Reife und Flexibilität behandeln.
- die Bereitschaft zu ehrenamtlicher Tätigkeit: ein Großteil der Up with People-Erfahrung dreht sich um die tatkräftige Unterstützung der besuchten Gemeinden
- Führungswille: viele der Teilnehmer sind bereits Führungsgestalten in ihrer Heimat bzw. streben dies an.
- der Wille, etwas zu verändern: die Teilnehmer sind engagiert und motiviert, etwas zu verändern – sei es in ihrer Heimat, in den bereisten Ländern oder generell weltweit.

Camp Up with People,
Contact@CampUpwithPeople.org, T. +1 540 742 4093, AP Tim Lane,
Tim.Lane@CampUpwithPeople.org
Seit 2011 werden jeden Sommer zwei dreiwöchige Sommercamps für 14- bis 17-Jährige angeboten. Die Camps finden im Shenandoah Valley in Virginia in den USA statt und geben schon mal einen Vorgeschmack auf das Up with People-Programm für Ältere.

Erfahrungsbericht – On the road

Antje wollte nach ihrem Abitur eigentlich Medizin studieren, aber dann kam alles ganz anders ...
„Meine Cousine war ein paar Jahre zuvor mit *Up with People* gereist, und nachdem mir meine Tante davon erzählt hatte, war mir klar: das ist eigentlich genau das, was ich vor dem Studium machen will!

Meine Bewerbung schrieb ich mit Hilfe meiner besten Freundin, die bereits ein Jahr in den USA gelebt hatte. Ich hatte die Hilfe auch nötig, da mein Englisch zu dem Zeitpunkt furchtbar war. Schon kurze Zeit, nachdem ich die Bewerbung abgeschickt hatte, bekam ich die Einladung zu einem Interview. Ein ehemaliger *Up with People*-Teilnehmer, der in meiner Heimatstadt lebte, traf sich mit mir. Das Interview verlief in entspannter Atmosphäre. Wichtig war weniger, ob ich tanzen und singen konnte oder schauspielerische Talente hatte, sondern eher, ob ich flexibel war, wusste, wie man mit neuen Leuten redet und hilfsbereit und offen neuen Erlebnissen gegenüber war. Natürlich war es trotzdem wichtig, an Bühnenerfahrung und Aufführungen zumindest interessiert zu sein.

Zwei Monate vor meinem Schulabschluss erhielt ich dann auch das Schreiben, dass ich angenommen worden war. Ein Koffer wurde gekauft und alles, was man so in einem Jahr brauchen könnte, eingepackt. Mehr Gepäck war nicht erlaubt. Das Visum für den Aufenthalt in den USA beantragte *Up with People* für mich.

Die Zeit bis zum Abflug verging schnell, und bald fand ich mich am Hamburger Flughafen wieder. Auf dem Weg nach Denver ging dann leider der Koffer verloren und tauchte auch nicht wieder auf. Nichtsdestotrotz waren diese ersten paar Wochen in Colorado einfach unheimlich aufregend; alles war neu, und im Nachhinein war der verlorene Koffer nicht so wichtig.

Am Anfang wurde die Show eingeübt. Alle tanzten und sangen vor, und die Rollen wurden verteilt. Die Talentiertesten bekamen natürlich eine wichtigere Rolle in der Show, aber es lernten alle die Lieder, probierten die Kostüme an und lernten, Makeup richtig aufzutragen. Und natürlich lernten wir uns alle gegenseitig kennen. Es waren um die 150 Leute aus mehr als 15 Ländern in der Gruppe. In meiner ‚cast' waren sehr viele Deutsche und natürlich Amerikaner, gefolgt von Japanern und anderen Europäern. Wir hatten aber auch Leute aus Kenia oder Australien. Es war wirklich interessant, alle kennen zu lernen und über andere Länder zu lernen.

Ein paar Wochen später ging es dann los. Wir fuhren in unseren eigenen Bussen von Stadt zu Stadt. An jedem Ort blieben wir im Durchschnitt 3-4 Tage, und meist wohnten wir bei Gastfamilien. In jeder Stadt führten wir unsere Musikshow ein- bis zweimal auf. Die Bühne bauten wir selber auf und ab, wodurch wir viel über den Produktionsablauf lernten.

Alle paar Tage wurde die Show geprobt, das ging immer sehr organisiert zu. Bestimmte Teile der Show wurden noch mal geübt, wenn es neue Besetzungen gab. In Europa probten wir häufig die gesamte Show noch einmal, bzw. mussten alles in einer anderen Sprache lernen. Hier sangen wir auch mal ein paar Lieder, die für das jeweilige Land eine besondere Bedeutung hatten oder einfach nur gute Stimmung machten. In Schweden zum Beispiel Waterloo von ABBA, in Deutschland Freiheit von Westernhagen.

In jeder Stadt leisteten wir Freiwilligenarbeit: Manchmal halfen wir in Altenheimen oder Kindergärten, ein anderes Mal putzten wir beim Roten Kreuz oder hielten in Schulen Vorträge über unser Programm. Eine Woche lang verbrachten wir beispielsweise in Boston in Massachusetts, wo wir Seminare in Schulen hielten und den Kindern viel über unser Programm, unsere Länder und Traditionen beibrachten. Ein anderes Mal wurden wir zur Thanksgiving-Parade in Philadelphia eingeladen. Das war natürlich total aufregend, und wir entdeckten uns später sogar im Fernsehen wieder.

Das zweite Halbjahr verbrachten wir in Europa. Im Januar waren wir in Schweden und fuhren z.B. einen Tag lang Ski. In Deutschland besuchten wir Dachau, und in Frankreich den Eifelturm. Einige kleine Gruppen reisten auch nach Peru und Ägypten.

Das Jahr ging schnell vorbei, und schon bald wurde Abschied gefeiert. Es ist gar nicht so einfach, ein ganzes Jahr in Kürze zu beschreiben. Die Freundschaften, die wir schlossen – nicht nur in der Gruppe selber, aber auch mit Gastfamilien – sind einmalig, und die Erfahrungen, die wir machten, unbezahlbar.

Ich persönlich bin nach meinem Jahr hin- und hergeflogen, um meinen damaligen Freund und heutigen Mann in den USA zu besuchen. Nach ein paar Monaten entschloss ich mich dazu, in den USA zu studieren, und wir zogen zusammen.“

MyEurope

Citizens of Europe e.V.,
Kiefholzstr. 20, D-12435 Berlin, AP Jürgen Tobisch, T. 0179 529843, F. 030 8687
0129. juergen.tobisch@web.de, office@citizens-of-europe.eu,
http://projects.citizens-of-europe.eu/myEurope/
In diesem Kurzfilmprojekt, das seit 2006 läuft, haben junge Filmemacher die Möglichkeit, ihre Vision oder Sichtweise von Europa vorzustellen. Die ausgewählten Kurzfilme werden in einem europaweiten Filmfestival gezeigt, beispielsweise in Deutschland (Mainz), Portugal (Cascais), Bulgarien (Stara Zagora), Ungarn (Budapest) oder Weißrussland (Minsk). Austragungsorte sind Kinos, Universitäten, Jugendorganisationen und Kulturzentren. Bewerbungsformular online zum Download.

Lanterna futuri

Begegnungszentrum im Dreieck e.V.,
Zittauer Str. 17, D-02747 Großhennersdorf, T. 035873 41313, F. 035873 41319,
mail@lanternafuturi.net, www.lanternafuturi.net
Schüler und Lehrer im Dreiländereck Deutschland, Polen und Tschechien arbeiten im Rahmen des interkulturellen Begegnungs- und Bildungsprojekts in künstlerischen Werkstätten bei Projekten im Bereich Musik, Theater, Fotografie, Film, Bildende Kunst, Design und Journalistik zusammen. Es wird angestrebt, immer mehr Schulen in das Netzwerk einzubinden.

Musischer Jugendaustausch

Colluvio,
Schleißheimer Str. 13, D-80333 München, T. 089 4891969, F. 0176 70039051, F. 089
44458963, AP: Meinhard Holler, MeinhardHoller@colluvio.com, www.colluvio.com
Internationaler Jugendaustausch im Rahmen eines Intensivkurses für Kammermusik in der österreichischen Steiermark.

Grenzgänger

Literarisches Colloquium Berlin e.V.,
Am Sandwerder 5, D-14109 Berlin, AP Inga Niemann, T. 030 816 996 64,
niemann@lcb.de, Nadja Grabsch, T. 030 816 996 64, grabsch@lcb.de,
www.lcb.de/grenzgaenger
In Zusammenarbeit mit der RBS vergibt das Literarische Colloquium Berlin Recherchestipendien an Autoren, die Veröffentlichungen mit Themen aus Mittel-, Ost- und Südosteuropa oder China anstreben. Möglich sind literarische und essayistische Prosa, Foto(text)bände, Kinder- und Jugendbücher, Drehbücher für Dokumentarfilme und Hörfunkbeiträge. Nicht möglich sind fachwissenschaftliche Veröffentlichungen, Zeitungsartikel, Reiseführer, Sammelbände, Theaterprojekte, Lyrik, Spielfilme und Übersetzungsprojekte, Verlags- und Produktionskosten sowie allgemeine Arbeitsmittel, Bürokosten und Infrastrukturmaßnahmen.

Abhängig von Rechercheaufwand und -dauer werden pauschale Stipendien in Höhe von 2.000, 4.000, 6.000, 8.000 und 10.000 € vergeben. Damit sollen Kosten von Unterkunft, Verpflegung, Visa und Dolmetscher abgedeckt werden. Schriftliche Bewerbungsunterlagen an das Literarische Colloquium Berlin mit folgenden Dokumenten:

- Bewerbungsformular
- tabellarischer Lebenslauf
- Exposé
- Erläuterungen zu Rechercheplanung (Reiseroute und -dauer)
- Interessenserklärung oder Vertrag von: Verlag/Sender/Agentur oder Produktionsfirma im deutschsprachigen Raum
- ggf. bereits veröffentlichte Bücher oder Medienbeiträge, Rezensionen oder Arbeitsproben, die dem geplanten Vorhaben inhaltlich und formal möglichst nahe kommen

Bewerbungsfristen am 30. April und 31. Oktober, Zu- und Absagen werden Mitte Juli bzw. Mitte Januar erteilt.

Gernot Huber-Stiftung

Gernot Huber-Stiftung,
Ulenbarg 5, D-21220 Seevetal-Ramelsloh, T. 04185 2177, F. 04185 2295,
www.gernot-huber-stiftung.de
Die Stiftung des verstorbenen Designers und Bildhauers Gernot Huber und seiner Frau Gisela vergibt bis zu dreimonatige Arbeitsstipendien an vorwiegend jüngere Künstler der Bildhauerkunst. Der begabte künstlerische Nachwuchs erhält Stipendien, um an der Erweiterung des 80.000 qm großen kinetische Kunstparks auf Teneriffa mitzuwirken. Dieser befindet sich von Vulkankegeln umgeben in 300 Meter Höhe vor der Kulisse des 3716 Meter hohen Teide.

NÜTZLICHE ADRESSEN

Anerkennung von Abschlüssen

ZAB, Zentralstelle für ausländisches Bildungswesen im Sekretariat der Kultusministerkonferenz
Graurheindorfer Str. 157, D-53117 Bonn, T. 0228 501-0, F. 0228 501-777,
Taubenstr. 10, D-10117 Berlin, T. 030 25418-3, F. 030 25418-450, zab@kmk.org,
www.kmk.org/zab
Rektorenkonferenz der Schweizer Universitäten CRUS, Swiss ENIC,
Sennweg 2, CH-3012 Bern, T. +41 31 306 60-41, -42, F. +41 31 306 60 20,
AP Christine Gehrig, lic. phil. (Leitung), T. +41 31 306 60 32,
christine.gehrig@crus.ch, Eva Grob, T. +41 31 306 60 38, eva.grob@crus.ch,
www.crus.ch
BMUKK, Bundesministerium für Unterricht, Kunst und Kultur,
Minoritenplatz 5, A-1014 Wien, T. +43 1 53120-0, ministerium@bmukk.gv.at,
www.bmukk.gv.at
Es existiert auf europäischer Ebene eine Regelung, mit der die Anerkennung von Diplomen und beruflichen Qualifikationen, die zur Ausübung bestimmter Berufe berechtigen, erleichtert wird. Für bestimmte Berufe –Architekten, Hebammen, Apotheker, Ärzte, Krankenschwestern und Krankenpfleger, Zahnärzte und Tierärzte – gelten so genannte Einzelrichtlinien, durch die die Diplome automatisch anerkannt werden.

Die beruflichen Qualifikationen der anderen reglementierten Berufe werden je nach Niveau der Ausbildung im Rahmen einer allgemeinen Regelung anerkannt, die in den beiden Richtlinien 89/48/EWG und 92/51/EWG (geändert durch die Richtlinie 2001/19/EG) festgelegt ist. Vergleichbare Grundsätze für bestimmte reglementierte Berufe sind in einer dritten Richtlinie (99/42/EG) enthalten.

Näheres bei der Europäischen Kommission unter
http://ec.europa.eu/youreurope/citizens/education/university/recognition/index_de.htm

Webadressen

- *dija.de* – Datenbank der internationalen Jugendarbeit
- *volunteering.org.au* – internationale Freiwilligenprojekte
- *patagoniavolunteer.org* – Freiwilligendienste in Patagonien
- *sage-net.org* – South African-German Network (SAGE-Net) e.V., Plattform zum Austausch und der Kooperation zwischen Südafrika und Deutschland
- *studyinfinland.fi* – Plattform zu Schüleraustauschen, Studienaufenthalten und Praktika in Finnland
- *abi-ev.de* – Aktion Bildungsinformation e.V.

- *earthwatch.org* – Ökoprojekte und -reisen
- *reisetops.com* – Online-Bücher zum Thema Reisen
- *einstieg.com* – Portal zu Ausbildung, Studium, Au-pair, Work & Travel, Jobeinstieg
- *http://eu-community.daad.de* – Plattform zur interkulturellen Vorbereitung von Studium und Praktikum in Europa
- *au-pair-box.com* – Artikel, Blogs und Foren rund um das Aupairwesen
- *eypej.org* – European Youth Parlament (ähnlich der MUN- und UNO-Planspiele)
- *praktikum.de* – Praktikumsbörse im Internet
- *zbp.at* – Teilzeitangebote sowie Praktika im Wirtschaftsbereich für Studenten
- *oscars.li* – Praktika und Stellen in Hotellerie und Gastronomie
- *stiftungen.org* – Bundesverband Deutscher Stiftungen
- *e-fellows.net* – Stipendiendatenbank und Karrierenetzwerk
- *forum-weiterbildung.ch* – Weiterbildungsfragen innerhalb des Bundes und der Kantone
- *gastschuljahr.de* – Artikel, Blogs, Foren rund um den Schüleraustausch
- *kopra.org* – Koordinationssstelle für Praktika in Asien (China, Japan, Korea, Taiwan).
- *isic.org* – internationaler Studentenausweis
- *amerikahaus.de* – Bayerisch-Amerikanisches Zentrum im Amerika Haus München e.V.
- *jonet.org* – Journalistennetzwerk mit u.a. Auflistung von Stiftungen und Preisen
- *lai.at* – Lateinamerika-Institut in Wien
- *oneworld.at* – Plattform mit Adressen, Links etc. für Österreicher
- *grants.at* – österreichische Datenbank für Stipendien und Forschungsförderung für Studierende, Graduierte und Forschende innerhalb Österreichs
- *oead.ac.at/willkommen_in_oesterreich/* – Förderungen für in Österreich Studierende und Forschende
- *http://bestinfo.at* – BEST-Messe für Beruf und Studium; Studieren, Praktika, Volunteering, usw.
- *stipendium.at* – österreichische Studienbeihilfenbehörde
- *stipendien.educa.ch/de/adressen-stipendienstellen* – Adressen der Schweizer kantonalen Stipendienstellen
- *swissemigration.ch* – Informations- und Beratungsdienst für Auslandaufenthalte und Auswanderung im Schweizer Bundesamt für Migration
- *crus.ch* – Rektorenkonferenz der Schweizer Universitäten, Studium im Ausland
- *ledafids.ch* – Forum für Lektoren von Deutsch als Fremdsprache an den schweizerischen Universitäten
- *akdaf.ch* – Arbeitskreis Deutsch als Fremdsprache oder Zweitsprache in der Schweiz

Auskünfte

Europa- und Auslandshotline

Bundesagentur für Arbeit, T. 0180 522 2023
Montags bis donnerstags zwischen 8 und 20 sowie freitags zwischen 8 und 16 Uhr erhält man Auskünfte zu Praktika, Ausbildung und Arbeit im Ausland.
Alternativ ist das Team auch per Mail unter InfoHotline-Ausland@arbeitsagentur.de erreichbar.

Europaservice der Bundesagentur für Arbeit

www.europaserviceba.de
Mit dem ES-BA werden die von EURopean Employment Services (EURES), den Europäischen Berufsberatungszentren (EBZ) und den Standorte für Mobilitätsberatung geleisteten Dienste der Bundesagentur in 15 Zentren deutschlandweit gebündelt.

Messen rund ums Jahr

Rund ums Jahr finden Messen zu Studium, Karriere, Austausch und internationaler Erfahrung statt. Die meisten Veranstaltungen finden jährlich statt und in derselben Stadt; andere haben andere Intervalle und manche „wandern" von Messestadt zu Messestadt. Genauere Angaben sind den Internetseiten zu entnehmen.

Absolventenkongress

Jobmesse für Studenten, Absolventen und Young Professionals.
www.absolventenkongress.de

AZUBI- & STUDIENTAGE
Ausbildung und Studium.
www.azubitage.de

BERUFE LIVE RHEINLAND KÖLN
Bildungsmesse für Schüler. Ausbildungsmöglichkeiten, Studiengänge, Einstellungsvoraussetzungen und Karrieremöglichkeiten im In- und Ausland.
www.einstieg.com/events/berufe-live-rheinland

BIM, BERUFS-INFO-MESSE
Informationen für Bildungshungrige am Messezentrum Salzburg: Ausbildungsmöglichkeiten in Schule und Lehre, Bildungsmöglichkeiten über die Salzburger-Bayerische Grenze, Erwachsenenbildung, Ausbildungsmöglichkeiten in diversen Unternehmen.
www.berufsinfomesse.org

BIM BERUFSINFOMESSE OFFENBURG
Kommunikationsplattform für alle Bereiche rund ums Thema Beruf.
www.messe-offenburg.de/de/berufsinfomesse

BONDING FIRMENKONTAKTMESSE
Firmenkontaktmesse von Studenten für Studenten; über 100 Unternehmen aus den unterschiedlichsten Branchen.
www.bonding.de

CAMPUSCHANCES
Karrieremesse für Studierende, Hochschulabsolventen und Young Professionals.
www.campuschances.de

CHANCE MESSE
Messe zu Ausbildung, Studium, Weiterbildung, Existenzgründung etc.
http://chance.messe-giessen.de, http://chance.halle-messe.de

DIDACTA
Bildungsmesse
www.didacta-hannover.de

EXPOLINGUA
Internationale Messe für Sprachen und Kulturen
www.expolingua.com

HORIZON
Messe zu Studium und Abiturientenausbildung
www.horizon-messe.de

ICH MUSS WEG
Jugendinfomesse zu Auslandsaufenthalten
www.jugendinfomesse.de

JOB-MESSE
Beruf, Ausbildung, Traineeships und Praktika.
www.barlagmessen.de

KONTAKTPUNKT KONSTANZ
Karrieremesse am See.
www.kontaktpunkt-see.de

SCHÜLERAUSTAUSCH-MESSE
Schulaufenthalte, Ferienjobs, Au-Pair, Sprachreisen und Stipendien
www.buergerstiftung-region-ahrensburg.de

STUDY WORLD
Internationale Messe für Studium, Praktikum und akademische Weiterbildung
www.studyworld2011.com

WEGE INS AUSLAND
Messe für Auslandsinteressierte; Job, Praktikum, Austausch, Studium
www.wege-ins-ausland.info

Förderung

Demokratisches Stipendium

Absolventa e.V.,

Greifswalder Str. 212, D-10405 Berlin, T. 030 240483 ?022, F. 030 230483 ?200, ver-ein@absolventa.de, www.stipendium.de/ev/
Im Gegensatz zur konventionellen Eliteförderung bietet das demokratische Stipendium von Absolventa allen Studenten und Absolventen die Möglichkeit, sich und ihr Vorhaben demokratisch wählen zu lassen. Ausgaben und Schulden bis zu 25.000 €, die sich im Rahmen des Studiums ergeben haben, können so bezahlt werden. Internetnutzer wählen ihren persönlichen Wunschkandidaten anhand der eingereichten Motivationsschreiben, Filme, Lieder und Präsentationen.

Getragen wird das Stipendium von namhaften Unternehmen, die sich im Bildungsbereich engagieren und den akademischen Nachwuchs Deutschlands fördern möchten.
Wer sich also das Semester oder die Promotion im Ausland selbst nicht leisten kann, bewirbt sich ab Herbst mit einem originellen Beitrag, mobilisiert möglichst viele Freunde und hofft auf das Beste. Die Gewinner des Jahres 2010 teilten sich die Fördersumme von 31.500 €, um Bildungskredite abzubezahlen, Reisen im Rahmen der Doktorarbeit oder Studiengebühren im Ausland zu finanzieren, an Exkursionen teilzunehmen oder Experimente durchzuführen.

InterRailers.Net
Alles zum Thema Interrail.
Tipps, gute Adressen und Riesenforum.

Index

Absolventa 315
Accademia Europea di Firenze 162
AFÖP 84
AFS Interkult. Begegnungen 23, 254
AGJ 139
Agriviva 301
Agro Verde 194
AIESEC 70
AIFS 13, 163, 213, 224
AK Weltkirche 275
Aktion Österreich 58
Aktion Sühnezeichen 261, 262
Alfried Krupp-Schülerstipendium 36
Amity Institute 61, 145
AMSA 79, 82, 85
Apicus 40
Arbeitsgem. Kinder- u. Jugendhilfe . . . 139
Arbeitsgemeinschaft Alpenländer 102
Archelon 300
Arcus College 111
ärzte ohne grenzen 233
ASA 147, 148, 149
ASEP 84
ASET 111
Asociación Hispano-Alemana de
   Enseñanzas 111
ASPECT / ILA Kaplan 14, 164
Association Dynamo 193
Association Ouvrière 112
Atlantis Utveksling 194
Austrian Medical Students 79, 82
Auswärtiges Amt 122
Azafady 236
Baden-Württ. Handwerkstag 126
Baden-Württ. Industrie- u.
   Handelskammertag 103
Baikal Information Center 302
Bayerisch-Amerik. Zentrum 6, 312
Bayer-Stiftungen 55, 56, 84, 135
BAYHOST 59, 186
BAZ 6, 266
BDKJ 252
Begegnungszentrum im Dreieck 309
Bellevue-Programm 141
Berliner Gesellschaft f. internat.
   Zusammenarbeit 101
Berliner Journalisten-Schule 159
Berliner Künstlerprogramm 6

Berufsbildungszentrum Portimão 111
Betriebspraktika im Ausland 36
BGZ 101
Bildung für Europa 97
BMAS 98
BMFSFJ 236
BMUKK 62, 311
Botschaft v. Japan 232
BOXENSTOP Jugendzentrum 302
BPhD 84
Bundesagentur f. Arbeit 100, 112, 129, 313
Bundesamt f. Migration 135
Bundesamt Zivildienst 267
Bundeskanzleramt 94
Bundesministerium Unterricht 311
BVMD 79, 81
Camp Up with People 307
Camphill Communities 275
Cape Studies 185
CAREA 262
Carl Duisberg Stiftung 166
Carl-Duisberg-Gesellschaft 84
Carlo-Schmid-Programm 92
CDC 166
CDS 95, 128, 133
Ceepus 57
Centrum internat. Migration 129
ch Jugendaustausch 6
Ch Stiftung 30, 31, 35, 36,
   . . . . 96, 102, 134, 147
Checkpoint Charlie Stiftung 6, 144
Chicago Botanic Garden 132
Chile Inside 206
CIM 118
Citizens of Europe 309
Club Calimera (Rewe) 209
Collective Leadership Institute 149
Colluvio 309
Comenius 61
CouchSurfing International 196
CRUS 311
Cultural Care Au Pair Germany 215
d.a.i. 145
DAAD 6, 39, 56, 57, 68, 69, 84-86,
   . . . . 92, 96, 119, 186, 295, 312
Dante Alighieri 175
DANUBE 96
DBV 131
DED 6
DFJW 6, 23, 27, 35, 112,

... . 128, 146, 196, 199
dfs-sːa 6, 101, 146
DGAP 116
DGIA 69
DJiA 238, 254, 292
DKG 6, 95, 132, 231
Don Bosco Aktion Österreich 275
DPJW 27, 28
Dr. Aːexander u. Rita Besser-Stiftung . 150
DRJA 6, 30, 36, 55, 137, 141
DRK Landesverband
  Mecklenburg-Vorpommern 239
Dt. Akadem. Austauschdienst 6
Dt. Bundestag 28
Dt. Geisteswissenschaftl. Institute 69
Dt. Gesellschaft f. Auswärtige
  Politik 116, 117
Dt. Handelskammer Spanien 106
Dt. UNESCO-Kommission 290
Dt.-Frz. Institut Ludwigsburg 158
Dt.-Frz. Jugendwerk 6
Dt.-Frz. Sekretariat f. d. Austausch
  i. d. berufl. Bildung 6
Dt.-Kanad. Gesellschaft ... 6, 95, 132, 231
Dt.-Russ. Austausch 138, 152
Dt.-Russ. Jugendaustausch ... 6, 141, 302
Dt.-Tschech. Jugendaustausch 7, 113
EasyWaySpain 200
Ecela 181
eed-efef 244, 245
EF Education, High School Year ... 14-15
EFC 139
EFTA 96, 135
Eirene 254, 263, 295
EMSA 79
EMUNNET 51
ENSA-Programm 34
Erasmus Jungunternehmer 143

Erfahrungsberichte:
Erfahrungsbericht 200
Animateur
Erfahrungsbericht 276
Animateur in franz. Altenheim
Erfahrungsbericht 267
Arbeit im Kibbuz
Erfahrungsbericht 211
Aupair in Schweden
Erfahrungsbericht 29
Austauschjahr USA

Erfahrungsbericht 52
Delegation Nepal in Den Haag
Erfahrungsbericht 283
FJD Allenstein
Erfahrungsbericht 290
Flexibilität führt n. Polen
Erfahrungsbericht 63
Fremdsprachenassistent in Thailand
Erfahrungsbericht 258
Friedensdienst Rumänien
Erfahrungsbericht 71
Jurapraktikum Singapur
Erfahrungsbericht 270
MaZ in Tansania
Erfahrungsbericht 307
On the road
Erfahrungsbericht 119
Praktikum Nairobi
Erfahrungsbericht 10
Schuljahr in Ecuador
Erfahrungsbericht 92
Sechs Monate Kopenhagen
Erfahrungsbericht 190
Sommerschule Polen
Erfahrungsbericht 186
Sommersprachkurs Brünn
Erfahrungsbericht 288
Soziale Arbeit Mexiko
Erfahrungsbericht 280
Studium und Grabung, Türkei
Erfahrungsbericht 74
Unglaubliches Indien
Erfahrungsbericht 286
Vietnam
Erfahrungsbericht 219
Work & Travel Australien
Erfahrungsbericht 228
Work & Travel Kanada
Erfahrungsbericht 297
Wwoofing in England & Kanada
Erfahrungsbericht 49
Zu Gast in Chile
Erfahrungsbericht 255
Handtasche auf dem Boden
Erfahrungsbericht 203
Sommer Camp USA
Erfahrungsbericht 216
Sommeraupair
ESL - Sprachreisen 166
Esperanza 274

Essener Wirtschaftsförderungs-
gesellschaft 36
ETI 98
EU-Japan Centre 95
EUREGIO EGRENSIS 31, 192
Europ. Jugendparlament Dtld. 34
Europ. Jugendparlament Österreich 34
Europ. Jugendparlament Schweiz 35
Europ. Kommission 311
Europ. Union 102
Europainstitut Klaus Mehnert 90
Europartner Reisen 168
European Foundation Centre 139
EUROPEANS FOR PEACE 32
Ev. Freiwilligendienste 292
Eva Kleinn-Stipendium 56
EWG 36
Experiment e.V. 206
EYP Austria 34
F+U International Academy 123
FID 235
Forum Weiterbildung 7, 312
FPWC 300
Fritz Thyssen-Stiftung 6, 59, 90
Fulbright Kommission 143
Gerhard-Günnewig-Stiftung 118
Gernot Huber-Stiftung 310
Gesellschaft f. d. Forschung 118
Give 47
GIZ 6, 34, 42, 69, 95, 106, 108, 115,
. . . 117, 123, 126, 127, 129, 130, 136, 137
Gizo 42
GLEN 148, 149
Go.for.europe 103
Goethe-Institut Kairo 303
Goethe-Institut Moskau 305
G-plus 140
GRAN 302
Grenzenlos 6, 235, 243
GTZ 6
Hamburg Media School 159
Handelskammertag 98, 103
Hans-Böckler-Stiftung 60
HDG 128
Heinz Kühn Stiftung 151
Heinz-Schwarzkopf-Stiftung 197
Histor. Seminar Uni Köln 59
HORIZONT3000 7
Hotellerie 107, 312
IADS 85

IAESTE 86
IAESTE Austria 86
IAESTE Switzerland 86
IB 251
IBB 193
IBG 192
ICCROM 285
ICD 114
ICE - ADF 240
icja 246
ICM der OeAD-GmbH 58
ICX 16
IFA 7, 37, 108, 133, 134, 139, 151
IHK Aachen . . . 7, 101, 104, 105, 109, 116
IHK Karlsruhe 7, 104, 106, 116
IJGD 282
IJP 152- 157
In Via 214, 247
INLINGUA Idiomas 169
Institut Europ. des Hautes Études 90
Institut f. Auslandsbeziehungen 7, 133
Institute for Cultural Diplomacy 114
Intercultura Samara Language School . 170
Intern. Assoc. for the Exchange
of Students 86
Internat. Begegnung in
Gemeinschaftsdiensten 192
Internat. Berufl. Mobilität 104
Internat. Beziehungen 6, 49, 232
Internat. Bildungs- u.
Begegnungswerk 193
Internat. Bodenseekonferenz 102
Internat. Fachkräfte Austausch 134
Internat. Fachkräfteaustausch 7, 37,
. . . . 108, 137, 139
Internat. Journalisten-Programme 152
Internat. Jugendgemeinschaftdienste . . 282
Internat. Placement Center 70
Internat. Praktikantenaustausch . . . 92, 132
International House Cape 184
Interséjours 173, 214
InWEnt 6, 69, 70, 95, 104,
. . . . 105-107, 115, 117, 123,
. . . . 126-128, 130, 133, 136,
. . . . 137, 153, 274
IPC 70
Iris Ministries 274
Japan.-Dt. Zentrum 114
JDZB 114
JET-desk 234

Jugend Eine Welt 275
JUGEND f. Europa 7, 236, 254
Jugend in Aktion 7, 35, 236, 255, 300
Jugend u. Europa 35
Jugendumweltnetzwerk JANUN 32
Junges Europa 197
Karl-Kolle-Stiftung 56
Karsten Ehlebracht Reisen 176
Konrad-Adenauer-Stiftung 151
Koordinierungszentrum 7
KulturForum Türkei-Dtld. 158
Kultur-Kontakt Austria 62
kulturweit 266, 290
Kurt-Hansen-Stipendium 56
Kurve Wustrow 248
LAL 177
Landesinstitut Schule u. Medien 145
Languages International 182
let's go! 108
LGH 108
Literarisches Colloquium Berlin 309
LOGO 87
Longwood Garden 131
magoo 41, 224
Mandl Sprachkurse 107
Manfred-Hermsen-Stiftung 299
Marietta Blau-Stipendium 86
MAZ 269
Médecins Sans Frontières 233
MEP 51
Mercator Stiftung Dtld. 91
Mercator Stiftung Schweiz 91
Michael Succow Stiftung 56
Mid Sweden 43
Minerva Foundation 118
Missionar auf Zeit 269
Model European Parliament 51
Model United Nations 51, 52
Monbukagakusho-Stipendium 87
Mongolian Youth 193
NA beim BIBB 97
Nangu Thina 274
Nat. Agentur beim BIBB 296
Nationales Europass Center 97
NEC 97
Netzwerk junger Ideen 116
Niederösterreich 94
NIG 192
NSTS 183
Oberstufenzentrum Bürowirtschaft . . . 110

OeAD 7, 57
Oertli-Stiftung 152
ÖFD 258
Offene Häuser 107
OISE 171
Olds College 44
Österr. Auslandsdienst 266
Österr. Bauorden 192
Österr. Friedensdienste 258
Österr. Landjugend 194
Österreich Kooperation 68, 231
Österreich. Austauschdienst 7
Österreich. Organisation f.
    Entwicklungszusammenarbeit 7
Osteuropa 22, 32, 57, 59, 62, 87,
    . . . . 88, 95, 106, 116, 147, 148,
    . . . . 149, 151, 156, 159, 193,
    . . . . 233, 262, 269, 304, 309
Osteuropazentrum 231
OSZ 110
Otto Benecke Stiftung 137
Quifd 125
PAD 7, 23, 61, 66, 143, 146
PAD im Elsass 66
Pädag. Austauschdienst 7, 23
Pais:Deutschland 249
Parlament. Patenschaftsprogramm 28
Parque Nacional da Gorongosa 300
PBS 197
peace brigades international 265
Peacewatch Switzerland 264
Pfadibewegung Schweiz 197
PMG 253
PPP 28
Practigo GmbH 1 . . . . 38, 221
Pro Helvetia 115
PROQUA Leitstelle Maastricht 98
Rainbow Tours 208
RBS 7, 32-35, 61, 62, 68, 78,
    . . . . 92, 114, 116, 140, 141, 158,
    . . . . 159, 233,303, 304, 305, 309
Reach Workcamps 193
Real Travel Ltd 223
Regierungspräsidium Karlsruhe 109
Rempart 192
RIAS 150
RIAS Berlin Kommission 150
Robert Bosch Kulturmanager 304
Robert-Bosch-Stiftung 7
Schenker AG 95

School of Historical Studies 59
Schorlemer Stiftung 131, 194
Schweizer. Studienstiftung 7, 91
Schweizerische Studienstiftung 7, 91
SDV ...... , 55, 57, 78, 87, 88, 89, 91, 92
SEQUA 7, 103, 104
Service Civil International 193, 236
SFD 250
SINDBAD 103
SJCC 136
Società Dante Alighieri 175
Sofia 242
Solidarités Jeunesses 193
South America Inside 167, 241
Southern Cross 18
Staatl. Schulamt Cottbus 27
Staatskanzlei NRW 151
Stagiaires 135
Stepin 174
Sterling Business 45
Steuben-Schurz-Gesellschaft 96
Stiftung Dt.-Russ. Jugendaustausch 6
Stiftung EVZ 22
Stiftung für Studienreisen 196
Stiftung Internat. Gärtneraustausch ... 130
Stiftung Mercator 7, 23, 91, 193, 262
Stiftung Mercator Schweiz 7
Stiftung West-Östl. Begegnungen 33
STRATO AG 110
Studienstiftung d. Dt. Volkes 7
Study Global 180
Study Nelson 19
Supertramp Study & Travel 132
SwiMSA Exchanges 79, 82
Swiss ENIC 311
Swiss Medical Student Association 79
Swiss-California Foundation 71
Swiss-Japanese Chamber of Commerce 136
Tandem-Montalbán . 7, 113, 136, 138, 172

TCP 227
team 15
TPU 46
Travelworks 222, 237
TREFF-Sprachschule &
  Sprachreisen GmbH 17
Trialog 116
Uni Hohenheim 231
United World College 22
Up with People 305
UWC 20, 22
Valencia Lingua 179
Verbindungsbüro Niederösterreich 94
Verein Freiwillige Arbeitseinsätze 299
Verein Internat. Mobilität 134
Volunteers For Peace 193
WBZ CPS 62
weltwärts-Sekretariat 285
Whitehouse 48
Willy Scharnow-Stiftung 94
Wirtschaftskammer Österreich 107
Wissenschaftsförderung 6, 90
WWF International 299
WWOOFing 296
xchange 124
xplore 21, 178, 195
YOIN 194
Youth For Understanding Dtld. 34
Youthreporter 254
ZAB 311
ZAD 85
Zahnmediz. Austauschdienst 85
Zentralstelle ausländ.
  Bildungswesen i. Sekretariat d.
  Kultusministerkonferenz 311
Zentralstelle Auslandsschulwesen 143
Zentralverband Dt. Handwerk 98, 103
Zentrum internat. Gesundheitswesen .. 140
zis 196